이해하기 쉬운 산업안전보건법

이해하기 쉬운 산업안전보건법

발행일	2020년 3월 18일

지은이	강만구, 김동걸		
펴낸이	손형국		
펴낸곳	(주)북랩		
편집인	선일영	편집	강대건, 최예은, 최승헌, 김경무, 이예지
디자인	이현수, 한수희, 김민하, 김윤주, 허지혜	제작	박기성, 황동현, 구성우, 장홍석
마케팅	김회란, 박진관, 조하라, 장은별		
출판등록	2004. 12. 1(제2012-000051호)		
주소	서울특별시 금천구 가산디지털 1로 168, 우림라이온스밸리 B동 B113~114호, C동 B101호		
홈페이지	www.book.co.kr		
전화번호	(02)2026-5777	팩스	(02)2026-5747

ISBN	979-11-6539-132-4 13360 (종이책)	979-11-6539-133-1 15360 (전자책)

이 도서의 국립중앙도서관 출판예정도서목록(CIP)은 서지정보유통지원시스템 홈페이지(http://seoji.nl.go.kr)와
국가자료공동목록시스템(http://www.nl.go.kr/kolisnet)에서 이용하실 수 있습니다.
(CIP제어번호: CIP2020011211)

(주)북랩 성공출판의 파트너

북랩 홈페이지와 패밀리 사이트에서 다양한 출판 솔루션을 만나 보세요!

홈페이지 book.co.kr • **블로그** blog.naver.com/essaybook • **출판문의** book@book.co.kr

강만구, 김동걸 공저

이해하기 쉬운
산업안전보건법

OCCUPATIONAL SAFETY AND HEALTH ACT

산업안전보건 기본서

2020년 산업안전보건법 전부 개정에 따른
법, 시행령, 시행규칙, 고시, 행정지침 등 완벽 반영!

북랩 book Lab

머리말

산업현장에서 근로자가 안전하고 쾌적한 환경에서 주어진 업무를 수행할 수 있도록 안전보건 교육, 시설의 개선, 건강진단 등의 안전보건활동을 실시하여야 합니다.
근로자를 고용하는 기업에서는 산업안전보건법에서 정하는 기준 이상으로 안전보건활동을 실시하여야 하기 때문에 산업안전보건법의 내용을 충분히 숙지하고 있어야 합니다.
산업안전보건법은 1개의 법과 1개의 시행령, 3개의 규칙 및 고시 등으로 구성되어 관련내용이 방대할 뿐만 아니라 다양한 업종 특성에 따른 내용의 상이성, 전문·기술적인 내용 등의 특성 으로 쉽고 빠르게 이해하기에는 무리가 있습니다.

또한 1981년 제정, 1990년 전문 개정되어 약 30여 년 만에 전부 개정된 산업안전보건법은 2019년 1월 15일 공표, 2020년 1월 16일 시행하게 되는데, 전부 개정된 산업안전보건법은 법률조항의 재정비뿐만 아니라, 법의 보호대상 확대, 산업재해 예방 책임 주체 확대 및 제재 강화 등의 내용으로, 기존 산업안전보건법과 구성 및 내용에 많은 변화가 있었습니다.

이러한 배경으로 산업안전보건법을 쉽고 빠르게 다양한 계층의 사람들이 숙지하고 활용할 수 있는 서적의 필요성이 있어 본 저서를 집필하게 되었습니다.

본서는 개정된 산업안전보건법을 바탕으로 법령의 순서와 일치하게 구성하였습니다. 제1장에서는 산업안전보건법의 목적 및 정의와 적용대상을, 제2장 및 제3장에서는 안전보건활동의 기본적 사항인 안전보건관리체제와 규정을, 제4장에서는 근로자의 안전의식고취를 위한 안전보건교육을, 제5장에서는 근로자의 산업재해 방지를 위한 유해·위험 방지 조치에 관한 사항을, 제6장에서는 도급사업 시 발주자 및 도급인이 준수하여야 할 의무사항을, 제7장 및 제8장에서는 작업에 사용하는 유해·위험 기계 등과 유해·위험물질에 대한 조치사항을, 제9장에서는 근로자에 대한 건강진단 등의 보건관리에 관한 사항을, 제10장에서는 사업장에서 보관하여야 할 안전보건서류에 관한 사항 등을 소주제로 구분하여 쉽게 볼 수 있도록 구성하였습니다. 또한 각 소주제에 해당하는 벌칙사항을 모두 나열하여 의무를 이행하지 않을 때에 부과되는 행정적 사항 등을 수록하여 안전보건활동을 위한 법조항의 중요성 및 이해도를 높였습니다.

마지막으로 본서의 집필과정에서 법령 해석에 도움을 주신 사단법인 안전보건진흥원 임직원에게 감사의 말을 전하며, 본서가 모든 산업현장에서 산업안전보건법의 적용과 안전보건활동에 기본서가 되기를 기대합니다.

2020년 1월 고(故) 김용균 님을 추도하며…
강만구, 김동걸

일러두기

본서의 내용은 산업안전보건법, 동법 시행령, 동법 시행규칙, 고시, 업무지침, 질의회시 등 다양한 자료에 기반하여 기술하였습니다. 내용상 이해하기 어려운 부분이나 추가적인 설명이 필요한 경우에는 아래의 이메일을 통해 문의주시기 바랍니다.

저자 : 강만구(kang10009@shai.or.kr)
　　　김동걸(mangjil83@shai.or.kr)

목차

제5장 유해·위험 방지 조치

제6장 도급 시 산업재해 예방

제1장

산업안전보건법 총칙

1 / 산업안전보건법의 목적 및 정의(산업안전보건법 제1조, 제2조)

① 목적

산업안전보건법은 산업 안전 및 보건에 관한 기준을 확립하고 그 책임의 소재를 명확하게 하여 산업재해를 예방하고 쾌적한 작업환경을 조성함으로써 노무를 제공하는자의 안전 및 보건을 유지·증진함을 목적으로 함

② 용어정의

① "산업재해"란 노무를 제공하는 자가 업무에 관계되는 건설물·설비·원재료·가스·증기·분진 등에 의하거나 작업 또는 그 밖의 업무로 인하여 사망 또는 부상하거나 질병에 걸리는 것을 말함

② "중대재해"란 산업재해 중 사망 등 재해 정도가 심하거나 다수의 재해자가 발생한 경우로서 다음의 어느 하나에 해당하는 재해를 말함

　가. 사망자가 1명 이상 발생한 재해

　나. 3개월 이상의 요양이 필요한 부상자가 동시에 2명 이상 발생한 재해

　다. 부상자 또는 직업성질병자가 동시에 10명 이상 발생한 재해

③ "근로자"란 「근로기준법」 제2조제1항제1호에 따른 근로자를 말함

> **「근로기준법」 제2조【정의】**
> ① 이 법에서 사용하는 용어의 뜻은 다음과 같다.
> 　1. "근로자"란 직업의 종류와 관계없이 임금을 목적으로 사업이나 사업장에 근로를 제공하는 자를 말한다.

④ "사업주"란 근로자를 사용하여 사업을 하는 자를 말함

⑤ "근로자대표"란 근로자의 과반수로 조직된 노동조합이 있는 경우에는 그 노동조합을, 근로자의 과반수로 조직된 노동조합이 없는 경우에는 근로자의 과반수를 대표하는 자를 말함

⑥ "도급"이란 명칭에 관계없이 물건의 제조·건설·수리 또는 서비스의 제공, 그 밖의 업무를 타인에게 맡기는 계약을 말함

⑦ "도급인"이란 물건의 제조·건설·수리 또는 서비스의 제공, 그 밖의 업무를 도급하는 사업주를 말한다. 다만, 건설공사발주자는 제외함

⑧ "수급인"이란 도급인으로부터 물건의 제조·건설·수리 또는 서비스의 제공, 그 밖의 업무를 도급받은 사업주를 말함

⑨ "관계수급인"이란 도급이 여러 단계에 걸쳐 체결된 경우에 각 단계별로 도급받은 사업주 전부를 말함

⑩ "건설공사발주자"란 건설공사를 도급하는 자로서 건설공사의 시공을 주도하여 총괄·관리하지 아니하는 자를 말한다. 다만, 도급받은 건설공사를 다시 도급하는 자는 제외함

⑪ "건설공사"란 다음 각 목의 어느 하나에 해당하는 공사를 말함

　　가. 「건설산업기본법」 제2조제4호에 따른 건설공사

> **「건설산업기본법」 제2조【정의】**
> "건설공사"란 토목공사, 건축공사, 산업설비공사, 조경공사, 환경시설공사, 그 밖에 명칭에 관계없이 시설물을 설치·유지·보수하는 공사(시설물을 설치하기 위한 부지조성공사를 포함한다) 및 기계설비나 그 밖의 구조물의 설치 및 해체공사 등을 말한다.

　　나. 「전기공사업법」 제2조제1호에 따른 전기공사

> **「전기공사업법」 제2조【정의】**
> "전기공사"란 다음 각 목의 어느 하나에 해당하는 설비 등을 설치·유지·보수하는 공사 및 이에 따른 부대공사로서 대통령령으로 정하는 것을 말한다.
> 1. 「전기사업법」 제2조제16호에 따른 전기설비
> 2. 전력 사용 장소에서 전력을 이용하기 위한 전기계장설비(電氣計裝設備)
> 3. 전기에 의한 신호표지
> 4. 「신에너지 및 재생에너지 개발·이용·보급 촉진법」 제2조제3호에 따른 신·재생에너지 설비 중 전기를 생산하는 설비
> 5. 「지능형전력망의 구축 및 이용촉진에 관한 법률」 제2조제2호에 따른 지능형전력망 중 전기설비

　　다. 「정보통신공사업법」 제2조제2호에 따른 정보통신공사

> **「정보통신공사업법」 제2조【정의】**
> "정보통신공사"란 정보통신설비의 설치 및 유지·보수에 관한 공사와 이에 따르는 부대공사(附帶工事)로서 다음 각 호의 공사를 말한다
> 1. 전기통신관계법령 및 전파관계법령에 따른 통신설비공사
> 2. 「방송법」 등 방송관계법령에 따른 방송설비공사
> 3. 정보통신관계법령에 따라 정보통신설비를 이용하여 정보를 제어·저장 및 처리하는 정보설비공사
> 4. 수전설비를 제외한 정보통신전용 전기시설설비공사 등 그 밖의 설비공사

> 5. 제1호부터 제4호까지의 규정에 따른 공사의 부대공사
> 6. 제1호부터 제5호까지의 규정에 따른 공사의 유지·보수공사

라. 「소방시설공사업법」에 따른 소방시설공사

> 「소방시설공사업법」
> "소방시설공사"는 설계도서에 따라 소방시설을 신설, 증설, 개설, 이전 및 정비하는 공사를 말함

마. 「문화재수리 등에 관한 법률」에 따른 문화재수리공사

> 「문화재수리 등에 관한 법률」
> "문화재수리공사"는 지정문화재, 가지정문화재 및 두 개의 문화재와 함께 전통문화를 구현·형성하고 있는 주의의 시설물 또는 조경 등을 보수·복원·정비 및 손상 방지를 위한 공사를 말함

⑫ "안전보건진단"이란 산업재해를 예방하기 위하여 잠재적 위험성을 발견하고 그 개선대책을 수립할 목적으로 조사·평가하는 것을 말함

⑬ "작업환경측정"이란 작업환경 실태를 파악하기 위하여 해당 근로자 또는 작업장에 대하여 사업주가 유해인자에 대한 측정계획을 수립한 후 시료(試料)를 채취하고 분석·평가하는 것을 말함

ⓘ Tip

■ **용어정의**
- 사업: "어떤 일을 일정한 목적과 계획을 가지고 짜임새 있게 지속적으로 경영함"으로 경영이나 비즈니스(business)
- 사업장: 어떤 사업의 활동이 이루어지는 일정한 장소(=사업소)

2 / 산업안전보건법의 적용 범위(산업안전보건법 제3조)

① 개요

산업안전보건법은 모든 사업에 적용이 원칙이나, 유해·위험의 정도, 사업의 종류, 사업장의 상시 근로자 수(건설공사의 경우에는 건설공사 금액을 말함) 등을 고려하여 사업의 종류 또는 사업장에는 산업안전보건법의 전부 또는 일부를 적용하지 않을 수 있음

② 적용 범위

① 법의 일부를 적용하지 아니하는 사업 및 규정

대상 사업	적용 제외 규정
1. 다음 각 목의 어느 하나에 해당하는 사업 가. 「광산안전법」 적용 사업 　(광업 중 광물의 채광·채굴·선광 또는 제련 등의 공정으로 한정하며, 제조공정은 제외) 나. 「원자력안전법」 적용 사업 　(발전업 중 원자력 발전설비를 이용하여 전기를 생산하는 사업장으로 한정) 다. 「항공안전법」 적용 사업 　(항공기, 우주선 및 부품 제조업과 창고 및 운송 관련 서비스업, 여행사 및 기타 여행보조 서비스업 중 항공 관련 사업은 각각 제외) 라. 「선박안전법」 적용 사업 　(선박 및 보트 건조업은 제외)	제15조【안전보건관리책임자】 제16조【관리감독자】 제17조【안전관리자】 제20조【안전관리자 등의 지도·조언】 　(제1호에 따른 안전관리자의 지도·조언에 한함) 제21조【안전관리전문기관 등】 제24조【산업안전보건위원회】 제2장제2절 (안전보건관리규정) 제29조【근로자에 대한 안전보건교육】 　(보건에 관한 사항은 제외) 제30조【근로자에 대한 안전보건교육의 면제 등】 　(보건에 관한 사항은 제외) 제31조【건설업 기초안전보건교육】 제38조【안전조치】 제51조【사업주의 작업중지】(보건에 관한 사항은 제외) 제52조【근로자의 작업중지】(보건에 관한 사항은 제외) 제53조【고용노동부장관의 시정조치 등】 　(보건에 관한 사항은 제외) 제54조【중대재해 발생 시 사업주의 조치】 제55조【중대재해 발생 시 고용노동부장관의 작업중지 조치】 제58조【유해한 작업의 도급금지】 제59조【도급의 승인】 제60조【도급의 승인 시 하도급 금지】 제62조【안전보건총괄책임자】 제63조【도급인의 안전조치 및 보건조치】 제64조【도급에 따른 산업재해 예방조치】(제1항제6호는 제외[1]) 제65조【도급인의 안전 및 보건에 관한 정보 제공 등】

---

1) 6. 위생시설 등 고용노동부령으로 정하는 시설의 설치 등을 위하여 필요한 장소의 제공 또는 도급인이 설치한 위생시설 이용의 협조

대상 사업	적용 제외 규정
	제66조【도급인의 관계수급인에 대한 시정조치】 제72조【건설공사 등의 산업안전보건관리비 계상 등】 제75조【안전 및 보건에 관한 협의체 등의 구성·운영에 대한 특례】 제88조【안전인증기관】 제103조【유해·위험기계등의 안전관련 정보의 종합관리】 제104조【유해인자의 분류기준】 제105조【유해인자의 유해성·위험성 평가 및 관리】 제106조【유해인자의 노출기준 설정】 제107조【유해인자 허용기준의 준수】 제160조【업무정지 처분을 대신하여 부과하는 과징금 처분】 (제21조제4항에 해당하는 과징금에 한함),
2. 다음 각 목의 어느 하나에 해당하는 사업 　가. 소프트웨어 개발 및 공급업 　나. 컴퓨터 프로그래밍, 시스템 통합 및 관리업 　다. 정보서비스업 　라. 금융 및 보험업 　마. 기타 전문서비스업 　바. 건축기술, 엔지니어링 및 기타 과학기술 서비스업 　사. 기타 전문, 과학 및 기술 서비스업(사진 처리업은 제외) 　아. 사업지원 서비스업 　자. 사회복지 서비스입	제29조【근로자에 대한 안전보건교육】 (제3항에 따른 추가교육은 제외[2]) 제30조【근로자에 대한 안전보건교육의 면제 등】
3. 다음 각 목의 어느 하나에 해당하는 사업으로서 상시 근로자 50명 미만을 사용하는 사업장 　가. 농업 　나. 어업 　다. 환경 정화 및 복원업 　라. 소매업; 자동차 제외 　마. 영화, 비디오물, 방송프로그램 제작 및 배급업 　바. 녹음시설운영업 　사. 방송업 　아. 부동산업(부동산 관리업은 제외) 　자. 임대업; 부동산 제외 　차. 연구개발업 　카. 보건업(병원은 제외) 　타. 예술, 스포츠 및 여가관련 서비스업 　파. 협회 및 단체 　하. 기타 개인 서비스업(세탁업은 제외)	
4. 다음 각 목의 어느 하나에 해당하는 사업 　가. 공공행정(청소, 시설관리, 조리 등 현업업무에 종사하는 사람으로서 고용노동부장관이 정하여 고시하는 사람은 제외[3]), 국방 및 사회보장 행정	제2장제1절(안전보건관리체제) 제2장제2절(안전보건관리규정) 제3장(안전보건교육)

대상 사업	적용 제외 규정
나. 교육 서비스업 중 초등·중등·고등 교육기관, 특수학교·외국인학교 및 대안학교(청소, 시설관리, 조리 등 현업업무에 종사하는 사람으로서 고용노동부장관이 정하여 고시하는 사람은 제외)[4]	
5. 다음 각 목의 어느 하나에 해당하는 사업 　가. 초등·중등·고등 교육기관, 특수학교·외국인학교 및 대안학교 외의 교육서비스업(청소년수련시설 운영업은 제외) 　나. 국제 및 외국기관 　다. 사무직에 종사하는 근로자만을 사용하는 사업장(사업장이 분리된 경우로서 사무직에 종사하는 근로자만을 사용하는 사업장을 포함)	제2장제1절 (안전보건관리체제) 제2장제2절 (안전보건관리규정) 제3장(안전보건교육) 제5장제2절 (도급인의 안전조치 및 보건조치) 　　　　　(제64조제1항제6호는 제외)
6. 상시 근로자 5명 미만을 사용하는 사업장	제2장제1절(안전보건관리체제) 제2장제2절(안전보건관리규정) 제3장(안전보건교육)(제29조제3항에 따른 추가교육은 제외) 제47조【안전보건진단】 제49조【안전보건개선계획의 수립·시행 명령】 제50조【안전보건개선계획서의 제출 등】 제159조【영업정지의 요청 등】

※ 비고: 제1호부터 제6호까지의 사업에 둘 이상 해당하는 사업의 경우에는 각각의 호에 따라 적용이 제외되는 규정은 모두 적용하지 아니함

② 사업의 분류는 「통계법」에 따라 통계청장이 고시한 한국표준산업분류에 따름

　※ 2017. 1. 13. 제10차 개정(통계청고시 제2017-13호)

---

2) 유해하거나 위험한 작업에 필요한 안전보건교육으로, 특별교육(산업안전보건법 제29조)을 의미함

3) 공공행정에서의 현업업무 종사자(청소, 시설관리, 조리 등 현업업무에 종사하는 사람)는 일반 행정에 관한 규제·집행 사무 및 이를 보조하는 업무와는 업무형태가 현저히 다르거나 유해·위험의 정도가 다른 업무로서 다음의 업무를 수행하는 사람을 말함
　1. 청사 등 시설물의 경비, 유지관리 업무 및 설비·장비 등의 유지관리 업무
　2. 도로의 유지·보수 등의 업무
　3. 도로·가로 등의 청소, 쓰레기·폐기물의 수거·처리 등 환경미화 업무
　4. 공원·녹지 등의 유지관리 업무
　5. 산림조사 및 산림보호 업무
　6. 조리 실무 및 급식실 운영 등 조리시설 관련 업무

4) 교육 서비스업 중 초등·중등·고등 교육기관, 특수학교·외국인학교 및 대안학교에서의 현업업무 종사자는 수업과 행정에 관한 업무 및 이를 보조하는 업무와는 업무형태가 현저히 다르거나 유해·위험의 정도가 다른 업무로서 다음의 업무를 수행하는 사람을 말함
　1. 학교 시설물 및 설비·장비 등의 유지관리 업무
　2. 학교 경비 및 학생 통학 보조 업무
　3. 조리 실무 및 급식실 운영 등 조리시설 관련 업무

3 / 사업주 및 근로자등의 의무(산업안전보건법 제5조, 제6조)

① 개요

사업주는(특수형태근로종사자로부터 노무를 제공받는 자와 물건의 수거·배달 등을 중개하는 자를 포함) 법령에서 정한 사항을 이행함으로써 근로자(특수형태근로종사자와 물건의 수거·배달 등을 하는 자를 포함)의 안전 및 건강을 유지·증진시키고 국가의 산업재해 예방정책을 따라야 함

② 사업주의 의무사항

① 산업안전보건법과 동법에 따른 명령으로 정하는 산업재해 예방을 위한 기준 준수

② 근로자의 신체적 피로와 정신적 스트레스 등을 줄일 수 있는 쾌적한 작업환경의 조성 및 근로조건 개선

③ 해당 사업장의 안전 및 보건에 관한 정보를 근로자에게 제공

③ 발주·설계·제조·수입 또는 건설하는 자의 의무사항

① 대상

가. 기계·기구와 그 밖의 설비를 설계·제조 또는 수입하는 자

나. 원재료 등을 제조·수입하는 자

다. 건설물을 발주·설계·건설하는 자

② 의무사항

가. 발주·설계·제조·수입 또는 건설을 할 때 산업안전보건법과 동법에 따른 명령으로 정하는 기준 준수

나. 발주·설계·제조·수입 또는 건설에 사용되는 물건으로 인하여 발생하는 산업재해를 방지하기 위하여 필요한 조치 실시

④ 근로자의 의무

근로자는 산업안전보건법과 동법에 따른 명령으로 정하는 산업재해 예방을 위한 기준을 지켜야 하며, 사업주 또는 근로감독관, 안전보건공단 등 관계인이 실시하는 산업재해 예방에 관한 조치에 따라야 함

4 / 산업재해 발생건수 등의 공표(산업안전보건법 제10조)

1 개요

고용노동부장관은 산업재해를 예방하기 위하여 법령에서 정하는 사업장의 근로자 산업
재해 발생건수, 재해율 또는 그 순위(이하 "산업재해발생건수등")를 공표하고, 도급인의 사업
장에서 관계수급인 근로자가 작업을 하는 경우에 도급인의 산업재해발생건수등에 관계
수급인의 산업재해발생건수등을 포함하여 통합 공표

2 공표대상 사업장

① 공표대상

  가. 사망재해자(산업재해로 인한 사망자)가 연간 2명 이상 발생한 사업장

  나. 사망만인율[5]이 규모별 같은 업종의 평균 사망만인율 이상인 사업장

  다. 중대산업사고가 발생한 사업장

  라. 산업재해 발생 사실을 은폐한 사업장

  마. 산업재해의 발생에 관한 보고를 최근 3년 이내 2회 이상 하지 않은 사업장

② 관계수급인 산업재해발생건수등을 포함하여 공표 ᐧ

  가목부터 다목에 해당하는 사업장은 해당 사업장이 관계수급인의 사업장으로서 도급인이 관계수급
  인 근로자의 산업재해 예방을 위한 조치의무를 위반하여 관계수급인 근로자가 산업재해를 입은 경우
  에는 도급인의 사업장의 산업재해발생건수등을 함께 공표

3 통합공표 대상 사업장

다음에 해당하는 사업이 이루어지는 사업장으로서 도급인이 사용하는 상시근로자 수가
500명 이상이고 도급인 사업장의 사고사망만인율[6]보다 관계수급인의 근로자를 포함하
여 산출한 사고사망만인율이 높은 사업장

① 제조업

② 철도운송업

③ 도시철도운송업

④ 전기업

---

5) 사망재해자 수를 연간 상시근로자 1만명당 발생하는 사망재해자 수의 비율
6) 질병으로 인한 사망재해자를 제외하고 산출한 사망만인율을 말함

④ **도급인과 수급인의 통합 산업재해 관련 자료 제출**

① 지방고용노동관서의 장은 도급인의 산업재해발생건수등에 관계수급인의 산업재해 발생건수등을 포함하여 공표하기 위하여 필요하면 도급인에게 도급인의 사업장에서 작업하는 관계수급인 근로자의 산업재해 발생에 관한 자료를 제출하도록 공표의 대상이 되는 연도의 다음 연도 3월 15일까지 요청

② 자료의 제출을 요청받은 도급인은 그 해 4월 30일까지 통합 산업재해 현황 조사표[7]를 작성하여 지방고용노동관서의 장에게 제출[8]

③ 도급인은 그의 관계수급인에게 통합 산업재해 현황 조사표의 작성에 필요한 자료를 요청할 수 있음

⑤ **공표방법**

공표는 관보, 보급지역을 전국으로 하여 등록한 일반일간신문 또는 인터넷 등에 게재하는 방법으로 공표

⑥ **벌칙**

위반행위	세부내용	과태료 금액(만원)		
		1차 위반	2차 위반	3차 이상 위반
관계수급인에 관한 자료를 제출하지 않거나 거짓으로 제출한 경우	-	1,000	1,000	1,000

---

7) 산업안전부건법 시행규칙 별지 제1호
8) 전자문서로 제출하는 것을 포함

ⓘ Tip

■ **산업재해관련 용어정의**

〈재해유형 용어〉

○ 떨어짐: 높이가 있는 곳에서 사람이 떨어짐

○ 넘어짐: 사람이 미끄러지거나 넘어짐

○ 깔림·뒤집힘: 물체의 쓰러짐이나 뒤집힘

○ 부딪힘: 물체에 부딪힘

○ 물체에 맞음: 날아오거나 떨어진 물체에 맞음

○ 무너짐: 건축물이나 쌓인 물체가 무너짐

○ 끼임: 기계설비에 끼이거나 감김

○ 절단·베임·찔림: 칼 등 날카로운 물체 또는 톱 등의 회전날 부위에 절단되거나 베어짐

○ 감전: 전기가 흐르는 전선 또는 누전되거나 특별고압에 접근하여 접촉 등이 발생한 경우

○ 폭발·파열: 폭발압이 폭음 및 열과 같이 발생한 경우를 폭발, 배관 또는 용기 등이 물리적 압력에 의해 찢어지거나 터지는 경우 등을 파열

○ 불균형 및 무리한 동작: 과도한 힘 또는 급격한 동작으로 인해 상해를 입는 것

○ 이상온도 접촉: 고온이나 저온 환경 또는 물체에 접촉한 경우

○ 화학물질 누출·접촉: 유해·위험한 물질에 접촉하거나 흡입한 경우

〈재해통계 용어〉

○ 재해율(%): 근로자 100명당 발생하는 재해자수의 비율

  * 재해율(%)=(재해자수/근로자수)×100

○ 사망자수(명): 업무상 사고 또는 질병으로 인해 발생한 사망자수

  - 사고사망자수(명): 업무상 사고로 인해 발생한 사망자수

  - 질병사망자수(명): 질병으로 인해 발생한 사망자수

○ 사망만인율(‰): 근로자 10,000명당 발생하는 사망자수의 비율

  * 사망만인율(‰)=(사망자수/근로자수)×10,000

  - 사고사망만인율(‰): 근로자 10,000명당 발생하는 업무상사고 사망자수

  * 사고사망만인율=(사고사망자수/근로자수)×10,000

○ 질병자수(명): 업무상 질병으로 인해 발생한 사망자와 이환자를 합한 수

○ 질병발병율(%): 근로자 100명당 발생하는 질병자수의 비율

  * 질병발병율(%)=(질병자수/근로자수)×100

○ 도수율(빈도율): 1,000,000 근로시간당 요양재해발생 건수

  * 도수율(빈도율)=(요양재해건수/연근로시간수)×1,000,000

○ 강도율: 근로시간 합계 1,000시간당 요양재해로 인한 근로손실일수

  * 강도율=(총요양근로손실일수/연근로시간수)×1,000

제2장

안전보건관리체제

1 / 이사회 보고 및 승인 등(산업안전보건법 제14조)

① 개요

「상법」 제170조에 따른 주식회사의 대표이사(「상법」 제408조의2제1항 후단에 따라 대표이사를 두지 못하는 회사의 경우에는 같은 법 제408조의5에 따른 대표집행임원을 말함)는 매년 회사의 안전 및 보건에 관한 계획을 수립하여 이사회에 보고하고 승인을 받아야 함

② 이사회 보고·승인 대상 회사

① 상시근로자 500명 이상을 사용하는 회사

② 「건설산업기본법」 제23조에 따라 평가(같은 법 시행령 별표 1의 종합공사를 시공하는 업종의 건설업종란 제3호에 따른 토목건축공사업에 대한 평가 및 공시로 한정)하여 공시된 시공능력의 순위 상위 1천위 이내의 건설회사

③ 안전 및 보건에 관한 계획 수립 시 포함되어야 할 사항

① 안전 및 보건에 관한 경영방침

② 안전·보건관리 조직의 구성·인원 및 역할

③ 안전·보건 관련 예산 및 시설 현황

④ 안전 및 보건에 관한 전년도 활동실적 및 다음 연도 활동계획

④ 이행

대표이사는 안전 및 보건에 관한 계획을 성실하게 이행

⑤ 벌칙

위반행위	세부내용	과태료 금액(만원)		
		1차 위반	2차 위반	3차 이상 위반
회사의 안전 및 보건에 관한 계획을 이사회에 보고하지 않거나 승인을 받지 않은 경우	-	1,000	1,000	1,000

2 / 안전보건관리책임자(산업안전보건법 제15조)

① 개요

사업장을 실질적으로 총괄하여 관리하는 사람[9]을 안전보건관리책임자로 선임하고, 법령에서 정한 업무를 총괄하여 관리토록 하여 사업장의 안전보건관리가 원활히 수행될 수 있도록 함

② 안전보건관리책임자의 업무

① 다음 각 호의 업무 총괄·관리

가. 사업장의 산업재해 예방계획의 수립에 관한 사항

나. 안전보건관리규정의 작성 및 변경에 관한 사항

다. 안전보건교육에 관한 사항

라. 작업환경측정 등 작업환경의 점검 및 개선에 관한 사항

마. 근로자의 건강진단 등 건강관리에 관한 사항

바. 산업재해의 원인 조사 및 재발방지대책 수립에 관한 사항

사. 산업재해에 관한 통계의 기록 및 유지에 관한 사항

아. 안전장치 및 보호구 구입 시 적격품 여부 확인에 관한 사항

자. 위험성평가의 실시에 관한 사항과 산업안전보건기준에 관한 규칙에서 정하는 근로자의 위험 또는 건강장해의 방지에 관한 사항

② 지휘·감독

안전관리자와 보건관리자 지휘·감독

③ 선임

① 선임된 안전보건관리책임자에게 법령에서 정한 업무를 원활하게 수행할 수 있도록 권한·시설·장비·예산, 그 밖에 필요한 지원을 하여야 함

② 안전보건관리책임자를 선임하였을 때에는 그 선임 사실 및 업무의 수행내용을 증명할 수 있는 서류를 갖춰 두어야 함

---

9) 사업장을 실질적으로 총괄하여 관리하는 사람이란 사업의 경영에 대한 실질적인 책임과 권한을 가진 최종관리자를 말함

④ 선임 대상 사업장

규모	사업의 종류
상시 근로자 50명 이상	1. 토사석 광업 2. 식료품 제조업, 음료 제조업 3. 목재 및 나무제품 제조업(가구 제외) 4. 펄프, 종이 및 종이제품 제조업 5. 코크스, 연탄 및 석유정제품 제조업 6. 화학물질 및 화학제품 제조업(의약품 제외) 7. 의료용 물질 및 의약품 제조업 8. 고무 및 플라스틱제품 제조업 9. 비금속 광물제품 제조업 10. 1차 금속 제조업 11. 금속가공제품 제조업 　(기계 및 가구 제외) 12. 전자부품, 컴퓨터, 영상, 음향 및 통신장비 제조업 13. 의료, 정밀, 광학기기 및 시계 제조업 14. 전기장비 제조업 15. 기타 기계 및 장비 제조업 16. 자동차 및 트레일러 제조업 17. 기타 운송장비 제조업 18. 가구 제조업 19. 기타 제품 제조업 20. 서적, 잡지 및 기타 인쇄물 출판업 21. 해체, 선별 및 원료 재생업 22. 자동차 종합 수리업, 자동차 전문 수리업
상시 근로자 300명 이상	23. 농업 24. 어업 25. 소프트웨어 개발 및 공급업 26. 컴퓨터 프로그래밍, 시스템 통합 및 관리업 27. 정보서비스업 28. 금융 및 보험업 29. 임대업(부동산 제외) 30. 전문, 과학 및 기술 서비스업(연구개발업은 제외) 31. 사업지원 서비스업 32. 사회복지 서비스업
공사금액 20억원 이상	33. 건설업
상시 근로자 100명 이상	34. 제1호부터 제33호까지의 사업을 제외한 사업

⑤ 벌칙

위반행위	세부내용	과태료 금액(만원)		
		1차 위반	2차 위반	3차 이상 위반
사업장을 실질적으로 총괄하여 관리하는 사람으로 하여금 업무를 총괄하여 관리하도록 하지 않은 경우	1) 안전보건관리책임자를 선임하지 않은 경우	500	500	500
	2) 안전보건관리책임자로 하여금 업무를 총괄관리하도록 하지 않은 경우	300	400	500

3 / 관리감독자(산업안전보건법 제16조)

① 개요

사업장의 생산과 관련되는 업무와 그 소속 직원을 직접 지휘·감독하는 직위에 있는 관리감독자에게 산업안전 및 보건에 관한 업무를 수행하도록 하여 산업재해를 예방하는데 중추적 역할을 담당할 수 있도록 하여야 함

② 관리감독자의 기본 업무

① 사업장 내 관리감독자가 지휘·감독하는 작업과 관련된 기계·기구 또는 설비의 안전·보건 점검 및 이상 유무의 확인

② 관리감독자에게 소속된 근로자의 작업복·보호구 및 방호장치의 점검과 그 착용·사용에 관한 교육·지도

③ 해당작업에서 발생한 산업재해에 관한 보고 및 이에 대한 응급조치

④ 해당작업의 작업장 정리·정돈 및 통로확보에 대한 확인·감독

⑤ 사업장의 다음 각 목의 어느 하나에 해당하는 사람의 지도·조언에 대한 협조

　가. 안전관리자[안전관리자의 업무를 안전관리전문기관에 위탁한 사업장은 그 안전관리전문기관의 해당 사업장 담당자]

　나. 보건관리자[보건관리자의 업무를 보건관리전문기관에 위탁한 사업장은 그 보건관리전문기관의 해당 사업장 담당자]

　다. 안전보건관리담당자(안전보건관리담당자의 업무를 안전관리전문기관 또는 보건관리전문기관에 위탁한 사업장은 그 안전관리전문기관 또는 보건관리전문기관의 해당 사업장 담당자)

　라. 산업보건의

⑥ 위험성평가에 관하여 유해·위험요인의 파악에 대한 참여 및 개선조치의 시행에 대한 참여

③ 관리감독자의 유해·위험 방지 업무(산업안전보건기준에 관한 규칙 제35조①)

① 사업주는 관리감독자로 하여금 산업안전보건기준에 관한 규칙 별표 2에서 정하는 바에 따라 유해·위험을 방지하기 위한 업무를 수행토록 함

② 유해·위험 방지 업무를 수행하여야 할 작업 대상 및 내용

작업의 종류	직무수행 내용
1. 프레스등을 사용하는 작업 [산업안전보건기준에 관한 규칙] ("이 표에서 이하 동일") (제2편제1장제3절)	가. 프레스등 및 그 방호장치를 점검하는 일 나. 프레스등 및 그 방호장치에 이상이 발견되면 즉시 필요한 조치를 하는 일 다. 프레스등 및 그 방호장치에 전환스위치를 설치했을 때 그 전환스위치의 열쇠를 관리하는 일 라. 금형의 부착·해체 또는 조정작업을 직접 지휘하는 일
2. 목재가공용 기계를 취급하는 작업 (제2편제1장제4절)	가. 목재가공용 기계를 취급하는 작업을 지휘하는 일 나. 목재가공용 기계 및 그 방호장치를 점검하는 일 다. 목재가공용 기계 및 그 방호장치에 이상이 발견된 즉시 보고 및 필요한 조치를 하는 일 라. 작업 중 지그(jig) 및 공구 등의 사용 상황을 감독하는 일
3. 크레인을 사용하는 작업 (제2편제1장제9절제2관·제3관)	가. 작업방법과 근로자 배치를 결정하고 그 작업을 지휘하는 일 나. 재료의 결함 유무 또는 기구 및 공구의 기능을 점검하고 불량품을 제거하는 일 다. 작업 중 안전대 또는 안전모의 착용 상황을 감시하는 일
4. 위험물을 제조하거나 취급하는 작업 (제2편제2장제1절)	가. 작업을 지휘하는 일 나. 위험물을 제조하거나 취급하는 설비 및 그 설비의 부속설비가 있는 장소의 온도·습도·차광 및 환기 상태 등을 수시로 점검하고 이상을 발견하면 즉시 필요한 조치를 하는 일 다. 나목에 따라 한 조치를 기록하고 보관하는 일
5. 건조설비를 사용하는 작업 (제2편제2장제5절)	가. 건조설비를 처음으로 사용하거나 건조방법 또는 건조물의 종류를 변경했을 때에는 근로자에게 미리 그 작업방법을 교육하고 작업을 직접 지휘하는 일 나. 건조설비가 있는 장소를 항상 정리정돈하고 그 장소에 가연성 물질을 두지 않도록 하는 일
6. 아세틸렌 용접장치를 사용하는 금속의 용접·용단 또는 가열작업 (제2편제2장제6절제1관)	가. 작업방법을 결정하고 작업을 지휘하는 일 나. 아세틸렌 용접장치의 취급에 종사하는 근로자로 하여금 다음의 작업요령을 준수하도록 하는 일 　(1) 사용 중인 발생기에 불꽃을 발생시킬 우려가 있는 공구를 사용하거나 그 발생기에 충격을 가하지 않도록 할 것 　(2) 아세틸렌 용접장치의 가스누출을 점검할 때에는 비눗물을 사용하는 등 안전한 방법으로 할 것 　(3) 발생기실의 출입구 문을 열어 두지 않도록 할 것 　(4) 이동식 아세틸렌 용접장치의 발생기에 카바이드를 교환할 때에는 옥외의 안전한 장소에서 할 것 다. 아세틸렌 용접작업을 시작할 때에는 아세틸렌 용접장치를 점검하고 발생기 내부로부터 공기와 아세틸렌의 혼합가스를 배제하는 일 라. 안전기는 작업 중 그 수위를 쉽게 확인할 수 있는 장소에 놓고 1일 1회 이상 점검하는 일

작업의 종류	직무수행 내용
	마. 아세틸렌 용접장치 내의 물이 동결되는 것을 방지하기 위하여 아세틸렌 용접장치를 보온하거나 가열할 때에는 온수나 증기를 사용하는 등 안전한 방법으로 하도록 하는 일 바. 발생기 사용을 중지하였을 때에는 물과 잔류 카바이드가 접촉하지 않은 상태로 유지하는 일 사. 발생기를 수리·가공·운반 또는 보관할 때에는 아세틸렌 및 카바이드에 접촉하지 않은 상태로 유지하는 일 아. 작업에 종사하는 근로자의 보안경 및 안전장갑의 착용 상황을 감시하는 일
7. 가스집합용접장치의 취급작업 (제2편제2장제6절제2관)	가. 작업방법을 결정하고 작업을 직접 지휘하는 일 나. 가스집합장치의 취급에 종사하는 근로자로 하여금 다음의 작업요령을 준수하도록 하는 일 　(1) 부착할 가스용기의 마개 및 배관 연결부에 붙어 있는 유류·찌꺼기 등을 제거할 것 　(2) 가스용기를 교환할 때에는 그 용기의 마개 및 배관 연결부 부분의 가스누출을 점검하고 배관 내의 가스가 공기와 혼합되지 않도록 할 것 　(3) 가스누출 점검은 비눗물을 사용하는 등 안전한 방법으로 할 것 　(4) 밸브 또는 콕은 서서히 열고 닫을 것 다. 가스용기의 교환작업을 감시하는 일 라. 작업을 시작할 때에는 호스·취관·호스밴드 등의 기구를 점검하고 손상·마모 등으로 인하여 가스나 산소가 누출될 우려가 있다고 인정할 때에는 보수하거나 교환하는 일 마. 안전기는 작업 중 그 기능을 쉽게 확인할 수 있는 장소에 두고 1일 1회 이상 점검하는 일 바. 작업에 종사하는 근로자의 보안경 및 안전장갑의 착용 상황을 감시하는 일
8. 거푸집 동바리의 고정·조립 또는 해체 작업/지반의 굴착작업/흙막이 지보공의 고정·조립 또는 해체 작업/터널의 굴착작업/건물 등의 해체작업 (제2편제4장제1절제2관·제4장제2절제1관·제4장제2절제3관제1속·제4장제4절)	가. 안전한 작업방법을 결정하고 작업을 지휘하는 일 나. 재료·기구의 결함 유무를 점검하고 불량품을 제거하는 일 다. 작업 중 안전대 및 안전모 등 보호구 착용 상황을 감시하는 일
9. 달비계 또는 높이 5미터 이상의 비계(飛階)를 조립·해체하거나 변경하는 작업(해체작업의 경우 가목은 적용 제외) (제1편제7장제2절)	가. 재료의 결함 유무를 점검하고 불량품을 제거하는 일 나. 기구·공구·안전대 및 안전모 등의 기능을 점검하고 불량품을 제거하는 일 다. 작업방법 및 근로자 배치를 결정하고 작업 진행 상태를 감시하는 일 라. 안전대와 안전모 등의 착용 상황을 감시하는 일

작업의 종류	직무수행 내용
10. 발파작업 (제2편제4장제2절제2관)	가. 점화 전에 점화작업에 종사하는 근로자가 아닌 사람에게 대피를 지시하는 일 나. 점화작업에 종사하는 근로자에게 대피장소 및 경로를 지시하는 일 다. 점화 전에 위험구역 내에서 근로자가 대피한 것을 확인하는 일 라. 점화순서 및 방법에 대하여 지시하는 일 마. 점화신호를 하는 일 바. 점화작업에 종사하는 근로자에게 대피신호를 하는 일 사. 발파 후 터지지 않은 장약이나 남은 장약의 유무, 용수(湧水)의 유무 및 암석·토사의 낙하 여부 등을 점검하는 일 아. 점화하는 사람을 정하는 일 자. 공기압축기의 안전밸브 작동 유무를 점검하는 일 차. 안전모 등 보호구 착용 상황을 감시하는 일
11. 채석을 위한 굴착작업 (제2편제4장제2절제5관)	가. 대피방법을 미리 교육하는 일 나. 작업을 시작하기 전 또는 폭우가 내린 후에는 암석·토사의 낙하·균열의 유무 또는 함수(含水)·용수(湧水) 및 동결의 상태를 점검하는 일 다. 발파한 후에는 발파장소 및 그 주변의 암석·토사의 낙하·균열의 유무를 점검하는 일
12. 화물취급작업 (제2편제6장제1절)	가. 작업방법 및 순서를 결정하고 작업을 지휘하는 일 나. 기구 및 공구를 점검하고 불량품을 제거하는 일 다. 그 작업장소에는 관계 근로자가 아닌 사람의 출입을 금지하는 일 라. 로프 등의 해체작업을 할 때에는 하대(荷臺) 위의 화물의 낙하위험 유무를 확인하고 작업의 착수를 지시하는 일
13. 부두와 선박에서의 하역작업 (제2편제6장제2절)	가. 작업방법을 결정하고 작업을 지휘하는 일 나. 통행설비·하역기계·보호구 및 기구·공구를 점검·정비하고 이들의 사용 상황을 감시하는 일 다. 주변 작업자간의 연락을 조정하는 일
14. 전로 등 전기작업 또는 그 지지물의 설치, 점검, 수리 및 도장 등의 작업 (제2편제3장)	가. 작업구간 내의 충전전로 등 모든 충전 시설을 점검하는 일 나. 작업방법 및 그 순서를 결정(근로자 교육 포함)하고 작업을 지휘하는 일 다. 작업근로자의 보호구 또는 절연용 보호구 착용 상황을 감시하고 감전재해 요소를 제거하는 일 라. 작업 공구, 절연용 방호구 등의 결함 여부와 기능을 점검하고 불량품을 제거하는 일 마. 작업장소에 관계 근로자 외에는 출입을 금지하고 주변 작업자와의 연락을 조정하며 도로작업 시 차량 및 통행인 등에 대한 교통통제 등 작업전반에 대해 지휘·감시하는 일 바. 활선작업용 기구를 사용하여 작업할 때 안전거리가 유지되는지 감시하는 일 사. 감전재해를 비롯한 각종 산업재해에 따른 신속한 응급처치를 할 수 있도록 근로자들을 교육하는 일

작업의 종류	직무수행 내용
15. 관리대상 유해물질을 취급하는 작업 (제3편제1장)	가. 관리대상 유해물질을 취급하는 근로자가 물질에 오염되지 않도록 작업 방법을 결정하고 작업을 지휘하는 업무 나. 관리대상 유해물질을 취급하는 장소나 설비를 매월 1회 이상 순회점 검하고 국소배기장치 등 환기설비에 대해서는 다음 각 호의 사항을 점 검하여 필요한 조치를 하는 업무. 단, 환기설비를 점검하는 경우에는 다음의 사항을 점검 (1) 후드(hood)나 덕트(duct)의 마모·부식, 그 밖의 손상 여부 및 정도 (2) 송풍기와 배풍기의 주유 및 청결 상태 (3) 덕트 접속부가 헐거워졌는지 여부 (4) 전동기와 배풍기를 연결하는 벨트의 작동 상태 (5) 흡기 및 배기 능력 상태 다. 보호구의 착용 상황을 감시하는 업무 라. 근로자가 탱크 내부에서 관리대상 유해물질을 취급하는 경우에 다음의 조치를 했는지 확인하는 업무 (1) 관리대상 유해물질에 관하여 필요한 지식을 가진 사람이 해당 작 업을 지휘 (2) 관리대상 유해물질이 들어올 우려가 없는 경우에는 작업을 하는 설 비의 개구부를 모두 개방 (3) 근로자의 신체가 관리대상 유해물질에 의하여 오염되었거나 작업이 끝난 경우에는 즉시 몸을 씻는 조치 (4) 비상시에 작업설비 내부의 근로자를 즉시 대피시키거나 구조하기 위 한 기구와 그 밖의 설비를 갖추는 조치 (5) 작업을 하는 설비의 내부에 대하여 작업 전에 관리대상 유해물질의 농도를 측정하거나 그 밖의 방법으로 근로자가 건강에 장해를 입을 우려가 있는지를 확인하는 조치 (6) 제(5)에 따른 설비 내부에 관리대상 유해물질이 있는 경우에는 설비 내부를 충분히 환기하는 조치 (7) 유기화합물을 넣었던 탱크에 대하여 제(1)부터 제(6)까지의 조치 외 에 다음의 조치 (가) 유기화합물이 탱크로부터 배출된 후 탱크 내부에 재유입되지 않도록 조치 (나) 물이나 수증기 등으로 탱크 내부를 씻은 후 그 씻은 물이나 수증 기 등을 탱크로부터 배출 (다) 탱크 용적의 3배 이상의 공기를 채웠다가 내보내거나 탱크에 물 을 가득 채웠다가 내보내거나 탱크에 물을 가득 채웠다가 배출 마. 나목에 따른 점검 및 조치 결과를 기록·관리하는 업무
16. 허가대상 유해물질 취급작업 (제3편제2장)	가. 근로자가 허가대상 유해물질을 들이마시거나 허가대상 유해물질에 오 염되지 않도록 작업수칙을 정하고 지휘하는 업무 나. 작업장에 설치되어 있는 국소배기장치나 그 밖에 근로자의 건강장해 예방을 위한 장치 등을 매월 1회 이상 점검하는 업무 다. 근로자의 보호구 착용 상황을 점검하는 업무
17. 석면 해체·제거작업 (제3편제2장제6절)	가. 근로자가 석면분진을 들이마시거나 석면분진에 오염되지 않도록 작업 방법을 정하고 지휘하는 업무 나. 작업장에 설치되어 있는 석면분진 포집장치, 음압기 등의 장비의 이상 유무를 점검하고 필요한 조치를 하는 업무 다. 근로자의 보호구 착용 상황을 점검하는 업무

작업의 종류	직무수행 내용

18. 고압작업
(제3편제5장)
	가. 작업방법을 결정하여 고압작업자를 직접 지휘하는 업무
	나. 유해가스의 농도를 측정하는 기구를 점검하는 업무
	다. 고압작업자가 작업실에 입실하거나 퇴실하는 경우에 고압작업자의 수를 점검하는 업무
	라. 작업실에서 공기조절을 하기 위한 밸브나 콕을 조작하는 사람과 연락하여 작업실 내부의 압력을 적정한 상태로 유지하도록 하는 업무
	마. 공기를 기압조절실로 보내거나 기압조절실에서 내보내기 위한 밸브나 콕을 조작하는 사람과 연락하여 고압작업자에 대하여 가압이나 감압을 다음과 같이 따르도록 조치하는 업무
	  (1) 가압을 하는 경우 1분에 제곱센티미터당 0.8킬로그램 이하의 속도로 함
	  (2) 감압을 하는 경우에는 고용노동부장관이 정하여 고시하는 기준에 맞도록 함
	바. 작업실 및 기압조절실 내 고압작업자의 건강에 이상이 발생한 경우 필요한 조치를 하는 업무

19. 밀폐공간 작업 (제3편제10장)	가. 산소가 결핍된 공기나 유해가스에 노출되지 않도록 작업 시작 전에 해당 근로자의 작업을 지휘하는 업무 나. 작업을 하는 장소의 공기가 적절한지를 작업 시작 전에 측정하는 업무 다. 측정장비·환기장치 또는 공기호흡기 또는 송기마스크를 작업 시작 전에 점검하는 업무 라. 근로자에게 공기호흡기 또는 송기마스크의 착용을 지도하고 착용 상황을 점검하는 업무

④ 관리감독자의 작업 시작 전 점검업무(산업안전보건기준에 관한 규칙 제35조②)

① 사업주는 관리감독자로 하여금 작업을 시작하기 전에 필요한 사항을 점검하도록 하여야 함

② 작업시작 전 점검 대상 작업의 종류 및 내용

작업의 종류	점검내용
1. 프레스등을 사용하여 작업을 할 때 (제2편제1장제3절)	가. 클러치 및 브레이크의 기능 나. 크랭크축·플라이휠·슬라이드·연결봉 및 연결 나사의 풀림 여부 다. 1행정 1정지기구·급정지장치 및 비상정지장치의 기능 라. 슬라이드 또는 칼날에 의한 위험방지 기구의 기능 마. 프레스의 금형 및 고정볼트 상태 바. 방호장치의 기능 사. 전단기(剪斷機)의 칼날 및 테이블의 상태
2. 로봇의 작동 범위에서 그 로봇에 관하여 교시 등(로봇의 동력원을 차단하고 하는 것은 제외)의 작업을 할 때 (제2편제1장제13절)	가. 외부 전선의 피복 또는 외장의 손상 유무 나. 매니퓰레이터(manipulator) 작동의 이상 유무 다. 제동장치 및 비상정지장치의 기능

작업의 종류	점검내용
3. 공기압축기를 가동할 때 (제2편제1장제7절)	가. 공기저장 압력용기의 외관 상태 나. 드레인밸브(drain valve)의 조작 및 배수 다. 압력방출장치의 기능 라. 언로드밸브(unloading valve)의 기능 마. 윤활유의 상태 바. 회전부의 덮개 또는 울 사. 그 밖의 연결 부위의 이상 유무
4. 크레인을 사용하여 작업을 하는 때 (제2편제1장제9절제2관)	가. 권과방지장치·브레이크·클러치 및 운전장치의 기능 나. 주행로의 상측 및 트롤리(trolley)가 횡행하는 레일의 상태 다. 와이어로프가 통하고 있는 곳의 상태
5. 이동식 크레인을 사용하여 작업을 할 때 (제2편제1장제9절제3관)	가. 권과방지장치나 그 밖의 경보장치의 기능 나. 브레이크·클러치 및 조정장치의 기능 다. 와이어로프가 통하고 있는 곳 및 작업장소의 지반상태
6. 리프트(자동차정비용 리프트를 포함)를 사용하여 작업을 할 때 (제2편제1장제9절제4관)	가. 방호장치·브레이크 및 클러치의 기능 나. 와이어로프가 통하고 있는 곳의 상태
7. 곤돌라를 사용하여 작업을 할 때 (제2편제1장제9절제5관)	가. 방호장치·브레이크의 기능 나. 와이어로프·슬링와이어(sling wire) 등의 상태
8. 양중기의 와이어로프·달기체인·섬 유로프·섬유벨트 또는 혹·샤클·링 등의 철구를 사용하여 고리걸이작 업을 할 때 (제2편제1장제9절제7관)	와이어로프등의 이상 유무
9. 지게차를 사용하여 작업을 하는 때 (제2편제1장제10절제2관)	가. 제동장치 및 조종장치 기능의 이상 유무 나. 하역장치 및 유압장치 기능의 이상 유무 다. 바퀴의 이상 유무 라. 전조등·후미등·방향지시기 및 경보장치 기능의 이상 유무
10. 구내운반차를 사용하여 작업을 할 때 (제2편제1장제10절제3관)	가. 제동장치 및 조종장치 기능의 이상 유무 나. 하역장치 및 유압장치 기능의 이상 유무 다. 바퀴의 이상 유무 라. 전조등·후미등·방향지시기 및 경음기 기능의 이상 유무 마. 충전장치를 포함한 홀더 등의 결합상태의 이상 유무
11. 고소작업대를 사용하여 작업을 할 때 (제2편제1장제10절제4관)	가. 비상정지장치 및 비상하강 방지장치 기능의 이상 유무 나. 과부하 방지장치의 작동 유무(와이어로프 또는 체인구동방식의 경우) 다. 아웃트리거 또는 바퀴의 이상 유무 라. 작업면의 기울기 또는 요철 유무 마. 활선작업용 장치의 경우 흠·균열·파손 등 그 밖의 손상 유무
12. 화물자동차를 사용하는 작업을 하 게 할 때 (제2편제1장제10절제5관)	가. 제동장치 및 조종장치의 기능 나. 하역장치 및 유압장치의 기능 다. 바퀴의 이상 유무

작업의 종류	점검내용
13. 컨베이어등을 사용하여 작업을 할 때 (제2편제1장제11절)	가. 원동기 및 풀리(pulley) 기능의 이상 유무 나. 이탈 등의 방지장치 기능의 이상 유무 다. 비상정지장치 기능의 이상 유무 라. 원동기·회전축·기어 및 풀리 등의 덮개 또는 울 등의 이상 유무
14. 차량계 건설기계를 사용하여 작업을 할 때 (제2편제1장제12절제1관)	브레이크 및 클러치 등의 기능
14의2. 용접·용단 작업 등의 화재위험 작업을 할 때 (제2편제2장제2절)	가. 작업 준비 및 작업 절차 수립 여부 나. 화기작업에 따른 인근 가연성물질에 대한 방호조치 및 소화기구 비치 여부 다. 용접불티 비산방지덮개 또는 용접방화포 등 불꽃·불티 등의 비산을 방지하기 위한 조치 여부 라. 인화성 액체의 증기 또는 인화성 가스가 남아 있지 않도록 하는 환기 조치 여부 마. 작업근로자에 대한 화재예방 및 피난교육 등 비상조치 여부
15. 이동식 방폭구조(防爆構造) 전기기계·기구를 사용할 때 (제2편제3장제1절)	전선 및 접속부 상태
16. 근로자가 반복하여 계속적으로 중량물을 취급하는 작업을 할 때 (제2편제5장)	가. 중량물 취급의 올바른 자세 및 복장 나. 위험물이 날아 흩어짐에 따른 보호구의 착용 다. 카바이드·생석회(산화칼슘) 등과 같이 온도상승이나 습기에 의하여 위험성이 존재하는 중량물의 취급방법 라. 그 밖에 하역운반기계등의 적절한 사용방법
17. 양화장치를 사용하여 화물을 싣고 내리는 작업을 할 때 (제2편제6장제2절)	가. 양화장치(揚貨裝置)의 작동상태 나. 양화장치에 제한하중을 초과하는 하중을 실었는지 여부
18. 슬링 등을 사용하여 작업을 할 때 (제2편제6장제2절)	가. 훅이 붙어 있는 슬링·와이어슬링 등이 매달린 상태 나. 슬링·와이어슬링 등의 상태(작업시작 전 및 작업 중 수시로 점검)

⑤ 관리감독자 지정의 적정성

① 법령에서 규정한 관리감독자의 기본 업무, 유해·위험 방지 업무 및 작업시작 전 점검 업무의 내용을 토대로 생산현장에서 소속직원을 직접 지휘·감독하는 자로 지정

예를 들면 제조업의 경우 사무실에서 주로 근무하는 관리자보다는 생산현장에서 기계·기구의 점검, 방호장치의 점검 등의 업무를 수시로 실시할 수 있는 자가 적합

② 관리감독자는 당연직으로 별도의 지정 등의 행정절차는 필요하지 않으나, 관리감독자에 해당하는 자기 자신이 관리감독자임을 알고, 법령에서 규정한 업무를 원활히 할 수 있도록 시정서, 임명상 등을 줄 필요가 있음

⑥ 벌칙

위반행위	세부내용	과태료 금액(만원)		
		1차 위반	2차 위반	3차 이상 위반
관리감독자에게 직무와 관련된 산업 안전 및 보건에 관한 업무를 수행하도록 하지 않은 경우	-	300	400	500

4 / 안전관리자(산업안전보건법 제17조)

① 개요

사업장 내 안전에 관한 기술적인 사항에 관하여 사업주 또는 안전보건관리책임자를 보좌하고 관리감독자에게 지도·조언하는 업무를 수행하는 안전관리자를 두어야 함

② 안전관리자 선임 대상

사업의 종류	규모	안전관리자의 수	안전관리자의 선임방법
1. 토사석 광업 2. 식료품 제조업, 음료 제조업 3. 목재 및 나무제품 제조(가구제외) 4. 펄프, 종이 및 종이제품 제조업 5. 코크스, 연탄 및 석유정제품 제조업 6. 화학물질 및 화학제품 제조업 　(의약품 제외) 7. 의료용 물질 및 의약품 제조업 8. 고무 및 플라스틱제품 제조업 9. 비금속 광물제품 제조업 10. 1차 금속 제조업 11. 금속가공제품 제조업 　(기계 및 가구 제외)	상시근로자 50명 이상 500명 미만	1명 이상	별표 4 각 호의 어느 하나에 해당하는 사람(같은 표 제3호·제7호·제9호 및 제10호에 해당하는 사람은 제외)을 선임
12. 전자부품, 컴퓨터, 영상, 음향 및 통신장비 제조업 13. 의료, 정밀, 광학기기 및 시계 제조업 14. 전기장비 제조업 15. 기타 기계 및 장비제조업 16. 자동차 및 트레일러 제조업 17. 기타 운송장비 제조업 18. 가구 제조업 19. 기타 제품 제조업 20. 서적, 잡지 및 기타 인쇄물 출판업 21. 해체, 선별 및 원료 재생업 22. 자동차 종합 수리업, 자동차 전문 수리업 23 발전업 24. 농업, 임업 및 어업 25. 제2호부터 제19호까지의 사업을 제외한 제조업	상시근로자 500명 이상	2명 이상	별표 4 각 호의 어느 하나에 해당하는 사람(같은 표 제7호·제9호 및 제10호에 해당하는 사람은 제외)을 선임하되, 같은 표 세1호·세2호('국가기술자격법」에 따른 산업안전산업기사의 자격을 취득한 사람은 제외) 또는 제4호에 해당하는 사람이 1명 이상 포함되어야 함

사업의 종류	규모	안전 관리자의 수	안전관리자의 선임방법
26. 전기, 가스, 증기 및 공기조절공급업 　(발전업은 제외) 27. 수도, 하수 및 폐기물 처리, 원료 재생업 　(제21호에 해당하는 사업은 제외) 28. 운수 및 창고업 29. 도매 및 소매업 30. 숙박 및 음식점업 31. 영상·오디오 기록물 제작 및 배급업 32. 방송업 33. 우편 및 통신업 34. 부동산업 35. 임대업; 부동산 제외 36. 연구개발업 37. 사진처리업	상시근로자　50명 이상　1천명　미만. 다만, 제34호의 부 동산업(부동산 관리 업은 제외)과 제37 호의 사진처리업의 경우에는 상시근로 자 100명 이상 1천 명 미만으로 함	1명 이상	별표 4 각 호의 어느 하나 에 해당하는 사람(별표 4 제9 호에 해당하는 사람은 제외)을 선임하되, 별표 4 제1호부 터 제3호까지, 제6호 또는 제7호 중 어느 하나에 해당 하는 사람 1명 이상이 포함
38. 사업시설 관리 및 조경 서비스업 39. 청소년 수련시설 운영업 40. 보건업 41. 예술, 스포츠 및 여가관련 서비스업 42. 개인 및 소비용품수리업 　(제22호에 해당하는 사업은 제외) 43. 기타 개인 서비스업 44. 공공행정(청소, 시설관리, 조리 등 현업업무 　에 종사하는 사람으로서 고용노동부장관이 　정하여 고시하는 사람으로 한정)[10] 45. 교육서비스업 중 초등·중등·고등 교육기 　관, 특수학교·외국인학교 및 대안학교(청 　소, 시설관리, 조리 등 현업업무에 종사하는 　사람으로서 고용노동부장관이 정하여 고시하 　는 사람으로 한정)[11]	상시근로자 1천명 이상	2명 이상	별표 4 각 호의 어느 하나에 해당하는사람(별표4제4호·제 5호·제12호 및 제13호에 해당 하는 사람은 제외한다. 다만, 제 23호·제25호·제26호 및 제28호 부터 제40호까지의 사업의 경 우 별표 4 제4호 및 제5호에 해 당하는 사람에 대해서는 그러 하지 아니함)을 선임
46. 건설업	공사금액　50억원 이상 (관계수급인은 100억원 이상) 120 억원 미만 (「건설산업기본법」 시 행령」 별표 1의 종합공 사를 시공하는 업종의 건설업종란　제1호에 따른 토목공사업의 경 우에는 150억원 미만)	1명	별표 4 제1호부터 제7호까 지 또는 제10호에 해당하는 사람을 선임

사업의 종류	규모	안전 관리자의 수	안전관리자의 선임방법
	공사금액 120억원 이상(「건설산업기본법 시행령」별표 1의 종합공사를 시공하는 업종의 건설업종란 제1호에 따른 토목공사업의 경우에는 150억원 이상) 800억원 미만		
	공사금액 800억원 이상 1,500억원 미만	2명 이상. 다만, 전체 공사기간을 100으로 할 때 공사 시작에서 15에 해당하는 기간과 공사 종료 전의 15에 해당하는 기간(이하 "전체 공사기간 중 전·후 15에 해딩하는 기간"이라 한다) 동안은 1명 이상으로 함	별표 4 제1호부터 제7호까지 또는 제10호에 해당하는 사람을 선임하되, 같은 표 제1호부터 제3호까지의 어느 하나에 해당하는 사람이 1명 이상 포함되어야 함
	공사금액 1,500억원 이상 2,200억원 미만	3명 이상. 다만, 전체 공사기간 중 전·후 15에 해당하는 기간은 2명 이상으로 함	별표 4 제1호부터 제7호까지의 어느 하나에 해당하는 사람을 선임하되, 같은 표 제1호 또는 「국가기술자격법」에 따른 건설안전기술사(건설안전기사 또는 산업안전산업기사의 자격을 취득한 후 7년 이상 건설안전 업무를 수행한 사람이거나 건설안전산업기사 또는 산업안전산업기사의 자격을 취득한 후 10년 이상 건설안전 업무를 수행한 사람을 포함)자격을 취득한 사람(이하 "산업안전지도사등"이라 한다)이 1명 이상 포함되어야 함
	2,200억원 이상 3,000억원 미만	4명 이상. 다만, 전체 공사기간 중 전·후 15에 해당하는 기간은 2명 이상으로 함	

사업의 종류	규모	안전관리자의 수	안전관리자의 선임방법
	공사금액 3천억원 이상 3,900억원 미만	5명 이상. 다만, 전체 공사기간 중 전·후 15에 해당하는 기간은 3명 이상으로 함	별표 4 제1호부터 제7호까지의 어느 하나에 해당하는 사람을 선임하되, 산업안전지도사등이 2명 이상 포함되어야 함. 다만, 전체 공사기간 중 전·후 15에 해당하는 기간에는 산업안전지도사등이 1명 이상 포함되어야 함
	공사금액 3,900억원 이상 4,900억원 미만	6명. 다만, 전체 공사기간 중 전·후 15에 해당하는 기간은 3명 이상으로 함	
	공사금액 4,900억원 이상 6,000억원 미만	7명 이상. 다만, 전체 공사기간 중 전·후 15에 해당하는 기간은 4명 이상으로 함	별표 4 제1호부터 제7호까지의 어느 하나에 해당하는 사람을 선임하되, 산업안전지도사등이 2명 이상 포함되어야 함. 다만, 전체 공사기간 중 전·후 15에 해당하는 기간에는 산업안전지도사등이 2명 이상 포함되어야 함
	공사금액 6,000억원 이상 7,200억원 미만	8명 이상. 다만, 전체 공사기간 중 전·후 15에 해당하는 기간은 4명 이상으로 함	
	공사금액 7,200억원 이상 8,500억원 미만	9명 이상. 다만, 전체 공사기간 중 전·후 15에 해당하는 기간은 5명 이상으로 함	별표 4 제1호부터 제7호까지의 어느 하나에 해당하는 사람을 선임하되, 산업안전지도사등이 3명 이상 포함되어야 함. 다만, 전체 공사기간 중 전·후 15에 해당하는 기간에는 산업안전지도사등이 3명 이상 포함되어야 함

사업의 종류	규모	안전관리자의 수	안전관리자의 선임방법
	공사금액 8,500억원 이상 1조원 미만	10명 이상. 다만, 전체 공사기간 중 전·후 15에 해당하는 기간은 5명 이상으로 함	
	1조원 이상	11명 이상[매 2천억원(2조원 이상부터는 매 3천억원)마다 1명씩 추가] 다만, 전체 공사기간 중 전·후 15에 해당하는 기간은 선임 대상 안전관리자 수의 2분의 1(소수점 이하는 올림) 이상으로 함	

※ 비고
1. 철거공사가 포함된 건설공사의 경우 철거공사만 이루어지는 기간은 전체 공사기간에는 산입되나 전체 공사기간 중 전·후 15에 해당하는 기간에는 산입되지 않는다. 이 경우 전체 공사기간 중 전·후 15에 해당하는 기간은 철거공사만 이루어지는 기간을 제외한 공사기간을 기준으로 산정.
2. 철거공사만 이루어지는 기간에는 공사금액별로 선임해야 하는 최소 안전관리자 수 이상으로 안전관리자를 선임

③ 안전관리자의 업무

① 산업안전보건위원회 또는 안전 및 보건에 관한 노사협의체에서 심의·의결한 업무와 안전보건관리규정 및 취업규칙에서 정한 업무

---

10) 공공행정에서의 현업업무 종사자(청소, 시설관리, 조리 등 현업업무에 종사하는 사람)는 일반 행정에 관한 규제·집행 사무 및 이를 보조하는 업무와는 업무형태가 현저히 다르거나 유해·위험의 정도가 다른 업무로서 다음의 업무를 수행하는 사람을 말함
 1. 청사 등 시설물의 경비, 유지관리 업무 및 설비·장비 등의 유지관리 업무
 2. 도로의 유지·보수 등의 업무
 3. 도로·가로 등의 청소, 쓰레기·폐기물의 수거·처리 등 환경미화 업무
 4. 공원·녹지 등의 유지관리 업무
 5. 산림조사 및 산림보호 업무
 6. 조리 실무 및 급식실 운영 등 조리시설 관련 업무
11) 교육 서비스업 중 초등·중등·고등 교육기관, 특수학교·외국인학교 및 대안학교에서의 현업업무 종사자는 수업과 행정에 관한 업무 및 이를 보조하는 업무와는 업무형태가 현저히 다르거나 유해·위험의 정도가 다른 업무로서 다음의 업무를 수행하는 사람을 말함
 1. 학교 시설물 및 설비·장비 등의 유지관리 업무
 2. 학교 경비 및 학생 통학 보소 업무
 3. 조리 실무 및 급식실 운영 등 조리시설 관련 업무

② 위험성평가에 관한 보좌 및 지도·조언

③ 안전인증대상기계등과 자율안전확인대상기계등 구입 시 적격품의 선정에 관한 보좌 및 지도·조언

④ 사업장 안전교육계획의 수립 및 안전교육 실시에 관한 보좌 및 지도·조언

⑤ 사업장 순회점검·지도 및 조치의 건의

⑥ 산업재해 발생의 원인 조사·분석 및 재발 방지를 위한 기술적 보좌 및 지도·조언

⑦ 산업재해에 관한 통계의 유지·관리·분석을 위한 보좌 및 지도·조언

⑧ 법 또는 법에 따른 명령으로 정한 안전에 관한 사항의 이행에 관한 보좌 및 지도·조언

⑨ 업무수행 내용의 기록·유지

④ 안전관리자의 배치, 지도 및 지원 등

① 안전관리자를 배치할 때에는 연장근로·야간근로 또는 휴일근로 등 해당 사업장의 작업형태를 고려

② 안전관리 업무의 원활한 수행을 위하여 외부전문가의 평가·지도를 받을 수 있음

③ 안전관리자는 업무를 수행할 때에 보건관리자와 협력하여야 함

④ 안전관리자가 법령에서 정한 안전관리자의 업무를 수행할 수 있도록 권한·시설·장비·예산, 그 밖의 필요한 지원을 하여야 함

⑤ 안전관리자의 자격

① 법 제143조제1항에 따른 산업안전지도사 자격을 가진 사람

② 「국가기술자격법」에 따른 산업안전산업기사 이상의 자격을 취득한 사람

③ 「국가기술자격법」에 따른 건설안전산업기사 이상의 자격을 취득한 사람

④ 「고등교육법」에 따른 4년제 대학 이상의 학교에서 산업안전 관련 학위를 취득한 사람 또는 이와 같은 수준 이상의 학력을 가진 사람

⑤ 「고등교육법」에 따른 전문대학 또는 이와 같은 수준 이상의 학교에서 산업안전 관련 학위를 취득한 사람

⑥ 「고등교육법」에 따른 이공계 전문대학 또는 이와 같은 수준 이상의 학교에서 학위를 취득하고, 해당 사업의 관리감독자로서의 업무(건설업의 경우는 시공실무경력)를 3년(4년

제 이공계 대학 학위 취득자는 1년) 이상 담당한 후 고용노동부장관이 지정하는 기관이 실시하는 교육(1998년 12월 31일까지의 교육만 해당)을 받고 정해진 시험에 합격한 사람. 다만, 관리감독자로 종사한 사업과 같은 업종(한국표준산업분류에 따른 대분류를 기준)의 사업장이면서, 건설업의 경우를 제외하고는 상시근로자 300명 미만인 사업장에서만 안전관리자가 될 수 있음

⑦ 「초·중등교육법」에 따른 공업계 고등학교 또는 이와 같은 수준 이상의 학교를 졸업하고, 해당 사업의 관리감독자로서의 업무(건설업의 경우는 시공실무경력)를 5년 이상 담당한 후 고용노동부장관이 지정하는 기관이 실시하는 교육(1998년 12월 31일까지의 교육만 해당)을 받고 정해진 시험에 합격한 사람. 다만, 관리감독자로 종사한 사업과 같은 종류인 업종(한국표준산업분류에 따른 대분류를 기준)의 사업장이면서, 건설업의 경우를 제외하고는 별표 3 제28호 또는 제33호의 사업을 하는 사업장(상시근로자 50명 이상 1천명 미만인 경우만 해당)에서만 안전관리자가 될 수 있음

⑧ 다음 각 목의 어느 하나에 해당하는 사람. 다만, 해당 법령을 적용받은 사업에서만 선임될 수 있음

　가. 「고압가스 안전관리법」 제4조 및 같은 법 시행령 제3조제1항에 따른 허가를 받은 사업자 중 고압가스를 제조·저장 또는 판매하는 사업에서 같은 법 제15조 및 같은 법 시행령 제12조에 따라 선임하는 안전관리 책임자

　나. 「액화석유가스의 안전관리 및 사업법」 제5조 및 같은 법 시행령 제3조에 따른 허가를 받은 사업자 중 액화석유가스 충전사업·액화석유가스 집단공급사업 또는 액화석유가스 판매사업에서 같은 법 제34조 및 같은 법 시행령 제15조에 따라 선임하는 안전관리책임자

　다. 「도시가스사업법」 제29조 및 같은 법 시행령 제15조에 따라 선임하는 안전관리 책임자

　라. 「교통안전법」 제53조에 따라 교통안전관리자의 자격을 취득한 후 해당 분야에 채용된 교통안전관리자

　마. 「총포·도검·화약류 등의 안전관리에 관한 법률」 제2조제3항에 따른 화약류를 제조·판매 또는 저장하는 사업에서 같은 법 제27조 및 같은 법 시행령 제54조·제55조에 따라 선임하는 화약류제조보안책임자 또는 화약류관리보안책임자

　바. 「전기사업법」 제73조에 따라 전기사업자가 선임하는 전기안전관리자

⑨ 제16조제2항에 따라 전담 안전관리자를 두어야 하는 사업장(건설업은 제외)에서 안전 관련 업무를 10년 이상 담당한 사람

⑩ 「건설산업기본법」 제8조에 따른 종합공사를 시공하는 업종의 건설현장에서 안전보건관리책임자로 10년 이상 재직한 사람

⑥ 전담 안전관리자

상시근로자 300명 이상을 사용하는 사업장[건설업의 경우에는 공사금액이 120억원(「건설산업기본법 시행령」 별표 1의 종합공사를 시공하는 업종의 건설업종란 제1호에 따라 토목공사업의 경우에는 150억원) 이상인 사업장]에는 해당 사업장에서 법령에서 정한 안전관리자의 업무만을 전담하여야 함

⑦ 공동 안전관리자

같은 사업주가 경영하는 둘 이상의 사업장이 ① 같은 시·군·구(자치구를 말함) 지역에 소재하는 경우 ② 사업장 간의 경계를 기준으로 15킬로미터 이내에 소재하는 경우에는 그 둘 이상의 사업장에 1명의 안전관리자를 공동으로 둘 수 있음. 이 경우 해당 사업장의 상시근로자 수의 합계는 300명 이내[건설업의 경우에는 공사금액이 120억원(「건설산업기본법 시행령」 별표 1의 종합공사를 시공하는 업종의 건설업종란 제1호에 따라 토목공사업의 경우에는 150억원) 이내]이어야 함

⑧ 안전관리자 업무 위탁

① 건설업을 제외한 사업으로서 상시근로자 300명 미만을 사용하는 사업장은 안전관리자의 업무를 고용노동부장관의 지정을 받은 안전관리전문기관에 위탁할 수 있으며, 이 경우에는 그 안전관리전문기관을 안전관리자로 봄

② 안전관리전문기관은 사업주로부터 안전관리 업무를 위탁받으려는 때에는 안전·보건관리 업무계약서[12]에 따라 계약 체결

---

12) 산업안전보건법 시행규칙 별지 제5호

⑨ 도급사업의 안전관리자 선임

① 관계수급인이 사용하는 상시근로자의 수가 50명 미만 또는 공사금액 50억원 미만인 경우에는 도급인이 사용하는 상시근로자 또는 공사금액으로 보아 도급인의 공사금액 또는 상시근로자에 합산하여 안전관리자를 선임[13]

② 도급인의 사업장에서 이루어지는 도급사업에서 그 사업의 관계수급인이 사용하는 상시근로자의 수가 50명 이상 또는 공사금액 50억원 이상인 경우에는 관계수급인이 안전관리자를 선임[14]

③ 도급인인 사업주 자신이 선임하여야 할 안전관리자를 두고, 안전관리자를 두어야 할 수급인이 사업의 종류별로 상시근로자 수(건설공사의 경우에는 건설공사 금액)를 합계하여 그 상시근로자 수에 해당하는 안전관리자를 추가로 선임한 경우 수급인은 안전관리자를 선임하지 않을 수 있음[15]

⑩ 안전관리자 선임 보고

안전관리자를 선임(다시 선임한 경우 포함)하거나 안전관리업무를 위탁(위탁 후 수탁기간을 변경한 경우 포함)한 경우에는 선임하거나 위탁한 날부터 14일 이내에 안전관리자·보건관리자·산업보건의 선임 등 보고서[16]를 관할 지방고용노동관서의 장에게 제출

⑪ 안전관리자 증원·교체임명 명령

① 고용노동부장관은 다음의 어느 하나에 해당하는 사유가 발생한 경우 사업주에게 안전관리자를 정수 이상으로 증원하게 하거나 교체하여 임명할 것을 명할 수 있음[17]

가. 해당 사업장의 연간재해율이 같은 업종의 평균재해율 2배 이상인 경우

나. 중대재해가 연간 2건 이상 발생한 경우

　(해당 사업장의 전년도 사망만인율이 같은 업종의 평균 사망만인율 이하인 경우는 제외)

다. 안전관리자가 질병이나 그 밖의 사유로 3개월 이상 직무를 수행할 수 없게 된 경우

라. 화학적인자[18]로 인한 직업성질병자가 연간 3명 이상 발생한 경우

---

13) 산업안전보건법 시행령 제16조 제3항전단
14) 산업안전보건법 시행령 제16조 제3항후단
15) 산업안전보건법 시행령 제16조 제5항
16) 산업안전보건법 시행규칙 별지2호, 제3호
17) 라항에 해당하는 경우로서 직업성 질병자 발생 당시 사업장에서 해당 화학적 인자를 사용하지 않은 경우는 제외
18) 산업안전보건법 시행규칙 별표 33

이 경우 직업성질병자 발생일은 「산업재해보상보험법 시행규칙」 제21조제1항에 따른 요양급여의 결정일로 함

② 안전관리자를 정수이상으로 증원하게 하거나 교체하여 임명할 것을 명하는 경우에는 미리 사업주 및 해당 안전관리자의 의견을 듣거나 소명자료를 제출할 기회를 주어야 하며, 정당한 사유 없이 의견진술 또는 소명자료의 제출을 게을리한 경우에는 제외

①② 벌칙

위반행위	세부내용	과태료 금액(만원)		
		1차 위반	2차 위반	3차 이상 위반
안전관리자를 두지 않거나 안전관리자로 하여금 업무를 수행하도록 하지 않은 경우	1) 안전관리자를 선임하지 않은 경우	500	500	500
	2) 선임된 안전관리자로 하여금 안전관리자의 업무를 수행하도록 하지 않은 경우	300	400	500
안전관리자를 늘리거나 다시 임명하도록 한 명령을 위반한 경우	-	500	500	500

> **ⓘ Tip**
>
> ■ 안전관리전문기관 현황 검색
> ▶ 고용노동부 홈페이지 → 정보공개 → 사전정보 공표목록 → 산재예방/산재보상 → 안전관리전문기관 현황

5 / 보건관리자(산업안전보건법 제18조)

① 개요

사업장 내 보건에 관한 기술적인 사항에 관하여 사업주 또는 안전보건관리책임자를 보좌하고 관리감독자에게 지도·조언하는 업무를 수행하는 보건관리자를 두어야 함

② 보건관리자 선임 대상

사업의 종류	규모	보건관리자의 수	보건관리자의 선임방법
1. 광업(광업 지원 서비스업은 제외) 2. 섬유제품 염색, 정리 및 마무리 가공업 3. 모피제품 제조업 4. 그 외 기타 의복액세서리 제조업(모피 액세서리에 한정) 5. 모피 및 가죽 제조업 　(원피가공 및 가죽 제조업은 제외) 6. 신발 및 신발부분품 제조업 7. 코크스, 연탄 및 석유정제품 제조업 8. 화학물질 및 화학제품 제조업(의약품 제외) 9. 의료용 물질 및 의약품 제조업 10. 고무 및 플라스틱제품 제조업 11. 비금속 광물제품 제조업 12. 1차 금속 제조업 13. 금속가공제품 제조업(기계 및 가구 제외) 14. 기타 기계 및 장비 제조업 15. 전자부품, 컴퓨터, 영상, 음향 및 통신장비 제조업 16. 전기장비 제조업 17. 자동차 및 트레일러 제조업 18. 기타 운송장비 제조업 19. 가구 제조업 20. 해체, 선별 및 원료 재생업 21. 자동차 종합 수리업, 자동차 전문 수리업 22. 영 제83조 각 호의 어느 하나에 해당하는 유해물질을 제조하는 사업과 그 유해물질을 사용하는 사업 중 고용노동부장관이 특히 보건관리를 할 필요가 있다고 인정하여 고시하는 사업	상시근로자 50명 이상 500명 미만	1명 이상	별표 6 각 호의 어느 하나에 해당하는 사람을 선임

사업의 종류	규모	보건관리자의 수	보건관리자의 선임방법
	상시근로자 500명 이상 2천명 미만	2명 이상	별표 6 각 호의 어느 하나에 해당하는 사람을 선임
	상시근로자 2천명 이상	2명 이상	별표 6 각 호의 어느 하나에 해당하는 사람을 선임하되, 같은 표 제2호 또는 제3호에 해당하는 사람이 1명 이상 포함
23. 제2호부터 제22호까지의 사업을 제외한 제조업	상시근로자 50명 이상 1천명 미만	1명 이상	별표 6 각 호의 어느 하나에 해당하는 사람을 선임
	상시근로자 1천명 이상 3천명 미만	2명 이상	별표 6 각 호의 어느 하나에 해당하는 사람을 선임
	상시근로자 3천명 미만	2명 이상	별표 6 각 호의 어느 하나에 해당하는 사람을 선임하되, 같은 표 제2호 또는 제3호에 해당하는 사람 1명 이상이 포함
24. 농업, 임업 및 어업 25. 전기, 가스, 증기 및 공기조절공급업 26. 수도, 하수 및 폐기물 처리, 원료 재생업 　(제20호에 해당하는 사업은 제외) 27. 운수업 및 창고업 28. 도매 및 소매업 29. 숙박 및 음식점업 30. 서적, 잡지 및 기타 인쇄물 출판업 31. 방송업 32. 우편 및 통신업 33. 부동산업 34. 연구개발업 35. 사진 처리업 36. 사업시설 관리 및 조경 서비스업 37. 공공행정 　(행정사무 종사자는 제외) 38. 교육서비스업 중 초등·중등·고등 교육기관, 특수학교·외국인학교 및 대안학교(교원 및 행정사무 종사자는 제외)	상시근로자 50명 이상 5천명 미만. 다만, 제35호의 경우에는 상시근로자 100명 이상 5천명 미만으로 함	1명 이상	별표 6 각 호의 어느 하나에 해당하는 사람을 선임

사업의 종류	규모	보건관리자의 수	보건관리자의 선임방법
39. 청소년 수련시설 운영업 40. 보건업 41. 골프장 운영업 42. 개인 및 소비용품수리업 (제21호에 해당하는 사업은 제외) 43. 세탁업	상시 근로자 5천명 이상	2명 이상	별표 6 각 호의 어느 하나에 해당하는 사람을 선임하되, 같은 표 제2호 또는 제3호에 해당하는 사람 1명 이상이 포함
44. 건설업	공사금액 800억원 이상(「건설산업기본법 시행령」 별표 1의 종합공사를 시공하는 업종의 건설업종란 제1호에 따른 토목공사업에 속하는 공사의 경우에는 1천억 이상) 또는 상시 근로자 600명 이상	1명 이상 [공사금액 800억원(「건설산업기본법 시행령」 별표 1의 종합공사를 시공하는 업종의 건설업종란 제1호에 따른 토목공사업은 1천억원)을 기준으로 1,400억원이 증가할 때마다 또는 상시 근로자 600명을 기준으로 600명이 추가될 때마다 1명씩 추가]	별표 6 각 호의 어느 하나에 해당하는 사람을 선임.

③ 보건관리자의 업무

① 산업안전보건위원회 또는 노사협의체에서 심의·의결한 업무와 안전보건관리규정 및 취업규칙에서 정한 업무

② 안전인증대상기계등과 자율안전확인대상기계등 중 보건과 관련된 보호구(保護具) 구입 시 적격품 선정에 관한 보좌 및 지도·조언

③ 위험성평가에 관한 보좌 및 지도·조언

④ 물질안전보건자료의 게시 또는 비치에 관한 보좌 및 지도·조언

⑤ 산업보건의의 직무(보건관리자가 「의료법」에 따른 의사인 경우로 한정)

⑥ 해당 사업장 보건교육계획의 수립 및 보건교육 실시에 관한 보좌 및 지도·조언

⑦ 해당 사업장의 근로자를 보호하기 위한 다음 각 목의 조치에 해당하는 의료행위(보건관리자가 「의료법」에 따른 의사, 간호사에 해당하는 경우로 한정)

　가. 자주 발생하는 가벼운 부상에 대한 치료

　나. 응급처치가 필요한 사람에 대한 처치

　다. 부상·질병의 악화를 방지하기 위한 처치

　라. 긴깅진단 결과 발견된 질병자의 요양 지도 및 관리

마. 가목부터 라목까지의 의료행위에 따르는 의약품의 투여

⑧ 작업장 내에서 사용되는 전체 환기장치 및 국소 배기장치 등에 관한 설비의 점검과 작업방법의 공학적 개선에 관한 보좌 및 지도·조언

⑨ 사업장 순회점검·지도 및 조치의 건의

⑩ 산업재해 발생의 원인 조사·분석 및 재발 방지를 위한 기술적 보좌 및 지도·조언

⑪ 산업재해에 관한 통계의 유지·관리·분석을 위한 보좌 및 지도·조언

⑫ 법 또는 법에 따른 명령으로 정한 보건에 관한 사항의 이행에 관한 보좌 및 지도·조언

⑬ 업무수행 내용의 기록·유지

⑭ 그 밖에 작업관리 및 작업환경관리에 관한 사항으로서 고용노동부 장관이 정하는 사항

④ 보건관리자의 배치, 지도 및 지원 등

① 보건관리자를 배치할 때에는 연장근로·야간근로 또는 휴일근로 등 해당 사업장의 작업형태를 고려

② 보건관리 업무의 원활한 수행을 위하여 외부전문가의 평가·지도를 받을 수 있음

③ 보건관리자는 업무를 수행할 때에 안전관리자와 협력하여야 함

④ 보건관리자가 법령에서 정한 보건관리자의 업무를 수행할 수 있도록 권한·시설·장비·예산, 그 밖의 필요한 지원을 하여야 함
이 경우 보건관리자가 「의료법」에 따른 의사 또는 간호사에 해당하는 경우에는 다음의 시설 및 장비를 지원하여야 함
가. 건강관리실: 근로자가 쉽게 찾을 수 있고 통풍과 채광이 잘되는 곳에 위치해야 하며, 건강관리 업무의 수행에 적합한 면적을 확보하고, 상담실·처치실 및 양호실을 갖추어야 함
나. 상하수도 설비, 침대, 냉난방시설, 외부 연락용 직통전화, 구급용구 등

⑤ 보건관리자의 자격

① 산업보건지도사 자격을 가진 사람

② 「의료법」에 따른 의사

③ 「의료법」에 따른 간호사

④ 「국가기술자격법」에 따른 산업위생관리산업기사 또는 대기환경산업기사 이상의 자격을 취득한 사람

⑤ 「국가기술자격법」에 따른 인간공학기사 이상의 자격을 취득한 사람

⑥ 「고등교육법」에 따른 전문대학 이상의 학교에서 산업보건 또는 산업위생 분야의 학위를 취득한 사람(법령에 따라 이와 같은 수준 이상의 학력이 있다고 인정되는 사람을 포함)

⑥ 보건관리자 업무의 겸직

보건관리자는 해당 사업장에서 법령에서 정한 업무만을 전담하여야 함

단. 상시근로자 300명 미만을 사용하는 사업장에서는 보건관리자가 보건관리업무에 지장이 없는 범위에서 다른 업무를 겸할 수 있음

⑦ 공동 보건관리자

같은 사업주가 경영하는 둘 이상의 사업장이 ① 같은 시·군·구(자치구를 말함) 지역에 소재하는 경우 ② 사업장 간의 경계를 기준으로 15킬로미터 이내에 소재하는 경우에는 그 둘 이상의 사업장에 1명의 보건관리자를 공동으로 둘 수 있음. 이 경우 해당 사업장의 상시근로자 수의 합계는 300명 이내인 사업장[건설업의 경우에는 공사금액이 120억원(「건설산업기본법 시행령」 별표 1의 토목공사업에 속하는 공사는 150억원) 이내인 사업장]이어야 함

⑧ 보건관리자 업무 위탁

① 건설업을 제외한 사업으로서 상시근로자 300명 미만을 사용하는 사업, 외딴곳으로서 고용노동부장관이 정하는 지역[19]에 있는 사업장은 보건관리자의 업무를 고용노동부장관의 지정을 받은 보건관리전문기관에 위탁할 수 있으며, 이 경우에는 그 보건관리전문기관을 보건관리자로 봄

② 보건관리전문기관은 사업주로부터 안전관리 업무를 위탁받으려는 때에는 안전·보건관리 업무계약서[20]에 따라 계약 체결

⑨ 도급사업의 보건관리자 선임

① 관계수급인이 사용하는 상시근로자의 수가 50명 미만 또는 공사금액 800억원 미만인 경우에는 도급인이 사용하는 상시근로자 또는 공사금액으로 보아 도급인의 공사금액

---

19) 벽지로서 석탄광산소재지역, 제주특별자치도를 제외한 육지와 연결되지 않은 도서지역을 말함
20) 산업안전보건법 시행규칙 별지 제5호

또는 상시근로자에 합산하여 보건관리자를 선임

② 도급인의 사업장에서 이루어지는 도급사업에서 그 사업의 관계수급인이 사용하는 상시근로자의 수가 50명 이상 또는 공사금액 800억원 이상인 경우에는 관계수급인이 보건관리자를 선임

③ 도급인인 사업주 자신이 선임하여야 할 보건관리자를 두고, 보건관리자를 두어야 할 수급인이 사업의 종류별로 상시근로자 수(건설공사의 경우에는 건설공사 금액)를 합계하여 그 상시근로자 수에 해당하는 보건관리자를 추가로 선임한 경우 수급인은 보건관리자를 선임하지 않을 수 있음

⑩ 보건관리자 선임 보고

보건관리자를 선임(다시 선임한 경우 포함)하거나 보건관리업무를 위탁(위탁 후 수탁기관을 변경한 경우 포함)한 경우에는 선임하거나 위탁한 날부터 14일 이내에 안전관리자·보건관리자·산업보건의 선임 등 보고서를 관할 지방고용노동관서의 장에게 제출

⑪ 보건관리자 증원·교체임명 명령

① 고용노동부장관은 다음의 어느 하나에 해당하는 사유가 발생한 경우 사업주에게 보건관리자를 정수 이상으로 증원하게 하거나 교체하여 임명할 것을 명할 수 있음[21]

　가. 해당 사업장의 연간재해율이 같은 업종의 평균재해율 2배 이상인 경우

　나. 중대재해가 연간 2건 이상 발생한 경우

　　(해당 사업장의 전년도 사망만인율이 같은 업종의 평균 사망만인율 이하인 경우는 제외)

　다. 보건관리자가 질병이나 그 밖의 사유로 3개월 이상 직무를 수행할 수 없게 된 경우

　라. 화학적인자[22]로 인한 직업성질병자가 연간 3명 이상 발생한 경우

　　이 경우 직업성질병자 발생일은 「산업재해보상보험법 시행규칙」 제21조제1항에 따른 요양급여의 결정일로 함

② 보건관리자를 정수이상으로 증원하게 하거나 교체하여 임명할 것을 명하는 경우에는 미리 사업주 및 해당 보건관리자의 의견을 듣거나 소명자료를 제출할 기회를 주어야 하며, 정당한 사유 없이 의견진술 또는 소명자료의 제출을 게을리한 경우에는 제외

---

21)　라항에 해당하는 경우로서 직업성 질병자 발생 당시 사업장에서 해당 화학적 인자를 사용하지 않은 경우는 제외
22)　산업안전보건법 시행규칙 별표 33

1⃣2⃣ 벌칙

위반행위	세부내용	과태료 금액(만원)		
		1차 위반	2차 위반	3차 이상 위반
보건관리자를 두지 않거나 보건관리자로 하여금 업무를 수행하도록 하지 않은 경우	1) 보건관리자를 선임하지 않은 경우	500	500	500
	2) 선임된 보건관리자로 하여금 보건관리자의 업무를 수행하도록 하지 않은 경우	300	400	500
보건관리자를 늘리거나 다시 임명하도록 한 명령을 위반한 경우	-	500	500	500

ⓘ Tip

- **보건관리전문기관 현황 검색**
  - ▶ 고용노동부 홈페이지 → 정보공개 → 사전정보 공표목록 → 산재예방/산재보상 → 보건관리전문기관 현황

6 / 안전보건관리담당자(산업안전보건법 제19조)

① 개요

상시근로자 20명 이상 50명 미만인 사업장에 안전 및 보건에 관하여 사업주를 보좌하고 관리감독자에게 지도·조언하는 업무를 수행하는 안전보건관리담당자를 두어야 함

② 안전보건관리담당자 선임 대상

① 제조업

② 임업

③ 하수, 폐수 및 분뇨 처리업,

④ 폐기물 수집, 운반, 처리 및 원료 재생업

⑤ 환경 정화 및 복원업

③ 안전보건관리담당자의 자격

① 안전관리자의 자격을 갖춘 자

② 보건관리자의 자격을 갖춘 자

③ 고용노동부장관이 정하여 고시하는 안전보건교육을 이수한 자

④ 안전보건관리담당자의 업무

① 안전보건교육 실시에 관한 보좌 및 지도·조언

② 위험성평가에 관한 보좌 및 지도·조언

③ 작업환경측정 및 개선에 관한 보좌 및 지도·조언

④ 건강진단에 관한 보좌 및 지도·조언

⑤ 산업재해 발생의 원인 조사, 산업재해 통계의 기록 및 유지를 위한 보좌 및 지도·조언

⑥ 산업안전·보건과 관련된 안전장치 및 보호구 구입 시 적격품 선정에 관한 보좌 및 지도·조언

⑤ 안전보건관리담당자 업무 수행

① 안전보건관리담당자의 업무에 지장이 없는 범위에서 다른 업무 겸직 가능

② 선임된 안전보건관리담당자에게 법령에서 정한 업무를 수행하는데 필요한 권한을 부여

③ 안전보건관리담당자를 선임하였을 때에는 그 선임 사실 및 업무의 수행내용을 증명할 수 있는 서류를 갖춰 두어야 함

⑥ 안전보건관리담당자 업무의 위탁

안전보건관리담당자의 업무를 고용노동부장관의 지정을 받은 안전관리전문기관 또는 보건관리전문기관에 위탁할 수 있으며, 이 경우에는 그 전문기관을 안전보건관리담당자로 봄

⑦ 안전보건관리담당자 증원·교체임명 명령

① 고용노동부장관은 다음의 어느 하나에 해당하는 사유가 발생한 경우 사업주에게 안전보건관리담당자를 정수 이상으로 증원하게 하거나 교체하여 임명할 것을 명할 수 있음

　가. 해당 사업장의 연간재해율이 같은 업종의 평균재해율 2배 이상인 경우

　나. 중대재해가 연간 2건 이상 발생한 경우

　　(해당 사업장의 전년도 사망만인율이 같은 업종의 평균 사망만인율 이하인 경우는 제외)

　다. 안전보건관리담당자가 질병이나 그 밖의 사유로 3개월 이상 직무를 수행할 수 없게 된 경우

　라. 화학적인자로 인한 직업성질병자가 연간 3명 이상 발생한 경우

　　이 경우 직업성질병자 발생일은 「산업재해보상보험법 시행규칙」 제21조제1항에 따른 요양급여의 결정일로 함

② 안전보건관리담당자를 정수이상으로 증원하게 하거나 교체하여 임명할 것을 명하는 경우에는 미리 사업주 및 해당 안전보건관리담당자의 의견을 듣거나 소명자료를 제출할 기회를 주어야 하며, 정당한 사유 없이 의견진술 또는 소명자료의 제출을 게을리한 경우에는 제외

⑧ 벌칙

위반행위	세부내용	과태료 금액(만원)		
		1차 위반	2차 위반	3차 이상 위반
안전보건관리담당자를 두지 않거나 안전보건관리담당자로 하여금 업무를 수행하도록 하지 않은 경우	1) 안전보건관리담당자를 선임하지 않은 경우	500	500	500
	2) 선임된 안전보건관리담당자로 하여금 안전보건관리담당자의 업무를 수행하도록 하지 않은 경우	300	400	500
안전보건관리담당자를 늘리거나 다시 임명하도록 한 명령을 위반한 경우	-	500	500	500

> **ⓘ Tip**
>
> ■ **안전보건관리담당자 직무교육 신청**
>
> ▶ 안전보건공단 직무교육센터(www.dutycenter.net) → 직무교육신청 → 수강신청

7 / 산업보건의(산업안전보건법 제22조)

① 개요

근로자의 건강관리나 그 밖에 보건관리자의 업무를 지도하기 위하여 사업장에 산업보건의를 두어야 함

※ 산업보건의 선임제도는 「기업활동 규제완화에 관한 특별조치법」(약칭: 기업규제완화법)에 따라 기업 자율로 하고 있음

> **「기업활동 규제완화에 관한 특별조치법」 제28조[기업의 자율 고용]**
> ① 다음 각 호의 어느 하나에 해당하는 사람은 다음 각 호의 해당 법률에도 불구하고 채용·고용·임명·지정 또는 선임하지 아니할 수 있다.
> 　1. 「산업안전보건법」 제17조제1항에 따라 사업주가 두어야 하는 산업보건의

② 산업보건의 선임 대상

① 보건관리자를 두어야 하는 사업으로서 상시근로자 수가 50명 이상인 사업장

(의사를 보건관리자로 둔 경우에는 제외)

② 보건관리전문기관에 보건관리자의 업무를 위탁한 경우에는 산업보건의 선임 면제

③ 산업보건의 자격

「의료법」에 따른 의사로서 직업환경의학과 전문의, 예방의학 전문의 또는 산업보건에 관한 학식과 경험이 있는 사람

④ 산업보건의 업무

① 건강진단 결과의 검토 및 그 결과에 따른 작업 배치, 작업 전환 또는 근로시간의 단축 등 근로자의 건강보호 조치

② 근로자의 건강장해의 원인 조사와 재발 방지를 위한 의학적 조치

③ 그 밖에 근로자의 건강 유지 및 증진을 위하여 필요한 의학적 조치에 관하여 고용노동부장관이 정하는 사항

8 / 명예산업안전감독관(산업안전보건법 제23조)

① 개요

고용노동부장관은 산업재해 예방활동에 대한 참여와 지원을 촉진하기 위하여 근로자, 근로자단체, 사업주단체 및 산업재해 예방 관련 전문단체에 소속된 사람 중에서 명예산업안전감독관을 위촉할 수 있음

② 명예산업안전감독관으로 위촉 가능자

① 산업안전보건위원회 구성 대상 사업의 근로자 또는 노사협의체 구성·운영 대상 건설공사의 근로자 중에서 근로자대표(해당 사업장에 단위 노동조합의 산하 노동단체가 그 사업장 근로자의 과반수로 조직되어 있는 경우에는 지부·분회 등 명칭이 무엇이든 관계없이 해당 노동단체의 대표자를 말함)가 사업주의 의견을 들어 추천하는 사람

② 「노동조합 및 노동관계조정법」 제10조에 따른 연합단체인 노동조합 또는 그 지역 대표기구에 소속된 임직원 중에서 해당 연합단체인 노동조합 또는 그 지역 대표기구가 추천하는 사람

③ 전국 규모의 사업주단체 또는 그 산하조직에 소속된 임직원 중에서 해당 단체 또는 그 산하조직이 추천하는 사람

④ 산업재해 예방 관련 업무를 하는 단체 또는 그 산하조직에 소속된 임직원 중에서 해당 단체 또는 그 산하조직이 추천하는 사람

③ 명예산업안전감독관의 업무

① 사업장에서 하는 자체점검 참여 및 근로감독관이 하는 사업장 감독 참여

② 사업장 산업재해 예방계획 수립 참여 및 사업장에서 하는 기계·기구 자체검사 참석

③ 법령을 위반한 사실이 있는 경우 사업주에 대한 개선 요청 및 감독기관에의 신고

④ 산업재해 발생의 급박한 위험이 있는 경우 사업주에 대한 작업중지 요청

⑤ 작업환경측정, 근로자 건강진단 시의 입회 및 그 결과에 대한 설명회 참여

⑥ 직업성 질환의 증상이 있거나 질병에 걸린 근로자가 여러 명 발생한 경우 사업주에 대한 임시건강진단 실시 요청

⑦ 근로자에 대한 안전수칙 준수 지도

⑧ 법령 및 산업재해 예방정책 개선 건의

⑨ 안전·보건 의식을 북돋우기 위한 활동 등에 대한 참여와 지원

⑩ 그 밖에 산업재해 예방에 대한 홍보 등 산업재해 예방업무와 관련하여 고용노동부장
관이 정하는 업무

④ 명예산업안전감독관의 활동

① 명예산업안전감독관의 임기는 2년으로 하며, 연임할 수 있음

② 고용노동부장관은 명예감독관의 활동을 지원하기 위하여 수당 등을 지급할 수 있음

⑤ 명예산업안전감독관의 해촉

① 근로자대표가 사업주의 의견을 들어 ② 명예산업안전감독관으로 위촉 가능자 중 ①항
에 따라 위촉된 명예감독관의 해촉을 요청한 경우

② ② 명예산업안전감독관으로 위촉 가능자 중 ②~④항에 따라 위촉된 명예산업안전감
독관이 해당 단체 또는 그 산하조직으로부터 퇴직하거나 해임된 경우

③ 명예산업안전감독관의 업무와 관련하여 부정한 행위를 한 경우

④ 질병이나 부상 등의 사유로 명예산업안전감독관 업무 수행이 곤란하게 된 경우

9 / 산업안전보건위원회(산업안전보건법 제24조)

① 개요

사업장에서 근로자의 위험 또는 건강장해를 예방하기 위한 계획 및 대책 등 안전 및 보건에 관한 중요한 사항을 노사가 함께 심의·의결하기 위하여 근로자위원과 사용자위원이 같은 수로 구성되는 산업안전보건위원회를 구성·운영

② 대상 사업의 종류 등

사업의 종류	사업장의 상시근로자 수
1. 토사석 광업 2. 목재 및 나무제품 제조업;가구제외 3. 화학물질 및 화학제품 제조업;의약품 제외(세제, 화장품 및 광택제 제조업과 화학섬유 제조업은 제외) 4. 비금속 광물제품 제조업 5. 1차 금속 제조업 6. 금속가공제품 제조업;기계 및 가구 제외 7. 자동차 및 트레일러 제조업 8. 기타 기계 및 장비 제조업(사무용 기계 및 장비 제조업은 제외) 9. 기타 운송장비 제조업(전투용 차량 제조업은 제외)	상시 근로자 50명 이상
10. 농업 11. 어업 12. 소프트웨어 개발 및 공급업 13. 컴퓨터 프로그래밍, 시스템 통합 및 관리업 14. 정보서비스업 15. 금융 및 보험업 16. 임대업;부동산 제외 17. 전문, 과학 및 기술 서비스업 (연구개발업은 제외) 18. 사업지원 서비스업 19. 사회복지 서비스업	상시 근로자 300명 이상
20. 건설업	공사금액 120억원 이상(『건설산업기본법 시행령』 별표 1의 종합공사를 시공하는 업종의 건설업종란 제1호에 따른 토목공사업의 경우에는 150억원 이상)
21. 제1호부터 제20호까지의 사업을 제외한 사업	상시 근로자 100명 이상

③ 위원회의 구성

① 사용자위원과 근로자위원을 같은 수로 구성[23]

사용자위원	근로자위원
1. 해당 사업의 대표자 (같은 사업으로서 다른 지역에 사업장이 있는 경우에는 그 사업장의 안전보건관리책임자를 말함) 2. 안전관리자 1명(안전관리자를 두어야 하는 사업으로 한정하되, 안전관리자의 업무를 안전관리전문기관에 위탁한 사업장의 경우에는 그 안전관리전문기관의 해당 사업장 담당자를 말함) 3. 보건관리자 1명 (보건관리자를 두어야 하는 사업장으로 한정하되, 보건관리자의 업무를 보건관리전문기관에 위탁한 사업장의 경우에는 그 보건관리전문기관의 해당 사업장 담당자를 말함) 4. 산업보건의(해당 사업장에 선임되어 있는 경우로 한정) 5. 해당 사업의 대표자가 지명하는 9명 이내의 해당 사업장 부서의 장[23]	1. 근로자대표 2. 명예산업안전감독관이 위촉되어 있는 사업장의 경우 근로자대표가 지명하는 1명 이상의 명예산업안전감독관 3. 근로자대표가 지명하는 9명 이내의 해당 사업장의 근로자 (근로자인 제2호의 위원이 있는 경우에는 9명에서 그 위원의 수를 제외한 수를 말함) ※ 근로자대표가 근로자위원을 지명하는 경우에 근로자대표는 조합원인 근로자와 조합원이 아닌 근로자의 비율을 반영하여 근로자위원을 지명하도록 노력하여야 함

② 산업안전보건위원회의 위원장은 위원 중에서 호선(互選). 이 경우 근로자위원과 사용자위원 중 각 1명을 공동위원장으로 선출할 수 있음

③ 산업안전보건위원회의 위원에게 직무 수행과 관련한 사유로 불리한 처우를 해서는 안됨

④ 심의·의결사항

① 다음의 사항은 산업안전보건위원회의 심의·의결을 거쳐야 함

　　가. 사업장의 산업재해 예방계획의 수립에 관한 사항

　　나. 안전보건관리규정의 작성 및 변경에 관한 사항

　　다. 안전보건교육에 관한 사항

　　라. 작업환경의 점검 및 개선에 관한 사항

　　마. 근로자의 건강진단 등 건강관리에 관한 사항

　　바. 산업재해 중 중대재해의 원인 조사 및 재발방지대책 수립에 관한 사항

　　사. 유해하거나 위험한 기계·기구·설비를 도입한 경우 안전 및 보건 관련 조치에 관한 사항

　　아. 그 밖에 해당 사업장 근로자의 안전 및 보건을 유지·증진시키기 위하여 필요한 사항

② 산업안전보건위원회는 산업안전보건법 및 동법에 따른 명령, 단체협약, 취업규칙 및 안전보건관리규정에 반하는 내용으로 심의·의결해서는 안됨

---

23) 상시근로자 50명 이상 100명 미만을 사용하는 사업장에서는 제5호에 해당하는 사람을 제외하고 구성할 수 있음

⑤ 회의개최

① 산업안전보건위원회의 회의는 정기회의와 임시회의로 구분

② 정기회의는 분기마다 위원장이 소집하고 임시회의는 위원장이 필요하다고 인정할 때에 소집

③ 회의는 근로자위원 및 사용자위원 각 과반수의 출석으로 개의하고, 출석위원 과반수의 찬성으로 의결

④ 근로자대표, 명예감독관, 해당 사업의 대표자(같은 사업으로서 다른 지역에 사업장이 있는 경우에는 그 사업장의 안전보건관리책임자), 안전관리자, 보건관리자는 회의에 출석하지 못할 경우에는 해당 사업에 종사하는 사람 중에서 1명을 지정하여 위원으로서의 직무를 대리하게 할 수 있음

⑥ 회의결과

① 사업주와 근로자는 산업안전보건위원회가 심의·의결한 사항을 성실하게 이행하여야 함

② 회의를 개최하고 그 결과를 회의록으로 작성하여 보존하고, 회의록에는 개최 일시 및 장소, 출석위원, 심의 내용 및 의결·결정 사항, 그 밖의 토의사항을 기록·보존

③ 위원장은 산업안전보건위원회에서 심의·의결된 내용 등 회의결과와 중재 결정된 내용 등을 사내방송이나 사내보, 게시 또는 자체 정례조회, 그 밖의 적절한 방법으로 근로자에게 신속히 알려야 함

⑦ 중재기구 또는 제3자에 의한 중재

① 산업안전보건위원회에서 의결하지 못한 경우 또는 산업안전보건위원회에서 의결된 사항의 해석 또는 이행방법 등에 관하여 의견이 일치하지 않는 경우에는 근로자위원과 사용자위원의 합의에 따라 산업안전보건위원회에 중재기구를 두어 해결하거나 제3자에 의한 중재를 받아야 함

② 중재 결정이 있는 경우에는 산업안전보건위원회의 의결을 거친 것으로 보며 사업주와 근로자는 그 결정에 따라야 함

⑧ 벌칙

위반행위	세부내용	과태료 금액(만원)		
		1차 위반	2차 위반	3차 이상 위반
산업안전보건위원회를 구성·운영하지 않은 경우	1) 산업안전보건위원회를 설치하지 않은 경우	500	500	500
	2) 산업안전보건위원회의 정기회의를 개최하지 않은 경우(1회당)	50	250	500
산업안전보건위원회가 심의·의결한 사항을 성실하게 이행하지 않은 경우	1) 사업주가 성실하게 이행하지 않은 경우	50	250	500
	2) 근로자가 성실하게 이행하지 않은 경우	10	20	30

제3장

안전보건관리 규정

1 / 안전보건관리규정(산업안전보건법 제25조)

① 개요

사업장의 자율적인 재해예방 활동을 촉진시키기 위해 노·사가 협의하여 사업장의 특성과 실정에 적합한 안전보건관리규정을 작성하여 사업장 내 정식적으로 규정화하고, 소속 근로자에게 충분히 주지시켜 철저히 준수토록 함으로써 산업재해를 방지

② 안전보건관리규정 작성 대상 사업의 종류 등

사업의 종류	상시근로자 수
1. 농업 2. 어업 3. 소프트웨어 개발 및 공급업 4. 컴퓨터 프로그래밍, 시스템 통합 및 관리업 5. 정보서비스업 6. 금융 및 보험업 7. 임대업;부동산 제외 8. 전문, 과학 및 기술 서비스업(연구개발업은 제외) 9. 사업지원 서비스업 10. 사회복지 서비스업	300명 이상
11. 제1호부터 제10호까지의 사업을 제외한 사업	100명 이상

③ 안전보건관리규정에 포함되어야 할 세부 내용

① 총칙	가. 안전보건관리규정 작성의 목적 및 적용 범위에 관한 사항 나. 사업주 및 근로자의 재해 예방 책임 및 의무 등에 관한 사항 다. 하도급 사업장에 대한 안전·보건관리에 관한 사항
② 안전·보건 관리조직과 그 직무	가. 안전·보건 관리조직의 구성방법, 소속, 업무 분장 등에 관한 사항 나. 안전보건관리책임자(안전보건총괄책임자), 안전관리자, 보건관리자, 관리감독자의 직무 및 선임에 관한 사항 다. 산업안전보건위원회의 설치·운영에 관한 사항 라. 명예산업안전감독관의 직무 및 활동에 관한 사항 마. 작업지휘자 배치 등에 관한 사항
③ 안전·보건교육	가. 근로자 및 관리감독자의 안전·보건교육에 관한 사항 나. 교육계획의 수립 및 기록 등에 관한 사항

④ 작업장 안전관리	가. 안전·보건관리에 관한 계획의 수립 및 시행에 관한 사항 나. 기계·기구 및 설비의 방호조치에 관한 사항 다. 유해·위험기계등에 대한 자율검사프로그램에 의한 검사 또는 안전검사에 관한 사항 라. 근로자의 안전수칙 준수에 관한 사항 마. 위험물질의 보관 및 출입 제한에 관한 사항 바. 중대재해 및 중대산업사고 발생, 급박한 산업재해 발생의 위험이 있는 경우 작업중지에 관한 사항 사. 안전표지·안전수칙의 종류 및 게시에 관한 사항과 그 밖에 안전관리에 관한 사항 가. 안전·보건관리에 관한 계획의 수립 및 시행에 관한 사항 나. 기계·기구 및 설비의 방호조치에 관한 사항 다. 유해·위험기계등에 대한 자율검사프로그램에 의한 검사 또는 안전검사에 관한 사항 라. 근로자의 안전수칙 준수에 관한 사항 마. 위험물질의 보관 및 출입 제한에 관한 사항 바. 중대재해 및 중대산업사고 발생, 급박한 산업재해 발생의 위험이 있는 경우 작업중지에 관한 사항 사. 안전표지·안전수칙의 종류 및 게시에 관한 사항과 그 밖에 안전관리에 관한 사항
⑤ 작업장 보건관리	가. 근로자 건강진단, 작업환경측정의 실시 및 조치절차 등에 관한 사항 나. 유해물질의 취급에 관한 사항 다. 보호구의 지급 등에 관한 사항 라. 질병자의 근로 금지 및 취업 제한 등에 관한 사항 마. 보건표지·보건수칙의 종류 및 게시에 관한 사항과 그 밖에 보건관리에 관한 사항
⑥ 사고 조사 및 대책 수립	가. 산업재해 및 중대산업사고의 발생 시 처리 절차 및 긴급조치에 관한 사항 나. 산업재해 및 중대산업사고의 발생원인에 대한 조사 및 분석, 대책 수립에 관한 사항 다. 산업재해 및 중대산업사고 발생의 기록·관리 등에 관한 사항
⑦ 위험성평가에 관한 사항	가. 위험성평가의 실시 시기 및 방법, 절차에 관한 사항 나. 위험성 감소대책 수립 및 시행에 관한 사항
⑧ 보칙	가. 무재해운동 참여, 안전·보건 관련 제안 및 포상·징계 등 산업재해 예방을 위하여 필요하다고 판단하는 사항 나. 안전·보건 관련 문서의 보존에 관한 사항 다. 그 밖의 사항 사업장의 규모·업종 등에 적합하게 작성하며, 필요한 사항을 추가하거나 그 사업장에 관련되지 않는 사항은 제외할 수 있음

65

④ 안전보건관리규정의 작성·변경

① 안전보건관리규정은 단체협약 또는 취업규칙에 반할 수 없음

이 경우 안전보건관리규정 중 단체협약 또는 취업규칙에 반하는 부분에 관하여는 그 단체협약 또는 취업규칙으로 정한 기준에 따름

② 안전보건관리규정을 작성하거나 변경할 때에는 산업안전보건위원회의 심의·의결을 거쳐야 함. 다만 산업안전보건위원회가 설치되어 있지 아니한 사업장의 경우에는 근로자대표의 동의를 받아야 함

③ 산업안전보건관리규정을 작성하거나 변경할 사유가 발생한 날부터 30일 이내에 작성

④ 안전보건관리규정을 작성하는 경우에는 소방·가스·전기·교통 분야 등의 다른 법령에서 정하는 안전관리에 관한 규정과 통합하여 작성할 수 있음

⑤ 안전보건관리규정의 준수 등

① 안전보건관리규정은 근로자가 쉽게 볼 수 있는 장소에 게시하거나 갖추어 둠

② 사업주와 근로지는 안전보건관리규정을 시켜야 함

③ 안전보건관리규정에 관하여 산업안전보건법에서 규정한 것을 제외하고는 그 성질에 반하지 아니하는 범위에서 「근로기준법」 중 취업규칙에 관한 규정을 준용

⑥ 벌칙

위반행위	세부내용	과태료 금액(만원)		
		1차 위반	2차 위반	3차 이상 위반
안전보건관리규정을 작성하지 않은 경우	-	150	300	500
안전보건관리규정을 작성하거나 변경할 때 산업안전보건위원회의 심의·의결을 거치지 않거나 근로자대표의 동의를 받지 않은 경우	-	50	250	500

> **ⓘ Tip**
>
> ■ **상시근로자 10명 이상 99명 이하인 사업장의 안전보건관리규정**
> ▶ 안전보건관리규정은 상시근로자 100명 이상 사업장에 해당하나, 「근로기준법」제93조(취업규칙의 작성·신고) 제9호에 따라 취업규칙에 "안전과 보건에 관한 사항"을 포함하여야 하므로, 상시근로자 10명 이상 99명 이하인 사업장에는 취업규칙에 안전보건관리규정에 해당하는 내용을 포함

제4장

안전보건교육

1 / 근로자 안전보건교육(산업안전보건법 제29조)

① 개요

근로자로 하여금 안전보건에 관한 지식과 안전한 행동내용을 숙지하고 이행하도록 유도함으로써 산업재해를 미연에 방지할 수 있도록 사업주는 소속 근로자에게 안전보건교육을 실시

② [산업안전보건법 제29조에 따른] 안전보건교육의 종류

① 정기교육: 해당 사업장의 사무직 종사 근로자, 사무직 종사 근로자 외의 근로자, 관리감독자의 지위에 있는 사람을 대상으로 정기적으로 실시하여야 하는 교육

② 채용 시 교육: 해당 사업장에 채용한 근로자를 대상으로 직무 배치 전 실시하여야 하는 교육

③ 작업내용 변경 시 교육: 해당 사업장의 근로자가 기존에 수행하던 작업내용과 다른 작업을 수행하게 될 경우 변경된 작업을 수행하기 전 의무적으로 실시하여야 하는 교육

④ 특별교육: 법령에서 정한 유해·위험작업에 해당하는 작업에 근로자를 사용할 때 실시하여야 하는 교육

③ 안전보건교육의 형태

① 집체교육: 교육전용시설 또는 그밖에 교육을 실시하기에 적합한 시설(생산시설 또는 근무 장소는 제외)에서 실시하는 교육

② 현장교육: 산업체의 생산시설 또는 근무장소에서 실시하는 교육

(위험예지훈련 등 작업 전·후 실시하는 단시간 안전보건 교육을 포함)

③ 인터넷 원격교육: 정보통신매체를 활용하여 교육이 실시되고 훈련생관리 등이 웹상으로 이루어지는 교육

④ 전문화교육: 직무교육기관에서 업종 또는 전문분야별로 개발·운영하는 교육

⑤ 우편통신교육: 인쇄매체로 된 교육교재를 이용하여 교육이 실시되고 교육생관리 등이 웹상으로 이루어지는 교육

④ 안전보건교육 강사 자격

① 안전보건관리책임자

② 관리감독자

③ 안전관리자 (안전관리전문기관에서 안전관리자의 위탁업무를 수행하는 사람 포함)

④ 보건관리자 (보건관리전문기관에서 보건관리자의 위탁업무를 수행하는 사람 포함)

⑤ 안전보건관리담당자 (안전관리전문기관 및 보건관리전문기관에서 안전보건관리담당자의 위탁 업무를 수행하는 사람 포함)

⑥ 산업보건의

⑦ 안전보건공단에서 실시하는 해당 분야의 강사요원 교육과정을 이수한 사람

⑧ 산업안전지도사 또는 산업보건지도사

⑨ 다음의 어느 하나에 해당하는 사람으로서 실무경험을 보유한 자

(강의는 유관분야에 한함)

가. 안전관리전문기관·보건관리전문기관·재해예방전문지도기관·석면조사기관의 종사자로서 실무경 력이 3년 이상인 사람

나. 소방공무원 또는 응급구조사 국가자격 취득자로서 실무경력이 3년 이상인 사람

다. 근골격계 질환 예방 전문가(물리치료사 또는 작업치료사 국가면허 취득자, 1급 생활스포츠지도사 국가자격 취득자) 또는 직무스트레스예방 전문가(임상심리사, 정신보건임상심리사 등 정신보건 관련 국가면허 또는 국가자격·학위 취득자)

라. 「의료법」에 따른 의사·간호사

마. 공인노무사, 변호사

바. 한국교통안전관리공단에서 교통안전관리 실무경력이 3년 이상인 사람

사. 보건복지부에서 실시하는 자살예방 생명지킴이(게이트키퍼) 강사양성교육 과정 이수자 및 보고듣 고말하기 강사양성교육 과정 이수자

> **ⓘ Tip**
>
> ■ **관련고시**
> ▶ 「안전보건교육규정」

⑤ 정기교육

해당 사업장의 사무직 종사 근로자, 사무직 종사 근로자 외의 근로자, 관리감독자의 지위에 있는 사람을 대상으로 정기적으로 실시하여야 하는 교육

① 정기교육 시간

교육 과정	교육대상		교육시간
정기 교육	사무직 종사 근로자		매분기 3시간 이상
	사무직 종사 근로 자 외의 근로자	판매업무에 직접 종사하는 근로자	매분기 3시간 이상
		판매업무에 직접 종사하는 근로자 외의 근로자	매분기 6시간 이상
	관리감독자의 지위에 있는 사람		연간 16시간 이상

※ 비고

1. 상시근로자 50명 미만의 도매업과 숙박 및 음식점업은 위 표의 규정에도 불구하고 해당 교육과정별 교육시간의 2분의 1이상을 실시
2. 근로자(관리감독자의 지위에 있는 사람은 제외)가 「화학물질관리법 시행규칙」 제37조제4항에 따른 유해화학물질 안전교육을 받은 경우에는 그 시간만큼 가목에 따른 해당 분기의 정기교육을 받은 것으로 봄
3. 방사선작업종사자가 「원자력안전법 시행령」 제148조제1항에 따라 방사선작업종사자 정기교육을 받은 때에는 그 해당시간만큼 가목에 따른 해당 분기의 정기교육을 받은 것으로 봄

② 근로자 정기교육 내용

　　가. 산업안전 및 사고 예방에 관한 사항

　　나. 산업보건 및 직업병 예방에 관한 사항

　　다. 건강증진 및 질병 예방에 관한 사항

　　라. 유해·위험 작업환경 관리에 관한 사항

　　마. 산업안전보건법령 및 일반관리에 관한 사항

　　바. 직무스트레스 예방 및 관리에 관한 사항

　　사. 산업재해보상보험 제도에 관한 사항

③ 관리감독자 정기교육 내용

가. 작업공정의 유해·위험과 재해 예방대책에 관한 사항

나. 표준안전작업방법 및 지도 요령에 관한 사항

다. 관리감독자의 역할과 임무에 관한 사항

라. 산업보건 및 직업병 예방에 관한 사항

마. 유해·위험 작업환경 관리에 관한 사항

바. 산업안전보건법령 및 일반관리에 관한 사항

사. 직무스트레스 예방 및 관리에 관한 사항

아. 산재보상보험제도에 관한 사항

자. 안전보건교육 능력 배양에 관한 사항

- 현장근로자와의 의사소통능력 향상, 강의능력 향상, 기타 안전보건교육 능력 배양 등에 관한 사항

※ 안전보건교육 능력 배양 내용은 전체 관리감독자 교육시간의 1/3이하에서 할 수 있음

④ 정기교육 실시 방법

가. 적합한 교육교재와 적절한 교육장비 등을 갖추고 집체교육, 현장교육, 인터넷 원격교육 중 어느 하나에 헤당히는 교육을 실시

나. 고용노동부장관에게 등록한 안전보건교육기관에 위탁하여 실시

다. 관리감독자의 정기교육을 인터넷 원격교육으로 실시 할 경우에는 해당연도 총 교육시간의 2분의 1범위 이상을 집체교육 또는 현장교육으로 실시하여야 함

라. 정기교육은 사업장의 실정에 따라 그 시간을 적절히 분할하여 실시할 수 있음

⑤ 벌칙

위반행위	세부내용	과태료 금액(만원)		
		1차 위반	2차 위반	3차 이상 위반
정기적으로 안전보건교육을 하지 않은 경우	1) 교육대상 근로자 1명당	10	20	50
	2) 교육대상 관리감독자 1명당	50	250	500

⑥ 채용 시 교육

해당 사업장에 채용한 근로자를 대상으로 직무 배치 전 실시하여야 하는 교육

① 채용 시 교육 시간

교육 과정	교육대상	교육시간
채용 시 교육	일용근로자	1시간 이상
	일용근로자를 제외한 근로자	8시간 이상

※ 채용 시 교육에서 건설 일용근로자는 '건설업 기초안전보건교육'을 실시하므로, 채용 시 교육 제외

② 채용 시 교육 내용

가. 기계·기구의 위험성과 작업의 순서 및 동선에 관한 사항

나. 작업 개시 전 점검에 관한 사항

다. 정리정돈 및 청소에 관한 사항

라. 사고 발생 시 긴급조치에 관한 사항

마. 산업보건 및 직업병 예방에 관한 사항

바. 물질안전보건자료에 관한 사항

사. 직무스트레스 예방 및 관리에 관한 사항

아. 산업안전보건법령 및 일반관리에 관한 사항

③ 채용 시 교육 실시 방법

가. 적합한 교육교재와 적절한 교육장비 등을 갖추고 집체교육, 현장교육, 인터넷 원격교육 중 어느 하나에 해당하는 교육을 실시

나. 고용노동부장관에게 등록한 안전보건교육기관에 위탁하여 실시

④ 벌칙

위반행위	세부내용	과태료 금액(만원)		
		1차 위반	2차 위반	3차 이상 위반
근로자를 채용할 때와 작업내용을 변경할 때 안전보건교육을 하지 않은 경우	교육대상 근로자 1명당	10	20	50

⑦ 작업내용 변경 시 교육

해당 사업장의 근로자가 기존에 수행하던 작업내용과 다른 작업을 수행하게 될 경우 변경된 작업을 수행하기 전 의무적으로 실시하여야 하는 교육

① 작업내용 변경 시 교육 시간

교육 과정	교육대상	교육시간
작업내용 변경 시 교육	일용근로자	1시간 이상
	일용근로자를 제외한 근로자	2시간 이상

② 작업내용 변경 시 교육 내용

가. 기계·기구의 위험성과 작업의 순서 및 동선에 관한 사항

나. 작업 개시 전 점검에 관한 사항

다. 정리정돈 및 청소에 관한 사항

라. 사고 발생 시 긴급조치에 관한 사항

마. 산업보건 및 직업병 예방에 관한 사항

바. 물질안전보건자료에 관한 사항

사. 직무스트레스 예방 및 관리에 관한 사항

아. 산업안전보건법령 및 일반관리에 관한 사항

③ 작업내용 변경 시 교육 실시 방법

가. 적합한 교육교재와 적절한 교육장비 등을 갖추고 집체교육, 현장교육, 인터넷 원격교육 중 어느 하나에 해당하는 교육을 실시

나. 고용노동부장관에게 등록한 안전보건교육기관에 위탁하여 실시

④ 벌칙

위반행위	세부내용	과태료 금액(만원)		
		1차 위반	2차 위반	3차 이상 위반
근로자를 채용할 때와 작업내용을 변경할 때 안전보건교육을 하지 않은 경우	교육대상 근로자 1명당	10	20	50

⑧ 특별교육

산업안전보건법 시행규칙 별표5 제1호라목에 해당하는 유해하거나 위험한 작업에 근로자를 사용할 때 실시하여야 하는 교육

① 특별교육 시간

교육 과정	교육대상	교육시간
특별교육	별표 5 제1호라목 각 호(제40호는 제외)의 어느 하나에 해당하는 작업에 종사하는 일용근로자	2시간 이상
	별표 5 제1호라목 제40호의 타워크레인 신호작업에 종사하는 일용근로자	8시간 이상
	별표 5 제1호라목 각 호의 어느 하나에 해당하는 작업에 종사하는 일용근로자를 제외한 근로자	- 16시간 이상 (최초 작업에 종사하기 전 4시간 이상 실시하고 12시간은 3개월 이내에서 분할하여 실시가능) - 단기간 작업 또는 간헐적 작업인 경우에는 2시간 이상

※ 비고

1. '단기간 작업'이란 2개월 이내에 종료되는 1회성 작업을 말함

2. '간헐적 작업'이란 연간 총 작업일수가 60일을 초과하지 않는 작업을 말한다.

3. 방사선 업무에 관계되는 작업에 종사하는 근로자가 「원자력안전법 시행령」 제148조제1항에 따라 방사선작업종사자 신규교육 중 직장교육을 받은 때에는 그 시간만큼 라목 중 별표 7 제1호라목 33에 따른 해당 근로자에 대한 특별교육을 받은 것으로 봄

② 특별교육 대상 작업 및 교육 내용

작업명	교육내용
〈공통내용〉 제1호부터 제40호까지의 작업	○ 기계·기구의 위험성과 작업의 순서 및 동선에 관한 사항 ○ 작업 개시 전 점검에 관한 사항 ○ 정리정돈 및 청소에 관한 사항 ○ 사고 발생 시 긴급조치에 관한 사항 ○ 산업보건 및 직업병 예방에 관한 사항 ○ 물질안전보건자료에 관한 사항 ○ 직무스트레스 예방 및 관리에 관한 사항 ○ 산업안전보건법령 및 일반관리에 관한 사항
〈개별내용〉 1. 고압실 내 작업(잠함공법이나 그 밖의 압기공법으로 대기압을 넘는 기압인 작업실 또는 수갱 내부에서 하는 작업만 해당)	○ 고기압 장해의 인체에 미치는 영향에 관한 사항 ○ 작업의 시간·작업 방법 및 절차에 관한 사항 ○ 압기공법에 관한 기초지식 및 보호구 착용에 관한 사항 ○ 이상 발생 시 응급조치에 관한 사항 ○ 그 밖에 안전·보건관리에 필요한 사항
2. 아세틸렌 용접장치 또는 가스집합 용접장치를 사용하는 금속의 용접·용단 또는 가열작업(발생기·도관 등에 의하여 구성되는 용접장치만 해당)	○ 용접 흄, 분진 및 유해광선 등의 유해성에 관한 사항 ○ 가스용기, 압력조정기, 호스 및 취관두(불꽃이 나오는 용접기의 앞부분) 등의 기기점검에 관한 사항 ○ 작업방법·순서 및 응급처치에 관한 사항 ○ 안전기 및 보호구 취급에 관한 사항 ○ 화재예방 및 초기대응에 관한사항 ○ 그 밖에 안전·보건관리에 필요한 사항
3. 밀폐된 장소(탱크 내 또는 환기가 극히 불량한 좁은 장소를 말함)에서 하는 용접작업 또는 습한 장소에서 하는 전기용접 작업	○ 작업순서, 안전작업방법 및 수칙에 관한 사항 ○ 환기설비에 관한 사항 ○ 전격 방지 및 보호구 착용에 관한 사항 ○ 질식 시 응급조치에 관한 사항 ○ 작업환경 점검에 관한 사항 ○ 그 밖에 안전·보건관리에 필요한 사항
4. 폭발성·물반응성·자기반응성·자기발열성 물질, 자연발화성 액체·고체 및 인화성 액체의 제조 또는 취급작업(시험연구를 위한 취급작업은 제외)	○ 폭발성·물반응성·자기반응성·자기발열성 물질, 자연발화성 액체·고체 및 인화성 액체의 성질이나 상태에 관한 사항 ○ 폭발 한계점, 발화점 및 인화점 등에 관한 사항 ○ 취급방법 및 안전수칙에 관한 사항 ○ 이상 발견 시의 응급처치 및 대피 요령에 관한 사항 ○ 화기·정전기·충격 및 자연발화 등의 위험방지에 관한 사항 ○ 작업순서, 취급주의사항 및 방호거리 등에 관한 사항 ○ 그 밖에 안전·보건관리에 필요한 사항
5. 액화석유가스·수소가스 등 인화성 가스 또는 폭발성 물질 중 가스의 발생장치 취급 작업	○ 취급가스의 상태 및 성질에 관한 사항 ○ 발생장치 등의 위험 방지에 관한 사항 ○ 고압가스 저장설비 및 안전취급방법에 관한 사항 ○ 설비 및 기구의 점검 요령 ○ 그 밖에 안전·보건관리에 필요한 사항

작업명	교육내용
6. 화학설비 중 반응기, 교반기·추출기의 사용 및 세척작업	○ 각 계측장치의 취급 및 주의에 관한 사항 ○ 투시창·수위 및 유량계 등의 점검 및 밸브의 조작주의에 관한 사항 ○ 세척액의 유해성 및 인체에 미치는 영향에 관한 사항 ○ 작업 절차에 관한 사항 ○ 그 밖에 안전·보건관리에 필요한 사항
7. 화학설비의 탱크 내 작업	○ 차단장치·정지장치 및 밸브 개폐장치의 점검에 관한 사항 ○ 탱크 내의 산소농도 측정 및 작업환경에 관한 사항 ○ 안전보호구 및 이상 발생 시 응급조치에 관한 사항 ○ 작업절차·방법 및 유해·위험에 관한 사항 ○ 그 밖에 안전·보건관리에 필요한 사항
8. 분말·원재료 등을 담은 호퍼(하부가 깔대기 모양으로 된 저장통)·저장창고 등 저장탱크의 내부작업	○ 분말·원재료의 인체에 미치는 영향에 관한 사항 ○ 저장탱크 내부작업 및 복장보호구 착용에 관한 사항 ○ 작업의 지정·방법·순서 및 작업환경 점검에 관한 사항 ○ 팬·풍기(風旗) 조작 및 취급에 관한 사항 ○ 분진 폭발에 관한 사항 ○ 그 밖에 안전·보건관리에 필요한 사항
9. 다음 각 복에 정하는 설비에 의한 물건의 가열·건조작업 　가. 건조설비 중 위험물 등에 관계되는 설비로 속부피가 1세제곱미터 이상인 것 　나. 건조설비 중 가목의 위험물 등 외의 물질에 관계되는 설비로서, 연료를 열원으로 사용하는 것(그 최대연소소비량이 매 시간당 10킬로그램 이상인 것만 해당) 또는 전력을 열원으로 사용하는 것(정격소비전력이 10킬로와트 이상인 경우만 해당)	○ 건조설비 내외면 및 기기기능의 점검에 관한 사항 ○ 복장보호구 착용에 관한 사항 ○ 건조 시 유해가스 및 고열 등이 인체에 미치는 영향에 관한 사항 ○ 건조설비에 의한 화재·폭발 예방에 관한 사항

작업명	교육내용
10. 다음 각 목에 해당하는 집재장치(집재기·가선·운반기구·지주 및 이들에 부속하는 물건으로 구성되고, 동력을 사용하여 원목 또는 장작과 숯을 담아 올리거나 공중에서 운반하는 설비를 말함)의 조립, 해체, 변경 또는 수리작업 및 이들 설비에 의한 집재 또는 운반 작업 가. 원동기의 정격출력이 7.5킬로와트를 넘는 것 나. 지간의 경사거리 합계가 350미터 이상인 것 다. 최대사용하중이 200킬로그램 이상인 것	○ 기계의 브레이크 비상정지장치 및 운반경로, 각종 기능 점검에 관한 사항 ○ 작업 시작 전 준비사항 및 작업방법에 관한 사항 ○ 취급물의 유해·위험에 관한 사항 ○ 구조상의 이상 시 응급처치에 관한 사항 ○ 그 밖에 안전·보건관리에 필요한 사항
11. 동력에 의하여 작동되는 프레스기계를 5대 이상 보유한 사업장에서 해당 기계로 하는 작업	○ 프레스의 특성과 위험성에 관한 사항 ○ 방호장치 종류와 취급에 관한 사항 ○ 안전작업방법에 관한 사항 ○ 프레스 안전기준에 관한 사항 ○ 그 밖에 안전·보건관리에 필요한 사항
12. 목재가공용 기계(둥근톱기계, 띠톱기계, 대패기계, 모떼기기계 및 라우터기(목재를 자르거나 홈을 파는 기계)만 해당하며, 휴대용은 제외)를 5대 이상 보유한 사업장에서 해당 기계로 하는 작업	○ 목재가공용 기계의 특성과 위험성에 관한 사항 ○ 방호장치의 종류와 구조 및 취급에 관한 사항 ○ 안전기준에 관한 사항 ○ 안전작업방법 및 목재 취급에 관한 사항 ○ 그 밖에 안전·보건관리에 필요한 사항
13. 운반용 등 하역기계를 5대 이상 보유한 사업장에서의 해당 기계로 하는 작업	○ 운반하역기계 및 부속설비의 점검에 관한 사항 ○ 작업순서와 방법에 관한 사항 ○ 안전운전방법에 관한 사항 ○ 화물의 취급 및 작업신호에 관한 사항 ○ 그 밖에 안전·보건관리에 필요한 사항
14. 1톤 이상의 크레인을 사용하는 작업 또는 1톤 미만의 크레인 또는 호이스트를 5대 이상 보유한 사업장에서 해당 기계로 하는 작업(제40호의 작업은 제외)	○ 방호장치의 종류, 기능 및 취급에 관한 사항 ○ 걸고리·와이어로프 및 비상정지장치 등의 기계·기구 점검에 관한 사항 ○ 화물의 취급 및 안전작업방법에 관한 사항 ○ 신호방법 및 공동작업에 관한 사항 ○ 인양 물건의 위험성 및 낙하·비래(飛來)·충돌재해 예방에 관한 사항 ○ 인양물이 적재될 지반의 조건, 인양하중, 풍압 등이 인양물과 타워크레인에 미치는 영향 ○ 그 밖에 안전·보건관리에 필요한 사항

작업명	교육내용
15. 건설용 리프트·곤돌라를 이용한 작업	○ 방호장치의 기능 및 사용에 관한 사항 ○ 기계, 기구, 달기체인 및 와이어 등의 점검에 관한 사항 ○ 화물의 권상·권하 작업방법 및 안전작업 지도에 관한 사항 ○ 기계·기구에 특성 및 동작원리에 관한 사항 ○ 신호방법 및 공동작업에 관한 사항 ○ 그 밖에 안전·보건관리에 필요한 사항
16. 주물 및 단조(금속을 두들기거나 눌러서 형체를 만드는 일)작업	○ 고열물의 재료 및 작업환경에 관한 사항 ○ 출탕·주조 및 고열물의 취급과 안전작업방법에 관한 사항 ○ 고열작업의 유해·위험 및 보호구 착용에 관한 사항 ○ 안전기준 및 중량물 취급에 관한 사항 ○ 그 밖에 안전·보건관리에 필요한 사항
17. 전압이 75볼트 이상인 정전 및 활선작업	○ 전기의 위험성 및 전격 방지에 관한 사항 ○ 해당 설비의 보수 및 점검에 관한 사항 ○ 정전작업·활선작업 시의 안전작업방법 및 순서에 관한 사항 ○ 절연용 보호구, 절연용 보호구 및 활선작업용 기구 등의 사용에 관한 사항 ○ 그 밖에 안전·보건관리에 필요한 사항
18. 콘크리트 파쇄기를 사용하여 하는 파쇄작업(2미터 이상인 구축물의 파쇄작업만 해당)	○ 콘크리트 해체 요령과 방호거리에 관한 사항 ○ 작업안전조치 및 안전기준에 관한 사항 ○ 파쇄기의 조작 및 공통작업 신호에 관한 사항 ○ 보호구 및 방호장비 등에 관한 사항 ○ 그 밖에 안전·보건관리에 필요한 사항
19. 굴착면의 높이가 2미터 이상이 되는 지반 굴착(터널 및 수직갱 외의 갱 굴착은 제외)작업	○ 지반의 형태·구조 및 굴착 요령에 관한 사항 ○ 지반의 붕괴재해 예방에 관한 사항 ○ 붕괴 방지용 구조물 설치 및 작업방법에 관한 사항 ○ 보호구의 종류 및 사용에 관한 사항 ○ 그 밖에 안전·보건관리에 필요한 사항
20. 흙막이 지보공의 보강 또는 동바리를 설치하거나 해체하는 작업	○ 작업안전 점검 요령과 방법에 관한 사항 ○ 동바리의 운반·취급 및 설치 시 안전작업에 관한 사항 ○ 해체작업 순서와 안전기준에 관한 사항 ○ 보호구 취급 및 사용에 관한 사항 ○ 그 밖에 안전·보건관리에 필요한 사항
21. 터널 안에서의 굴착작업(굴착용 기계를 사용하여 하는 굴착작업 중 근로자가 칼날 밑에 접근하지 않고 하는 작업은 제외) 또는 같은 작업에서의 터널 거푸집 지보공의 조립 또는 콘크리트 작업	○ 작업환경의 점검 요령과 방법에 관한 사항 ○ 붕괴 방지용 구조물 설치 및 안전작업 방법에 관한 사항 ○ 재료의 운반 및 취급·설치의 안전기준에 관한 사항 ○ 보호구의 종류 및 사용에 관한 사항 ○ 소화설비의 설치장소 및 사용방법에 관한 사항 ○ 그 밖에 안전·보건관리에 필요한 사항

작업명	교육내용
22. 굴착면의 높이가 2미터 이상이 되는 암석의 굴착작업	○ 폭발물 취급 요령과 대피 요령에 관한 사항 ○ 안전거리 및 안전기준에 관한 사항 ○ 방호물의 설치 및 기준에 관한 사항 ○ 보호구 및 신호방법 등에 관한 사항 ○ 그 밖에 안전·보건관리에 필요한 사항
23. 높이가 2미터 이상인 물건을 쌓거나 무너뜨리는 작업(하역기계로만 하는 작업은 제외)	○ 원부재료의 취급 방법 및 요령에 관한 사항 ○ 물건의 위험성·낙하 및 붕괴재해 예방에 관한 사항 ○ 적재방법 및 전도 방지에 관한 사항 ○ 보호구 착용에 관한 사항 ○ 그 밖에 안전·보건관리에 필요한 사항
24. 선박에 짐을 쌓거나 부리거나 이동시키는 작업	○ 하역 기계·기구의 운전방법에 관한 사항 ○ 운반·이송경로의 안전작업방법 및 기준에 관한 사항 ○ 중량물 취급 요령과 신호 요령에 관한 사항 ○ 작업안전 점검과 보호구 취급에 관한 사항 ○ 그 밖에 안전·보건관리에 필요한 사항
25. 거푸집 동바리의 조립 또는 해체작업	○ 동바리의 조립방법 및 작업 절차에 관한 사항 ○ 조립재료의 취급방법 및 설치기준에 관한 사항 ○ 조립 해체 시의 사고 예방에 관한 사항 ○ 보호구 착용 및 점검에 관한 사항 ○ 그 밖에 안전·보건관리에 필요한 사항
26. 비계의 조립·해체 또는 변경작업	○ 비계의 조립순서 및 방법에 관한 사항 ○ 비계작업의 재료 취급 및 설치에 관한 사항 ○ 추락재해 방지에 관한 사항 ○ 보호구 착용에 관한 사항 ○ 비계상부 작업 시 최대 적재하중에 관한 사항 ○ 그 밖에 안전·보건관리에 필요한 사항
27. 건축물의 골조, 다리의 상부구조 또는 탑의 금속제의 부재로 구성되는 것(5미터 이상인 것만 해당)의 조립· 해체 또는 변경작업	○ 건립 및 버팀대의 설치순서에 관한 사항 ○ 조립 해체 시의 추락재해 및 위험요인에 관한 사항 ○ 건립용 기계의 조작 및 작업신호 방법에 관한 사항 ○ 안전장비 착용 및 해체순서에 관한 사항 ○ 그 밖에 안전·보건관리에 필요한 사항
28. 처마 높이가 5미터 이상인 목조 건축물의 구조 부재의 조립이나 건축물의 지붕 또는 외벽 밑에서의 설치작업	○ 붕괴·추락 및 재해 방지에 관한 사항 ○ 부재의 강도·재질 및 특성에 관한 사항 ○ 조립·설치 순서 및 안전작업방법에 관한 사항 ○ 보호구 착용 및 작업 점검에 관한 사항 ○ 그 밖에 안전·보건관리에 필요한 사항

작업명	교육내용
29. 콘크리트 인공구조물(그 높이가 2미터 이상인 것만 해당)의 해체 또는 파괴작업	○ 콘크리트 해체기계의 점점에 관한 사항 ○ 파괴 시의 안전거리 및 대피 요령에 관한 사항 ○ 작업방법·순서 및 신호 방법 등에 관한 사항 ○ 해체·파괴 시의 작업안전기준 및 보호구에 관한 사항 ○ 그 밖에 안전·보건관리에 필요한 사항
30. 타워크레인을 설치(상승작업을 포함)·해체하는 작업	○ 붕괴·추락 및 재해 방지에 관한 사항 ○ 설치·해체 순서 및 안전작업방법에 관한 사항 ○ 부재의 구조·재질 및 특성에 관한 사항 ○ 신호방법 및 요령에 관한 사항 ○ 이상 발생 시 응급조치에 관한 사항 ○ 그 밖에 안전·보건관리에 필요한 사항
31. 보일러(소형 보일러 및 다음 각 목에서 정하는 보일러는 제외)의 설치 및 취급 작업 가. 몸통 반지름이 750밀리미터 이하이고 그 길이가 1,300밀리미터 이하인 증기보일러 나. 전열면적이 3제곱미터 이하인 증기보일러 다. 전열면적이 14제곱미터 이하인 온수보일러 라. 전열면적이 30제곱미터 이하인 관류보일러(물관을 사용하여 가열시키는 방식의 보일러)	○ 기계 및 기기 점화장치 계측기의 점검에 관한 사항 ○ 열관리 및 방호장치에 관한 사항 ○ 작업순서 및 방법에 관한 사항 ○ 그 밖에 안전·보건관리에 필요한 사항
32. 게이지 압력을 제곱센티미터당 1킬로그램 이상으로 사용하는 압력용기의 설치 및 취급작업	○ 안전시설 및 안전기준에 관한 사항 ○ 압력용기의 위험성에 관한 사항 ○ 용기 취급 및 설치기준에 관한 사항 ○ 작업안전 점검 방법 및 요령에 관한 사항 ○ 그 밖에 안전·보건관리에 필요한 사항
33. 방사선 업무에 관계되는 작업(의료 및 실험용은 제외)	○ 방사선의 유해·위험 및 인체에 미치는 영향 ○ 방사선의 측정기기 기능의 점검에 관한 사항 ○ 방호거리·방호벽 및 방사선물질의 취급 요령에 관한 사항 ○ 응급처치 및 보호구 착용에 관한 사항 ○ 그 밖에 안전·보건관리에 필요한 사항
34. 맨홀작업	○ 장비·설비 및 시설 등의 안전점검에 관한 사항 ○ 산소농도 측정 및 작업환경에 관한 사항 ○ 작업내용·안전작업방법 및 절차에 관한 사항 ○ 보호구 착용 및 보호 장비 사용에 관한 사항 ○ 그 밖에 안전·보건관리에 필요한 사항
35. 밀폐공간에서의 작업	○ 산소농도 측정 및 작업환경에 관한 사항 ○ 사고 시의 응급처치 및 비상 시 구출에 관한 사항 ○ 보호구 착용 및 사용방법에 관한 사항 ○ 밀폐공간작업의 안전작업방법에 관한 사항 ○ 그 밖에 안전·보건관리에 필요한 사항

작업명	교육내용
36. 허가 및 관리 대상 유해물질의 제조 또는 취급작업	○ 취급물질의 성질 및 상태에 관한 사항 ○ 유해물질이 인체에 미치는 영향 ○ 국소배기장치 및 안전설비에 관한 사항 ○ 안전작업방법 및 보호구 사용에 관한 사항 ○ 그 밖에 안전·보건관리에 필요한 사항
37. 로봇작업	○ 로봇의 기본원리·구조 및 작업방법에 관한 사항 ○ 이상 발생 시 응급조치에 관한 사항 ○ 안전시설 및 안전기준에 관한 사항 ○ 조작방법 및 작업순서에 관한 사항
38. 석면해체·제거작업	○ 석면의 특성과 위험성 ○ 석면해체·제거의 작업방법에 관한 사항 ○ 장비 및 보호구 사용에 관한 사항 ○ 그 밖에 안전·보건관리에 필요한 사항
39. 가연물이 있는 장소에서 하는 화재위험작업	○ 작업준비 및 작업절차에 관한 사항 ○ 작업장 내 위험물, 가연물의 사용·보관·설치 현황에 관한 사항 ○ 화재위험작업에 따른 인근 인화성 액체에 대한 방호조치에 관한 사항 ○ 화재위험작업으로 인한 불꽃, 불티 등의 비산(飛散)방지조치에 관한 사항 ○ 인화성 액체의 증기가 남아 있지 않도록 환기 등의 조치에 관한 사항 ○ 화재감시자의 직무 및 피난교육 등 비상조치에 관한 사항 ○ 그 밖에 안전·보건관리에 필요한 사항
40. 타워크레인을 사용하는 작업시 신호업무를 하는 작업	○ 타워크레인의 기계적 특성 및 방호장치 등에 관한 사항 ○ 화물의 취급 및 안전작업방법에 관한 사항 ○ 신호방법 및 요령에 관한 사항 ○ 인양 물건의 위험성 및 낙하·비래·충돌재해 예방에 관한 사항 ○ 인양물이 적재될 지반의 조건, 인양하중, 풍압 등이 인양물과 타워크레인에 미치는 영향 ○ 그 밖에 안전·보건관리에 필요한 사항

③ 벌칙

위반행위	세부내용	과태료 금액(만원)		
		1차 위반	2차 위반	3차 이상 위반
유해하거나 위험한 작업에 근로자를 사용할 때 안전보건교육을 추가로 하지 않은 경우	교육대상 근로자 1명당	50	100	150

⑨ 안전보건교육의 면제

① 정기교육

　가. 전년도에 산업재해가 발생하지 않은 사업장은 근로자 정기교육을 그 다음 연도에 한정하여 실시 기준 시간의 100분의 50까지의 범위에서 면제

　나. 안전관리자 및 보건관리자를 선임할 의무가 없는 사업장의 사업주가 근로자건강센터(노무를 제공하는 자의 건강을 유지·증진하지 위한 시설)에서 실시하는 안전보건교육, 건강상담, 건강관리프로그램 등 근로자 건강관리 활동에 해당 사업장의 근로자를 참여한 경우 해당 시간을 해당 분기(관리감독자의 지위에 있는 사람의 경우 해당 연도)의 근로자 정기교육 시간에서 면제

　다. 관리감독자가 다음의 어느 하나에 해당하는 교육을 이수한 경우 관리감독자 정기교육을 면제

　　(1) 직무교육기관에서 실시한 전문화 교육

　　(2) 직무교육기관에서 실시한 인터넷 원격교육

　　(3) 안전보건공단에서 실시한 안전보건관리담당자 양성교육

　　(4) 검사원 성능검사 교육

② 채용 시 교육 및 작업 내용 변경 시 교육

　가. 특별교육을 실시한 경우에는 해당 근로자에 대한 채용 시 교육 및 작업내용 변경 시 교육을 실시한 것으로 봄

　나. 한국표준산업분류의 세분류 중 같은 종류의 업종에 6개월 이상 근무한 경험이 있는 근로자를 이직 후 1년 이내에 채용하는 경우: 채용 시 교육시간의 100분의 50이상

③ 특별교육 및 채용 시 교육

　가. 특별교육 대상작업에 6개월 이상 근무한 경험이 있는 근로자가 다음의 어느 하나에 해당하는 경우: 특별교육 시간의 100분의 50 이상

　　(1) 근로자가 이직 후 1년 이내에 채용되어 이직 전과 동일한 특별교육 대상작업에 종사하는 경우

　　(2) 근로자가 같은 사업장 내 다른 작업에 배치된 후 1년 이내에 배치 전과 동일한 특별교육 대상작업에 종사하는 경우

　　(3) 채용 시 교육 또는 특별교육을 이수한 근로자가 같은 도급인의 사업장내에서 이전에 하던 업무와 동일한 업무에 종사하는 경우: 소속 사업장의 변경에도 불구하고 해당 근로자에 대한 채용 시 교육 또는 특별교육 면제

⑩ 안전보건교육의 특례

① 고용노동부장관이 실시하는 무재해운동 등 재해예방사업과 관련한 교육을 실시한 때에는 그 교육시간을 분기(관리감독자의 지위에 있는 사람의 경우 해당 연도)의 정기교육시간으로 갈음할 수 있음

② 안전체험교육장에서 실시하는 체험교육 또는 민간이 설치·운영하는 안전체험교육장
중 안전보건공단 이사장이 인정하는 체험교육을 이수한 소속 근로자에게 해당 교육
시간을 2배로 인정하며, 연간 정기교육시간으로 산정할 수 있음

ℹ️ Tip

■ **안전체험교육장 체험교육과정 현황**

1. 산업안전보건법 제11조(산업재해 예방시설의 설치·운영)에 따라 설치된 안전체험교육장

연번	교육장명	소재지	운영기관 (연락처)
1	중부 안전체험교육장	인천광역시 부평구 무네미로 478	한국산업안전보건공단 인천광역본부(032-510-0643)
2	호남 안전체험교육장	전라남도 담양군 금성면 병목로 219	한국산업안전보건공단 광주광역본부(061-383-8294)
3	경남 안전체험교육장	경상남도 김해시 진영읍 진영로 454번길10-7	한국산업안전보건공단 부산광역본부(051-520-0559)
4	경북 안전체험교육장	경상북도 경산시 와촌면 불굴사길 110	한국산업안전보건공단 대구광역본부(053-801-1501)
5	충청 안전체험교육장	충청남도 공주시 반포면 금벽로 1714-77	한국산업안전보건공단 대전세종광역본부(041-881-9231)
6	제천 안전체험교육장	충청북도 제천시 제천북로 143	한국산업안전보건공단 충북광역본부(043-645-6802~3)

2. 공단 이사장 인정 안전체험교육장

연번	교육장명	소재지	운영기관
1	울산안전체험관	울산시 북구 산하중앙2로 87-33	울산광역시 소방본부
2	엣스퍼트 안전체험장	서울특별시 마포구 마포대로 155 (공덕동) LG마포빌딩 6층 엣스퍼트 TL센터	㈜에스앤아이코퍼레이션
3	한라시멘트 안전교육센터	강원도 강릉시 옥계면 산계길 225 (본관동 1층)	한라시멘트㈜
4	평택 안전체험 교육장	경기도 평택시 포승읍 남양만로 175-2	한국서부발전㈜ 평택발전본부
5	LGD 파주안전학교 체험관	경기도 파주시 월롱면 엘지로 245 (LG디스플레이 파주공장 내)	엘지디스플레이(주)

1️⃣1️⃣ 사무직 근로자와 그 밖의 근로자(기타직)의 구분

① 근무장소에 따른 구분

생산업무가 이루어지는 건물과 충분한 이격거리를 두고 떨어져 있는 순수한 사무실
건물에서 서무·인사·경리·판매·설계 등 사무업무만 전담하는 근로자를 사무직 근
로자로 구분

- 위의 경우라도 생산업무에 종사하는 근로자와 같은 구역에서 근무하는 경우에는 그 밖의 근로자(기
타직)로 구분

- "같은 구역"이라 함은 담 또는 울타리를 경계로 하여 '동 경계 안'을 의미하며, 다음의 경우에는 같은
구역으로 보지 않음

(1) 생산동과 사무동이 동일 건물에 있지 아니하고 소재지가 다른 경우

(2) 사무동에서 생산동으로 출입할 수 없는 충분한 이격거리를 두고 있는 경우

② 업무(직종)에 따른 구분

"사무직 근로자"는 일반적으로 사무실 등에서 주된 업무가 주로 정신적인 근로를 하는 자이며,

- 그 외 현장에 종사하는 근로자 및 사무실에서 단순 반복 업무를 하면서 업무 중에 자유롭게 움직이기 곤란한 업무(교대하지 않는 한 자리를 비울 수 없는 업무) 등을 하는 근로자는 "비사무직 근로자"로 분류

사무직	그 밖의 근로자(기타직)
○ 사무실에서 서무·인사·경리·판매·설계 등 사무업무 종사자 ○ 임원, 관리자(관리팀장, 인사팀장 등)	○ 공장 또는 공사현장과 같은 구역에 있는 사무실 종사자 ○ 제조·건설작업 종사자, 단순노무 종사자 ○ 장치, 기계조작 및 조립 종사자 ○ 현장을 수시 출입하는 생산팀장, 공무팀장 등의 현장 관리자 ○ 안전관리자, 방화관리자 등
○ 총무, 서무, 인사, 기획, 노무, 홍보, 경리, 회계, 판매, 설계, 영업 등 사무업무 종사자 - 고객 서비스 사무 종사자 · 방문·전화·인터넷 민원 일반 상담업무 종사자 · 호텔·음식점 접수원 등 - 병원 행정, 원무, 보험 사무원 - 일반 사무 보조원, 비서 등	○ 영업 등 직접 종사자 - 직접 판매에 종사하는 자 - 방문 주문 및 수금업무 등을 주업무로 하는 영업직 근로자 - 114 안내업무, 전화고장 접수 등 TM 전담상담원 - 항공기승무원, 선원, 자동차 운전원 - 이·미용사, 조리사 - 의사, 간호사, 약사, 의료기사 등
○ 내근기자	○ 외근기자
○ 교육기관 종사자 중 - 학원강사, 유치원교사, 보조교사, 일반교사 등	○ 교육기관 종사자 중 - 기능강사, 실습강사, 이공계 학교 실습교사, 어린이집 보육교사 등
○ 문화예술, 방송, 공연관련 종사자 중 - 방송작가, 아나운서, 디자이너	○ 문화예술, 방송, 공연관련 종사자 중 - 프로듀서, 연기자, 안무가 - 촬영, 녹음 등 방송관련 기사
○ 금융, 증권, 보험업 종사자 - 은행원, 증권중개인, 손해사정인 등	○ 보험업 종사자 중 - 보험모집인 등 현장 종사자
○ 건축설계사, 제도사	
○ 건물관리업 중 - 소장, 경리 등 일반 행정업무 종사자	○ 건물관리업 중 - 경비, 청소, 시설관리 등 현장업무 종사자

③ 근무장소 및 업무(직종)에 따른 구분이 어려운 경우에는 한국표준직업분류를 참고하여 사무직과 비사무직(기타직)을 구분할 수 있음

(해당 근로자의 주된 업무를 보고 판단)

한국표준직업분류(대분류)	구분	비고

1. 관리자
  - 공공 및 기업 고위직
  - 행정 및 경영지원 관리직
  - 전문서비스 관리직
  - 건설·전기 및 생산 관련 관리직
  - 판매 및 고객서비스 관리직
	사무직
	* 장소적 구분, 실제업무 등을 사무직으로 볼 수 없는 경우 기타직으로 구분함이 타당
		○ 주된 업무가 사무실 내에서 행정·경영·관리업무를 수행하는 경우 사무직으로 분류
		(해당 사업장 상황에 따라 분류할 필요)

2. 전문가 및 관련 종사자
  - 과학 전문가 및 관련직
  - 정보통신 전문가 및 기술직
  - 공학 전문가 및 기술직
  - 보건·사회복지 및 종교 관련직
  - 교육 전문가 및 관련직
  - 법률 및 행정 전문직
  - 경영·금융 전문가 및 관련직
  - 문화·예술·스포츠 전문가 및 관련직
	사무직
	* 장소적 구분, 실제업무 등을 사무직으로 볼 수 없는 경우 기타직으로 구분함이 타당
		○ 주된 업무가 사무실 내에서 문서 및 행정, 사무업무를 수행하는 경우 사무직으로 분류
		(해당 사업장 상황에 따라 분류할 필요)

3. 사무종사자
  - 경영 및 회계 관련 사무직
  - 금융 및 보험 사무직
  - 법률 및 감사 사무직
  - 상담·안내·통계 및 기타 사무직
	사무직
	* 장소적 구분, 실제업무 등을 사무직으로 볼 수 없는 경우 기타직으로 구분함이 타당	

4. 서비스 종사자
  - 경찰·소방 및 보안 관련 서비스직
  - 이미용·예식 및 의료보조 서비스직
  - 운송 및 여가 서비스직
  - 조리 및 음식 서비스직
 	
5. 판매 종사자
  - 영업직
  - 매장 판매직
  - 방문·노점 및 통신판매 관련직
 	
6. 농림어업 숙련 종사자
  - 농·축산 숙련직
  - 임업 숙련직
  - 어업 숙련직
	비사무직
	(기타직)	

85

한국표준직업분류(대분류)	구분	비고
7. 기능원 및 관련 기능 종사자 - 식품 가공관련 기능직 - 섬유·의복 및 가죽관련 기능직 - 목재·가구·악기 및 간판관련 기능직 - 금속성형 관련 기능직 - 운송 및 기계관련 기능직 - 전기 및 전자관련 기능직 - 건설 및 채굴관련 기능직 - 영상 및 통신 장비관련 기능직 - 기타 기능 관련직		
8. 장치·기계조작 및 조립 종사자 - 식품가공관련 기계조작직 - 섬유 및 신발 관련 기계조작직 - 화학관련 기계조작직 - 금속 및 비금속 관련 기계조작직 - 기계제조 및 관련 기계조작직 - 전기 및 전자 관련 기계조작직 - 운전 및 운송 관련직 - 상·하수도 및 재활용 처리관련 - 기계조작식 - 목재·인쇄 및 기타 기계조작직	비사무직 (기타직)	
9. 단순노무 종사자 - 건설 및 광업 관련 단순노무직 - 운송관련 단순노무직 - 제조관련 단순노무직 - 청소 및 경비 관련 단순 노무직 - 가사·음식 및 판매 관련 단순 노무직 - 농림어업 및 기타 서비스 단순 노무직		
10. 군인 - 군인		

2 / 건설업 기초안전보건교육(산업안전보건법 제31조)

① 개요

건설현장에서 건설 일용근로자를 채용할 때에는 해당 근로자로 하여금 건설업 기초안전
보건교육기관이 실시하는 안전보건교육을 이수하여야 함

② 교육 시간

교육 과정	교육대상	교육시간
건설업 기초안전보건교육	건설 일용근로자	4시간 이상

③ 교육 내용

구분	교육 내용	시간
공통	산업안전보건법령 주요 내용(건설 일용근로자 관련 부분)	1시간
	안전의식 제고에 관한 사항	
교육 대상별	작업별 위험요인과 안전작업 방법(재해사례 및 예방대책)	2시간
	건설 직종별 건강장해 위험요인과 건강관리	1시간

※ 교육대상자별 교육시간 중 1시간 이상을 보호구(안전대·안전모·안전화)착용에 관한 사항을 포함하여 시청각
또는 체험·가상실습으로 실시

④ 교육 면제

① 건설 일용근로자가 그 사업주에게 채용되기 전에 건설업 기초안전보건교육을 이수한
경우

② 건설 일용근로자 중 다음의 어느 하나에 해당하는 과정을 이수한 자는 건설업 기초
안전보건교육을 이수한 것으로 인정

가. 「외국인근로자의 고용 등에 관한 법률 시행령」제19조에 따른 외국인근로자 고용 특례 대상자가 같
은 법 시행령 제3조제5호에 따라 외국인력정책위원회 위원장이 필요하다고 인정한 건설업 취업
교육을 이수하고 건설업 취업 인정증을 발급받은 경우(취업일 기준 건설업 취업 인정증 유효기간이 남
아있는 경우로 한정)

나. 「건설근로자의 고용개선 등에 관한 법률」 제7조제1항제1호에 따른 훈련과정에서 건설업 기초교육을 이수한 경우

⑤ **벌칙**

위반행위	세부내용	과태료 금액(만원)		
		1차 위반	2차 위반	3차 이상 위반
건설 일용근로자를 채용할 때 기초 안전보건교육을 이수하도록 하지 않은 경우	교육대상 근로자 1명당	10	20	50

3 / 직무교육(산업안전보건법 제32조)

① 개요

안전보건관리책임자 등은 사업장의 안전보건 확보를 위해 근로자의 안전·보건 활동을 효과적으로 지휘할 수 있어야 하므로, 안전·보건에 관한 기초 소양과 새로운 지식·기술 발전에 따른 유해·위험요인 및 관리방식 등 직무와 관련된 안전보건교육을 이수하여야 함

② 직무교육 대상

① 안전보건관리책임자

② 안전관리자

③ 보건관리자

④ 안전보건관리담당자

⑤ 안전관리전문기관 종사자

⑥ 보건관리전문기관 종사자

⑦ 건설재해예방전문지도기관 종사자

⑧ 안전검사기관 종사자

⑨ 자율안전검사기관 종사자

⑩ 석면조사기관 종사자

③ 직무교육 실시 시기

① 신규교육

직무교육 대상에 해당하는 사람은 해당 직위에 선임(위촉의 경우 포함)되거나 채용된 후 3개월(보건관리자가 의사인 경우 1년) 이내에 직무를 수행하는 데 필요한 신규교육을 받아야 함

② 보수교육

신규교육을 이수한 후 매 2년이 되는 날을 기준으로 전후 3개월 사이에 보수교육을 받아야 함

④ 직무교육 시간

교육 대상	교육시간	
	신규교육	보수교육
가. 안전보건관리책임자	6시간 이상	6시간 이상
나. 안전관리자, 안전관리전문기관의 종사자	34시간 이상	24시간 이상
다. 보건관리자, 보건관리전문기관의 종사자	34시간 이상	24시간 이상
라. 재해예방 전문지도기관의 종사자	34시간 이상	24시간 이상
마. 석면조사기관의 종사자	34시간 이상	24시간 이상
바. 안전보건관리담당자	-	8시간 이상
사. 안전검사기관, 자율안전검사기관의 종사자	34시간 이상	24시간 이상

⑤ 직무교육 실시

① 안전보건관리책임자 등에 대한 직무교육은 고용노동부장관에게 등록된 직무교육기관
에서 실시

② 직무교육을 받으려는 자는 직무교육 수강신청서[24]를 직무교육기관에 제출하고, 직무
교육기관의 장은 직무교육 대상자에게 직무교육을 실시하기 전 15일 전까지 교육 일시
및 장소를 통보

② 직무교육을 인터넷 교육으로 실시하는 경우에는 총 교육시간의 3분의 2범위 이상을
집체교육 또는 현장교육으로 실시

⑥ 직무교육의 면제

① 공통사항

가. 직무교육을 이수한 사람이 다른 사업장으로 전직하여 신규로 선임되어 선임신고를 하는 경우에는
전직 전에 받은 교육이수증명서를 제출하면 해당 교육을 이수한 것으로 인정

② 신규교육의 면제

가. 안전보건관리담당자

나. 「고등교육법」에 따른 이공계 전문대학 또는 이와 같은 수준 이상의 학교를 졸업하고 해당 사업의
관리감독자로서의 업무(건설업의 경우는 시공실무경력)를 3년(4년제 이공계 대학졸업자는 1년) 이상 담당
한 사람으로서 고용노동부장관이 지정하는 기관이 실시하는 교육(1998년 12월 31일까지의 교육만 해
당)을 받고 정해진 시험에 합격한 사람이 안전관리자로 선임된 경우

---

24) 산업안전보건법 시행규칙 별지 제15호

다. 「초·중등교육법」에 따른 공업계 고등학교 또는 이와 같은 수준 이상의 학교를 졸업하고 해당 사업의 관리감독자로서의 업무(건설업의 경우는 시공실무경력)를 5년 이상 담당한 사람으로서 고용노동부장관이 지정하는 기관이 실시하는 교육(1998년 12월 31일까지의 교육만 해당)을 받고 정해진 시험에 합격한 사람이 안전관리자로 선임된 경우

③ 보수교육의 면제

가. 다음에 해당하는 사람이 해당 법령에 따른 교육기관에서 제29조제2항의 교육내용 중 고용노동부장관이 정하는 내용이 포함된 교육[25]을 이수하고 해당 교육기관에서 발행하는 확인서를 제출하는 경우에는 직무교육 중 보수교육을 면제

(1) 산업안전보건법 시행령 별표4 제8호에 따라 안전관리자로 채용된 것으로 보는 사람

(2) 「기업활동 규제완화에 관한 특별조치법」 제30조제3항제4호 또는 5호에 따라 안전관리자로 채용된 것으로 보는 사람

(3) 보건관리자로서 산업안전보건법 시행령 별표6 제2호 또는 제3호에 해당하는 사람이 해당 법령에 따른 교육기관에서 직무교육에 해당하는 교육내용이 포함된 교육을 이수하고 해당 교육기관에서발행하는 확인서를 제출하는 경우에는 직무교육 중 보수교육을 면제

나. 다음의 어느 하나에 해당하는 사람이 고용노동부장관이 정하여 고시하는 안전·보건에 관한 교육[26]을 이수한 경우에는 직무교육 중 보수교육을 면제

(1) 안전보건관리책임자

(2) 안전관리자

(3) 보건관리자

(4) 안전보건관리담당자

(5) 안전관리전문기관 또는 보건관리전문기관에서 안전관리자 또는 보건관리자의 위탁 업무를 수행하는 사람

(6) 건설재해예방전문지도기관에서 지도업무를 수행하는 사람

(7) 자율안전검사기관에서 검사업무를 수행하는 사람

(8) 석면조사기관에서 석면조사 업무를 수행하는 사람

---

[25] 1. 가목 및 나목에 따라 안전관리자로 채용된 것으로 보는 사람은 2시간 이상의 산업안전보건법령이 포함된 교육
2. 다목에 따라 의사 또는 간호사인 보건관리자는 2시간 이상의 산업안전보건법령 및 산업위생이 포함된 교육

[26] 안전보건공단 또는 직무교육위탁기관 등에서 관리위원회의 심의를 거친 제24조에 따른 전문화 교육을 24시간 이상(관리책임자는 6시간 이상, 안전보건관리담당자는 8시간 이상) 이수한 경우를 말함

⑦ 벌칙

위반행위	세부내용	과태료 금액(만원)		
		1차 위반	2차 위반	3차 이상 위반
안전보건관리책임자 등으로 하여금 직무와 관련한 안전보건교육을 이수하도록 하지 않은 경우	안전보건관리책임자, 안전관리자, 보건관리자에 해당하는 사람으로 하여금 직무교육을 이수하도록 하지 않은 경우	500	500	500
	안전보건관리담당자에 해당하는 사람으로 하여금 직무교육을 이수하도록 하지 않은 경우	100	200	500
	안전관리전문기관 또는 보건관리전문기관에서 안전관리자 또는 보건관리자의 위탁 업무를 수행하는 사람, 건설재해예방전문지도기관에서 지도업무를 수행하는 사람, 자율안전검사기관에서 검사업무를 수행하는 사람, 석면조사기관에서 석면조사 업무를 수행하는 사람으로 하여금 직무교육을 이수하도록 하지 않은 경우	300	300	300

> **ⓘ Tip**
>
> ■ **안전보건교육기관 현황 검색**
>   1. 근로자 안전보건교육기관
>   ▶ 고용노동부 홈페이지 → 정보공개 → 사전정보 공표목록 → 산재예방/산재보상 → 근로자 안전보건교육기관 현황
>   2. 건설업 기초안전보건교육기관
>   ▶ 고용노동부 홈페이지 → 정보공개 → 사전정보 공표목록 → 산재예방/산재보상 → 건설업 기초안전보건교육기관 현황
>   3. 직무교육기관
>   ▶ 고용노동부 홈페이지 → 정보공개 → 사전정보 공표목록 → 산재예방/산재보상 → 직무교육기관 현황

제5장

유해·위험 방지 조치

1 / 법령 요지의 게시(산업안전보건법 제34조)

① 개요

사업주는 산업안전보건법과 동법에 따른 명령의 요지 및 안전보건관리규정을 각 사업장의 근로자가 쉽게 볼 수 있는 장소에 게시하거나 갖추어 두어 근로자에게 널리 알려야 함

② 게시사항

산업안전보건법과 동법에 따른 명령은 법률의 시행에 필요한 상세한 세부 규정을 담은 시행령, 시행규칙, 안전보건기준에 관한 규칙, 유해·위험작업의 취업제한에 관한 규칙을 의미하므로, 해당 사업장에 적용되는 법령을 발췌하여 게시

③ 게시방법

① 게시판 등 근로자가 쉽게 볼 수 있는 장소에 게시

② PC 등 전산장비로 법령의 요지를 상시 확인할 수 있는 환경이 조성된 경우도 가능

④ 벌칙

위반행위	세부내용	과태료 금액(만원)		
		1차 위반	2차 위반	3차 이상 위반
법과 법에 따른 명령의 요지, 안전보건관리규정를 게시하지 않거나 갖추어 두지 않은 경우		50	250	500

2 / 근로자대표의 통지 요청(산업안전보건법 제35조)

① 개요

근로자대표는 사업주에게 안전보건에 관한 활동 사항을 통지하여 줄 것을 요청할 수 있으며, 통지를 요청받은 사업주는 이에 성실히 따라야 함

② 통지 요청 사항

① 산업안전보건위원회 또는 노사협의체가 의결한 사항

② 안전보건진단 결과에 관한 사항

③ 안전보건개선계획서의 수립·시행에 관한 사항

④ 도급인의 이행 사항

⑤ 물질안전보건자료에 관한 사항[27]

⑥ 작업환경측정에 관한 사항

⑦ 그 밖에 고용노동부령으로 정하는 안전 및 보건에 관한 사항

③ 벌칙

위반행위	세부내용	과태료 금액(만원)		
		1차 위반	2차 위반	3차 이상 위반
근로자대표의 요청 사항을 근로자대표에게 통지하지 않은 경우	-	30	150	300

---

27) 21. 1. 16. 시행

3 / 위험성평가의 실시(산업안전보건법 제36조)

① 개요

건설물, 기계·기구·설비, 원재료, 가스, 증기, 분진, 근로자의 작업행동 또는 그 밖의 업무로 인한 유해·위험요인을 찾아내어 부상 및 질병으로 이어질 수 있는 위험성의 크기가 허용 가능한 범위인지를 평가하고, 그 결과에 따라 산업안전보건법과 동법의 명령에 따른 조치를 하여야 하며, 근로자에 대한 위험 또는 건강장해를 방지하기 위하여 필요한 경우에는 추가적인 조치를 하는 위험성평가를 실시하여야 함

② 위험성평가 실시 시기

위험성평가는 최초평가 및 수시평가, 정기평가로 구분하여 실시하고, 최초평가 및 정기평가는 전체 작업을 대상으로 함

① 최초평가

처음 위험성평가를 실시하는 것을 말하며, 전체 작업과 모든 유해·위험요인을 대상으로 함

② 정기평가

최초평가 후 매년 정기적으로 실시하며, 정기평가 시 다음의 사항을 고려하여야 함

가. 기계·기구, 설비 등의 기간 경과에 의한 성능 저하

나. 근로자의 교체 등에 수반하는 안전·보건과 관련되는 지식 또는 경험의 변화

다. 안전·보건과 관련되는 새로운 지식의 습득

라. 현재 수립되어 있는 위험성 감소대책의 유효성 등

③ 수시평가

다음의 어느 하나에 해당하는 계획이 있는 경우에 해당 계획의 실행을 착수하기 전에 실시. 단 5호에 해당하는 경우에는 재해발생 작업을 대상으로 작업을 재개하기 전에 실시

가. 사업장 건설물의 설치·이전·변경 또는 해체

나. 기계·기구, 설비, 원재료 등의 신규 도입 또는 변경

다. 건설물, 기계·기구, 설비 등의 정비 또는 보수

　(주기적·반복적 작업으로서 정기평가를 실시한 경우에는 제외)

라. 작업방법 또는 작업절차의 신규 도입 또는 변경

마. 중대산업사고 또는 산업재해(휴업 이상의 요양을 요하는 경우에 한정) 발생

바. 그 밖에 사업주가 필요하다고 판단한 경우

③ 위험성평가의 절차

① 사전준비(1단계)

사전준비를 통해 평가대상을 확정하고 실무에 필요한 자료를 입수

② 유해·위험요인 파악[28](2단계)

다양한 방법을 통해 유해·유해위험요인을 파악

③ 위험성 추정[29](3단계)

파악된 유해·위험요인에 대한 위험성을 추정

④ 위험성 결정[30](4단계)

유해·위험요인에 대한 위험성을 결정하고 허용 가능 여부를 판단

⑤ 위험성 감소대책 수립 및 실행[31](5단계)

허용할 수 없는 위험성의 경우 감소대책을 세워야 하며, 감소대책은 현실적으로 실행 가능성이 있고, 합리적인 대책인지 검토하여야 함

또한, 감소대책은 위험성의 수준을 고려해 우선순위를 정한 후 실행하고, 실행 이후에는 해당 유해·위험요인에 대한 위험성이 허용할 수 있는 범위 이내이어야 함

⑥ 기록(6단계)

위험성평가가 종료되면 그 결과를 기록하여 문서로 3년간 보존하여야 하며, 남아있는 유해·위험요인에 대한 위험성을 작업자에게 주지 시켜야 함

---

28) "유해·위험요인"이란 유해·위험을 일으킬 잠재적 가능성이 있는 것의 고유한 특징이나 속성을 말함
"유해·위험요인 파악"이란 유해요인과 위험요인을 찾아내는 과정을 말함
29) "위험성"이란 유해·위험요인이 부상 또는 질병으로 이어질 수 있는 가능성(빈도)과 중대성(강도)을 조합한 것을 의미
"위험성 추정"이란 유해·위험요인별로 부상 또는 질병으로 이어질 수 있는 가능성과 중대성의 크기를 각각 추정하여 위험성의 크기를 산출하는 것을 말함
30) "위험성 결정"이란 유해·위험요인별로 추정한 위험성의 크기가 허용 가능한 범위인지 여부를 판단하는 것을 말함
31) "위험성 감소대책 수립 및 실행"이란 위험성 결정 결과 허용 불가능한 위험성을 합리적으로 실천 가능한 범위에서 가능한 한 낮은 수준으로 감소시키기 위한 대책을 수립하고 실행하는 것을 말함

④ 위험성평가의 방법

① 안전보건관리책임자 등 해당 사업장에서 사업의 실시를 총괄·관리하는 사람에게 위험성평가의 실시를 총괄·관리하게 할 것

② 사업장의 안전관리자, 보건관리자 등이 위험성평가의 실시에 관하여 안전보건관리책임자를 보좌하고 지도·조언하게 할 것

③ 관리감독자가 유해·위험요인을 파악하고 그 결과에 따라 개선조치를 시행하게 할 것

④ 기계·기구, 설비 등과 관련된 위험성평가에는 해당 기계·기구, 설비 등에 전문 지식을 갖춘 사람을 참여하게 할 것

⑤ 안전·보건관리자의 선임의무가 없는 경우에는 제2항에 따른 업무를 수행할 사람을 지정하는 등 그 밖에 위험성평가를 위한 체제를 구축할 것

⑥ 위험성평가를 실시할 때 다음의 어느 하나에 해당하는 경우 해당 작업에 종사하는 근로자를 참여시켜야 함

　가. 관리감독자가 해당 작업의 유해·위험요인을 파악하는 경우

　나. 사업주가 위험성 감소대책을 수립하는 경우

　다. 위험성평가 결과 위험성 감소대책 이행여부를 확인하는 경우

⑤ 위험성평가의 인정

소규모 사업장의 위험성평가를 활성화하기 위하여 위험성평가 우수사업장 인정제도를 운영하고 있으며, 위험성평가 인정사업장에 대해서는 다양한 혜택을 부여

① 위험성평가 인정신청을 할 수 있는 사업장

　가. 상시 근로자 수 100명 미만 사업장(건설공사 제외)

　　이 경우 법 제63조에 따른 작업의 일부 또는 전부를 도급에 의하여 행하는 사업의 경우는 도급사업주의 사업장과 수급사업주의 사업장 각각의 근로자수를 상시 근로자 수로 봄

　나. 총 공사금액 120억원(토목공사는 150억원) 미만의 건설공사

② 위험성평가 인정신청 불가 사업장

　가. 인정이 취소된 날부터 1년이 경과하지 아니한 사업장

　나. 최근 1년 이내에 다음의 어느 하나에 해당하는 사유가 있는 사업장

- 직·간접적인 법령 위반에 기인하여 중대재해[32]가 발생한 사업장

- 근로자의 부상(3일 이상의 휴업)을 동반한 중대산업사고 발생사업장

- 산업재해 발생건수, 재해율 또는 그 순위 등이 공표된 사업장[33]

③ 위험성평가 인정 심사항목

    가. 사업주의 관심도

    나. 위험성평가 실행수준

    다. 구성원의 참여 및 이해 수준

    라. 재해발생 수준

④ 위험성평가 인정 기준

    가. 「고용노동부고시」 사업장 위험성평가에 관한 지침에서 정한 방법, 절차 등에 따라 위험성평가를 수행한 사업장

    나. 현장심사 결과 심사항목 각 호의 평가점수가 100점 만점에 50점을 미달하는 항목이 없고 종합점수가 100점 만점에 70점 이상인 사업장

⑤ 위험성평가 인정 절차

    (1) 인정신청

      - 위험성평가 지원시스템에서 인정신청

      - 작업의 일부 또는 전부를 도급에 의하여 행하는 사업장의 경우에는 도급사업장의 사업주가 수급사업장을 일괄하여 인정을 신청하여야 함

        다만, 수급사업장이 위험성평가 우수사업장 인정을 별도로 받았거나 안전관리자 또는 보건관리자 선임대상인 경우에는 인정신청에서 해당 수급사업장을 제외할 수 있음

    (2) 인정심사

      - 안전보건공단 소속 직원이 신청 사업장을 방문하여 현장심사 실시

      - 현장심사는 현장심사 전일을 기준으로 최초인정은 최근 1년, 최초인정 후 다시 인정("재인정")하는 것은 최근 3년 이내에 실시한 위험성평가를 대상으로 함

      - 현장심사 결과는 인정심사위원회에서 인정심사

    (3) 인정 여부 통지

---

32) 중대재해는 다음의 재해를 말함
    1. 사망재해
    2. 3개월 이상 요양을 요하는 부상자가 동시에 2명 이상 발생
    3. 부상자 또는 직업성질병자가 동시에 10명 이상 발생

33) 공표의 사유는 다음으로 한정함
    1. 중대재해가 발생한 사업장으로서 해당 중대재해 발생연도의 연간 산업재해율이 규모별 같은 업종의 평균 재해율 이상인 사업장
    2. 산업재해 발생 사실을 은폐한 사업장

- 인정심사위원회의 심사결과 인정을 결정한 사업장에 대해 위험성평가 인정서를 발급
(유효기간 3년)
- 위험성평가 인정을 받은 사업장 중 사업이 법인격을 갖추어 사업장관리번호가 변경되었으나 다음의 사항을 증명하는 서류를 안전보건공단에 제출하여 동일 사업장임을 인정받을 경우 변경 후 사업장을 위험성평가 인정 사업장으로 함(이 경우 인정기간의 만료일은 변경 전 사업장의 인정기간 만료일로 함)
  1) 변경 전·후 사업장의 소재지가 동일할 것
  2) 변경 전 사업의 사업주가 변경 후 사업의 대표이사가 되었을 것
  3) 변경 전 사업과 변경 후 사업간 시설·인력·자금 등에 대한 권리·의무의 전부를 포괄적으로 양도·양수하였을 것

(4) 사후심사
- 인정을 받은 사업장이 위험성평가를 효과적으로 유지하고 있는지 확인하기 위하여 매년 인정사업장의 20% 범위에서 사후심사 실시
- 사후심사 대상 사업장
  1) 공사가 진행 중인 건설공사. 다만, 사후심사일 현재 잔여공사기간이 3개월 미만인 건설공사는 제외할 수 있음
  2) 인정심사 시(재인정 포함) 종합점수가 100점 만점에 80점 미만인 사업장으로 사후심사가 필요하다고 판단되는 사업장
  3) 그 밖에 무작위 추출 방식에 의하여 선정한 사업장
  (건설공사를 제외한 연간 사후심사 사업장의 50% 이상을 선정)

(5) 재인정
- 인정 유효기간(3년)이 만료되어 재인정 받으려는 경우 유효기간 만료일 3개월 전부터 재인정 신청
- 재인정 심사의 범위는 직전 인정 또는 사후심사와 관련한 현장심사 다음 날부터 재인정신청에 따른 현장심사 전일까지 실시한 정기평가 및 수시평가를 그 대상으로 함

⑥ 위험성평가 인정 시 혜택
가. 인정 유효기간 동안 사업장 안전보건감독 유예(유예하는 안전보건 감독은 「근로감독관 집무규정(산업안전보건)」 제10조제2항에 따른 기획감독 대상 중 장관이 별도로 지정한 사업장으로 한정)
나. 정부 포상 또는 표창의 우선 추천 및 그 밖의 혜택을 부여
다. 제조업 중 50명 미만 사업장에 한정하여 3년간 산재보험료율 20% 인하

⑥ 위험성평가의 인정의 취소

① 거짓 또는 부정한 방법으로 인정을 받은 사업장

② 직·간접적인 법령 위반에 기인하여 다음의 중대재해가 발생한 사업장

　　가. 사망재해

　　나. 3개월 이상 요양을 요하는 부상자가 동시에 2명 이상 발생

　　다. 부상자 또는 직업성질병자가 동시에 10명 이상 발생

③ 근로자의 부상(3일 이상의 휴업)을 동반한 중대산업사고 발생사업장

④ 산업재해 발생건수, 재해율 또는 그 순위 등이 공표된 사업장[34]

⑤ 사후심사 결과, 인정기준을 충족하지 못한 사업장

⑥ 사업주가 자진하여 인정 취소를 요청한 사업장

⑦ 그 밖에 인정취소가 필요하다고 공단 광역본부장·지역본부장 또는 지사장이 인정한 사업장

⑦ 결과의 기록·보존

위험성평가의 결과와 조치사항을 기록·보존할 때에는 위험성평가 대상의 유해·위험요인, 위험성 결정의 내용, 위험성 결정에 따른 조치의 내용 등이 포함되어야 하며, 3년간 보존

> **ⓘ Tip**
>
> ■ 관련고시
> ▶ 「사업장 위험성평가에 관한 지침」

---

34) 1. 중대재해가 발생한 사업장으로서 해당 중대재해 발생연도의 연간 산업재해율이 규모별 같은 업종의 평균 재해율 이상인 사업장
　　 2. 산업재해 발생 사실을 은폐한 사업장

4 / 안전보건표지의 설치·부착(산업안전보건법 제37조)

① 개요

유해하거나 위험한 장소·시설·물질에 대한 경고, 비상시에 대처하기 위한 지시·안내 또는
그 밖에 근로자의 안전 및 보건의식을 고취하기 위한 사항 등을 그림, 기호 및 글자 등으로
나타낸 안전보건표지를 근로자가 쉽게 알아 볼 수 있도록 설치하거나 부착하여야 함

② 안전보건표지의 설치

① 안전보건표지를 설치하거나 부착할 때에는 근로자가 쉽게 알아볼 수 있는 장소·시설
또는 물체에 설치하거나 부착하여야 함

② 안전보건표지를 설치하거나 부착할 때에는 흔들리거나 쉽게 파손되지 아니하도록 견
고하게 설치하거나 부착하여야 함

③ 안전보건표지의 성질상 설치하거나 부착하는 것이 곤란한 경우에는 해당 물체에 직접
도장할 수 있음

④ 안전보건표지에 관하여 산업안전보건법 또는 동법에 따른 명령에서 규정하지 아니한
사항으로서 다른 법 또는 다른법에 따른 명령에서 규정한 사항이 있으면 그 부분에
대해서는 그 법 또는 명령을 적용

③ 외국인근로자에 대한 안전보건표지

「외국인근로자의 고용 등에 관한 법률」 제2조에 따른 외국인근로자[35]를 사용하는 사업
주는 안전보건표지를 해당 외국인근로자의 모국어로 작성하여야 함[36]

개정 전		개정 후
제12조(안전·보건표지의 부착 등) ~ 이 경우 「외국인근로자의 고용 등에 관한 법률」 제2조에 따른 외국인근로자를 채용한 사업주는 고용노동부장관이 정하는 바에 따라 외국어로 된 안전·보건표지와 작업안전수칙을 부착하도록 노력하여야 한다.	⇒	제37조(안전보건표지의 설치·부착) ① ~이 경우 「외국인근로자의 고용 등에 관한 법률」 제2조에 따른 외국인근로자를 사용하는 사업주는 안전보건표지를 고용노동부장관이 정하는 바에 따라 해당 외국인근로자의 모국어로 작성하여야 한다.

---

35) "외국인근로자"란 대한민국의 국적을 가지지 아니한 사람으로서 국내에 소재하고 있는 사업 또는 사업장에서 임금을 목적
으로 근로를 제공하고 있거나 제공하려는 사람을 말함

36) 외국어로 작성하는 안전보건표지에 관한 사항은 「고용노동부고시 외국어로 작성하는 안전보건표지에 관한 규정」 참조

④ 안전보건표지의 종류

1. 금 지 표 지	101 출입금지	102 보행금지	103 차량통행금지	104 사용금지	105 탑승금지	106 금연
107 화기금지	108 물체이동금지	2. 경 고 표 지	201 인화성물질 경고	202 산화성물질 경고	203 폭발성물질 경고	204 급성독성물질 경고
205 부식성물질 경고	206 방사성물질 경고	207 고압전기 경고	208 매달린 물체 경고	209 낙하물 경고	210 고온 경고	211 저온 경고
212 몸균형 상실 경고	213 레이저광선 경고	214 발암성·변이 원성·생식독성 ·전신독성· 호흡기 과민성 물질 경고	215 위험장소 경고	3. 지 시 표 지	301 보안경 착용	302 방독마스크 착용
303 방진마스크 착용	304 보안면 착용	305 안전모 착용	306 귀마개 착용	307 안전화 착용	308 안전장갑 착용	309 안전복 착용
4. 안 내 표 지	401 녹십자표지	402 응급구호표지	403 들것	404 세안장치	405 비상용기구	406 비상구
407 좌측비상구	408 우측비상구					

5. **관계자외** **출입금지**	501 허가대상물질 작업장 **관계자외 출입금지** **(허가물질 명칭)** **제조/사용/보관 중** 보호구/보호복 착용 흡연 및 음식물 섭취 금지	502 석면취급/해체 작업장 **관계자외 출입금지** **석면 취급/해체 중** 보호구/보호복 착용 흡연 및 음식물 섭취 금지	503 금지대상물질의 취급 실험실 등 **관계자외 출입금지** **발암물질 취급 중** 보호구/보호복 착용 흡연 및 음식물 섭취 금지
6. **문자추가시** **예시문**	 **위험물화기엄금**	▶ 내 자신의 건강과 복지를 위하여 안전을 늘 생각한다. ▶ 내 가정의 행복과 화목을 위하여 안전을 늘 생각한다. ▶ 내 자신의 실수로써 동료를 해치지 않도록 안전을 늘 생각한다. ▶ 내 자신이 일으킨 사고로 인한 회사의 재산과 손실을 방지하기 위하여 안 전을 늘 생각한다. ▶ 내 자신의 방심과 불안전한 행동이 조국의 번영에 장애가 되지 않도록 하 기 위하여 안전을 늘 생각한다.	

※ 비고: 아래 표의 각각의 안전·보건표지(28종)는 다음과 같이「산업표준화법」에 따른 한국산업표준(KS S ISO 7010)의 안
전표지로 대체할 수 있다.

안전·보건 표지	한국산업표준	안전·보건표지	한국산업표준
102	P004	302	M017
103	P006	303	M016
106	P002	304	M019
107	P003	305	M014
206	W003, W005, W027	306	M003
207	W012	307	M008
208	W015	308	M009
209	W035	309	M010
210	W017	402	E003
211	W010	403	E013
212	W011	404	E011
213	W004	406	E001, E002
215	W001	407	E001
301	M004	408	E002

⑤ 안전보건표지의 용도 및 설치·부착 장소

분류	종류	용도 및 설치 부착 장소	설치 부착 장소 예시	형태 기본 모형 번호	형태 안전 보건 표지 일람표 번호	색채
금지표지	1. 출입금지	출입을 통제해야할 장소	조립·해체 작업장 입구	1	101	바탕은 흰색, 기본 모형은 빨간색, 관련 부호 및 그림은 검은색
	2. 보행금지	사람이 걸어 다녀서는 안 될 장소	중장비 운전작업장	1	102	
	3. 차량통행금지	제반 운반기기 및 차량의 통행을 금지시켜야 할 장소	집단보행 장소	1	103	
	4. 사용금지	수리 또는 고장 등으로 만지거나 작동시키는 것을 금지해야 할 기계·기구 및 설비	고장난 기계	1	104	
	5. 탑승금지	엘리베이터 등에 타는 것이나 어떤 장소에 올라가는 것을 금지	고장난 엘리베이터	1	105	
	6. 금연	담배를 피워서는 안 될 장소		1	106	
	7. 화기금지	화재가 발생할 염려가 있는 장소로서 화기 취급을 금지하는 장소	화학물질 취급 장소	1	107	
	8. 물체이동금지	정리 정돈 상태의 물체나 움직여서는 안 될 물체를 보존하기 위하여 필요한 장소	절전스위치 옆	1	108	
경고표지	1. 인화성물질 경고	휘발유 등 화기의 취급을 극히 주의해야 하는 물질이 있는 장소	휘발유 저장탱크	2	201	바탕은 노란색, 기본모형, 관련 부호 및 그림은 검은색 다만, 인화성 물질 경고, 산화성물질 경고, 폭발성물질 경고, 급성독성물질 경고, 부식성물질 경고 및 발암성·변이원성·생식독성·전신독성·호흡기과민성 물질 경고의 경우 바탕은 무색, 기본모형은 빨간색 (검은색도 가능)
	2. 산화성물질 경고	가열·압축하거나 강산·알칼리 등을 첨가하면 강한 산화성을 띠는 물질이 있는 장소	질산 저장탱크	2	202	
	3. 폭발성물질 경고	폭발성 물질이 있는 장소	폭발물 저장실	2	203	
	4. 급성독성물질 경고	급성독성 물질이 있는 장소	농약 제조·보관소	2	204	
	5. 부식성물질 경고	신체나 물체를 부식시키는 물질이 있는 장소	황산 저장소	2	205	
	6. 방사성물질 경고	방사능물질이 있는 장소	방사성 동위원소 사용실	2	206	
	7. 고압전기 경고	발전소나 고전압이 흐르는 장소	감전우려지역 입구	2	207	
	8. 매달린물체 경고	머리 위에 크레인 등과 같이 매달린 물체가 있는 장소	크레인이 있는 작업장 입구	2	208	
	9. 낙하물체 경고	돌 및 블록 등 떨어질 우려가 있는 물체가 있는 장소	비계 설치 장소 입구	2	209	
	10. 고온 경고	고도의 열을 발하는 물체 또는 온도가 아주 높은 장소	주물작업장 입구	2	210	

분류	종류	용도 및 설치 부착 장소	설치 부착 장소 예시	형태		색채
				기본 모형 번호	안전 보건 표지 일람표 번호	
경고표지	11. 저온 경고	아주 차가운 물체 또는 온도가 아주 낮은 장소	냉동작업장 입구	2	211	
	12. 몸균형 상실 경고	미끄러운 장소 등 넘어지기 쉬운 장소	경사진 통로 입구	2	212	
	13. 레이저광선 경고	레이저광선에 노출될 우려가 있는 장소	레이저실험실 입구	2	213	
	14. 발암성·변이원성·생식독성·전신독성·호흡기과민성물질 경고	발암성·변이원성·생식독성·전신독성·호흡기과민성 물질이 있는 장소	납 분진 발생장소	2	214	
	15. 위험장소 경고	그 밖에 위험한 물체 또는 그 물체가 있는 장소	맨홀 앞 고열금속찌꺼기 폐기장소	2	215	
지시표지	1. 보안경 착용	보안경을 착용해야만 작업 또는 출입을 할 수 있는 장소	그라인더작업장 입구	3	301	바탕은 파란색, 관련 그림은 흰색
	2. 방독마스크 착용	방독마스크를 착용해야만 작업 또는 출입을 할 수 있는 장소	유해물질작업장 입구	3	302	
	3. 방진마스크 착용	방진마스크를 착용해야만 작업 또는 출입을 할 수 있는 장소	분진이 많은 곳	3	303	
	4. 보안면 착용	보안면을 착용해야만 작업 또는 출입을 할 수 있는 장소	용접실 입구	3	304	
	5. 안전모 착용	헬멧 등 안전모를 착용해야만 작업 또는 출입을 할 수 있는 장소	갱도의 입구	3	305	
	6. 귀마개 착용	소음장소 등 귀마개를 착용해야만 작업 또는 출입을 할 수 있는 장소	판금작업장 입구	3	306	
	7. 안전화 착용	안전화를 착용해야만 작업 또는 출입을 할 수 있는 장소	채탄작업장 입구	3	307	
	8. 안전장갑 착용	안전장갑을 착용해야 작업 또는 출입을 할 수 있는 장소	고온 및 저온물 취급 작업장 입구	3	308	
	9. 안전복착용	방열복 및 방한복 등의 안전복을 착용해야만 작업 또는 출입을 할 수 있는 장소	단조작업장 입구	3	309	
안내표지	1. 녹십자표지	안전의식을 북돋우기 위하여 필요한 장소	공사장 및 사람들이 많이 볼 수 있는 장소	1(사선제외)	401	바탕은 흰색, 기본모형 및 관련 부호는 녹색, 바탕은 녹색, 관련 부호 및 그림은 흰색
	2. 응급구호표지	응급구호설비가 있는 장소	위생구호실 앞	4	402	
	3. 들것	구호를 위한 들것이 있는 장소	위생구호실 앞	4	403	
	4. 세안장치	세안장치가 있는 장소	위생구호실 앞	4	404	
	5. 비상용기구	비상용기구가 있는 장소	비상용기구 설치장소 앞	4	405	

| 분류 | 종류 | 용도 및 설치 부착 장소 | 설치 부착 장소 예시 | 형태 | | 색채 |
				기본 모형 번호	안전 보건 표지 일람표 번호	
	6. 비상구	비상출입구	위생구호실 앞	4	406	
	7. 좌측비상구	비상구가 좌측에 있음을 알려야 하는 장소	위생구호실 앞	4	407	
	8. 우측비상구	비상구가 우측에 있음을 알려야 하는 장소	위생구호실 앞	4	408	
출입금지표지	1. 허가대상유해물질 취급	허가대상유해물질 제조, 사용 작업장	출입구 (단, 실외 또는 출입구가 없을 시 근로자가 보기 쉬운 장소)			글자는 흰색바탕에 흑색 다음 글자는 적색 -○○○제조/ 사용/보관 중 -석면취급/해체 중 -발암물질 취급 중
	2. 석면취급 및 해체·제거	석면 제조, 사용, 해체·제거 작업장				
	3. 금지유해물질 취급	금지유해물질 제조·사용설비가 설치된 장소				

ⓘ Tip

■ 관련고시
  ▶「외국어로 작성하는 안전보건표지에 관한 규정」

⑥ 안전보건표지의 색채, 색도기준 및 용도

색채	색도기준	용도	사용례
빨간색	7.5R 4/14	금지	정지신호, 소화설비 및 그 장소, 유해행위의 금지
		경고	화학물질 취급장소에서의 유해·위험 경고
노란색	5Y 8.5/12	경고	화학물질 취급장소에서의 유해·위험경고 이외의 위험경고, 주의표지 또는 기계방호물
파란색	2.5PB 4/10	지시	특정 행위의 지시 및 사실의 고지
녹색	2.5G 4/10	안내	비상구 및 피난소, 사람 또는 차량의 통행표지
흰색	N9.5		파란색 또는 녹색에 대한 보조색
검은색	N0.5		문자 및 빨간색 또는 노란색에 대한 보조색

(참고)
 1. 허용 오차 범위 H=± 2, V=± 0.3, C=± 1(H는 색상, V는 명도, C는 채도를 말한다)
 2. 위의 색도기준은 한국산업규격(KS)에 따른 색의 3속성에 의한 표시방법(KSA 0062 기술표준원 고시 제2008-0759)에 따른다.

⑦ 안전보건표지의 제작

① 안전보건표지는 그 표시내용을 근로자가 빠르고 쉽게 알아볼 수 있는 크기로 제작

② 안전보건표지 속의 그림 또는 부호의 크기는 안전보건표지의 크기와 비례하여야 하며, 안전보건표지 전체 규격의 30퍼센트 이상이 되어야 함

③ 안전보건표지는 쉽게 파손되거나 변형되지 아니하는 재료로 제작

④ 야간에 필요한 안전보건표지는 야광물질을 사용하는 등 쉽게 알아 볼 수 있도록 제작

⑧ 벌칙

위반행위	세부내용	과태료 금액(만원)		
		1차 위반	2차 위반	3차 이상 위반
안전보건표지를 설치·부착하지 않거나 설치·부착된 안전보건표지가 같은 항에 위배되는 경우	1개소당	10	30	50

5 / 안전조치 및 보건조치(산업안전보건법 제38조, 제39조)

① 개요

안전조치 및 보건조치는 산업안전보건법의 목적을 달성하기 위해 가장 중요하고 핵심적인 사항으로 사업주는 유해·위험으로 인한 산업재해 및 건강장해를 예방하기 위하여 법령에서 정한 안전조치 및 보건조치를 실시하여야 하며, 근로자는 사업주가 실시하는 산업재해 및 건강장해 예방조치에 따라야 함

② 안전조치 및 보건조치를 실시하여야 할 위험과 장소

① 안전조치

  가. 기계·기구, 그 밖의 설비에 의한 위험

  나. 폭발성, 발화성 및 인화성 물질 등에 의한 위험

  다. 전기, 열, 그 밖의 에너지에 의한 위험

  라. 굴착, 채석, 하역, 벌목, 운송, 조작, 운반, 해체, 중량물 취급, 그 밖의 작업을 할 때 불량한 작업방법 등에 의한 위험

  마. 근로자가 추락할 위험이 있는 장소

  바. 토사·구축물 등이 붕괴할 우려가 있는 장소

  사. 물체가 떨어지거나 날아올 위험이 있는 장소

  아. 천재지변으로 인한 위험이 발생 할 우려가 있는 장소

② 보건조치

  가. 원재료·가스·증기·분진·흄(fume, 열이나 화학반응에 의하여 형성된 고체증기가 응축되어 생긴 미세입자를 말함)·미스트(mist, 공기 중에 떠다니는 작은 액체방울을 말함)·산소결핍·병원체 등에 의한 건강장해

  나. 방사선·유해광선·고온·저온·초음파·소음·진동·이상기압 등에 의한 건강장해

  다. 사업장에서 배출되는 기체·액체 또는 찌꺼기 등에 의한 건강장해

  라. 계측감시(計測監視), 컴퓨터 단말기 조작, 정밀공작(精密工作) 등의 작업에 의한 건강장해

  마. 단순반복작업 또는 인체에 과도한 부담을 주는 작업에 의한 건강장해

  바. 환기·채광·조명·보온·방습·청결 등의 적정기준을 유지하지 아니하여 발생하는 건강장해

③ 안전조치 및 보건조치의 세부기준

안전조치 및 보건조치의 구체적인 기준은 「산업안전보건기준에 관한 규칙」에서 정하고 있음

109

ⓘ Tip

■ 「산업안전보건기준에 관한 규칙」의 구성

제1편 총칙

제1장 통칙	제2장 작업장	제3장 통로
제4장 보호구	제5장 관리감독자의 직무, 사용의 제한 등	제6장 추락 또는 붕괴에 의한 위험 방지
제7장 비계	제8장 환기장치	제9장 휴게시설 등
제10장 잔재물 등의 조치기준		

제2편 안전기준

제1장 기계·기구 및 그 밖의 설비에 의한 위험예방	제2장 폭발·화재 및 위험물 누출에 의한 위험방지	제3장 전기로 인한 위험 방지
제4장 건설작업 등에 의한 위험예방	제5장 중량물 취급 시의 위험방지	제6장 하역작업 등에 의한 위험방지
제7장 벌목작업에 의한 위험 방지	제8장 궤도 관련 작업 등에 의한 위험 방지	

제3편 보건기준

제1장 관리대상 유해물질에 의한 건강장해의 예방	제2장 허가대상 유해물질 및 석면에 의한 건강장해의 예방	제3장 금지유해물질에 의한 건강장해의 예방
제4장 소음 및 진동에 의한 건강장해의 예방	제5장 이상기압에 의한 건강장해의 예방	제6장 온도·습도에 의한 건강장해의 예방
제7장 방사선에 의한 건강장해의 예방	제8장 병원체에 의한 건강장해의 예방	제9장 분진에 의한 건강장해의 예방
제10장 밀폐공간 작업으로 인한 건강장해의 예방	제11장 사무실에서의 건강장해 예방	제12장 근골격계부담작업으로 인한 건강장해의 예방
제13장 그 밖의 유해인자에 의한 건강장해의 예방		

④ **근로자의 안전조치 및 보건조치 준수**(산업안전보건법 제40조)

근로자는 사업주가 한 안전조치 및 보건조치 사항을 지켜야 함

⑤ 벌칙

◆ 산업안전보건법 제167조【벌칙】① 제38조제1항부터 제3항까지, 제39조제1항을 위반하여 근로자를 사망에 이르게 한 자는 7년 이하의 징역 또는 1억원 이하의 벌금에 처한다.

　② 제1항의 죄로 형을 선고받고 그 형이 확정된 후 5년 이내에 다시 제1항의 죄를 범한 자는 그 형의 2분의 1까지 가중한다.

◆ 산업안전보건법 제168조【벌칙】다음 각 호의 어느 하나에 해당하는 자는 5년 이하의 징역 또는 5천만원 이하의 벌금에 처한다.

1. 제38조제1항부터 제3항까지, 제39조제1항을 위반한 자

◆ 산업안전보건법 제173조【양벌규정】법인의 대표자나 법인 또는 개인의 대리인, 사용인 그 밖의 종업원이 그 법인 또는 개인의 업무에 관하여 다음에 해당하는 위반행위를 하면 그 행위자를 벌하는 외에 그 법인 또는 개인에게 해당 조문의 벌금형을 과(科)한다. 다만, 법인 또는 개인이 그 위반행위를 방지하기 위하여 해당 업무에 관하여 상당한 주의와 감독을 게을리하지 아니한 경우에는 그러하지 아니하다.

1. 제167조제1항의 경우: 10억원 이하의 벌금

2. 제168조부터 제172조까지의 경우: 해당 조문의 벌금형

◆ 산업안전보건법 제174조【형벌과 수강명령 등의 병과】① 법원은 제38조제1항부터 제3항까지, 제39조제1항을 위반하여 근로자를 사망에 이르게 한 사람에게 유죄의 판결(선고유예는 제외)을 선고하거나 약식명령을 고지하는 경우에는 200시간의 범위에서 산업재해 예방에 필요한 수강명령을 병과(倂科)할 수 있다. 다만, 수강명령을 부과할 수 없는 특별한 사정이 있는 경우에는 그러하지 아니하다.

② 제1항에 따른 수강명령은 형의 집행을 유예할 경우에는 그 집행유예기간 내에, 벌금형을 선고하거나 약식명령을 고지할 경우에는 형 확정일부터 6개월 이내에, 징역형 이상의 실형(實刑)을 선고할 경우에는 형기 내에 각각 집행한다.

③ 제1항에 따른 수강명령이 벌금형 또는 형의 집행유예와 병과된 경우에는 보호관찰소의 장이 집행하고, 징역형 이상의 실형과 병과된 경우에는 교정시설의 장이 집행한다.

④ 제1항에 따른 수강명령은 다음 각 호의 내용으로 한다.

1. 안전 및 보건에 관한 교육

2. 그 밖에 산업재해 예방을 위하여 필요한 사항

⑤ 수강명령에 관하여 이 법에서 규정한 사항 외의 사항에 대해서는 「보호관찰 등에 관한 법률」을 준용한다.

위반행위	세부내용	과태료 금액(만원)		
		1차 위반	2차 위반	3차 이상 위반
근로자가 고용노동부령[37]으로 정하는 조치사항을 지키지 않은 경우		30	150	300

---

37) 산업안전보건기준에 관한 규칙을 말함

6 / 고객의 폭언 등으로 인한 건강장해 예방조치(산업안전보건법 제41조)

① 개요

고객을 직접 대면하거나 「정보통신망 이용촉진 및 정보보호 등에 관한 법률」 제2조제1항
제1호에 따른 정보통신망*을 통하여 상대하면서 상품을 판매하거나 서비스를 제공하는
업무에 종사하는 고객응대근로자에 대하여 고객의 폭언, 폭행, 그 밖에 적정 범위를 벗
어난 신체적·정신적 고통을 유발하는 행위인 폭언등으로 인한 건강장해를 예방하기 위
하여 고용노동부령으로 정하는 바에 따라 필요한 조치를 하여야 함

* 정보통신망: 전기통신을 하기 위한 기계·기구·선로 또는 그 밖에 전기통신에 필요한 설비를 말하는 전기통신설비를 이용하
거나 전기통신설비와 컴퓨터 및 컴퓨터의 이용기술을 활용하여 정보를 수집·가공·저장·검색·송신 또는 수신하는 정보통
신체제를 말함

② 고객의 폭언등으로 인한 건강장해 발생 등에 대한 조치

고객의 폭언등으로 인하여 고객응대근로자에게 건강장해가 발생하거나 발생할 현저한
우려가 있는 경우에는 다음의 조치 실시

① 업무의 일시적 중단 또는 전환

② 「근로기준법」 제54조제1항에 따른 휴게시간의 연장

> **i Tip**
>
> ■ 「근로기준법」 제54조(휴게)
> ① 사용자는 근로시간이 4시간인 경우에는 30분 이상, 8시간인 경우에는 1시간 이상의 휴게시간을 근로
> 시간 도중에 주어야 한다.
> ② 휴게시간은 근로자가 자유롭게 이용할 수 있다.

③ 폭언등으로 인한 건강장해 관련 치료 및 상담 지원

④ 관할 수사기관 또는 법원에 증거물·증거서류를 제출하는 등 고객응대근로자가 폭언
등으로 인하여 고소, 고발 또는 손해배상 청구 등을 하는 데 필요한 지원

③ 고객의 폭언등으로 인한 건강장해 예방조치

① 폭언등을 하지 아니하도록 요청하는 문구 게시 또는 음성 안내

② 고객과의 문제 상황 발생 시 대처방법 등을 포함하는 고객응대업무 매뉴얼 마련

③ ②항에 따른 고객응대업무 매뉴얼의 내용 및 건강장해 예방 관련 교육 실시

④ 고객응대근로자의 건강장해 예방을 위하여 필요한 조치

④ 불리한 처우 금지

고객응대근로자는 사업주에게 폭언등에 대한 건강장해를 예방하기 위한 조치를 요구할
수 있고, 사업주는 고객응대근로자의 요구를 이유로 해고 또는 그 밖의 불리한 처우를
해서는 안됨

⑤ 벌칙

◆ 산업안전보건법 제170조【벌칙】다음 각 호의 어느 하나에 해당하는 자는 1년 이하의 징역 또는 1천만원
  이하의 벌금에 처한다.
  1. 제41조제3항을 위반하여 해고나 그 밖의 불리한 처우를 한 자
◆ 산업안전보건법 제173조【양벌규정】법인의 대표자나 법인 또는 개인의 대리인, 사용인 그 밖의 종업원이
  그 법인 또는 개인의 업무에 관하여 다음에 해당하는 위반행위를 하면 그 행위자를 벌하는 외에 그 법인
  또는 개인에게 해당 조문의 벌금형을 과(科)한다. 다만, 법인 또는 개인이 그 위반행위를 방지하기 위하여
  해당 업무에 관하여 상당한 주의와 감독을 게을리하지 아니한 경우에는 그러하지 아니하다.
  2. 제168조부터 제172조까지의 경우: 해당 조문의 벌금형

위반행위	세부내용	과태료 금액(만원)		
		1차 위반	2차 위반	3차 이상 위반
필요한 조치(폭언등에 대한 건강장해를 예방하기 위한 조치사항을 말함)를 하지 않은 경우		300	600	1,000

7 / 유해위험방지계획서의 작성·제출(산업안전보건법 제42조)

① 개요

재해발생 위험이 높은 업종 또는 기계·기구 및 설비에 대하여 해당 제품생산 공정과 직접적으로 관련된 건설물·기계·기구 및 설비 등[38] [39] 일체를 설치·이전[40]하거나 그 주요부분을 변경할 때에는 해당 사업주가 유해·위험 방지에 관한 사항을 적은 유해위험방지계획서를 작성·제출하고 심사·확인을 받아야 함

② 작성·제출 대상

① 제조업 등

가. 전기 계약용량[41]이 300킬로와트 이상인 다음의 사업으로서 해당 제품의 생산 공정과 직접적으로 관련된 건설물·기계·기구 및 설비 등 일체를 설치·이전하거나 그 주요 구조부분을 변경[42]하려는 경우

(1) 금속가공제품 제조업 (기계 및 가구는 제외)

(2) 비금속 광물제품 제조업

(3) 기타 기계 및 장비 제조업

(4) 자동차 및 트레일러 제조업

---

38) "해당 제품생산 공정과 직접적으로 관련된 건설물·기계·기구 및 설비 등"이란 사업을 하기 위하여 원재료, 중간제품, 완성제품 및 부산물(오·폐수를 포함)의 생산·가공·저장·보관·유지·보수 등에 필요한 건설물·기계·기구 및 설비를 말함

39) "제품생산 공정과 직접적인 관련성이 없는 경우"
  - 발전, 변전, 배전, 수전, 축전 등의 전력 공급 및 저장용 설비(변압기, 분전반, 정류기, 비상용 축전설비, 비상발전기, 태양광 발전기 등)
  - 쾌적한 작업환경유지 목적의 공조용 냉난방기, 난방용 보일러, 양압설비, 환기용 팬 등- 순수 디자인.연구 목적의 장비.건물이나 유틸리티 설비- 사무실, 경비실, 식당, 기숙사 등

40) "이전"이란 건설물·기계·기구 및 설비 등 일체를 다른 단위공장(동일지역의 사업장 내에서 원재료, 중간제품, 완성제품 및 부산물(오·폐수 포함)의 생산·가공·저장·보관·유지·보수 등 일관공정을 이루는 건설물·기계·기구 및 설비를 말함) 또는 다른 지역으로 옮겨서 설치하는 것을 말함

41) "전기 계약용량"이란 다음의 어느 하나에 따름
  1. 자기 소유의 공장을 이용하여 사업을 하려는 경우로서, 해당 공장에 대하여 한국전력공사와 직접 전력 수급계약을 체결한 경우에는 그 전기계약용량
  2. 타인 소유의 공장을 임차하여 사업을 하려는 경우에는 다음 각 세목중의 어느 하나에 따름
    가. 한국전력공사와 해당 사업을 하려는 임차인이 체결한 전력 수급계약용량
    나. 임대인과 해당 사업을 하려는 임차인이 체결한 전력 수급계약용량
    다. 한국전력공사 또는 임대인과 해당 사업을 하려는 임차인이 전력 수급계약을 체결하지 않은 경우에는 해당 사업의 제품생산 공정과 관련된 건설물·기계·기구 및 설비의 전기정격용량의 합

42) "주요 구조부분을 변경"이란 13개 업종의 사업장에서 다음의 어느 하나에 해당하는 경우를 말함
  1. "제품생산 공정과 관련되는 건설물·기계·기구 및 설비 등"의 증설, 교체 또는 개조 등에 이해 전기정격용량의 합이 100킬로와트 이상 증가되는 경우
  2. 전기정격용량의 합이 100킬로와트 이상되는 규모의 "제품생산 공정과 관련되는 건설물·기계·기구 및 설비 등"의 일부를 옮겨서 설치하는 경우

(5) 식료품 제조업

(6) 고무제품 및 플라스틱제품 제조업

(7) 목재 및 나무제품 제조업

(8) 기타 제품 제조업

(9) 1차 금속 제조업

(10) 가구 제조업

(11) 화학물질 및 화학제품 제조업

(12) 반도체 제조업

(13) 전자부품 제조업

나. 유해하거나 위험한 작업 또는 장소에서 사용하거나 건강장해를 방지하기 위하여 사용하는 기계·기구 및 설비로서 다음의 기계·기구 및 설비를 설치·이전하거나 그 주요 구조부분을 변경[43]하려는 경우

(1) 금속이나 그 밖의 광물의 용해로

- 금속 또는 비금속광물을 해당물질의 녹는점 이상으로 가열하여 용해하는 노(爐)로서 용량이 3톤 이상인 것

---

43) "주요 구조부분을 변경"이란 6개의 기계·기구 및 설비 중 다음과 같은 사항을 변경하는 경우를 말함
    1. 금속이나 그 밖의 광물의 용해로: 열원의 종류를 변경하는 경우
    2. 화학설비: 생산량의 증가, 원료 또는 제품의 변경을 위하여 대상 화학설비를 교체·변경 또는 추가하는 경우 또는 관리대상 유해물질 관련 설비의 추가, 변경으로 인하여 후드 제어 풍속이 감소하거나 배풍기의 배풍량이 증가하는 경우
    3. 건조설비: 열원의 종류를 변경하거나, 건조대상물이 변경되어 다음의 어느 하나에 해당하는 변경이 발생하는 경우
        (1) 건조물에 포함된 유기화합물을 건조하는 경우
        (2) 도료, 피막제의 도포코팅 등 표면을 건조하여 인화성 물질의 증기가 발생하는 경우
        (3) 건조를 통한 가연성 분말로 인해 분진이 발생하는 설비
    4. 가스집합용접장치: 주관의 구조를 변경하는 경우
    5. 허가대상 유해물질 및 분진작업 관련설비: 설비의 추가, 변경으로 인하여 후드 제어풍속이 감소하거나 배풍기의 배풍량이 증가하는 경우

(2) 화학설비

- 산업안전보건기준에 관한 규칙 제273조에 따른 "특수화학설비"[44]로 단위공정[45] 중에 저장되는 양을 포함하여 하루동안 제조 또는 취급할 수 있는 양이 동 규칙 별표 9에 따른 위험물질의 기준량 이상인 것과 관리대상 유해물질 관련 설비로 동 규칙 제422조부터 제425조, 제428조, 제430조에 따른 국소배기장치(이동식은 제외), 밀폐설비 및 전체 환기설비(강제 배기방식의 것과 급기·배기 환기장치에 한정)로서 (5)제조등금지물질 또는 허가대상물질 관련 설비의 1), 2)에서 정한 것

「산업안전보건기준에 관한 규칙」 제422조【관리대상 유해물질과 관계되는 설비】

사업주는 근로자가 실내작업장에서 관리대상 유해물질을 취급하는 업무에 종사하는 경우에 그 작업장에 관리대상 유해물질의 가스·증기 또는 분진의 발산원을 밀폐하는 설비 또는 국소배기장치를 설치하여야 한다. 다만, 분말상태의 관리대상 유해물질을 습기가 있는 상태에서 취급하는 경우에는 그러하지 아니하다.

「산업안전보건기준에 관한 규칙」 제423조【임시작업인 경우의 설비 특례】

① 사업주는 실내작업장에서 관리대상 유해물질 취급업무를 임시로 하는 경우에 제422조에 따른 밀폐설비나 국소배기장치를 설치하지 아니할 수 있다.

② 사업주는 유기화합물 취급 특별장소에서 근로자가 유기화합물 취급업무를 임시로 하는 경우로서 전체 환기장치를 설치한 경우에 제422조에 따른 밀폐설비나 국소배기장치를 설치하지 아니할 수 있다.

③ 제1항 및 제2항에도 불구하고 관리대상 유해물질 중 별표 12에 따른 특별관리물질을 취급하는 작업장에는 제422조에 따른 밀폐설비나 국소배기장치를 설치하여야 한다.

「산업안전보건기준에 관한 규칙」 제424조【단시간작업인 경우의 설비 특례】

① 사업주는 근로자가 전체환기장치가 설치되어 있는 실내작업장에서 단시간 동안 관리대상 유해물질을 취급하는 작업에 종사하는 경우에 제422조에 따른 밀폐설비나 국소배기장치를 설치하지 아니할 수 있다.

② 사업주는 유기화합물 취급 특별장소에서 단시간 동안 유기화합물을 취급하는 작업에 종사하는 근로자에게 송기마스크를 지급하고 착용하도록 하는 경우에 제422조에 따른 밀폐설비나 국소배기장치를 설치하지 아니할 수 있다.

③ 제1항 및 제2항에도 불구하고 관리대상 유해물질 중 별표 12에 따른 특별관리물질을 취급하는 작업장에는 제422조에 따른 밀폐설비나 국소배기장치를 설치하여야 한다.

「산업안전보건기준에 관한 규칙」 제425조【국소배기장치의 설비 특례】

사업주는 다음 각 호의 어느 하나에 해당하는 경우로서 급기(給氣)·배기(排氣) 환기장치를 설치한 경우에 제422조에 따른 밀폐설비나 국소배기장치를 설치하지 아니할 수 있다.

1. 실내작업장의 벽·바닥 또는 천장에 대하여 관리대상 유해물질 취급업무를 수행할 때 관리대상 유해물질의 발산 면적이 넓어 제422조에 따른 설비를 설치하기 곤란한 경우

---

44) 특수화학설비는 다음과 같음
  1. 발열반응이 일어나는 반응장치
  2. 증류·정류·증발·추출 등 분리를 하는 장치
  3. 가열시켜 주는 물질의 온도가 가열되는 위험물질의 분해온도 또는 발화점보다 높은 상태에서 운전되는 설비
  4. 반응폭주 등 이상 화학반응에 의하여 위험물질이 발생할 우려가 있는 설비
  5. 온도가 섭씨 350도 이상이거나 게이지 압력이 980킬로파스칼 이상인 상태에서 운전되는 설비
  6. 가열로 또는 가열기

45) "단위공정"이란 단위공장 내에서 원료처리공정, 반응공정, 증류추출, 분리공정, 회수공정, 제품저장·출하공정 등과 같이 단위공장을 구성하는 각각의 공정을 말함

2. 자동차의 차체, 항공기의 기체, 선체(船體) 블록(block) 등 표면적이 넓은 물체의 표면에 대하여 관리대상 유해물질 취급업무를 수행할 때 관리대상 유해물질의 증기 발산 면적이 넓어 제422조에 따른 설비를 설치하기 곤란한 경우

「산업안전보건기준에 관한 규칙」 제428조【유기화합물의 설비 특례】
사업주는 전체환기장치가 설치된 유기화합물 취급작업장으로서 다음 각 호의 요건을 모두 갖춘 경우에 제422조에 따른 밀폐설비나 국소배기장치를 설치하지 아니할 수 있다.
1. 유기화합물의 노출기준이 100피피엠(ppm) 이상인 경우
2. 유기화합물의 발생량이 대체로 균일한 경우
3. 동일한 작업장에 다수의 오염원이 분산되어 있는 경우
4. 오염원이 이동성(移動性)이 있는 경우

「산업안전보건기준에 관한 규칙」 제430조【전체환기장치의 성능 등】
①사업주는 단일 성분의 유기화합물이 발생하는 작업장에 전체환기장치를 설치하려는 경우에 다음 계산식에 따라 계산한 환기량("필요환기량") 이상으로 설치하여야 한다.

> 작업시간 1시간당 필요환기량 = 24.1×유해물질의 시간당 사용량× K/(분자량×유해물질의 노출기준)×10^6
>
> 주) 1. 시간당 필요환기량 단위 : m3/hr
> 2. 유해물질의 시간당 사용량 단위 :L/hr
> 3. K:안전계수로서
>   가. K=1 : 작업장 내의 공기 혼합이 원활한 경우
>   나. K=2 : 작업장 내의 공기 혼합이 보통인 경우
>   가. K=3 : 작업장 내의 공기 혼합이 불완전한 경우

② 제1항에도 불구하고 유기화합물의 발생이 혼합물질인 경우에는 각각의 환기량을 모두 합한 값을 필요환기량으로 적용한다. 다만, 상가작용(相加作用)이 없을 경우에는 필요환기량이 가장 큰 물질의 값을 적용한다.
③ 사업주는 전체환기장치를 설치하려는 경우에 전체환기장치의 배풍기(덕트를 사용하는 전체환기장치의 경우에는 해당 덕트의 개구부를 말함)를 관리대상 유해물질의 발산원에 가장 가까운 위치에 설치하여야 한다.

(3) 건조설비
- 건조기본체, 가열장치, 환기장치를 포함하며, 열원기준으로 연료의 최대소비량이 시간당 50킬로그램 이상이거나 정격소비전력이 50킬로와트 이상인 설비로서 다음의 어느 하나에 해당하는 것
  1) 건조물에 포함된 유기화합물을 건조하는 경우
  2) 도료, 피막제의 도포코팅 등 표면을 건조하여 인화성 물질의 증기가 발생하는 경우
  3) 건조를 통한 가연성 분말로 인해 분진이 발생하는 설비
(4) 가스집합 용접장치
- 용접·용단용으로 사용하기 위하여 1개 이상의 인화성가스의 저장 용기 또는 서장탱크를 상호

간에 도관으로 연결한 고정식의 가스집합장치로부터 용접 토치까지의 일관 설비로서 인화성 가스 집합량이 1,000킬로그램 이상인 것

(5) 제조등금지물질 또는 허가대상물질 관련 설비

(6) 분진작업 관련 설비

- [(5) 및 (6)] 산업안전보건기준에 관한 규칙 제453조, 471조, 474조, 480조, 제481조 및 제607조에 따른 국소배기장치(이동식은 제외), 제481조 및 제607조에 따른 밀폐설비, 제608조에 따른 전체환기설비(강제 배기방식의 것과 급기·배기 환기장치에 한정)로서 다음과 같음

  1) 「안전검사 절차에 관한 고시」 별표 1의 제7호에 명시된 유해물질로부터 나오는 가스·증기 또는 분진의 발산원을 밀폐·제거하기 위해 설치하는 국소배기장치(이동식은 제외), 밀폐설비 및 전체환기장치. 단, 국소배기장치 및 전체환기장치는 배풍량의 분당 60세제곱미터 이상인 것에 한정

  2) 1)에서 정한 유해물질 이외의 허가대상 또는 관리대상 물질로부터 나오는 가스·증기 또는 분진의 발산원을 밀폐·제거하기 위하여 설치하거나 산업안전보건기준에 관한 규칙 별표 16의 분진작업을 하는 장소에 설치하는 국소배기장치(이동식은 제외), 밀폐설비 및 전체환기장치. 단, 국소배기장치 및 전체환기장치는 배풍량이 분당 150세제곱미터 이상인 것에 한정

「산업안전보건기준에 관한 규칙」 제463조【설비기준 등】

① 사업주는 허가대상 유해물질(베릴륨 및 석면은 제외)을 제조하거나 사용하는 경우에 다음 각 호의 사항을 준수하여야 한다.

1. 허가대상 유해물질을 제조하거나 사용하는 장소는 다른 작업장소와 격리시키고 작업장소의 바닥과 벽은 불침투성의 재료로 하되, 물청소로 할 수 있는 구조로 하는 등 해당 물질을 제거하기 쉬운 구조로 할 것

2. 원재료의 공급·이송 또는 운반은 해당 작업에 종사하는 근로자의 신체에 그 물질이 직접 닿지 않는 방법으로 할 것

3. 반응조(batch reactor)는 발열반응 또는 가열을 동반하는 반응에 의하여 교반기 등의 덮개부분으로부터 가스나 증기가 새지 않도록 개스킷 등으로 접합부를 밀폐시킬 것

4. 가동 중인 선별기 또는 진공여과기의 내부를 점검할 필요가 있는 경우에는 밀폐된 상태에서 내부를 점검할 수 있는 구조로 할 것

5. 분말 상태의 허가대상 유해물질을 근로자가 직접 사용하는 경우에는 그 물질을 습기가 있는 상태로 사용하거나 격리실에서 원격조작하거나 분진이 흩날리지 않는 방법을 사용하도록 할 것

② 사업주는 근로자가 허가대상 유해물질(베릴륨 및 석면은 제외)을 제조하거나 사용하는 경우에 허가대상 유해물질의 가스·증기 또는 분진의 발산원을 밀폐하는 설비나 포위식 후드 또는 부스식 후드의 국소배기장치를 설치하여야 한다. 다만, 작업의 성질상 밀폐설비나 포위식 후드 또는 부스식 후드를 설치하기 곤란한 경우에는 외부식 후드의 국소배기장치(상방 흡인형은 제외)를 설치할 수 있다.

「산업안전보건기준에 관한 규칙」 제471조【설비기준】

사업주는 베릴륨을 제조하거나 사용하는 경우에 다음 각 호의 사항을 지켜야 한다.

1. 베릴륨을 가열응착하거나 가열탈착하는 설비(수산화베릴륨으로부터 고순도 산화베릴륨을 제조하는 설비는 제외)는 다른 작업장소와 격리된 실내에 설치하고 국소배기장치를 설치할 것

2. 베릴륨 제소설비(베릴륨을 가열응착 또는 가열탈착하는 설비, 아크로(爐) 등에 의하여 녹은 베릴륨으로 베릴륨

합금을 제조하는 설비 및 수산화베릴륨으로 고순도 산화베릴륨을 제조하는 설비는 제외)는 밀폐식 구조로 하거나 위쪽·아래쪽 및 옆쪽에 덮개 등을 설치할 것

3. 제2호에 따른 설비로서 가동 중 내부를 점검할 필요가 있는 것은 덮여 있는 상태로 내부를 관찰할 것
4. 베릴륨을 제조하거나 사용하는 작업장소의 바닥과 벽은 불침투성 재료로 할 것
5. 아크로 등에 의하여 녹은 베릴륨으로 베릴륨합금을 제조하는 작업장소에는 국소배기장치를 설치할 것
6. 수산화베릴륨으로 고순도 산화베릴륨을 제조하는 설비는 다음 각 목의 사항을 갖출 것
   가. 열분해로(熱分解爐)는 다른 작업장소와 격리된 실내에 설치할 것
   나. 그 밖의 설비는 밀폐식 구조로 하고 위쪽·아래쪽 및 옆쪽에 덮개를 설치하거나 뚜껑을 설치할 수 있는 형태로 할 것
7. 베릴륨의 공급·이송 또는 운반은 해당 작업에 종사하는 근로자의 신체에 해당 물질이 직접 닿지 않는 방법으로 할 것
8. 분말 상태의 베릴륨을 사용(공급·이송 또는 운반하는 경우는 제외)하는 경우에는 격리실에서 원격조작방법으로 할 것
9. 분말 상태의 베릴륨을 계량하는 작업, 용기에 넣거나 꺼내는 작업, 포장하는 작업을 하는 경우로서 제8호에 따른 방법을 지키는 것이 현저히 곤란한 경우에는 해당 작업을 하는 근로자의 신체에 베릴륨이 직접 닿지 않는 방법으로 할 것

「산업안전보건기준에 관한 규칙」 제474조【가열응착 제품 등의 파쇄】

사업주는 가열응착 또는 가열탈착된 베릴륨이 함유된 제품을 파쇄하려면 다른 작업장소로부터 격리된 실내에서 하고, 파쇄를 하는 장소에는 국소배기장치의 설치 및 그 밖에 근로자의 건강장해 예방을 위하여 적절한 조치를 하여야 한다.

「산업안전보건기준에 관한 규칙」 제480조【국소배기장치의 설치 등】

① 사업주는 석면이 들어있는 포장 등의 개봉작업, 석면의 계량작업, 배합기(配合機) 또는 개면기(開綿機) 등에 석면을 투입하는 작업, 석면제품 등의 포장작업을 하는 장소 등 석면분진이 흩날릴 우려가 있는 작업을 하는 장소에는 국소배기장치를 설치·가동하여야 한다.
② 제1항에 따른 국소배기장치의 성능에 관하여는 제500조에 따른 입자 상태 물질에 대한 국소배기장치의 성능기준을 준용한다

「산업안전보건기준에 관한 규칙」 제481조【석면분진의 흩날림 방지 등】

① 사업주는 석면을 뿜어서 칠하는 작업에 근로자를 종사하도록 해서는 아니 된다.
② 사업주는 석면을 사용하거나 석면이 붙어 있는 물질을 이용하는 작업을 하는 경우에 석면이 흩날리지 않도록 습기를 유지하여야 한다. 다만, 작업의 성질상 습기를 유지하기 곤란한 경우에는 다음 각 호의 조치를 한 후 작업하도록 하여야 한다.
   1. 석면으로 인한 근로자의 건강장해 예방을 위하여 밀폐설비나 국소배기장치의 설치 등 필요한 보호대책을 마련할 것
   2. 석면을 함유하는 폐기물은 새지 않도록 불침투성 자루 등에 밀봉하여 보관할 것

「산업안전보건기준에 관한 규칙」 제607조【국소배기장치의 설치】

사업주는 별표 16 제5호부터 제25호까지의 규정에 따른 분진작업을 하는 실내작업장(갱내를 포함한다)에 대하여 해당 분진작업에 따른 분진을 줄이기 위하여 밀폐설비나 국소배기장치를 설치하여야 한다.

「산업안전보건기준에 관한 규칙」 제608조【전체환기장치의 설치】

사업주는 분진작업을 하는 때에 분진 발산 면적이 넓어 제607조에 따른 설비를 설치하기 곤란한 경우에 전체환기장치를 설치할 수 있다.

「산업안전보건기준에 관한 규칙」[별표 16] 분진작업의 종류

1. 토석·광물·암석(이하 "암석등"이라 하고, 습기가 있는 상태의 것은 제외. 이하 이 표에서 같다)을 파내는 장소에서의 작업. 다만, 다음 각 목의 어느 하나에서 정하는 작업은 제외

   가. 갱 밖의 암석등을 습식에 의하여 시추하는 장소에서의 작업

   나. 실외의 암석등을 동력 또는 발파에 의하지 않고 파내는 장소에서의 작업

2. 암석등을 싣거나 내리는 장소에서의 작업

3. 갱내에서 암석등을 운반, 파쇄·분쇄하거나 체로 거르는 장소(수중작업은 제외) 또는 이들을 쌓거나 내리는 장소에서의 작업

4. 갱내의 제1호부터 제3호까지의 규정에 따른 장소와 근접하는 장소에서 분진이 붙어 있거나 쌓여 있는 기계설비 또는 전기설비를 이설(移設)·철거·점검 또는 보수하는 작업

5. 암석등을 재단·조각 또는 마무리하는 장소에서의 작업(화염을 이용한 작업은 제외)

6. 연마재의 분사에 의하여 연마하는 장소나 연마재 또는 동력을 사용하여 암석·광물 또는 금속을 연마·주물 또는 재단하는 장소에서의 작업(화염을 이용한 작업은 제외)

7. 갱내가 아닌 장소에서 암석등·탄소원료 또는 알루미늄박을 파쇄·분쇄하거나 체로 거르는 장소에서의 작업

8. 시멘트·비산재·분말광석·탄소원료 또는 탄소제품을 건조하는 장소, 쌓거나 내리는 장소, 혼합·살포·포장하는 장소에서의 작업

9. 분말 상태의 알루미늄 또는 산화티타늄을 혼합·살포·포장하는 장소에서의 작업

10. 분말 상태의 광석 또는 탄소원료를 원료 또는 재료로 사용하는 물질을 제조·가공하는 공정에서 분말 상태의 광석, 탄소원료 또는 그 물질을 함유하는 물질을 혼합·혼입 또는 살포하는 장소에서의 작업

11. 유리 또는 법랑을 제조하는 공정에서 원료를 혼합하는 작업이나 원료 또는 혼합물을 용해로에 투입하는 작업(수중에서 원료를 혼합하는 장소에서의 작업은 제외)

12. 도자기, 내화물(耐火物), 형사토 제품 또는 연마재를 제조하는 공정에서 원료를 혼합 또는 성형하거나, 원료 또는 반제품을 건조하거나, 반제품을 차에 싣거나 쌓은 장소에서의 작업이나 가마 내부에서의 작업. 다만, 다음 각 목의 어느 하나에 정하는 작업은 제외

    가. 도자기를 제조하는 공정에서 원료를 투입하거나 성형하여 반제품을 완성하거나 제품을 내리고 쌓은 장소에서의 작업

    나. 수중에서 원료를 혼합하는 장소에서의 작업

13. 탄소제품을 제조하는 공정에서 탄소원료를 혼합하거나 성형하여 반제품을 노(爐)에 넣거나 반제품 또는 제품을 노에서 꺼내거나 제작하는 장소에서의 작업

14. 주형을 사용하여 주물을 제조하는 공정에서 주형(鑄型)을 해체 또는 탈사(脫砂)하거나 주물모래를 재생하거나 혼련(混鍊)하거나 주조품 등을 절삭하는 장소에서의 작업

15. 암석등을 운반하는 암석전용선의 선창(船艙) 내에서 암석등을 빠뜨리거나 한군데로 모으는 작업

16. 금속 또는 그 밖의 무기물을 제련하거나 녹이는 공정에서 토석 또는 광물을 개방로에 투입·소결(燒結)·탕출(湯出) 또는 주입하는 장소에서의 작업(전기로에서 탕출하는 장소나 금형을 주입하는 장소에서의 작업은 제외)

17. 분말 상태의 광물을 연소하는 공정이나 금속 또는 그 밖의 무기물을 제련하거나 녹이는 공정에서 노(爐)·연도(煙道) 또는 연돌 등에 붙어 있거나 쌓여 있는 광물찌꺼기 또는 재를 긁어내거나 한곳에 모으거나 용기에 넣는 장소에서의 작업

18. 내화물을 이용한 가마 또는 노 등을 축조 또는 수리하거나 내화물을 이용한 가마 또는 노 등을 해체하거나 파쇄하는 작업

19. 실내·갱내·탱크·선박·관 또는 차량 등의 내부에서 금속을 용접하거나 용단하는 작업

20. 금속을 녹여 뿌리는 장소에서의 작업

21. 동력을 이용하여 목재를 절단·연마 및 분쇄하는 장소에서의 작업

22. 면(綿)을 섞거나 두드리는 장소에서의 작업

23. 염료 및 안료를 분쇄하거나 분말 상태의 염료 및 안료를 계량·투입·포장하는 장소에서의 작업

24. 곡물을 분쇄하거나 분말 상태의 곡물을 계량·투입·포장하는 장소에서의 작업

25. 유리섬유 또는 암면(巖綿)을 재단·분쇄·연마하는 장소에서의 작업

26. 「기상법 시행령」 제8조제2항제8호에 따른 황사 경보 발령지역 또는 「대기환경보전법 시행령」 제2조제3항제1호 및 제2호에 따른 미세먼지(PM-10, PM-2.5) 경보 발령지역에서의 옥외 작업

② 건설공사[46]

가. 다음의 어느 하나에 해당하는 건설공사

(1) 지상높이가 31미터 이상인 건축물 또는 인공구조물

(2) 연면적 3만제곱미터 이상인 건축물

(3) 연면적 5천제곱미터 이상인 시설로서 다음의 어느 하나에 해당하는 시설

1) 문화 및 집회시설(전시장 및 동물원·식물원은 제외)

2) 판매시설, 운수시설(고속철도의 역사 및 집배송시설은 제외)

3) 종교시설

4) 의료시설 중 종합병원

5) 숙박시설 중 관광숙박시설

6) 지하도상가

7) 냉동·냉장 창고시설

나. 연면적 5천제곱미터 이상인 냉동·냉장 창고시설의 설비공사 및 단열공사

다. 최대 지간길이(다리의 기둥과 기둥의 중심사이의 거리)가 50미터 이상인 다리의 건설등 공사

라. 터널의 건설등 공사

마. 다목적댐, 발전용댐, 저수용량 2천만톤 이상의 용수 전용 댐 및 지방상수도 전용 댐의 건설등 공사

바. 깊이 10미터 이상인 굴착공사

---

46) 건축물 또는 시설 등의 건설·개조 또는 해체공사를 의미

③ 작성자

① 유해·위험방지계획서를 작성할 때에 다음의 어느 하나에 해당하는 자격을 갖춘 사람 또는 안전보건공단이 실시하는 관련교육[47]을 20시간 이상 이수한 사람 중 1명 이상을 포함시켜야 함

가. 기계, 재료, 화학, 전기·전자, 안전관리 또는 환경분야 기술사 자격을 취득한 사람

나. 기계안전·전기안전·화공안전분야의 산업안전지도사 또는 산업보건지도사 자격을 취득한 사람

다. 가항 관련분야 기사 자격을 취득한 사람으로서 해당 분야에서 3년 이상 근무한 경력이 있는 사람

라. 가항 관련분야 산업기사 자격을 취득한 사람으로서 해당 분야에서 5년 이상 근무한 경력이 있는 사람

마. 「고등교육법」에 따른 대학 및 산업대학(이공계 학과에 한정)을 졸업한 후 해당 분야에서 5년 이상 근무한 경력이 있는 사람 또는 「고등교육법」에 따른 전문대학(이공계 학과에 한정)을 졸업한 후 해당 분야에서 7년 이상 근무한 경력이 있는 사람

바. 「초·중등교육법」에 따른 전문계 고등학교 또는 이와 같은 수준 이상의 학교를 졸업하고 해당 분야에서 9년 이상 근무한 경력이 있는 사람

④ 제출서류 및 시기

① 대상 제조업에 해당하는 경우

사업장별로 제조업 등 유해·위험방지계획서 신청서[48]와 다음의 서류를 첨부하여 해당 작업 시작[49] 15일 전까지 안전보건공단에 2부 제출

가. 건축물 각 층의 평면도

나. 기계·설비의 개요를 나타내는 서류

다. 기계·설비의 배치도면

라. 원재료 및 제품의 취급, 제조 등의 작업방법의 개요

마. 그 밖에 고용노동부장관이 정하는 도면 및 서류

---

47) 관련교육은 다음과 같음
　　1. 유해·위험방지계획서 작성과 관련된 교육과정
　　2. 공정안전보고서 작성과 관련된 교육과정
48) 산업안전보건법 시행규칙 별지 제16호
49) "해당 작업시작"이란 계획서 제출대상 건설물·기계·기구 및 설비 등을 설치·이전하거나 주요구조 부분을 변경하는 공사의 시작을 말하며, 대지정리 및 가설사무소 설치 등의 공사준비기간은 제외. 다만, 기존공장, 임대공장, 아파트형공장 등 건설물이 이미 설치되어 있는 경우에는 생산설비 설치의 시작을 말함

② 대상 기계·기구 및 설비에 해당 경우

사업장별로 제조업 등 유해위험방지계획서 신청서와 다음의 서류를 첨부하여 해당 작업 시작 15일 전까지 안전보건공단에 2부 제출

가. 설치장소의 개요를 나타내는 서류

나. 설비의 도면

다. 그 밖에 고용노동부장관이 정하는 도면 및 서류

③ 건설공사에 해당 경우[50]

건설공사 유해·위험방지계획서 신청서[51]와 다음의 서류를 첨부[52]하여 해당 공사의 착공 전날까지 안전보건공단에 2부 제출[53]

가. 공사 개요 및 안전보건관리계획

(1) 공사 개요서(별지 제101호서식)

(2) 공사현장의 주변 현황 및 주변과의 관계를 나타내는 도면(매설물 현황을 포함)

(3) 건설물, 사용 기계설비 등의 배치를 나타내는 도면

(4) 전체 공정표

(5) 산업안전보건관리비 사용계획(별지 제102호서식)

(6) 안전관리 조직표

(7) 재해 발생 위험 시 연락 및 대피방법

---

50) 건설공사를 착공하려는 사업주는 유해·위험방지계획서를 작성할 때 ①건설안전분야 산업안전지도사, ②건설안전기술사 또는 토목·건축 분야 기술사, ③건설안전산업기사 이상의 자격을 취득한 후 건설안전 관련 실무경력이 건설안전기사 이상의 자격은 5년, 건설안전산업기사 자격은 7년 이상인 사람의 의견을 들어야 함

51) 산업안전보건법 시행규칙 별지 제17호

52) 산업안전보건법 시행규칙 [별표 10] 유해위험방지계획서 첨부서류(건설공사)

53) 해당 공사가 「건설기술 진흥법」 제62조에 따른 안전관리계획을 수립하여야 하는 건설공사에 해당하는 경우에는 유해·위험방지계획서와 안전관리계획서를 통합하여 작성한 서류를 제출할 수 있음

나. 작업 공사 종류별 유해·위험방지계획

대상 공사	작업 공사 종류	주요 작성대상	첨부 서류
산안법 시행령 제42조제3항 제1호에 따른 건설공사	1. 가설공사 2. 구조물공사 3. 마감공사 4. 기계 설비 공사 5. 해체공사	가. 비계 조립 및 해체 작업 (외부비계 및 높이 3미터 이상 내부비계만 해당한다) 나. 높이 4미터를 초과하는 거푸집동바리[동바리가 없는 공법(무지주공법으로 데크플레이트, 호리빔 등)과 옹벽 등 벽체를 포함] 조립 및 해체작업 또는 비탈면 슬라브의 거푸집동바리 조립 및 해체 작업 다. 작업발판 일체형 거푸집 조립 및 해체 작업 라. 철골 및 PC(Precast Concrete) 조립 작업 마. 양중기 설치·연장·해체 작업 및 천공·항타 작업 바. 밀폐공간내 작업 사. 해체 작업 아. 우레탄폼 등 단열재 작업[(취급장소와 인접한 장소에서 이루어지는 화기(火器) 작업을 포함] 자. 같은 장소(출입구를 공동으로 이용하는 장소를 말함)에서 둘 이상의 공정이 동시에 진행되는 작업	1. 해당 작업공사 종류별 작업개요 및 재해예방계획 2. 위험물질의 종류별 사용량과 저장·보관 및 사용 시의 안전작업계획 비고 1. 바목의 작업에 대한 유해·위험방지계획에는 질식·화재 및 폭발 예방계획이 포함되어야 함 2. 각 목의 작업과정에서 통풍이나 환기가 충분하지 않거나 가연성 물질이 있는 건축물 내부나 설비 내부에서 단열재 취급·용접·용단 등과 같은 화기작업이 포함되어 있는 경우에는 세부계획이 포함되어야 함
산안법 시행령 제42조제3항제2호에 따른 냉동·냉장 창고시설의 설비공사 및 단열공사	1. 가설공사 2. 단열공사 3. 기계 설비 공사	가. 밀폐공간내 작업 나. 우레탄폼 등 단열재 작업(취급장소와 인접한 곳에서 이루어지는 화기 작업을 포함) 다. 설비 작업 라. 같은 장소(출입구를 공동으로 이용하는 장소를 말함)에서 둘 이상의 공정이 동시에 진행되는 작업	1. 해당 작업공사 종류별 작업개요 및 재해예방계획 2. 위험물질의 종류별 사용량과 저장·보관 및 사용 시의 안전작업계획 비고 1. 가목의 작업에 대한 유해·위험방지계획에는 질식·화재 및 폭발 예방계획이 포함되어야 함 2. 각 목의 작업과정에서 통풍이나 환기가 충분하지 않거나 가연성 물질이 있는 건축물 내부나 설비 내부에서 단열재 취급·용접·용단 등과 같은 화기작업이 포함되어 있는 경우에는 세부계획이 포함되어야 함

대상 공사	작업 공사 종류	주요 작성대상	첨부 서류

산안법 시행령 제42조 제3항제3호에 따른 다리 건설등의 공사	1. 가설공사
	2. 다리하부
	(하부공) 공사
	3. 다리상부
	(상부공) 공사
		가. 하부공 작업
		  1) 작업발판 일체형 거푸집 조립 및 해체 작업
		  2) 양중기 설치·연장·해체 작업 및 천공·항타 작업
		  3) 교대·교각 기초 및 벽체 철근조립 작업
		  4) 해상·하상 굴착 및 기초 작업
		나. 상부공 작업
		  가) 상부공 가설작업[압출공법(ILM), 캔틸레버공법(FCM), 동바리설치공법(FSM), 이동지보공법(MSS), 프리캐스트 세그먼트 가설공법(PSM) 등을 포함]
		  나) 양중기 설치·연장·해체 작업
		  다) 상부슬라브 거푸집동바리 조립 및 해체(특수작업대를 포함) 작업
			1. 해당 작업공사 종류별 작업개요 및 재해예방 계획
			2. 위험물질의 종류별 사용량과 저장·보관 및 사용 시의 안전작업계획

산안법 시행령 제42조 제3항제4호에 따른 터널 건설등의 공사	1. 가설공사
	2. 굴착 및 발파 공사
	3. 구조물공사
		가. 터널굴진공법(NATM)
		  1) 굴진(갱구부, 본선, 수직갱, 수직구 등을 말함) 및 막장내 붕괴·낙석방지 계획
		  2) 화약 취급 및 발파 작업
		  3) 환기 작업
		  4) 작업대(굴진, 방수, 철근, 콘크리트 타설을 포함) 사용 작업
		나. 기타 터널공법[(TBM)공법, 쉴드(Shield)공법, 추진(Front Jacking)공법, 침매공법 등을 포함]
		  1) 환기 작업
		  2) 막장내 기계·설비 유지·보수 작업
			1. 해당 작업공사 종류별 작업개요 및 재해예방 계획
			2. 위험물질의 종류별 사용량과 저장·보관 및 사용 시의 안전작업계획
			비고
			1. 나목의 작업에 대한 유해·위험방지계획에는 굴진(갱구부, 본선, 수직갱, 수직구 등을 말한다) 및 막장내 붕괴·낙석 방지 계획이 포함되어야 함

산안법 시행령 제42조 제2항제5호에 따른 댐 건설 등의 공사	1. 가설공사
	2. 굴착 및 발파 공사
	3. 댐 축조공사
		가. 굴착 및 발파 작업
		나. 댐 축조[가(假)체절 작업을 포함] 작업
		  1) 기초처리 작업
		  2) 둑 비탈면 처리 작업
		  3) 본체 축조 관련 장비 작업(흙쌓기 및 다짐만 해당)
		  4) 작업발판 일체형 거푸집 조립 및 해체 작업(콘크리트 댐만 해당)
			1. 해당 작업공사 종류별 작업개요 및 재해예방 계획
			2. 위험물질의 종류별 사용량과 저장·보관 및 사용 시의 안전작업계획

산안법 시행령 제42조제2항제6호에 따른 굴착 공사	1. 가설공사 2. 굴착 및 발파 공사 3. 흙막이 지보공(支保工) 공사	가. 흙막이 가시설 조립 및 해체 작업(복공작업을 포함) 나. 굴착 및 발파 작업 다. 양중기 설치·연장·해체 작업 및 천공·항타 작업	1. 해당 작업공사 종류별 작업개요 및 재해예방 계획 2. 위험물질의 종류별 사용량과 저장·보관 및 사용 시의 안전작업계획

※ 비고: 작업 공사 종류란의 공사에서 이루어지는 작업으로서 주요 작성대상란에 포함되지 않은 작업에 대해서도 유해·위험방지계획를 작성하고, 첨부서류란의 해당 서류를 첨부하여야 함

⑤ 자체심사 및 확인

① 일정 크기, 높이 등에 해당하는 건설공사를 착공하려는 사업주 중 산업재해발생률 등을 고려하여 다음의 기준(자체심사 및 확인업체가 되기 위한 기준)에 해당하는 사업주(이하 "자체심사 및 확인업체"라 함)는 유해·위험방지계획서를 스스로 심사하고, 그 심사결과서를 작성하여 고용노동부장관에게 제출

　가. 고용노동부장관이 정하는 규모 이상인 건설업체 중 별표 1에 따라 산정한 직전 3년간의 평균산업재해발생률(직전 3년간의 사고사망만인율 중 산정하지 않은 연도가 있을 경우 산정한 연도의 평균값을 말함)이 고용노동부장관이 정하는 규모 이상인 건설업체 전체의 직전 3년간 평균산업재해발생률 이하이며, 영 제17조에 따른 안전관리자의 자격을 갖춘 사람(영 별표4 제10호와 제11호에 해당하는 사람은 제외) 1명 이상을 포함하여 3명 이상의 안전전담직원으로 구성된 안전만을 전담하는 과 또는 팀 이상의 별도조직이 있고, 제4조제1항제7호나목의 규정에 따른 직전년도 건설업체 산업재해예방활동 실적 평가 점수가 70점 이상인 건설업체로서 직전년도 8월 1일부터 해당 연도 7월 31일까지 기간 동안 동시에 2명 이상의 근로자가 사망한 재해(별표 1 제3호라목에 따른 재해는 제외)가 없어야 한다. 다만, 동시에 2명 이상의 근로자가 사망한 재해가 발생한 경우에는 즉시 자체심사 및 확인업체에서 제외

② 자체심사 및 확인업체는 자체심사 및 확인방법에 따라 유해·위험방지계획서를 스스로 심사하여 해당 공사의 착공 전날까지 유해·위험방지계획서 자체심사서[54]를 공단에 제출

> **자체심사 및 확인방법**
> 　가. 자체심사는 임직원 및 외부 전문가 중 다음에 해당하는 사람 1명 이상이 참여
> 　　1) 산업안전지도사(건설안전 분야만 해당)
> 　　2) 건설안전기술사
> 　　3) 건설안전기사(산업안전기사 이상의 자격을 취득한 후 건설안전 실무경력이 3년 이상인 사람을 포함)로서 공단에서 실시하는 유해·위험방지계획서 심사전문화 교육과정을 28시간 이상 이수한 사람
> 　나. 자체확인은 가목의 인력기준에 해당하는 사람이 실시
> 　다. 자체확인을 실시한 사업주는 산업안전보건법 시행규칙 별지 제103호서식의 유해·위험방지계획서 자체확인 결과서를 작성하여 해당 사업장에 갖추어 두어야 함

---

54) 산업안전보건법 시행규칙 별지 제18호

⑥ 유해·위험방지계획서의 심사

① 안전보건공단은 유해·위험방지계획서 및 그 첨부서류를 접수한 경우에는 접수일로부터 15일 이내에 심사하여 사업주에게 결과 통보

② 자체심사 및 확인업체가 유해·위험방지계획서 자체심사서 등을 제출한 경우에는 심사를 하지 않을 수 있음

③ 고용노동부장관이 정하는 건설물·기계·기구 및 설비 또는 건설공사의 경우에는 산업안전지도사에게 유해·위험방지계획서에 대한 평가를 받은 후 유해·위험방지계획서 산업안전지도사·보건지도사 평가결과서[55]에 따라 그 결과를 제출할 수 있으며, 이 경우 안전보건공단은 평가서를 검토한 결과 그 내용이 적합하다고 인정되면 해당 평가서로 심사를 갈음할 수 있음[56]

⑦ 심사결과 및 결과서의 비치

① 유해·위험방지계획서의 심사 결과에 따라 다음과 같이 구분·판정

　가. 적정: 근로자의 안전과 보건을 위하여 필요한 조치가 구체적으로 확보되었다고 인정되는 경우

　나. 조건부 적정: 근로자의 안전과 보건을 확보하기 위하여 일부 개선이 필요하다고 인정되는 경우

　다. 부적정: 건설물·기계·기구 및 설비 또는 건설공사가 심사기준에 위반되어 공사착공 시 중대한 위험발생의 우려가 있거나 계획에 근본적 결함이 있다고 인정되는 경우

② 안전보건공단은 심사 결과 적정판정 또는 조건부 적정판정을 한 경우에는 유해·위험방지계획서 심사 결과 통지서에 보완사항을 포함하여 해당 사업주에게 발급하고 지방고용노동관서의 장에게 보고

③ 심사 결과 부적정 판정을 한 경우에는 지체 없이 유해·위험방지계획서 심사 결과(부적정) 통지서에 그 이유를 기재하여 지방고용노동관서의 장에게 통보

④ 통보를 받은 지방고용노동관서의 장은 사실 여부를 확인한 후 공사착공중지명령, 계획변경명령 등 필요한 조치 실시

⑤ 사업주는 지방고용노동관서의 장으로부터 공사착공중지명령 또는 계획변경명령을 받은 경우에는 계획서를 보완하거나 변경하여 안전보건공단에 제출

⑥ 사업주는 스스로 심사하거나 고용노동부장관이 심사한 유해위험방지계획서와 그 심

---

55) 산업안전보건법 시행규칙 별지 제19호
56) 유해·위험방지계획서에 대한 평가는 건설안전 분야의 자격을 갖춘 자가 의견을 제시한 경우 평가를 할 수 없음

사결과서를 사업장에 갖추어 두어야 함

⑧ 이행의 확인(산업안전보건법 제43조)

① 유해·위험방지계획서에 대한 심사를 받은 사업주는 유해·위험방지계획서의 이행에 관하여 고용노동부장관의 확인을 받아야 함

② 자체심사 및 확인업체는 유해·위험방지계획서의 이행에 관하여 스스로 확인하여야 함. 다만 해당 건설공사 중에 근로자가 사망한 경우에는 유해·위험방지계획서의 이행에 관하여 고용노동부장관의 확인을 받아야 함

③ 확인시기

　가. 업종대상 및 기계·기구 및 설비 대상에 해당하는 경우: 해당 건설물·기계·기구 및 설비의 시운전 단계[57]

　나. 건설공사의 경우: 건설공사 중 6개월 이내마다

④ 확인내용

　가. 유해·위험방지계획서의 내용과 실제공사 내용이 부합하는지 여부

　나. 유해·위험방지계획서 변경내용의 적정성

　다. 추가적인 유해·위험요인의 존재 여부

⑤ 산업안전지도사의 확인

　건설물·기계·기구 및 설비 또는 건설공사의 경우 사업주가 산업안전지도사에게 확인을 받고 유해·위험방지계획서 산업안전지도사·산업보건지도사 확인 결과서[58]를 안전보건공단에 제출하면 안전보건공단은 확인에 필요한 현장방문을 지도사의 확인결과로 대체할 수 있음

　다만, 건설업의 경우 최근 2년간 사망재해가 발생한 경우에는 제외

⑥ 자체심사 및 확인업체의 확인

　자체심사 및 확인업체의 사업주는 해당 공사 준공 시까지 6개월 이내마다 자체확인[59]

---

57) "시운전단계"란 모든 건설물·기계·기구 및 설비 등이 설치를 완료하고 제품을 생산을 시작하기 전에 그 성능을 확인하기 위한 운전단계를 말함

58) 산업안전보건법 시행규칙 별지 제22호

59) 확인사항
　가. 유해·위험방지계획서의 내용과 실제공사 내용이 부합하는지 여부
　나. 유해·위험방지계획서 변경내용의 적정성
　다. 추가적인 유해·위험요인의 존재 여부

을 하여야 하며, 안전보건공단은 필요한 경우 해당 자체확인에 관하여 지도·조언을 할 수 있음

다만, 그 공사 중 사망재해[60]가 발생한 경우에는 안전보건공단의 확인을 받아야 함

⑨ 확인결과의 조치 및 보고

① 안전보건공단은 확인결과 해당 사업장의 유해·위험의 방지상태가 적정하다고 판단되는 경우에는 5일 이내에 확인결과 통지서[61]를 사업주에게 발급하여야 하며, 확인결과 경미한 유해·위험요인이 발견된 경우에는 일정한 기간을 정하여 개선하도록 권고하되, 해당 기간 내에 개선되지 아니한 경우에는 기간만료일부터 10일 이내에 확인결과 조치 요청서[62]에 그 이유를 적은 서면을 첨부하여 지방고용노동관서의 장에게 보고

② 중대한 유해·위험요인이 있어 작업의 중지, 사용 중지 및 주요 시설의 개선 등이 필요하다고 인정되는 경우에는 지체 없이 확인결과 조치 요청서에 그 이유를 적은 서면을 첨부하여 지방고용노동관서의 장에게 보고

③ 다음의 어느 하나에 해당하는 사업장을 발견한 경우에는 지체 없이 해당 사업장의 명칭·소재지 및 사업주명 등을 구체적으로 적어 지방고용노동관서의 장에게 보고

⑴ 유해·위험방지계획서를 제출하지 아니한 사업장

⑵ 유해·위험방지계획서 제출기간이 지난 사업장

⑶ 건설안전분야의 자격을 갖춘 자의 의견을 듣지 아니하고 유해·위험방지계획서를 작성한 사업장

---

60) 사망재해 산정 시 제외되는 경우
　　가. 방화, 근로자간 또는 타인간의 폭행에 의한 경우
　　나. 「도로교통법」에 따라 도로에서 발생한 교통사고에 의한 경우(해당 공사의 공사용 차량·장비에 의한 사고는 제외)
　　다. 태풍·홍수·지진·눈사태 등 천재지변에 의한 불가항력적인 재해의 경우
　　라. 작업과 관련이 없는 제3자의 과실에 의한 경우(해당 목적물 완성을 위한 작업자간의 과실은 제외)
　　마. 그 밖에 야유회, 체육행사, 취침·휴식 중의 사고 등 건설작업과 직접 관련이 없는 경우
61) 산업안전보건법 시행규칙 제23호
62) 산업안전보건법 시행규칙 제24호

⑩ 벌칙

위반행위	세부내용	과태료 금액(만원)		
		1차 위반	2차 위반	3차 이상 위반
유해위험방지계획서 또는 심사결과서를 작성하여 제출하지 않거나 심사결과서를 갖추어 두지 않은 경우	1) 유해위험방지계획서 또는 자체 심사결과서를 작성하여 제출하지 않은 경우	1,000	1,000	1,000
	2) 유해위험방지계획서와 그 심사결과서를 사업장에 갖추어 두지 않은 경우	300	600	1,000
	3) 변경할 필요가 있는 유해위험방지계획서를 변경하여 갖추어 두지 않은 경우			
	가) 유해위험방지계획서를 변경 하지 않은 경우	1,000	1,000	1,000
	나) 유해위험방지계획서를 변경했으나 갖추어 두지 않은 경우	300	600	1,000
자격이 있는 자의 의견을 듣지 않고 유해위험방지계획서를 작성·제출한 경우		30	150	300
고용노동부장관의 확인을 받지 않은 경우		30	150	300

ⓘ Tip

■ 공장 건물과 설비의 유해·위험방지계획서 분리 제출 가능 여부?

(질의) 공장 건물만 먼저 짓고 나중에 설비를 설치하고자 하는데 유해·위험방지계획서를 각각 제출해야 하나요? 아니면 한꺼번에 제출할 수도 있나요? 제출 시기는 어떻게 되나요?

(답변) 공장 건물과 설비의 설치 모두가 유해·위험방지계획서 제출 대상에 해당한다면 공장 건물에 대해서 먼저 제출하고 설비 설치에 대한 유해·위험방지계획서를 나중에 별도로 제출할 수 있으며, 한꺼번에 제출하는 것도 가능함

한꺼번에 제출하는 경우 공장 건축이 먼저 발생하므로 공장 건물을 짓는 시점(대지정리 및 가설사무소 설치 등의 공사준비기간은 제외) 15일 전에 공장 건물 및 설비 모두에 대한 유해·위험방지계획서를 제출하여야 함

ⓘ Tip

■ 관련고시

▶ 「제조업 등 유해·위험방지계획서 제출·심사·확인에 관한 고시」

8 / 공정안전보고서의 작성·제출 (산업안전보건법 제44조)

① 개요

화학공장 등에서 유해하거나 위험한 설비가 있는 경우 그 설비로부터의 위험물질 누출, 화재 및 폭발 등으로 인하여 사업장 내의 근로자에게 즉시 피해를 주거나 사업장 인근지역에 피해를 줄 수 있는 중대산업사고[63]를 예방하기 위하여 공정안전보고서를 작성·제출하여 심사·확인을 받아야 함

② 작성·제출 대상 사업장[64]

① 7개 업종 중 유해하거나 위험한 설비를 보유하고 있는 사업장

가. 원유 정제처리업

나. 기타 석유정제물 재처리업

다. 석유화학계 기초화학물질 제조업 또는 합성수지 및 기타 플라스틱물질 제조업

　　(합성수지 및 기타 플리스틱물질 제조업은 인화성 가스 및 인화성 액체를 취급하는 경우로 한정)

라. 질소 화합물, 질소·인산 및 칼리질 화학비료 제조업 중 질소질 화학비료 제조업

마. 복합비료 및 기타 화학비료 제조업 중 복합비료 제조업

　　(단순혼합 또는 배합에 의한 경우는 제외)

바. 화학 살균·살충제 및 농업용 약제 제조업 (농약 원제 제조만 해당)

사. 화약 및 불꽃제품 제조업

② 7개 업종을 제외한 그 외의 사업을 하는 사업장에서 다음의 유해·위험물질 중 하나 이상을 규정량 이상 제조·취급·저장하는 설비와 그 설비의 운영과 관련된 모든 공정설비를 포함하여 보유하고 있는 사업장

---

63)　1. 근로자가 사망하거나 부상을 입을 수 있는 법에서 정한 화학설비에서의 누출·화재·폭발 사고
　　2. 인근 지역의 주민이 인적 피해를 입을 수 있는 법에서 정한 화학설비에서의 누출·화재·폭발 사고
64)　다음의 설비는 유해하거나 위험한 설비로 보지 아니함
　　1. 원자력 설비
　　2. 군사시설
　　3. 사업주가 해당 사업장 내에서 직접 사용하기 위한 난방용 연료의 저장설비 및 사용설비
　　4. 도매·소매시설
　　5. 차량 등의 운송설비
　　6. 「액화석유가스의 안전관리 및 사업법」에 따른 액화석유가스의 충전·저장시설
　　7. 「도시가스사업법」에 따른 가스공급시설
　　8. 비상발전기용 경유의 저장탱크 및 사용설비

번호	유해·위험물질	CAS번호	규정량(kg)	
			전부개정 기준	종전 기준
1	인화성 가스	-	제조·취급: 5,000 (저장: 200,000)	제조·취급: 5,000 (저장: 200,000)
2	인화성 액체	-	제조·취급: 5,000 (저장: 200,000)	제조·취급: 5,000 (저장: 200,000)
3	메틸 이소시아네이트	624-83-9	제조·취급·저장: 1,000	제조·취급·저장: 150
4	포스겐	75-44-5	제조·취급·저장: 500	제조·취급·저장: 750
5	아크릴로니트릴	107-13-1	제조·취급·저장: 10,000	제조·취급·저장: 750
6	암모니아	7664-41-7	제조·취급·저장: 10,000	제조·취급·저장: 200,000
7	염소	7782-50-5	제조·취급·저장: 1,500	제조·취급·저장: 20,000
8	이산화황	7446-09-5	제조·취급·저장: 10,000	제조·취급·저장: 250,000
9	삼산화황	7446-11-9	제조·취급·저장: 10,000	제조·취급·저장: 75,000
10	이황화탄소	75-15-0	제조·취급·저장: 10,000	제조·취급·저장: 5,000
11	시안화수소	74-90-8	제조·취급·저장: 500	제조·취급·저장: 1,000
12	불화수소(무수불산)	7664-39-3	제조·취급·저장: 1,000	제조·취급·저장: 1,000
13	염화수소(무수염산)	7647-01-0	제조·취급·저장: 10,000	제조·취급·저장: 20,000
14	황화수소	7783-06-4	제조·취급·저장: 1,000	제조·취급·저장: 1,000
15	질산암모늄	6484-52-2	제조·취급·저장: 500,000	제조·취급·저장: 500,000
16	니트로글리세린	55-63-0	제조·취급·저장: 10,000	제조·취급·저장: 10,000
17	트리니트로톨루엔	118-96-7	제조·취급·저장: 50,000	제조·취급·저장: 50,000
18	수소	1333-74-0	제조·취급·저장: 5,000	제조·취급·저장: 50,000

번호	유해·위험물질	CAS번호	규정량(kg)	
			전부개정 기준	종전 기준
19	산화에틸렌	75-21-8	제조·취급·저장: 1,000	제조·취급·저장: 10,000
20	포스핀	7803-51-2	제조·취급·저장: 500	제조·취급·저장: 50
21	실란(Silane)	7803-62-5	제조·취급·저장: 1,000	제조·취급·저장: 50
22	질산(중량 94.5% 이상)	7697-37-2	제조·취급·저장: 50,000	제조·취급·저장: 250
23	발연황산 (삼산화황 중량 65% 이상 80% 미만)	8014-95-7	제조·취급·저장: 20,000	제조·취급·저장: 500,000
24	과산화수소 (중량 52% 이상)	7722-84-1	제조·취급·저장: 10,000	제조·취급·저장: 3,500
25	톨루엔디이소시아네이트	91-08-7, 584-84-9, 26471-62-5	제조·취급·저장: 2,000	제조·취급·저장: 100,000
26	클로로술폰산	7790-94-5	제조·취급·저장: 10,000	제조·취급·저장: 500,000
27	브롬화수소	10035-10-6	제조·취급·저장: 10,000	제조·취급·저장: 2,500
28	삼염화인	7719-12-2	제조·취급·저장: 10,000	제조·취급·저장: 750,000
29	염화 벤질	100-44-7	제조·취급·저장: 2,000	제조·취급·저장: 750,000
30	이산화염소	10049-04-4	제조·취급·저장: 500	제조·취급·저장: 500
31	염화 티오닐	7719-09-7	제조·취급·저장: 10,000	제조·취급·저장: 150
32	브롬	7726-95-6	제조·취급·저장: 1,000	제조·취급·저장: 100,000
33	일산화질소	10102-43-9	제조·취급·저장: 10,000	제조·취급·저장: 1,000
34	붕소 트리염화물	10294-34-5	제조·취급·저장: 10,000	제조·취급·저장: 1,500
35	메틸에틸케톤과산화물	1338-23-4	제조·취급·저장: 10,000	제조·취급·저장: 2,500
36	삼불화 붕소	7637-07-2	제조·취급·저장: 1,000	제조·취급·저장: 150

번호	유해·위험물질	CAS번호	규정량(kg)	
			전부개정 기준	종전 기준
37	니트로아닐린	88-74-4, 99-09-2, 100-01-6, 29757-24-2	제조·취급·저장: 2,500	제조·취급·저장: 2,500
38	염소 트리플루오르화	7790-91-2	제조·취급·저장: 1,000	제조·취급·저장: 500
39	불소	7782-41-4	제조·취급·저장: 500	제조·취급·저장: 20,000
40	시아누르 플루오르화물	675-14-9	제조·취급·저장: 2,000	제조·취급·저장: 50
41	질소 트리플루오르화물	7783-54-2	제조·취급·저장: 20,000	제조·취급·저장: 2,500
42	니트로 셀룰로오스 (질소 함유량 12.6% 이상)	9004-70-0	제조·취급·저장: 100,000	제조·취급·저장: 100,000
43	과산화벤조일	94-36-0	제조·취급·저장: 3,500	제조·취급·저장: 3,500
44	과염소산 암모늄	7790-98-9	제조·취급·저장: 3,500	제조·취급·저장: 3,500
45	디클로로실란	4109-96-0	제조·취급·저장: 1,000	제조·취급·저장: 1,500
46	디에틸 알루미늄 염화물	96-10-6	제조·취급·저장: 10,000	제조·취급·저장: 2,500
47	디이소프로필 퍼옥시디카보네이트	105-64-6	제조·취급·저장: 3,500	제조·취급·저장: 3,500
48	불산(중량 10% 이상)	7664-39-3	제조·취급·저장: 10,000	제조·취급·저장: 1,000
49	염산(중량 20% 이상)	7647-01-0	제조·취급·저장: 20,000	제조·취급·저장: 20,000
50	황산(중량 20% 이상)	7664-93-9	제조·취급·저장: 20,000	제조·취급·저장: 20,000
51	암모니아수 (중량 20% 이상)	1336-21-6	제조·취급·저장: 50,000	제조·취급·저장: 20,000

비고

1. 인화성 가스란 인화한계 농도의 최저한도가 13% 이하 또는 최고한도와 최저한도의 차가 12% 이상인 것으로서 표준압력(101.3 ㎪)하의 20℃에서 가스 상태인 물질을 말한다.

2. 인화성 가스 중 사업장 외부로부터 배관을 통해 공급받아 최초 압력조정기 후단 이후의 압력이 0.1 MPa(계기압력) 미만으로 취급되는 사업장의 연료용 도시가스(메탄 중량성분 85% 이상으로 이 표에 따른 유해·위험물질이 없는 설비에 공급되는 경우에 한정)는 취급 규정량을 50,000kg으로 한다.

3. 인화성 액체란 표준압력(101.3 ㎪)하에서 인화점이 60℃ 이하이거나 고온·고압의 공정운전조건으로 인하여 화재·폭발위험이 있는 상태에서 취급되는 가연성 물질을 말한다.

* "고온·고압의 공정운전조건으로 인하여 화재·폭발위험이 있는 상태"란 취급물질의 인화점 이상에서 운전되는 상태를 말함

4. 인화점의 수치는 타구밀폐식 또는 펜스키말텐식 등의 인화점 측정기로 표준압력(101.3 ㎪)에서 측정한 수치 중 작은 수치를 말한다.

5. 유해·위험물질의 규정량이란 제조·취급·저장 설비에서 공정과정 중에 저장되는 양을 포함하여 하루 동안 최대로 제조·취급 또는 저장할 수 있는 양을 말한다.

6. 규정량은 화학물질의 순도 100퍼센트를 기준으로 산출하되, 농도가 규정되어 있는 화학물질은 해당 농도를 기준으로 한다.

7. 사업장에서 다음 각 목의 구분에 따라 해당 유해·위험물질을 그 규정량 이상 제조·취급·저장하는 경우에는 유해·위험설비로 본다.

 가. 한 종류의 유해·위험물질을 제조·취급·저장하는 경우: 해당 유해·위험물질의 규정량 대비 하루 동안 제조·취급 또는 저장할 수 있는 최대치 중 가장 큰 값($\frac{C}{T}$)이 1 이상인 경우

 나. 두 종류 이상의 유해·위험물질을 제조·취급·저장하는 경우: 유해·위험물질별로 가목에 따른 가장 큰 값($\frac{C}{T}$)을 각각 구하여 합산한 값(R)이 1 이상인 경우로, 그 산식은 다음과 같다.

$$R = \frac{C_1}{T_1} + \frac{C_2}{T_2} + \cdots\cdots + \frac{C_n}{T_n}$$

주) Cn: 유해·위험물질별(n) 규정량과 비교하여 하루 동안 제조·취급 또는 저장할 수 있는 최대치 중 가장 큰 값

 Tn: 유해·위험물질별(n) 규정량

8. 가스를 전문으로 저장·판매하는 시설 내의 가스는 제외한다.

③ 공정안전보고서의 내용

1. 공정안전자료	가. 취급·저장하고 있거나 취급·저장하려는 유해·위험물질의 종류 및 수량 나. 유해·위험물질에 대한 물질안전보건자료 다. 유해하거나 위험한 설비의 목록 및 사양 라. 유해하거나 위험한 설비의 운전방법을 알 수 있는 공정도면 마. 각종 건물·설비의 배치도 바. 폭발위험장소 구분도 및 전기단선도 사. 위험설비의 안전설계·제작 및 설치 관련 지침서
2. 공정위험성 평가서 및 잠재위험에 대한 사고예방·피해 최소화 대책	■ 공정위험성평가서는 공정의 특성 등을 고려하여 다음의 위험성평가 기법 중 한 가지 이상을 선정하여 위험성평가를 한 후 그 결과에 따라 작성 　가. 체크리스트(Check List) 　나. 상대위험순위 결정(Dow and Mond Indices) 　다. 작업자 실수 분석(HEA) 　라. 사고 예상 질문 분석(What-if) 　마. 위험과 운전 분석(HAZOP) 　바. 이상위험도 분석(FMECA) 　사. 결함 수 분석(FTA) 　아. 사건 수 분석(ETA) 　자. 원인결과 분석(CCA) 　차. 가목부터 자목까지의 규정과 같은 수준 이상의 기술적 평가기법 ■ 사고예방·피해최소화 대책 　(위험성평가 결과 잠재위험이 있다고 인정되는 경우만 작성)
3. 안전운전계획	가. 안전운전지침서 나. 설비점검·검사 및 보수계획, 유지계획 및 지침서 다. 안전작업허가 라. 도급업체 안전관리계획 마. 근로자 등 교육계획 바. 가동 전 점검지침 사. 변경요소 관리계획 아. 자체감사 및 사고조사계획 자. 그 밖에 안전운전에 필요한 사항
4. 비상조치계획	가. 비상조치를 위한 장비·인력보유현황 나. 사고발생 시 각 부서·관련 기관과의 비상연락체계 다. 사고발생 시 비상조치를 위한 조직의 임무 및 수행 절차 라. 비상조치계획에 따른 교육계획 마. 주민홍보계획 바. 그 밖에 비상조치 관련 사항

④ **공정안전보고서 작성자**

① 공정안전보고서를 작성할 때 다음의 어느 하나에 해당하는 사람으로서 안전보건공단이 실시하는 관련교육[65]을 28시간 이상 이수한 사람 1명 이상을 포함시켜야 함

가. 기계, 금속, 화공, 요업, 전기, 전자, 안전관리 또는 환경분야 기술사 자격을 취득한 사람

나. 기계, 전기 또는 화공안전 분야의 산업안전지도사 자격을 취득한 사람

다. 가항에 따른 관련분야의 기사 자격을 취득한 사람으로서 해당 분야에서 5년 이상 근무한 경력이 있는 사람

라. 가항에 따른 관련분야의 산업기사 자격을 취득한 사람으로서 해당 분야에서 7년 이상 근무한 경력이 있는 사람

마. 4년제 이공계 대학을 졸업한 후 해당 분야에서 7년 이상 근무한 경력이 있는 사람 또는 2년제 이공계 대학을 졸업한 후 해당 분야에서 9년 이상 근무한 경력이 있는 사람

바. 영 제43조제1항에 따른 공정안전보고서 제출 대상 유해·위험설비 운영분야(해당 공정안전보고서를 작성하고자 하는 유해·위험설비 관련분야에 한함)에서 11년 이상 근무한 경력이 있는 사람

⑤ **공정안전보고서의 제출**

① 유해하거나 위험한 설비를 설치·이전하거나 주요 구조부분을 변경[66]할 때에는 공사 착공일[67] 30일 전까지 공정안전보고서를 2부 작성하여 안전보건공단에 제출

---

65) 관련교육은 다음과 같음
1. 위험과 운전분석(HAZOP)과정
2. 사고빈도분석(FTA, ETA)과정
3. 보고서 작성·평가 과정
4. 사고결과분석(CA)과정
5. 설비유지 및 변경관리(MI, MOC)과정
6. 그 밖에 고용노동부장관으로부터 승인받은 공정안전관리 교육과정

66) "주요 구조부분을 변경"이란 다음의 어느 하나에 해당하는 경우를 말함
1. 반응기를 교체(같은 용량과 형태로 교체되는 경우는 제외)하거나 추가로 설치하는 경우 또는 이미 설치된 반응기를 변형하여 용량을 늘리는 경우
2. 생산설비 및 부대설비(유해·위험물질의 누출·화재·폭발과 무관한 자동화창고·조명설비 등은 제외)가 교체 또는 추가되어 늘어나게 되는 전기정격용량의 총합이 300킬로와트 이상인 경우
3. 플레어스택을 설치 또는 변경하는 경우

67) 기존 설비의 제조·취급·저장 물질이 변경되거나 제조량·취급량·저장량이 증가하여 유해·위험물질 규정량에 해당하게 된 경우에는 그 해당일을 말함
또한 유해·위험설비를 설치·이전할 경우에는 해당 설비를 설치·이전하는 공사를 시작하는 날을, 주요구조부분을 변경하는 경우에는 해당 변경공사를 시작하는 날을 말함

② 「화학물질관리법」에 따라 사업주가 제출하여야 하는 장외영향평가서 또는 위해관리계획서의 내용이 공정안전보고서에 포함시켜야 할 사항에 해당하는 경우에는 그 해당 부분에 대해서 장외영향평가서 또는 위해관리계획서 사본의 제출로 갈음 가능

③ 제출하여야 할 공정안전보고서가 「고압가스 안전관리법」에 따른 고압가스를 사용하는 단위공정설비에 관한 것인 경우로서 안전성향상계획을 작성하여 안전보건공단 및 한국가스안전공사가 공동으로 검토·작성한 의견서를 첨부하여 허가 관청에 제출한 경우에는 해당 단위공정 설비에 관한 공정안전보고서를 제출한 것으로 봄

⑥ 공정안전보고서의 심사

① 공정안전보고서를 제출받은 안전보건공단은 30일 이내에 심사하여 그 결과에 대해서 1부를 사업주에게 송부하고, 그 내용을 지방고용노동관서의 장에게 보고

② 심사결과 근로자의 안전 및 보건의 유지·증진을 위하여 필요하다고 인정하는 경우에는 그 공정안전보고서의 변경을 명할 수 있음

③ 사업주는 심사 받은 공정안전보고서를 사업장에 비치

④ 안전보건공단은 공정안전보고서를 심사한 결과 「위험물안전관리법」에 따른 화재의 예방·소방 등과 관련된 부분이 있다고 인정되는 경우에는 그 관련 내용을 관할 소방관서의 장에게 통보

⑦ 심사결과의 구분

① 안전보건공단은 공정안전보고서 심사결과를 다음의 어느하나로 결정

　가. 적정: 보고서의 심사기준을 충족한 경우

　나. 조건부 적정: 보고서의 심사기준을 대부분 충족하고 있으나 부분적인 보완이 필요한 경우

　다. 부적정: 다음 각 목의 어느 하나에 해당하는 경우

　　(1) 심사 결과 조건부 적정 항목이 10개 이상인 경우

　　(2) 서류보완을 기간 내에 하지 아니하여 심사가 곤란한 경우

　　(3) 산업안전보건기준에 관한 규칙 제225조부터 제300조까지, 제311조 또는 제422조 중 어느 하나를 준수하지 않은 경우

⑧ 공정안전보고서의 이행 및 확인

① 사업주와 근로자는 심사 받은 공정안전보고서의 내용을 준수

② 심사 받은 공정안전보고서의 내용을 실제로 이행하고 있는지 여부에 대해 다음의 시기별로 안전보건공단의 확인을 받아야 함

    가. 신규로 설치될 유해하거나 위험한 설비에 대해서는 설치 과정[68] 및 설치 완료 후 시운전단계[69]에서 각 1회

    나. 기존에 설치되어 사용 중인 유해하거나 위험한 설비에 대해서는 심사 완료 후 3개월 이내

    다. 유해하거나 위험한 설비와 관련한 공정의 중대한 변경이 있는 경우에는 변경 완료 후 1개월 이내

    라. 유해하거나 위험한 설비 또는 이와 관련된 공정에 중대한 사고 또는 결함이 발생한 경우에는 1개월 이내

③ 화공안전분야 산업안전지도사, 대학에서 조교수 이상으로 재직하고 있는 사람으로서 화공 관련 교과를 담당하고 있는 사람에게 자체감사를 하게 하고 그 결과를 공단에 제출한 경우에는 안전보건공단은 확인을 생략할 수 있음

④ 안전보건공단은 사업주로부터 확인요청을 받은 날부터 1개월 이내에 공정안전보고서의 세부내용이 현장과 일치하는지 여부를 확인하고, 확인한 날부터 15일 이내에 그 결과를 사업주에게 통보하고 지방고용노동관서의 장에게 보고

⑨ 공정안전보고서의 이행상태 평가

① 공정안전보고서의 확인[70] 후 1년이 지난 날부터 2년 이내에 고용노동부 장관이 실시하는 공정안전보고서 이행상태평가(신규평가)를 받고, 이후에는 4년마다 이행상태평가(정기평가)를 받아야 함

② 다음의 경우에는 1년 또는 2년마다 이행상태평가를 할 수 있음

    가. 이행상태평가 후 사업주가 이행상태평가를 요청하는 경우

    나. 근로감독관이 사업장에 출입하여 검사 및 안전·보건점검 등을 실시한 결과 공정안전보고서의 세부내용 중 변경요소 관리계획 미준수로 공정안전보고서 이행상태가 불량한 것으로 인정되는 경우 등

③ 이행상태평가는 공정안전보고서의 세부내용에 관하여 실시

---

68) "설치 과정"이란 주요 기계장치의 설치, 배관, 전기 및 계장작업이 진행되고 있는 과정을 말함

69) "설치 완료 후 시운전단계"란 모든 기계적인 작업이 완료되고 원료를 공급하여 성능을 확인하기 위하여 운전하는 단계로, 상용생산 직전까지의 과정을 말함

70) 신규로 설치되는 유해하거나 위험한 설비의 경우에는 설치 완료 후 시운전 단계에서의 확인을 말함

④ 지방관서의 장과 중대산업사고예방센터[71]의 장은 이행상태의 평가결과 등급별 관리기
준에 따라 공정안전보고서 이행실태를 관리

【등급별 관리기준】

구분	일반기준	단순위험설비 보유 사업장
P등급	·등급부여 후 1회/4년 점검	
S등급	·등급부여 후 1회/2년 점검	
M+등급	·등급부여 후 1회/2년 점검 및 1회/2년 기술지도(기술지원팀)	·등급부여 후 1회/2년 점검
M-등급	·등급부여 후 1회/1년 점검 및 1회/2년 기술지도(기술지원팀)	·등급부여 후 1회/2년 점검 및 1회/4년 기술지도(기술지원팀)

※ 비고

1. 감독대상으로 선정되어 감독(중방센터 감독팀 또는 기술지원팀이 포함되어 공정안전보고서 이행실태를 확인한 경우에 한함)을 실시한
   경우에는 해당 연도 공정안전보고서 이행상태 점검을 감독으로 대체

2. S등급 사업장은 민간전문기로부디 자체감사를 받으면 당기 또는 사기 점검 1회 면제(단, 2회 연속 면제는 불가)

3. 이행상태평가결과 등급이 우수한 사업장이 영세사업장에 대한 매칭컨설팅 지원 등 고용노동부의 지침에 따라 지원업무를
   수행한 경우 차기 점검 1회 면제(단, 제2호의 자체감사에 따른 중복면제 불가)

4. 기술지도는 사업장(사업주)에서 원하는 경우(서면 신청)에만 실시(가급적 점검 시기의 ±6월 이내에는 금지)하되, 일반기준 M±등급
   은 4년(평가주기) 이내에 1회는 의무적으로 실시

5. "단순위험설비 보유 사업장"은 위험물질을 원재료 또는 부재료로 사용하지 않고 단순히 저장·취급을 목적으로 설치된 설
   비(인화성 액체·가스 및 급성독성물질을 가열, 건조하지 않는 LNG·LPG 가열로·보일러 및 내연력발전소 등)만을 보유한 사업장 및 낮
   은 농도의 수용액 제조·취급·저장(중량 40% 미만의 불산, 중량 30% 미만의 염산, 중량 20% 미만의 암모니아수)하는 사업장으로
   서 중방센터장이 구분한 사업장

---

71) "중대산업사고예방센터('중방센터')"란 중대산업사고를 예방하기 위해 지방고용노동관서 근로감독관과 안전보건공단 직원
   으로 구성된 조직을 말함

⑩ 중대산업사고 등 판단기준 및 조치기준

【중대산업사고 등 판단기준】

사고의 종류		판단기준	
중대 산업 사고	· 대상설비, 대상물질, 사고유형, 피해정도 등 이 모두 판단기준에 해당된 사고로 공정안 전관리 사업장에서 발생한 사고	대상 설비	· 원유정제처리업 등 7개 업종 사업장: 해당 업종과 관련된 주제품을 생산하는 설비 및 그 설비의 운영과 관련된 설비에서의 사고 · 규정량 적용 사업장: 유해·위험물질을 제조·취급·저장하는 설 비 및 그 설비의 운영과 관련된 모든 공정 설비에서의 사고
중대한 결함	· 근로자 또는 인근주민의 피해가 없을 뿐 그 밖의 사고 발생 대상설비, 사고물질, 사고유 형이 중대산업사고에 해당하는 사고	대상 물질	· 원유정제처리업 등 7개 업종 사업장: 안전 보건규칙 별표 1에 따른 위험물질(170여종) · 규정량 적용 사업장: 영 별표 13에 따른 유해·위험물질
그 밖의 화학 사고	· 중대산업사고 또는 중대한 결함이 아닌 모 든 화학사고	사고 유형	· 화학물질에 의한 화재, 폭발, 누출사고
		피해 정도	· 근로자: 1명 이상이 사망하거나 부상한 경우 · 인근지역 주민: 피해가 사업장을 넘어서 인근 지역까지 확 산될 가능성이 높은 경우

【화학사고 종류별 조치기준】

구분	지방관서	중방센터
중대 산업 사고	·중대산업사고 보고(본부) ·지역사고수습지원본부 설치(해당시) ·지역산업재해수습지원본부 설치(해당시) ·동향파악	·사고의 조사 및 조치(「근로감독관 집무규정(산업안전보건)」 제3장에 의한 재해조사 및 조치기준 준용) ·중대산업사고 등에 대한 판정결과 통보(지방관서) ·정기감독 대상으로 선정 ·PSM 등급을 기존 등급대비 1등급 강등하되, 규칙 제3조에 따른 중대재해(근로자가 아닌 자를 포함)가 발생한 경우에는 최하 등급(M-)으로 강등 ·사업주에게 사고발생 1개월 이내에 '확인'을 요청토록 통보하고, 기술지원팀은 사업주의 요청에 따른 '확인' 실시(규칙 제53조제1항 단서에 따른 자체감사를 하고 그 결과를 공단에 제출한 경우에는 확인 생략 가능) ·안전보건진단 또는 안전보건개선계획 수립의 명령 등 재발방지에 필요한 추가적인 조치(중방센터로부터 '확인'을 받은 경우에는 안전보건진단 생략 가능)
중대한 결함	·지역사고수습지원본부 설치(해당시) ·지역산업재해수습지원본부 설치(해당시) ·동향파악	·사고의 조사 및 조치(「근로감독관 집무규정(산업안전보건)」 제3장에 의한 재해조사 및 조치기준 준용) ·사업주에게 사고발생 1개월 이내에 '확인'을 요청토록 통보하고, 기술지원팀은 사업주의 요청에 따른 '확인' 실시 ·그 밖에 사고의 정도가 크다고 판단되는 사업장은 위 '중대산업사고' 조치기준에 준해서 필요한 조치
그 밖의 화학 사고	·제8조에 해당하는 사고의 조사 및 조치(「근로감독관 집무규정(산업안전보건)」 제3장에 의한 재해조사 및 조치기준 준용) ·그 밖에 사고의 정도에 따라 필요한 조치	·사고의 정도에 따라 필요한 조치

① 지방관서의 장은 관할 사업장에서 발생한 화학사고에 대해서는 '중대산업사고 등 판단기준'에 따라 사고의 종류를 판단

다만, 공정안전보고서 대상 사업장의 중대산업사고 및 중대한 결함에 대한 최종판단은 중방센터의 장이 실시

② 지방관서의 장과 중방센터의 장은 제1항에 따른 사고의 종류별로 '화학사고 종류별 조치기준'에 따라 해당되는 조치를 하여야 함

⑪⑪ 벌칙

위반행위	세부내용	과태료 금액(만원)		
		1차 위반	2차 위반	3차 이상 위반
공정안전보고서를 작성하여 제출하지 않은 경우		300	600	1,000
공정안전보고서 작성 시 산업안전보건위원회의 심의를 거치지 않거나 근로자대표의 의견을 듣지 않은 경우		50	250	500
공정안전보고서를 사업장에 갖추어 두지 않은 경우		100	250	500
공정안전보고서의 내용을 지키지 않은 경우	1) 사업주가 지키지 않은 경우(내용 위반 1건당)	10	20	30
	2) 근로자가 지키지 않은 경우(내용 위반 1건당)	5	10	15
공정안전보고서 내용의 실제 이행 여부에 대하여 고용노동부장관의 확인을 받지 않은 경우		30	150	300

ⓘ Tip

- **관련고시**
  - ▶ 「공정안전보고서의 제출·심사·확인 및 이행상태평가 등에 관한 규정」
  - ▶ 「중대산업사고 예방센터 운영규정」

9 / 안전보건진단(산업안전보건법 제47조)

① 개요

추락·붕괴, 화재·폭발, 유해하거나 위험한 물질의 누출 등 산업재해 발생의 위험이 현저히 높은 사업장의 사업주에게 안전보건진단기관이 실시하는 안전보건진단을 받도록 명령할 수 있음

② 안전보건진단의 종류 및 내용

종류	진단내용
종합진단	1. 경영·관리적 사항에 대한 평가 가. 산업재해 예방계획의 적정성 나. 안전·보건 관리조직과 그 직무의 적정성 다. 산업안전보건위원회 설치·운영, 명예산업안전감독관의 역할 등 근로자의 참여 정도 라. 안전보건관리규정 내용의 적정성 2. 산업재해 또는 사고의 발생 원인(산업재해 또는 사고가 발생한 경우만 해당) 3. 작입조건 및 작업방법에 내한 평가 4. 유해·위험요인에 대한 측정 및 분석 가. 기계·기구 또는 그 밖의 설비에 의한 위험성 나. 폭발성·물반응성·자기반응성·자기발열성 물질, 자연발화성 액체·고체 및 인화성 액체 등에 의한 위험성 다. 전기·열 또는 그 밖의 에너지에 의한 위험성 라. 추락, 붕괴, 낙하, 비래(飛來) 등으로 인한 위험성 마. 그 밖에 기계·기구·설비·장치·구축물·시설물·원재료 및 공정 등에 의한 위험성 바. 법 제118조제1항에 따른 허가대상물질, 고용노동부령으로 정하는 관리대상 유해물질 및 온도·습도·환기·소음·진동·분진, 유해광선 등의 유해성 또는 위험성 5. 보호구, 안전·보건장비 및 작업환경 개선시설의 적정성 6. 유해물질의 사용·보관·저장, 물질안전보건자료의 작성, 근로자 교육 및 경고표시 부착의 적정성 7. 그 밖에 작업환경 및 근로자 건강 유지·증진 등 보건관리의 개선을 위하여 필요한 사항
안전기술진단	종합진단 내용 중 제2호·제3호, 제4호가목부터 마목까지 및 제5호 중 안전 관련 사항
보건기술진단	종합진단 내용 중 제2호·제3호, 제4호바목, 제5호 중 보건 관련 사항, 제6호 및 제7호

③ 안전보건진단의 실시

① 고용노동부장관은 안전보건진단 명령을 할 경우 기계·화공·전기·건설 등 분야별로 한정하여 진단을 받을 것을 명할 수 있음

② 안전보건진단 명령을 받은 사업주는 15일 이내에 안전보건진단기관에 안전보건진단을 의뢰하여야 함

③ 사업주는 안전보건진단기관이 실시하는 안전보건진단에 적극 협조하여야 하며, 정당한 사유 없이 이를 거부하거나 방해 또는 기피해서는 아니 됨. 이 경우 근로자대표의 요구가 있을 경우에는 해당 안전보건진단에 근로자대표를 참여시켜야 함

④ 안전보건진단 결과 보고

① 안전보건진단 결과보고서에는 산업재해 또는 사고의 발생원인, 작업조건·작업방법에 대한 평가 등의 사항이 포함되어야 함

② 안전보건진단을 실시한 안전보건진단기관은 조사·평가 및 측정결과와 그 개선방법이 포함된 보고서를 진단을 의뢰받은 날로부터 30일 이내에 해당 사업장의 사업주 및 관할 지방고용노동관서의 장에게 제출해야 함

⑤ 벌칙

위반행위	세부내용	과태료 금액(만원)		
		1차 위반	2차 위반	3차 이상 위반
안전보건진단기관이 실시하는 안전보건진단을 받지 않은 경우		1,000	1,000	1,000
정당한 사유 없이 안전보건진단을 거부·방해 또는 기피하거나 같은 항 후단을 위반하여 근로자대표가 요구하였음에도 불구하고 안전보건진단에 근로자대표를 참여시키지 않은 경우	1) 거부·방해 또는 기피한 경우	1,500	1,500	1,500
	2) 근로자대표를 참여시키지 않은 경우	150	300	500

10 / 안전보건개선계획 수립·시행(산업안전보건법 제49조)

① 개요

산업재해 예방을 위하여 종합적 개선조치가 필요한 사업장에 대해 안전보건개선계획 수립·시행을 명령하는 제도로서, 사업장의 잠재적 유해위험요인의 발굴, 개선대책의 수립·시행 및 이행확인을 통해 안전보건관리체제의 개선, 작업장의 불안전한 상태 및 근로자의 안전의식을 고취하여 산업재해의 방지 및 근원적인 안전보건을 확보하기 위함

② 안전보건개선계획 수립·시행 명령 대상

① 산업재해율이 같은 업종의 규모별 평균 산업재해율보다 높은 사업장

② 사업주가 필요한 안전조치 또는 보건조치를 이행하지 아니하여 중대재해가 발생한 사업장

③ 직업병 질병자가 2명 이상 발생한 사업장

④ 유해인자의 노출기준을 초과한 사업상

③ 안전보건진단을 받아 안전보건개선계획 수립·시행 명령 대상

① 산업재해율이 같은 업종 평균 산업재해율 2배 이상인 사업장

② 사업주가 필요한 안전조치 또는 보건조치를 이행하지 아니하여 중대재해가 발생한 사업장

③ 직업성 질병자가 연간 2명 이상(상시근로자 1천명 이상 사업장의 경우 3명이상) 발생한 사업장

④ 작업환경 불량, 화재·폭발 또는 누출 사고 등으로 사업장 주변까지 피해가 확산된 사업장으로서 고용노동부령으로 정하는 사업장

④ 안전보건개선계획서의 작성 및 제출

① 안전보건개선계획을 수립할 때에는 산업안전보건위원회의 심의를 거쳐야 하며, 산업안전보건위원회가 설치되어 있지 아니한 사업장의 경우에는 근로자대표의 의견을 들어야 함

② 안전보건개선계획서에는 시설, 안전보건관리체제, 안전보건교육, 산업재해 예방 및 작업환경의 개선을 위하여 필요한 사항이 포함되어야 함

③ 안전보건개선계획서는 수립·시행 명령을 받은 날부터 60일 이내에 관할 지방고용노동
관서의 장에게 제출(전자문서의 의한 제출 포함)

⑤ 안전보건개선계획서의 검토

① 지방노동관서의 장이 안전보건개선계획서를 접수한 경우에는 접수일로부터 15일 이내
에 심사하여 사업주에게 그 결과 통보

② 지방노동관서의 장은 안전보건개선계획서의 적정 여부에 대해 검토하여야 하며, 적정
여부 확인을 안전보건공단 또는 산업안전지도사에게 요청할 수 있음

⑥ 벌칙

위반행위	세부내용	과태료 금액(만원)		
		1차 위반	2차 위반	3차 이상 위반
안전보건개선계획을 수립하여 시행 하지 않은 경우	1) 안전보건개선계획 수립·시행 명령 을 위반한 경우	500	750	1,000
	2) 안전보건진단을 받아 안전보건 개선계획 수립·시행 명령을 위반 한 경우	1,000	1,000	1,000
산업안전보건위원회의 심의를 거치 지 않거나 근로자대표의 의견을 듣 지 않은 경우	-	50	250	500
안전보건개선계획을 준수하지 않은 경우	1) 사업주가 준수하지 않은 경우	200	300	500
	2) 근로자가 준수하지 않은 경우	5	10	15

11 / 작업중지(산업안전보건법 제51조, 제52조)

① 개요

산업재해가 발생할 급박한 위험이 있는 경우에 작업을 중지하고 대피할 수 있도록 의무와 권한을 부여

② 사업주의 작업중지(산업안전보건법 제51조)

사업주는 산업재해가 발생할 급박한 위험이 있을 때에는 즉시 작업을 중지시키고 근로자를 작업장소에서 대피시키는 등 안전 및 보건에 관하여 필요한 조치를 하여야 함

③ 근로자의 작업중지(산업안전보건법 제52조)

① 근로자는 산업재해가 발생할 급박한 위험이 있는 경우에는 작업을 중지하고 대피할 수 있음

② 작업을 중지하고 대피한 근로자는 지제없이 그 사실을 관리감독자 또는 그 밖에 부서의 장에게 보고하여야 함

③ 관리감독자 또는 그 밖에 부서의 장은 작업을 중지하고 대피한 근로자에게 보고를 받으면 안전 및 보건에 관하여 필요한 조치를 실시

④ 산업재해가 발생할 급박한 위험이 있다고 근로자가 믿을 만한 합리적인 이유가 있을 때에는 작업을 중지하고 대피한 근로자에 대하여 해고나 그 밖의 불리한 처우 금지

④ 벌칙

◆ 산업안전보건법 제168조【벌칙】다음 각 호의 어느 하나에 해당하는 자는 5년 이하의 징역 또는 5천만원 이하의 벌금에 처한다.

1. 제51조를 위반한 자

◆ 산업안전보건법 제173조【양벌규정】법인의 대표자나 법인 또는 개인의 대리인, 사용인 그 밖의 종업원이 그 법인 또는 개인의 업무에 관하여 다음에 해당하는 위반행위를 하면 그 행위자를 벌하는 외에 그 법인 또는 개인에게 해당 조문의 벌금형을 과(科)한다. 다만, 법인 또는 개인이 그 위반행위를 방지하기 위하여 해당 업무에 관하여 상당한 주의와 감독을 게을리하지 아니한 경우에는 그러하지 아니하다.

1. 제167조제1항의 경우: 10억원 이하의 벌금
2. 제168조부터 제172조까지의 경우: 해당 조문의 벌금형

12 / 고용노동부장관의 시정조치(산업안전보건법 제53조)

① 개요

고용노동부장관은 사업장의 건설물 또는 그 부속건설물 및 기계·기구·설비·원재료에 대하여 안전 및 보건조치[72]를 하지 아니하여 근로자에게 현저한 유해·위험이 초래될 우려가 있다가 판단될 때에는 해당 기계·설비등에 대하여 사용중지·대체·제거 또는 시설의 개선, 그 밖에 안전 및 보건에 관한 조치 등의 시정조치를 명할 수 있음

② 사용중지(산업안전보건법 제53조 제1항)

① 근로자에게 현저한 유해·위험이 초래될 우려가 있다가 판단될 때 명하는 시정조치 중에서 사용중지를 명하려는 경우에는 사용중지명령서를 발부하거나 부착할 수 있음

② 사용중지명령서를 받은 경우 사업주는 관계근로자에게 해당 사항을 알려야 하며, 명령서를 발부받은 때부터 그 개선이 완료되어 고용노동부장관이 사용중지명령을 해제할 때까지 해당 건설물 또는 그 부속건설물 및 기계·기구·설비·원재료를 사용하거나 사용중지명령서를 임의로 제거·훼손시켜서는 안됨

③ 작업중지(산업안전보건법 제53조 제3항)

① 사업주가 해당 기계·설비등에 대한 시정조치 명령을 이행하지 아니하여 유해·위험 상태가 해소 또는 개선되지 아니하거나 근로자에 대한 유해·위험이 현저히 높아질 우려가 있는 경우에는 해당 기계·설비등과 관련된 작업의 전부 또는 일부의 중지를 명할 수 있음

② 작업의 전부 또는 일부 중지를 명령할 때에는 작업중지명령서[73] 또는 고용노동부장관이 정하는 표지를 발부하거나 부착할 수 있음

---

72) 1. 산업안전보건기준에 관한 규칙에서 건설물 또는 그 부속건설물·기계·기구·설비·원재료에 대하여 정하는 안전조치 또는 보건조치
   2. 안전인증대상기계등의 사용금지 조치
   3. 자율안전확인대상기계등의 사용금지 조치
   4. 안전검사대상기계등의 사용금지 조치
   5. 자율안전검사대상기계등의 사용금지
   6. 제조등금지물질의 사용금지
   7. 허가대상물질에 대한 허가의 취득
73) 산업안전보건법 시행규칙 별지 제27호

③ 작업중지명령서를 받은 경우 사업주는 관계근로자에게 해당 사항을 알려야 하며, 명령서를 발부받은 때부터 그 개선이 완료되어 고용노동부장관이 작업중지명령을 해제할 때까지 해당 건설물 또는 그 부속건설물 및 기계·기구·설비·원재료를 사용하거나 작업중지명령서를 임의로 제거·훼손시켜서는 안됨

④ 사용중지, 작업중지 해제 요청

사용중지 또는 작업중지명령을 받은 사업주는 그 시정조치를 완료한 경우에는 고용노동부장관에게 사용중지 또는 작업중지의 해제를 요청할 수 있음

⑤ 시정조치 명령서의 게시

고용노동부장관의 시정조치 명령을 받은 사업주는 해당 내용을 시정할 때까지 위반 장소 또는 사내 게시판 등에 게시하여야 함

⑥ 벌칙

> ◆ 산업안전보건법 제168조【벌칙】 다음 각 호의 어느 하나에 해당하는 자는 5년 이하의 징역 또는 5천만원 이하의 벌금에 처한다.
> 　2. 제53조제3항에 따른 명령을 위반한 자
> ◆ 산업안전보건법 제169조【벌칙】 다음 각 호의 어느 하나에 해당하는 자는 3년 이하의 징역 또는 3천만원 이하의 벌금에 처한다.
> 　2. 제53조제1항에 따른 명령을 위반한 자
> ◆ 산업안전보건법 제173조【양벌규정】 법인의 대표자나 법인 또는 개인의 대리인, 사용인 그 밖의 종업원이 그 법인 또는 개인의 업무에 관하여 다음에 해당하는 위반행위를 하면 그 행위자를 벌하는 외에 그 법인 또는 개인에게 해당 조문의 벌금형을 과(科)한다. 다만, 법인 또는 개인이 그 위반행위를 방지하기 위하여 해당 업무에 관하여 상당한 주의와 감독을 게을리하지 아니한 경우에는 그러하지 아니하다.
> 　1. 제167조제1항의 경우: 10억원 이하의 벌금
> 　2. 제168조부터 제172조까지의 경우: 해당 조문의 벌금형

위반행위	세부내용	과태료 금액(만원)		
		1차 위반	2차 위반	3차 이상 위반
고용노동부장관으로부터 　명령받은 사항을 게시하지 않은 경우	-	50	250	500

13 / 중대재해 발생 시 조치(산업안전보건법 제54조, 제55조, 제56조)

① 개요

중대재해가 발생하였을 때에 사업주는 즉시 해당 작업을 중지시키고 근로자를 작업장소에서 대피시키는 등의 안전 및 보건에 관한 조치를 실시하여야 하고, 해당 사업장에 산업재해가 다시 발생할 급박한 위험이 있다고 판단되는 경우에 고용노동부장관은 그 작업의 중지를 명할 수 있음

② 사업주의 조치(산업안전보건법 제54조)

① 중대재해[74]가 발생하였을 때에는 즉시 해당 작업을 중지시키고 근로자를 작업장소에서 대피시키는 등 안전 및 보건에 관하여 필요한 조치 실시

② 중대재해가 발생한 사실을 알게 된 경우에는 지체없이 (1)발생 개요 및 피해상황 (2)조치 및 전망 (3)그 밖의 중요한 사항을 사업장 소재지를 관할하는 지방고용노동관서의 장에게 전화·팩스 등 적절한 방법으로 보고

다만, 천재지변 등 부득이한 사유가 발생한 경우에는 그 사유가 소멸되면 지체 없이 보고

③ 고용노동부장관의 작업중지 조치(산업안전보건법 제55조)

① 고용노동부장관은 중대재해가 발생하였을 때 (1)중대재해가 발생한 해당 작업, (2)중대재해가 발생한 작업과 동일한 작업으로 인하여 해당 사업장에 산업재해가 다시 발생할 급박한 위험이 있다고 판단되는 경우에는 그 작업의 중지를 명할 수 있음

② 또한, 토사·구축물의 붕괴, 화재·폭발, 유해하거나 위험한 물질의 누출 등으로 인하여 중대재해가 발생하여 그 재해가 발생한 장소 주변으로 산업재해가 확산될 수 있다고 판단되는 등 불가피한 경우에는 해당 사업장의 작업을 중지할 수 있음

---

74) 중대재해
　① 사망자가 1명 이상 발생한 재해
　② 3개월 이상의 요양이 필요한 부상자가 동시에 2명 이상 발생한 재해
　③ 부상자 또는 직업성질병자가 동시에 10명 이상 발생한 재해

④ 작업중지의 해제 요청

① 작업중지의 해제를 요청할 경우에는 작업중지명령 해제신청서[75]를 작성하여 사업장의 소재지를 관할하는 지방고용노동관서의 장에게 제출

② 작업중지명령 해제신청서를 제출하는 경우에는 미리 유해·위험요인 개선내용에 대하여 중대재해와 관련된 작업근로자의 의견을 들어야 함

⑤ 작업중지해제 심의

작업중지명령 해제를 요청받은 지방고용노동관서의 장은 근로감독관으로 하여금 사업장을 확인하도록 하고, 불가피한 경우를 제외하고는 4일 이내에 작업중지해제 심의위원회[76]를 개최하여 심의한 후 해제여부를 결정하고 그 결과를 사업주에게 통보

⑥ 중대재해 원인조사 (산업안전보건법 제56조)

① 고용노동부장관은 중대재해가 발생하였을 때에는 그 원인 규명 또는 산업재해 예방대책 수립을 위하여 그 발생 원인을 조사할 수 있음

② 중대재해 원인조사는 현장을 방문하여 조사를 하며, 재해조사에 필요한 안전보건 관련 서류 및 목격자의 진술 등을 확보하도록 노력하여야 함. 이 경우 중대재해 발생의 원인이 사업주의 법 위반에 기인한 것인지 여부 등을 조사

③ 중대재해가 발생한 사업장의 사업주에게 안전보건개선계획의 수립·시행 등의 조치를 명할 수 있음

④ 누구든지 중대재해 발생 현장을 훼손하거나 고용노동부장관의 중대재해 원인조사를 방해해서는 안됨

---

75) 산업안전보건법 시행규칙 별지 제29호
76) 작업중지해제 심의위원회는 지방고용노동관서의 장, 안전보건공단 소속 전문가 및 해당 사업장과 이해관계가 없는 외부전문가 등을 포함하여 4명 이상으로 구성

⑦ 벌칙

◆ 산업안전보건법 제168조【벌칙】 다음 각 호의 어느 하나에 해당하는 자는 5년 이하의 징역 또는 5천만원 이하의 벌금에 처한다.

1. 제54조제1항을 위반한 자

2. 제55조제1항에 따른 명령을 위반한 자

◆ 산업안전보건법 제170조【벌칙】 다음 각 호의 어느 하나에 해당하는 자는 1년 이하의 징역 또는 1천만원 이하의 벌금에 처한다.

2. 제56조제3항을 위반하여 중대재해 발생 현장을 훼손하거나 고용노동부장관의 원인조사를 방해한 자

◆ 산업안전보건법 제173조【양벌규정】 법인의 대표자나 법인 또는 개인의 대리인, 사용인 그 밖의 종업원이 그 법인 또는 개인의 업무에 관하여 다음에 해당하는 위반행위를 하면 그 행위자를 벌하는 외에 그 법인 또는 개인에게 해당 조문의 벌금형을 과(科)한다. 다만, 법인 또는 개인이 그 위반행위를 방지하기 위하여 해당 업무에 관하여 상당한 주의와 감독을 게을리하지 아니한 경우에는 그러하지 아니하다.

1. 제167조제1항의 경우: 10억원 이하의 벌금

2. 제168조부터 제172조까지의 경우: 해당 조문의 벌금형

위반행위	세부내용	과태료 금액(만원)		
		1차 위반	2차 위반	3차 이상 위반
중대재해 발생 사실을 보고하지 않거나 거짓으로 보고한 경우	중대재해 발생 보고를 하지 않거나 거짓으로 보고한 경우(사업장 외 교통사고 등 사업주의 법 위반을 직접적인 원인으로 발생한 중대재해가 아닌 것이 명백한 경우는 제외)	3,000	3,000	3,000

153

14 / 산업재해 발생 은폐 금지 및 보고(산업안전보건법 제57조)

① 산업재해 발생 은폐 금지

사업장 내 산업재해가 발생하였을 때에는 그 발생 사실을 은폐해서는 아니되며, 해당 산업재해의 발생 원인 등을 기록하여 보관하여야 함. 또한 법령에서 정한 산업재해가 발생하였을 경우에는 그 발생사실을 고용노동부장관에게 보고하여야 함

② 산업재해 발생 보고

① 산업재해로 사망자가 발생하거나 3일 이상의 휴업이 필요한 부상을 입거나 질병에 걸린 사람이 발생한 경우에는 산업재해가 발생한 날부터 1개월 이내에 산업재해조사표[77]를 작성하여 관할 지방고용노동관서의 장에게 제출[78]

② 다음 각 호의 모두에 해당하지 아니하는 사업주가 법률 제11882호 산업안전보건법 일부개정법률 제10조제2항의 개정규정의 시행일인 2014년 7월 1일 이후 처음 발생한 산업재해에 대하여 지방고용노동관서의 장으로부터 산업재해조사표를 작성하여 제출하도록 명령을 받은 경우 그 명령을 받은 날부터 15일 이내에 이를 이행한 때에는 산업재해 발생 보고를 한 것으로 봄

또한, 산업재해가 발생한 후 1개월이 지난 후에 자진하여 산업재해조사표를 작성·제출한 경우에도 산업재해 발생 보고를 한 것으로 봄

가. 안전관리자 또는 보건관리자를 두어야 하는 사업자

나. 안전보건총괄책임자를 지정하여야 하는 도급인

다. 건설재해예방전문지도기관의 지도를 받아야 하는 사업주

라. 산업재해 발생사실을 은폐하려고 한 사업주

③ 근로자대표의 확인

① 산업재해조사표를 작성하여 제출하는 경우에는 해당 산업재해조사표에 근로자대표의 확인을 받아야 하며, 그 기재 내용에 대하여 근로자대표의 이견이 있는 경우에는 그 내용을 첨부

---

77) 산업안전보건법 시행규칙 제30호서식
78) 전자문서에 의한 제출을 포함

② 근로자대표가 없는 경우에는 재해자 본인의 확인을 받아 산업재해조사표를 제출

④ 산업재해의 기록·보존

① 산업재해가 발생한 때에는 (1) 사업장의 개요 및 근로자의 인적사항, (2) 재해 발생의 일시 및 장소, (3) 재해 발생의 원인 및 과정, (4) 재해 재발방지 계획에 대한 내용을 기록·보존하여야 함

② 산업재해조사표 사본을 보존하거나 요양신청서의 사본에 재해 재발방지 계획을 첨부 하여 보존한 경우에는 생략

⑤ 벌칙

◆ 산업안전보건법 제170조【벌칙】 다음 각 호의 어느 하나에 해당하는 자는 1년 이하의 징역 또는 1천만원 이하의 벌금에 처한다.
　3. 제57조제1항을 위반하여 산업재해 발생 사실을 은폐한 자 또는 그 발생 사실을 은폐하도록 교사(敎唆) 하거나 공모(共謀)한 자
◆ 산업안전보건법 제173조【양벌규정】 법인의 대표자나 법인 또는 개인의 대리인, 사용인 그 밖의 종업원이 그 법인 또는 개인의 업무에 관하여 다음에 해당하는 위반행위를 하면 그 행위자를 벌하는 외에 그 법인 또는 개인에게 해당 조문의 벌금형을 과(科)한다. 다만, 법인 또는 개인이 그 위반행위를 방지하기 위하여 해당 업무에 관하여 상당한 주의와 감독을 게을리하지 아니한 경우에는 그러하지 아니하다.
　1. 제167조제1항의 경우: 10억원 이하의 벌금
　2. 제168조부터 제172조까지의 경우: 해당 조문의 벌금형

위반행위	세부내용	과태료 금액(만원)		
		1차 위반	2차 위반	3차 이상 위반
산업재해를 보고하지 않거나 거짓 으로 보고한 경우	1) 산업재해를 보고하지 않은 경우(사 업장 외 교통사고 등 사업주의 법 위반을 직접 적인 원인으로 발생한 산업재해가 아닌 것이 명백한 경우는 제외)	700	1,000	1,500
	2) 산업재해를 거짓으로 보고한 경우	1,500	1,500	1,500

■ **산업안전보건법 시행규칙 [별지 제30호서식]**

※ 뒤쪽의 작성방법을 읽고 작성해 주시기 바라며, [ ]에는 해당하는 곳에 √ 표시를 합니다. (앞쪽)

<table>
<tr><td rowspan="9">Ⅰ.
사업장
정보</td><td colspan="2">①산재관리번호
(사업개시번호)</td><td></td><td>사업자등록번호</td><td colspan="2"></td></tr>
<tr><td colspan="2">②사업장명</td><td></td><td>③근로자 수</td><td colspan="2"></td></tr>
<tr><td colspan="2">④업종</td><td></td><td>소재지</td><td colspan="2">(-)</td></tr>
<tr><td rowspan="2">⑤재해자가 사
내 수급인 소속
인 경우(건설업
제외)</td><td>원도급인 사업장명</td><td></td><td rowspan="2">⑥재해자가
파견근로자
인 경우</td><td>파견사업주 사업장명</td><td></td></tr>
<tr><td>사업장 산재관리번호
(사업개시번호)</td><td></td><td>사업장 산재관리번호
(사업개시번호)</td><td></td></tr>
<tr><td rowspan="4">건설업만
작성</td><td>발주자</td><td></td><td colspan="3">[ ]민간 [ ]국가·지방자치단체 [ ]공공기관</td></tr>
<tr><td>⑦원수급 사업장명</td><td></td><td rowspan="2">공사현장 명</td><td colspan="2"></td></tr>
<tr><td>⑧원수급 사업장 산재
관리번호(사업개시번호)</td><td></td><td colspan="2"></td></tr>
<tr><td>⑨공사종류</td><td></td><td>공정률</td><td>%</td><td>공사금액
백만원</td></tr>
</table>

※ 아래 항목은 재해자별로 각각 작성하되, 같은 재해로 재해자가 여러 명이 발생한 경우에는 별도 서식에 추가로 적습니다.

<table>
<tr><td rowspan="8">Ⅱ.
재해
정보</td><td>성명</td><td></td><td>주민등록번호
(외국인등록번호)</td><td></td><td colspan="2">성별 [ ]남 [ ]여</td></tr>
<tr><td>국적</td><td colspan="3">[ ]내국인 [ ]외국인 [국적:]⑩체류자격:]</td><td colspan="2">⑪직업</td></tr>
<tr><td>입사일</td><td colspan="2">년 월 일</td><td>⑫같은 종류업무 근속기간</td><td colspan="2">년 월</td></tr>
<tr><td colspan="6">⑬고용형태 [ ]상용 [ ]임시 [ ]일용 [ ]무급가족종사자 [ ]자영업자 [ ]그 밖의 사항 [ ]</td></tr>
<tr><td colspan="6">⑭근무형태 [ ]정상 [ ]2교대 [ ]3교대 [ ]4교대 [ ]시간제 [ ]그 밖의 사항 [ ]</td></tr>
<tr><td rowspan="2">⑮상해종류
(질병명)</td><td rowspan="2"></td><td rowspan="2">⑯상해부위
(질병부위)</td><td rowspan="2"></td><td>⑰휴업예상일수</td><td>휴업 [ ]일</td></tr>
<tr><td>사망 여부</td><td>[ ] 사망</td></tr>
</table>

<table>
<tr><td rowspan="5">Ⅲ.
재해
발생
개요 및
원인</td><td rowspan="4">⑱
재해
발생
개요</td><td>발생일시</td><td>[ ]년 [ ]월 [ ]일 [ ]요일 [ ]시 [ ]분</td></tr>
<tr><td>발생장소</td><td></td></tr>
<tr><td>재해관련 작업유형</td><td></td></tr>
<tr><td>재해발생 당시 상황</td><td></td></tr>
<tr><td colspan="2">⑲재해발생원인</td></tr>
</table>

<table>
<tr><td>Ⅳ.
⑳재발
방지
계획</td><td></td></tr>
</table>

※ 위 재발방지 계획 이행을 위한 안전보건교육 및 기술지도 등을 한국산업안전보건공단에서 무료로 제공하고 있으니 즉시 기술지원 서비스를 받고자 하는 경우 오른쪽에 √ 표시를 하시기 바랍니다.　　즉시 기술지원 서비스 요청[ ]

작성자 성명				
작성자 전화번호	작성일	년	월	일
	사업주		(서명 또는 인)	
	근로자대표(재해자)		(서명 또는 인)	

( )지방고용노동청장(지청장) 귀하

(뒤쪽)

작성방법

I. 사업장 정보

①산재관리번호(사업개시번호): 근로복지공단에 산업재해보상보험 가입이 되어 있으면 그 가입번호를 적고 사업장등록번호 기입란에는 국세청의 사업자등록번호를 적습니다. 다만, 근로복지공단의 산업재해보상보험에 가입이 되어 있지 않은 경우 사업자등록번호만 적습니다.
  ※ 산재보험 일괄 적용 사업장은 산재관리번호와 사업개시번호를 모두 적습니다.
②사업장명: 재해자가 사업주와 근로계약을 체결하여 실제로 급여를 받는 사업장명을 적습니다. 파견근로자가 재해를 입은 경우에는 실제적으로 지휘·명령을 받는 사용사업주의 사업장명을 적습니다. [예: 아파트를 건설하는 종합건설업의 하수급 사업장 소속 근로자가 작업 중 재해를 입은 경우 재해자가 실제로 하수급 사업장의 사업주와 근로계약을 체결하였다면 하수급 사업장명을 적습니다.]
③근로자 수: 사업장의 최근 근로자 수를 적습니다(정규직, 일용직·임시직 근로자, 훈련생 등 포함).
④업종: 통계청(www.kostat.go.kr)의 통계분류 항목에서 한국표준산업분류를 참조하여 세세분류(5자리)를 적습니다. 다만, 한국표준산업분류 세세분류를 알 수 없는 경우 아래와 같이 한국표준산업분류명과 주요 생산품을 추가로 적습니다.
  [예: 제철업, 시멘트제조업, 아파트건설업, 공작기계도매업, 일반화물자동차 운송업, 중식음식점업, 건축물 일반청소업 등]
⑤재해자가 사내 수급인 소속인 경우(건설업 제외): 원도급인 사업장명과 산재관리번호(사업개시번호)를 적습니다.
  ※ 원도급인 사업장이 산재보험 일괄 적용 사업장인 경우에는 원도급인 사업장 산재관리번호와 사업개시번호를 모두 적습니다.
⑥재해자가 파견근로자인 경우: 파견사업주의 사업장명과 산재관리번호(사업개시번호)를 적습니다.
  ※ 파견사업주의 사업장이 산재보험 일괄 적용 사업장인 경우에는 파견사업주의 사업장 산재관리번호와 사업개시번호를 모두 적습니다.
⑦원수급 사업장명: 재해자가 소속되거나 관리되고 있는 사업장이 하수급 사업장인 경우에만 적습니다.
⑧원수급 사업장 산재관리번호(사업개시번호): 원수급 사업장이 산재보험 일괄 적용 사업장인 경우에는 원수급 사업장 산재관리번호와 사업개시번호를 모두 적습니다.
⑨공사 종류, 공정률, 공사금액 : 수급 받은 단위공사에 대한 현황이 아닌 원수급 사업장의 공사 현황을 적습니다.
  가. 공사 종류: 재해 당시 진행 중인 공사 종류를 말합니다. [예: 아파트, 연립주택, 상가, 도로, 공장, 댐 플랜트시설 전기공사 등]
  나. 공정률: 재해 당시 건설 현장의 공사 진척도로 전체 공정률을 적습니다.(단위공정률이 아님)

II. 재해자 정보

⑩체류자격:「출입국관리법 시행령」별표 1에 따른 체류자격(기호)을 적습니다.(예: E-1, E-7, E-9 등)
⑪직종: 통계청(www.kostat.go.kr)의 통계분류 항목에서 한국표준직업분류를 참조하여 세세분류(5자리)를 적습니다. 다만, 한국표준직업분류 세세분류를 알 수 없는 경우 알고 있는 직업명을 적고, 재해자가 평소 수행하는 주요 업무내용 및 직위를 추가로 적습니다.
  [예: 토목감리기술자, 전문간호사, 인사 및 노무사무원, 한식조리사, 철근공, 미장공, 프레스조작원, 선반기조작원, 시내버스 운전원, 건물내부청소원 등]
⑫같은 종류 업무 근속기간: 과거 다른 회사의 경력부터 현직 경력(동일·유사 업무 근무경력)까지 합하여 적습니다.(질병의 경우 관련 작업근무기간)
⑬고용형태: 근로자가 사업장 또는 타인과 명시적 또는 내재적으로 체결한 고용계약 형태를 적습니다.
  가. 상용: 고용계약기간을 정하지 않았거나 고용계약기간이 1년 이상인 사람
  나. 임시: 고용계약기간을 정하여 고용된 사람으로서 고용계약기간이 1개월 이상 1년 미만인 사람
  다. 일용: 고용계약기간이 1개월 미만인 사람 또는 매일 고용되어 근로의 대가로 일급 또는 일당제 급여를 받고 일하는 사람
  라. 자영업자: 혼자 또는 그 동업자로서 근로자를 고용하지 않은 사람
  마. 무급가족종사자: 사업주의 가족으로 임금을 받지 않는 사람
  바. 그 밖의 사항: 교육·훈련생 등
⑭근무형태 : 평소 근로자의 작업 수행시간 등 업무를 수행하는 형태를 적습니다.
  가. 정상: 사업장의 정규 업무 개시시각과 종료시각(통상 오전 9시 전후에 출근하여 오후 6시 전후에 퇴근하는 것) 사이에 업무수행하는 것을 말합니다.
  나. 2교대, 3교대, 4교대: 격일제근무, 같은 작업에 2개조, 3개조, 4개조로 순환하면서 업무수행하는 것을 말합니다.
  다. 시간제: 가목의 '정상' 근무형태에서 규정하고 있는 주당 근무시간보다 짧은 근로시간 동안 업무수행하는 것을 말합니다.
  다. 그 밖의 사항: 고정적인 심야(야간)근무 등을 말합니다.
⑮상해종류(질병명): 재해로 발생된 신체적 특성 또는 상해 형태를 적습니다.
  [예: 골절, 절단, 타박상, 찰과상, 중독·질식, 화상, 감전, 뇌진탕, 고혈압, 뇌졸중, 피부염, 진폐, 수근관증후군 등]
⑯상해부위(질병부위): 재해로 피해가 발생된 신체 부위를 적습니다.
  [예: 머리, 눈, 목, 어깨, 팔, 손, 손가락, 등, 척추, 몸통, 다리, 발, 발가락, 전신, 신체내부기관(소화·신경·순환·호흡배설) 등]
  ※ 상해종류 및 상해부위가 둘 이상이면 상해 정도가 심한 것부터 적습니다.
⑰휴업예상일수: 재해발생일을 제외한 3일 이상의 결근 등으로 회사에 출근하지 못한 일수를 적습니다.(추정 시 의사의 진단 소견을 참조)

III. 재해발생정보

⑱재해발생 개요: 재해원인의 상세한 분석이 가능하도록 발생일시[년, 월, 일, 요일, 시(24시 기준), 분], 발생 장소(공정 포함), 재해관련 작업유형(누가 어떤 기계·설비를 다루면서 무슨 작업을 하고 있었는지), 재해발생 당시 상황[재해 발생 당시 기계·설비·구조물이나 작업환경 등의 불안전한 상태(예시: 떨어짐, 무너짐 등)와 재해자나 동료 근로자가 어떠한 불안전한 행동(예시: 넘어짐, 끼임 등)을 했는지]을 상세히 적습니다.
  [작성예시]

발생일시	2013년 5월 30일 금요일 14시 30분
발생장소	사출성형부 플라스틱 용기 생산 1팀 사출공정에서
재해관련 작업유형	재해자 000가 사출성형기 2호기에서 플라스틱 용기를 꺼낸 후 금형을 점검하던 중
재해발생 당시상황	재해자가 점검중임을 모르던 동료 근로자 000가 사출성형기 조작 스위치를 가동하여 금형 사이에 재해자가 끼어 사망하였음

⑲재해발생 원인: 재해가 발생한 사업장에서 재해발생 원인을 인적 요인(무의식 행동, 착오, 피로, 연령, 커뮤니케이션 등), 설비적 요인(기계·설비의 설계상 결함, 방호장치의 불량, 작업표준화의 부족, 점검·정비의 부족 등), 작업·환경적 요인(작업정보의 부적절, 작업자세·동작의 결함, 작업방법의 부적절, 작업환경 조건의 불량 등), 관리적 요인(관리조직의 결함, 규정·매뉴얼의 불비·불철저, 안전교육의 부족, 지도감독의 부족 등)을 적습니다.

IV. 재발방지계획

⑳ "19. 재해발생 원인"을 토대로 재발방지 계획을 적습니다.

제6장

도급 시
산업재해 예방

1 / 산업안전보건법에서의 도급[79]

① 개요

도급은 통상적으로 일의 완성 또는 결과에 대하여 보수를 지급하는 계약을 의미하며, 산업안전보건법에서의 도급은 상기 계약 형태의 도급뿐만 아니라 명칭이나 형식과 관계없이 자신의 업무를 타인에게 맡기는 계약을 의미

> **산업안전보건법상 도급에 해당하는 계약 유형**
> - **도급**(민법 제664조) : 당사자 일방이 어느 일을 완성할 것을 약정하고 그 상대방이 그 일의 결과에 대하여 보수를 지급할 것을 약정
> - **하도급** : 도급받은 업무의 전부 또는 일부를 다시 도급하기 위하여 수급인이 제3자와 체결하는 계약
> - **위임**(민법 제680조) : 당사자 일방이 상대방에 대하여 사무의 처리를 위탁하고 이를 승낙
> - **용역** : 물질적 재화의 형태를 취하지 아니하고 생산과 소비에 필요한 노무를 제공하는 일
> ※ 상기의 계약 유형뿐만 아니라 자신의 업무를 타인에게 맡기는 계약은 전부 산업안전보건법상 도급에 해당함

> **ⓘ Tip**
>
> - 「파견근로자 보호 등에 관한 법률」(약칭: 파견법) 제2조(정의)에서 "근로자파견"이란 파견사업주가 근로자를 고용한 후 그 고용관계를 유지하면서 근로자파견계약의 내용에 따라 사용사업주의 지휘·명령을 받아 사용사업주를 위한 근로에 종사하게 하는 것을 말함
> - 동법 제35조(「산업안전보건법」의 적용에 관한 특례) 제1항에서 파견 중인 근로자의 파견근로에 관하여는 사용사업주를 「산업안전보건법」 제2조제4호의 사업주로 보아 같은 법을 적용함
> - 사용사업주로부터 지휘·명령을 받는 파견근로자는 산업안전보건법 상 "수급인의 근로자"에 해당되지 않고, 사용사업주의 상시근로자로 판단함
>   따라서, 파견근로자에 대해서는 도급에 따른 안전 및 보건조치가 아닌 산업안전보건법 제2조제4호에 따라 근로자를 사용하여 사업을 하는 사업주로서의 안전 및 보건조치를 실시하여야 함
>   예) A회사 소속 직원 40명, 파견근로자 12명을 사용하는 경우 A회사는 52명의 근로자를 사용한다고 할 수 있으며, 추가적으로 임시직·일용직 근로자가 8명이 있는 경우 총 60명의 근로자를 사용하고 있음

---

[79] 산업안전보건법에 따른 도급관련 용어의 정의는 본서 제1장 산업안전보건법 총칙→1. 산업안전보건법의 목적 및 정의→② 용어정의 참조

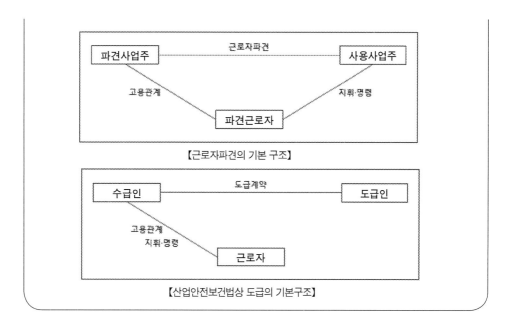

【근로자파견의 기본 구조】

【산업안전보건법상 도급의 기본구조】

② 도급의 범위

산업안전보건법 상 도급은 자신의 업무를 타인에게 맡기는 계약을 의미하며, 이 경우 사업목적과 직접적 관련성이 있는 경우뿐만 아니라 직접적으로 관련이 없는 경우(예: 사옥경비, 조경, 청소, 구내식당, 통근버스운영 등)에도 도급에 포함

③ 건설공사발주자와 도급인의 구분

① 산업안전보건법 제2조(정의)에서 건설공사발주자와 도급인은 다음과 같이 규정하고 있음

7. "도급인"이란 물건의 제조·건설·수리 또는 서비스의 제공, 그 밖의 업무를 도급하는 사업주를 말

10. "건설공사발주자"란 건설공사를 도급하는 자로서 건설공사의 시공을 주도하여 총괄·관리하지 아니하는 자를 말한다. 다만, 도급받은 건설공사를 다시 도급하는 자는 제외한다.

② 건설공사를 도급하는 경우 도급을 준 공사의 시공을 주도하여 총괄·관리하는 경우(자기공사자) 도급인 책임을, 그렇지 않는 경우에는 건설공사발주자의 책임이 부여. 이 경우 공사의 시공을 주도하여 총괄·관리하는지의 여부는 다음의 사항을 포함한 다양한 요인을 종합적으로 고려하여 판단함

1) 건설공사가 사업의 유지 또는 운영에 필수적인 업무인지

2) 상시적으로 발생하거나 이를 관리하는 부서 등 조직을 갖췄는지

3) 예측 가능한 업무인지 등

③ 도급하는 업무가 건설공사인 경우 공사의 시공을 주도하여 총괄·관리하는지 여부를 판단하여 도급인 책임 또는 건설공사발주자 책임이 부여

④ 근로자를 사용하지 않는 개인 사업자에게 업무를 맡기는 경우에는 산업안전보건법 상 도급에 해당한다고 보기 어려움[80]

④ 안전조치 및 보건조치 의무를 부담하는 도급인의 책임범위

【도급인의 책임범위】

관계수급인 또는 관계수급인 근로자에 대한 안전조치 및 보건조치 의무를 부담하는 도급인의 책임범위는 다음과 같음

① 도급인의 사업장 내 모든 장소

② 도급인의 사업장 밖인 경우로, 관계수급인 근로자가 도급인이 제공하거나 지정한 장소로서 도급인이 지배·관리하는 다음의 21개의 위험장소에서 작업하는 경우

(1) 토사(土砂)·구축물·인공구조물 등이 붕괴될 우려가 있는 장소

(2) 기계·기구 등이 넘어지거나 무너질 우려가 있는 장소

(3) 안전난간의 설치가 필요한 장소

(4) 비계(飛階) 또는 거푸집을 설치하거나 해체하는 장소

(5) 건설용 리프트를 운행하는 장소

---

80) 산업안전보건법 상 도급은 수급인이 근로자를 사용하여 사업을 하는 사업주임을 전제로 한 것임으로 산업안전보건법 상 도급에 해당한다고 보기 어려움

(6) 지반(地盤)을 굴착하거나 발파작업을 하는 장소

(7) 엘리베이터홀 등 근로자가 추락할 위험이 있는 장소

(8) 석면이 붙어 있는 물질을 파쇄 또는 해체하는 작업을 하는 장소

(9) 공중 전선에 가까운 장소로서 시설물의 설치·해체·점검 및 수리 등의 작업을 할 때 감전의 위험이 있는 장소

(10) 물체가 떨어지거나 날아올 위험이 있는 장소

(11) 프레스 또는 전단기(剪斷機)를 사용하여 작업을 하는 장소

(12) 차량계(車輛系) 하역운반기계 또는 차량계 건설기계를 사용하여 작업하는 장소

(13) 전기 기계·기구를 사용하여 감전의 위험이 있는 작업을 하는 장소

(14) 「철도산업발전기본법」 제3조제4호에 따른 철도차량(「도시철도법」에 따른 도시철도차량을 포함)에 의한 충돌 또는 협착의 위험이 있는 작업을 하는 장소

(15) 화재·폭발 우려가 있는 다음 각 목의 어느 하나에 해당하는 작업을 하는 장소

　　가. 선박 내부에서의 용접·용단작업

　　나. 산업안전보건기준에 관한 규칙 제225조제4호에 따른 인화성 액체를 취급·저장하는 설비 및 용기에서의 용접·용단작업

　　다. 산업안전보건기준에 관한 규칙 제273조에 따른 특수화학설비에서의 용접·용단작업

　　라. 가연물(可燃物)이 있는 곳에서의 용접·용단 및 금속의 가열 등 화기를 사용하는 작업이나 연삭숫돌에 의한 건식연마작업 등 불꽃이 될 우려가 있는 작업

(16) 산업안전보건기준에 관한 규칙 제132조에 따른 양중기(揚重機)에 의한 충돌 또는 협착(狹窄)의 위험이 있는 작업을 하는 장소

(17) 산업안전보건기준에 관한 규칙 제420조제7호에 따른 유기화합물취급 특별 장소

(18) 산업안전보건기준에 관한 규칙 제574조 각 호에 따른 방사선 업무를 하는 장소

(19) 산업안전보건기준에 관한 규칙 제618조제1호에 따른 밀폐공간

(20) 산업안전보건기준에 관한 규칙 별표 1에 따른 위험물질을 제조하거나 취급하는 장소

(21) 산업안전보건기준에 관한 규칙 별표 7에 따른 화학설비 및 그 부속설비에 대한 정비·보수 작업이 이루어지는 장소

⑤ 지배·관리하는 장소

도급인이 제공·지정한 장소로서 도급인이 지배·관리하는 장소는 다음의 요건을 모두 갖춘 경우에만 안전 및 보건조치 책임 부여

① 도급인이 수급인에게 작업장소(시설·설비 등 포함)를 제공 또는 지정

② 도급인이 지배·관리하는 장소,

　　지배·관리란 해당 장소의 유해·위험요인을 인지하고 파악하여 유해·위험요인 제거 등을 통제할 수 있는 정도를 의미

③ 해당 장소가 산업재해 발생위험이 있는 21개 장소에 해당

2 / 유해한 작업의 도급금지(산업안전보건법 제58조)

① 개요

수급인 근로자의 산업재해 예방을 위해서 근로자에게 중대한 직업병 발생 등 건강장해를 초래할 수 있는 작업은 사내 도급을 금지

② 도급금지 작업

① 도금작업

② 수은, 납 또는 카드뮴을 제련, 주입, 가공 및 가열하는 작업

③ 허가대상 물질을 제조하거나 사용하는 작업

> **i Tip**
>
> - 도금작업은 금속표면에 다른 금속을 입히는 본 작업 뿐만 아니라 해당 작업의 부수 작업(전처리, 마무리 등)으로서 근로자가 사용·취급하는 화학물질 등에 노출되거나 노출될 가능성이 있는 작업도 포함
> - 제련은 채굴된 암석(광석)에서 목적하는 금속을 추출하여 괴 또는 가루로 만드는 공정을 말함
> - 주입은 제련시 추출한 금속물질(괴 또는 가루)을 로에서 녹여 주형(틀) 등에 금속을 부어 넣는 공정을 말함
> - 가공은 금속재료를 절단하거나 구멍 뚫기 등을 거친 후, 용접 및 리벳 등을 이용하여 접합하는 공정을 말함
> - 가열은 금속 또는 합금에 요구되는 성질, 즉 강도, 경도(변형률), 내마모성, 내충격성 및 가공성 등의 성능을 확보하기 위하여 열을 가하는 공정을 말함

③ 도급금지 작업의 허용

① 일시·간헐적으로 하는 작업을 도급하는 경우

② 수급인이 보유한 기술이 전문적이고 사업주[81]의 사업 운영에 필수 불가결한 경우로서 고용노동부장관의 승인을 받은 경우

---

81)   수급인에게 도급을 한 도급인으로서의 사업주를 말함

◈ 해석기준

1. 일시·간헐적 작업
   ○ 일시·간헐 작업 도급금지 예외의 기본원칙은 상시인력 고용이 어려운 사정이 객관적으로 인정되어야 함
   - 일시적 작업은 그 수요가 갑자기 발생하여 상시인력 고용이 불가능한 경우, 간헐적 작업은 작업의 수요는 예측이 되나, 오랜 기간의 간격을 두고 발생하여 상시인력 고용이 어려운 경우임
   - 상시인력 고용이 어려운 사정이 인정되더라도 '일시적 작업'은 30일 이내 종료되는 1회성 작업으로 '간헐적 작업'은 연간 총 작업일수가 60일을 초과하지 않는 작업으로 제한

2. 전문적 기술
   ○ '전문적 기술'이란 도급인이 습득·보유하기 어려운 전문적인 기술임이 특허, 실용신안, 지정, 고시, 공고, 인증, 기술도입 계약, 장비제조사 등 전문성이 객관적인 외부지표로 확인 가능한 경우를 말함

3. 필수 불가결
   ○ '필수 불가결'이란 해당 기술이 없다면 도급인의 전체 사업 중 도급과 관련된 사업의 운영이 불가능한 경우를 말함

④ 도급금지 작업의 승인

① 도급 금지 작업에 대한 고용노동부장관의 승인[82]을 받으려는 경우에는 안전 및 보건에 관한 평가를 받아야 함

② 승인의 유효기간은 3년 이내

③ 승인의 유효기간이 만료되는 경우에는 유효기간 연장을 신청하여야 하며, 승인의 유효기간이 만료되는날의 다음 날부터 3년의 범위에서 연장이 가능

   이 경우에도 안전 및 보건에 관한 평가를 받아야 함

④ 승인받은 사항 중 (1) 도급공정, (2) 도급공정 사용 최대 유해화학물질량, (3) 도급기간[83] 중 어느 하나에 해당하는 사항을 변경하려는 경우에는 변경에 대한 승인을 받아야 함

---

82) 일시·간헐직으로 하는 작업을 도급하는 경우는 해당없음

83) 3년 미만으로 승인 받은 자가 승인일로부터 3년 내에서 연장하는 경우만 해당

⑤ 도급금지 작업의 승인 절차 및 기준

① 안전 및 보건에 관한 평가 실시

가. 평가 실시 기관

- 안전보건공단 등 안전보건진단기관(업무위탁기관으로 지정된 기관으로 한정)

나. 평가 내용(산업안전보건법 시행규칙 별표 12)

종류	평가항목
종합평가	1. 작업조건 및 작업방법에 대한 평가 2. 유해·위험요인에 대한 측정 및 분석 　가. 기계·기구 또는 그 밖의 설비에 의한 위험성 　나. 폭발성·물반응성·자기반응성·자기발열성 물질, 자연발화성 액체·고체 및 인화성 액체 등에 의한 위험성 　다. 전기·열 또는 그 밖의 에너지에 의한 위험성 　라. 추락, 붕괴, 낙하, 비래 등으로 인한 위험성 　마. 그 밖에 기계·기구·설비·장치·구축물·시설물·원재료 및 공정 등에 의한 위험성 　바. 영 제88조에 따른 허가 대상 유해물질, 고용노동부령으로 정하는 관리 대상 유해물질 및 온도·습도·환기·소음·진동·분진, 유해광선 등의 유해성 또는 위험성 3. 보호구, 안전·보건장비 및 작업환경 개선시설의 적정성 4. 유해물질의 사용·보관·저장, 물질안전보건자료의 작성, 근로자 교육 및 경고표시 부착의 적정성 　가. 화학물질 안전보건 정보의 제공 　나. 수급인 안전보건교육 지원에 관한 사항 　다. 화학물질 경고표시 부착에 관한 사항 등 5. 수급인의 안전보건관리 능력의 적정성 　가. 안전보건관리체제(안전·보건관리자, 안전보건관리담당자, 관리감독자 선임관계 등) 　나. 건강검진 현황(신규자는 배치전건강진단 실시여부 확인 등) 　다. 특별안전보건교육 실시 여부 등 6. 그 밖에 작업환경 및 근로자 건강 유지·증진 등 보건관리의 개선을 위하여 필요한 사항
안전평가	종합평가 항목 중 제2호·제3호의 사항, 제4호 중 가목부터 마목까지의 사항 및 제5호 중 안전 관련 사항, 제7호의 사항
보건평가	종합평가 항목 중 제2호·제3호의 사항, 제4호 중 바목의 사항, 제5호 중 보건 관련 사항, 제6호, 제7호 및 제8호의 사항

※ 비고: 세부 평가항목별로 평가 내용을 작성하고, 최종 의견('적정', '조건부 적정', '부적정' 등)을 첨부해야 한다.

다. 세부평가 내용

-도금작업 / 수은, 납 또는 카드뮴을 제련, 주입, 가공 및 가열하는 작업

평가항목	세부평가내용	
1. 작업조건 및 작업방법에대한 평가	작업표준(작업안전수칙, 작업절차서)의 적절성 현장의 작업환경(상태)과 작업방법(행동·절차)의 적절성 등	
2. 유해·위험요인에 대한 측정 및 분석 (시행령 제89조에 따른 허가 대상 유해물질, 고용노동부령으로 정하는 관리 대상 유해물질 및 온도·습도·환기·소음·진동·분진, 유해광선 등의 유해성 또는 위험성)	〈도급승인 기준(안전보건규칙) 관련 사항〉	
	제5조 오염된 바닥의 세척 등,	제85조 잔재물 등의 처리
	제7조 채광 및 조명	제225조 위험물질 등의 제조 등 작업시의 조치
	제8조 조도	제232조 폭발 또는 화재 등 예방
	제10조 작업장의 창문	제299조 독성이 있는 물질 누출 방지
	제11조 작업장의 출입구	제301조 전기 기계·기구 등의 충전부 방호
	제17조 비상구의 설치	제302조 전기 기계·기구 접지
	제19조 경보용 설비 등	제303조 전기 기계·기구의 적정 설치 등
	제21조 통로의 조명	제304조 누전차단기에 의한 감전 방지
	제22조 통로의 설치	제305조 과전류 차단장치
	제72조 후드	제422조 관리대상 유해물질과 관계되는 설비
	제73조 덕트	제429조 국소배기장치의 성능
	제74조 배풍기	제430조 전체환기장치의 성능 등
	제75조 배기구	제431조 작업장의 바닥
	제76조 배기의 처리	제432조 부식의 방지조치
	제77조 전체환기장치	제433조 누출의 방지조치
	제78조 환기장치의 가동	제434조 경보설비 등
	제83조 가스 등의 발산억제조치	제435조 긴급 차단장치의 설치 등
	제84조 공기의 부피와 환기	제513조 소음 감소 조치
3. 보호구, 안전·보건장비 및 작업환경 개선시설의 적정성	〈도급승인 기준(안전보건규칙) 관련 사항〉 제33조 보호구의 관리, 제450조 호흡용 보호구의 지급 등, 제451조 보호복 등의 비치 등	

평가항목	세부평가내용
4. 유해물질의 사용·보관·저장, 물질안전보건자료의 작성, 근로자 교육 및 경고 표시 부착의 적정성	〈도급승인 기준(안전보건규칙) 관련 사항〉 제442조 명칭등의 게시, 제443조 관리대상 유해물질의 저장, 제444조 빈 용기 등의 관리
	〈산안법 및 동법 시행규칙 관련 사항〉 산안법 제111조, 제114조, 제115조 물질안전보건자료 제공·게시·교육·경고표시, 시행규칙 제84조제3항 안전보건교 장소 및 자료 제공, 시행규칙 제85조제1항 안전보건 정보제공 등
5. 수급인의 안전보건관리 능력의 적절성	〈산안법 및 동법 시행규칙 관련 사항〉 법 제16조 관리감독자, 제17조 안전관리자, 제18조 보건관리자, 제19조 안전보건관리담당자, 제29조 근로자에 대한 안전보건교육 (특별교육), 제129조 일반건강진단, 제130조 특수건강진단 등
6. 그 밖에 작업환경 및 근로자 건강 유지·증진 등 보건관리의 개선을 위하여 필요한 사항	〈도급승인 기준(안전보건규칙) 관련 사항〉 제79조 휴게시설, 제81조 수면장소 등의 설치, 제448조 세척시설 등

-허가대상 물질을 제조하거나 사용하는 작업

평가항목	세부평가내용
1. 작업조건 및 작업방법에대한 평가	작업표준(작업안전수칙, 작업절차서)의 적절성 현장의 작업환경(상태)과 작업방법(행동·절차)의 적절성 등
2. 유해·위험요인에 대한 측정 및 분석 (시행령 제89조에 따른 허가 대상 유해물질, 고용노동부령으로 정하는 관리 대상 유해물질 및 온도·습도·환기·소음·진동·분진, 유해광선 등의 유해성 또는 위험성)	〈도급승인 기준(안전보건규칙) 관련 사항〉 제5조 오염된 바닥의 세척 등,　제83조 가스 등의 발산억제조치 제7조 채광 및 조명　제84조 공기의 부피와 환기 제8조 조도　제85조 잔재물 등의 처리 제10조 작업장의 창문　제225조 위험물질 등의 제조 등 작업시의 조치 제11조 작업장의 출입구　제232조 폭발 또는 화재 등 예방 제17조 비상구의 설치　제299조 독성이 있는 물질 누출 방지 제19조 경보용 설비 등　제301조 전기 기계·기구 등의 충전부 방호 제21조 통로의 주명　제302조 전기 기계·기구 접시 제22조 통로의 설치　제303조 전기 기계·기구의 적정 설치 등 제72조 후드　제304조 누전차단기에 의한 감전 방지 제73조 덕트　제305조 과전류 차단장치 제74조 배풍기　제453조 설비기준 등 제75조 배기구　제454조 국소배기장치의 성능 제76조 배기의 처리　제455조 배출액의 처리 제77조 전체환기장치　제513조 소음 감소 조치 제78조 환기장치의 가동 (베릴륨작업에서만 적용) 제471조 설비기준　제473조 가열응착 제품 등의 추출 제472조 아크로에 대한 조치　제474조 가열응착 제품 등의 파쇄
3. 보호구, 안전·보건장비 및 작업환경 개선시설의 적정성	〈도급승인 기준(안전보건규칙) 관련 사항〉 제33조 보호구의 관리,　제469조 방독마스크의 지급 등 제470조 보호복 등의 비치

평가항목	세부평가내용
4. 유해물질의 사용·보관·저장, 물질안전보건자료의 작성, 근로자 교육 및 경고 표시 부착의 적정성	〈도급승인 기준(안전보건규칙) 관련 사항〉 제459조 명칭 등의 게시, 제461조 용기 등 제463조 잠금장치 등, 제466조 누출 시 조치 〈산안법 및 동법 시행규칙 관련 사항〉 산안법 제111조, 제114조, 제115조 물질안전보건자료 제공·게시·교육·경고표시, 시행규칙 제84조제3항 안전보건교육 장소 및 자료 제공, 시행규칙 제85조제1항 안전보건 정보제공 등
5. 수급인의 안전보건관리 능력의 적절성	〈산안법 및 동법 시행규칙 관련 사항〉 법 제16조 관리감독자, 제17조 안전관리자, 제18조 보건관리자, 제19조 안전보건관리담당자, 제29조 근로자에 대한 안전보건교육(특별교육), 제129조 일반건강진단, 제130조 특수건강진단 등
6. 그 밖에 작업환경 및 근로자 건강 유지·증진 등 보건관리의 개선을 위하여 필요한 사항	〈도급승인 기준(안전보건규칙) 관련 사항〉 제79조 휴게시설, 제81조 수면장소 등의 설치, 제464조 목욕설비 등, 제465조 긴급 세척시설 등

② 도급승인 신청

　가. 도급 승인, 연장승인, 변경승인을 받으려는 자는 도급승인 신청서[84], 연장신청서[85] 및 변경신청서[86]와 다음의 서류를 첨부하여 관할 지방고용노동관서의 장에게 제출

　　(1) 도급대상 작업의 공정 관련 서류 일체

　　　(기계·설비의 종류 및 운전조건, 유해·위험물질의 종류·사용량, 유해·위험요인의 발생 실태 및 종사 근로자 수 등에 관한 사항 포함)

　　(2) 도급작업 안전보건관리계획서

　　　(안전작업절차, 도급 시 안전·보건관리 및 도급작업에 대한 안전·보건시설 등에 관한 사항 포함)

　　(3) 안전 및 보건에 관한 평가 결과(변경승인의 경우는 제외)

---

84)　산업안전보건법 시행규칙 별지 제31호
85)　산업안전보건법 시행규칙 별지 제32호
86)　산업안전보건법 시행규칙 별지 제33호

③ 도급승인, 연장승인, 변경승인의 기준

공통	작업공정의 안전성, 안전보건관리계획 및 안전 및 보건에 관한 평가 결과의 적정성
도급작업, 수은, 납 또는 카드뮴을 제련, 주입, 가공 및 가열 하는 작업	산업안전보건기준에 관한 규칙 제5조, 제7조, 제8조, 제10조, 제11조, 제17조, 제19조, 제21조, 제22조, 제33조, 제72조부터 제79조까지, 제81조, 제83조부터 제85조까지, 제225조, 제232조, 제299조, 제301조부터 제305조까지, 제422조, 제429조부터 제435조까지, 제442조부터 제444조까지, 제448조, 제450조, 제451조, 제513조에서 정한 기준
허가대상물질을 제조하거나 사용하는 작업	산업안전보건기준에 관한 규칙 제5조, 제7조, 제8조, 제10조, 제11조, 제17조, 제19조, 제21조, 제22조까지, 제33조, 제72조부터 제79조까지, 제81조, 제83조부터 제85조까지, 제225조, 제232조, 제299조, 제301조부터 제305조까지, 제453조부터 제455조까지, 제459조, 제461조, 제463조부터 제466조까지, 제469조부터 제474조까지, 제513조에서 정한 기준

④ 도급승인, 연장승인, 변경승인의 확인 및 결과

   ⑴ 도급승인, 연장승인, 변경승인을 신청한 사업장에 대해서 도급승인 기준을 준수하고 있는지 안전보건공단의 확인

   ⑵ 도급승인 신청을 받은 지방고용노동관서의 장은 신청서가 접수된 날부터 14일 이내에 승인서 발급 도급승인 기준에 충족하지 못한 경우에는 도급 승인 신청 반려

⑥ 도급금지 작업의 승인 취소

① 도급승인 기준에 미달하게 된 때

② 거짓 또는 그 밖의 부정한 방법으로 승인, 연장승인, 변경승인을 받은 경우

③ 연장승인 및 변경 승인을 받지 아니하고 사업을 계속한 경우

⑦ 도급금지 작업 승인 시 하도급 금지(산업안전보건법 제60조)

고용노동부장관으로부터 도급금지 작업을 승인[87]을 받은 경우에는 승인 받은 작업을 하도급할 수 없음

---

87) 승인, 연장승인, 변경승인을 포함

⑧ 벌칙

◆ 산업안전보건법 제161조【도급금지 등 의무위반에 따른 과징금 부과】고용노동부장관은 사업주가 다음 각 호의 어느 하나에 해당하는 경우에는 10억원 이하의 과징금을 부과·징수할 수 있다.
  1. 제58조제1항을 위반하여 도급한 경우
  2. 제58조제2항제2호를 위반하여 승인을 받지 아니하고 도급한 경우

◆ 산업안전보건법 제169조【벌칙】다음 각 호의 어느 하나에 해당하는 자는 3년 이하의 징역 또는 3천만원 이하의 벌금에 처한다.
  3. 제58조제3항 또는 같은 조 제5항 후단(제59조제2항에 따라 준용되는 경우를 포함)에 따른 안전 및 보건에 관한 평가 업무를 제165조제2항에 따라 위탁받은 자로서 그 업무를 거짓이나 그 밖의 부정한 방법으로 수행한 자

◆ 산업안전보건법 제173조【양벌규정】법인의 대표자나 법인 또는 개인의 대리인, 사용인 그 밖의 종업원이 그 법인 또는 개인의 업무에 관하여 다음에 해당하는 위반행위를 하면 그 행위자를 벌하는 외에 그 법인 또는 개인에게 해당 조문의 벌금형을 과(科)한다. 다만, 법인 또는 개인이 그 위반행위를 방지하기 위하여 해당 업무에 관하여 상당한 주의와 감독을 게을리하지 아니한 경우에는 그러하지 아니하다.
  1. 제167조제1항의 경우: 10억원 이하의 벌금
  2. 제168조부터 제172조까지의 경우: 해당 조문의 벌금형

3 / 유해하거나 위험한 작업의 도급승인(산업안전보건법 제59조)

① 개요

유해하거나 위험한 작업 중 급성독성, 피부 부식성 등이 있는 물질의 취급 등의 작업을 도급하려는 경우에는 고용노동부장관의 승인을 받고 도급을 하도록 함

② 도급승인 대상작업

① 중량비율 1% 이상의 황산, 불화수소, 질산 또는 염화수소를 취급하는 설비를 개조·분해·해체·철거하는 작업 또는 해당 설비의 내부에서 이루어지는 작업. 다만, 도급인이 해당 화학물질을 모두 제거한 후 증명자료를 첨부하여 고용노동부장관에게 신고한 경우는 제외

■ **화학물질 제거 및 측정방법**

○ (제거 방법) 배관·설비 등 화학물질 제거(Draining) → 초순수·용수 및 질소등을 사용 잔여물, 치환가스가 남아 있지 않도록 배관·설비 세척 및 치환

○ (측정 방법) 화학물질을 제거할 때에는 최소한 다음의 측정기준에 따라 유해가스 농도 측정 필요

1) 직접 물질에 접촉시켜 가스 농도를 측정하는 경우〈불화수소, 질산, 염화수소〉

① 해당 화학물질 가스농도측정기(교정성적서 必) 준비

→질소 등 불활성 기체로 치환하는 경우 산소농도측정기(교정성적서 必) 추가 준비

② 탱크 등 깊은 장소의 농도를 측정하는 경우 고무호스나 PVC로 된 채기관*을 사용하여 깊이 측정

* 채기관 1m 마다 작은 눈금으로, 5m마다 큰 눈금으로 표시 여부 확인

③ 유해가스(불활성기체 치환시 산소농도 포함)를 측정하는 경우에는 면적 및 깊이를 고려하고, 노출이 우려되며 취약한 설비를 골고루 측정*

* 굴곡부 또는 플랜지 등 해체작업 시 화학물질의 유출 우려가 있는 곳은 배관 등을 이격시켜 측정

2) PH Meter로 측정하는 경우〈불산, 질산, 염산, 황산(액상)〉

① 해당물질의 세척이 끝난 후 PH Meter를 이용하여 PH 기준의 중성 확인*

* 적정한 시간 간격으로 반복하여 3회 이상 측정 결과가 중성(물환경보전법 시행규칙 별표 13 수질오염물질의 배출허용기준 청정지역 수소이온농도(PH 5.8 ~ 8.6) 기준 참조)

  └ 물 또는 초순수 등으로 세정할 경우 해당 설비에 부식 및 설비 손상 등으로 누출, 화학물질 간 혼합위험성으로 화재·폭발 등의 우려가 있는 경우는 적정한 세정방법 사용

② 해당 배관 직경, 길이 등을 고려, 노출이 우려되며 취약한 설비를 골고루 측정*

* 굴곡부 또는 플랜지 등 해체작업시 화학물질의 유출 우려가 있는 곳은 배관 등을 이격시켜 측정

■ **화학물질 제거 증빙서류 등**

○ (증명자료) ① 안전작업 절차서 및 작업구간, 세정방법 등을 포함한 내용, ② 화학물질 제거 전·후 현장 사진, ③ pH meter 검증 자료(황산, 불산, 염산, 황산, 질산(액상)) 또는 가스검지기 측정결과(불화수소, 질산, 염화수소)(가스검지기 교정성적서 포함)

* 가스농도 측정결과 값이 불검출(Not Detected)이어야 함

※ 질소 등 불활성기체로 치환작업 시 산소농도 적정수준(18%이상 23.5% 미만) 증빙

○ (신고 및 수리절차) 도급인은 해당 화학물질을 모두 제거하였음을 문서로 지방노동관서에 제출(증빙서류 포함)

　* 신고 형식 자유(우편, e-mail, Fax 등)

　- 지방관서는 신고서가 이 지침에서 정한 화학물질 제거 및 측정 방법을 준수하고, 증빙서류를 제대로 갖
춘 경우 수리 통지, 그렇지 않은 경우 반려*

　　* 증빙서류 미비인 경우 보완 요구, 해당 화학물질이 모두 제거된 것으로 보기 어려운 경우 반려

○ (작업개시) 지방노동관서에서 신고서를 수리한 경우 도급작업 개시

② 그 밖에 유해하거나 위험한 작업으로서 「산업재해보상보험법」제8조제1항에 따른 산업
재해보상보험및예방심의위원회의 심의를 거쳐 고용노동부장관이 정하는 작업

③ 도급승인

① 유해하거나 위험한 작업에 대한 고용노동부장관의 승인을 받으려는 경우에는 안전 및
보건에 관한 평가를 받아야 함

② 승인의 유효기간은 3년 이내

③ 승인의 유효기간이 만료되는 경우에는 유효기간 연장을 신청하여야 하며, 승인의 유
효기간이 만료되는날의 다음 날부터 3년의 범위에서 연장이 가능

이 경우에도 안전 및 보건에 관한 평가를 받아야 함

④ 승인받은 사항 중 (1)도급공정, (2)도급공정 사용 최대 유해화학물질량, (3)도급기간[88]
중 어느 하나에 해당하는 사항을 변경하려는 경우에는 변경에 대한 승인을 받아야 함

④ 도급승인 절차 및 기준

① 안전 및 보건에 관한 평가 실시

가. 평가 실시 기관

　- 안전보건공단 등 안전보건진단기관(업무위탁기관으로 지정된 기관으로 한정)

---

88)　3년 미만으로 승인 받은 자가 승인일로부터 3년 내에서 연장하는 경우만 해당

나. 평가 내용(산업안전보건법 시행규칙 별표 12)

종류	평가항목
종합평가	1. 작업조건 및 작업방법에 대한 평가 2. 유해·위험요인에 대한 측정 및 분석 　가. 기계·기구 또는 그 밖의 설비에 의한 위험성 　나. 폭발성·물반응성·자기반응성·자기발열성 물질, 자연발화성 액체·고체 및 인화성 액체 등에 의한 위험성 　다. 전기·열 또는 그 밖의 에너지에 의한 위험성 　라. 추락, 붕괴, 낙하, 비래 등으로 인한 위험성 　마. 그 밖에 기계·기구·설비·장치·구축물·시설물·원재료 및 공정 등에 의한 위험성 　바. 영 제88조에 따른 허가 대상 유해물질, 고용노동부령으로 정하는 관리 대상 유해물질 및 온도·습도·환기·소음·진동·분진, 유해광선 등의 유해성 또는 위험성 3. 보호구, 안전·보건장비 및 작업환경 개선시설의 적정성 4. 유해물질의 사용·보관·저장, 물질안전보건자료의 작성, 근로자 교육 및 경고표시 부착의 적정성 　가. 화학물질 안전보건 정보의 제공 　나. 수급인 안전보건교육 지원에 관한 사항 　다. 화학물질 경고표시 부착에 관한 사항 등 5. 수급인의 안전보건관리 능력의 적정성 　가. 안전보건관리체제(안전·보건관리자, 안전보건관리담당자, 관리감독자 선임관계 등) 　나. 건강검진 현황(신규자는 배치전건강진단 실시여부 확인 등) 　다. 특별안전보건교육 실시 여부 등 6. 그 밖에 작업환경 및 근로자 건강 유지·증진 등 보건관리의 개선을 위하여 필요한 사항
안전평가	종합평가 항목 중 제2호·제3호의 사항, 제4호 중 가목부터 마목까지의 사항 및 제5호 중 안전 관련 사항, 제7호의 사항
보건평가	종합평가 항목 중 제2호·제3호의 사항, 제4호 중 바목의 사항, 제5호 중 보건 관련 사항, 제6호, 제7호 및 제8호의 사항

※ 비고: 세부 평가항목별로 평가 내용을 작성하고, 최종 의견('적정', '조건부 적정', '부적정' 등)을 첨부해야 한다.

다. 세부평가 내용

중량비율 1% 이상의 황산, 불화수소, 질산 또는 염화수소를 취급하는 설비를 개조·분해·해체·철거하는 작업 또는 해당 설비의 내부에서 이루어지는 작업

평가항목	세부평가내용
1. 작업조건 및 작업방법에대한 평가	작업표준(작업안전수칙, 작업절차서)의 적절성 현장의 작업환경(상태)과 작업방법(행동·절차)의 적절성 등

평가항목	세부평가내용	
2. 유해·위험요인에 대한 측정 및 분석 (시행령 제89조에 따른 허가 대상 유해물질, 고용노동부령으로 정하는 관리 대상 유해물질 및 온도·습도·환기·소음·진동·분진, 유해광선 등의 유해성 또는 위험성)	〈도급승인 기준(안전보건규칙) 관련 사항〉	
	제5조 오염된 바닥의 세척 등,	제232조 폭발 또는 화재 등 예방
	제7조 채광 및 조명	제297조 부식성 액체 압송설비
	제8조 조도	제298조 공기 외의 가스사용 제한
	제10조 작업장의 창문	제299조 독성이 있는 물질 누출방지
	제11조 작업장의 출입구	제301조 전기 기계·기구 등의 충전부 방호
	제17조 비상구의 설치	제302조 전기 기계·기구 접지
	제19조 경보용 설비 등	제303조 전기 기계·기구 적정설치 등
	제21조 통로의 조명	제304조 누전차단기에 의한 감전 방지
	제22조 통로의 설치	제305조 과전류 차단장치
	제42조 추락의 방지	제422조 관리대상 유해물질과 관계되는 설비
	제43조 개구부 등 방호조치	제429조 국소배기장치의 성능
	제44조 안전대의 부착설비 등	제430조 전체환기장치의 성능 등
	제72조 후드	제431조 작업장의 바닥
	제73조 덕트	제432조 부식의 방지조치
	제74조 배풍기	제433조 누출의 방지조치
	제75조 배기구	제434조 경보설비 등
	제76조 배기의 처리	제435조 긴급 차단장치의 설치 등
	제77조 전체환기장치	제513조 소음 감소 조치
	제78조 환기장치의 가동	제619조 밀폐공간 작업 프로그램의 수립·시행 등
	제83조 가스 등의 발산억제조치	제620조 환기 등
	제84조 공기의 부피와 환기	제630조 불활성기체의 누출
	제85조 잔재물 등의 처리	제631조 불활성기체의 유입 방지
	제225조 위험물질 등의 제조 등 작업시의 조치	
3. 보호구, 안전·보건장비 및 작업환경 개선시설의 적정성	〈도급승인 기준(안전보건규칙) 관련 사항〉 제33조 보호구의 관리, 제450조 호흡용 보호구의 지급 등, 제451조 보호복 등의 비치 등, 제624조 안전대 등, 제625조 대피용 기구 비치	

평가항목	세부평가내용
4. 유해물질의 사용·보관·저장, 물질안전 보건자료의 작성, 근로자 교육 및 경고 표시 부착의 적정성	〈도급승인 기준(안전보건규칙) 관련 사항〉 제442조 명칭등의 게시, 제443조 관리대상 유해물질의 저장, 제444조 빈 용기 등의 관리
	〈산안법 및 동법 시행규칙 관련 사항〉 산안법 제111조, 제114조, 제115조 물질안전보건자료 제공·게시·교육·경고표시, 시행규칙 제84조제3항 안전보건교육 장소 및 자료 제공, 시행규칙 제85조제1항 안전보건 정보제공 등
5. 수급인의 안전보건관리 능력의 적절성	〈산안법 및 동법 시행규칙 관련 사항〉 법 제16조 관리감독자, 제17조 안전관리자, 제18조 보건관리자, 제19조 안전보건관리담당자, 제29조 근로자에 대한 안전보건교육 (특별교육), 제129조 일반건강진단, 제130조 특수건강진단 등
6. 그 밖에 작업환경 및 근로자 건강 유 지·증진 등 보건관리의 개선을 위하여 필요한 사항	〈도급승인 기준(안전보건규칙) 관련 사항〉 제79조 휴게시설, 제81조 수면장소 등의 설치, 제448조 세척시설 등

② 도급승인 신청

가. 유해하거나 위험한 작업의 도급승인, 도급연장승인, 도급변경승인을 받고자 하는 경우에는 도급승인 신청서[89], 연장신청서[90] 및 변경신청서[91]와 다음의 서류를 첨부하여 관할 지방고용노동관서의 장에게 제출

    (1) 도급대상 작업의 공정 관련 서류 일체

        (기계·설비의 종류 및 운전조건, 유해·위험물질의 종류·사용량, 유해·위험요인의 발생 실태 및 종사 근로자 수 등에 관한 사항 포함)

    (2) 도급작업 안전보건관리계획서

        (안전작업절차, 도급 시 안전·보건관리 및 도급작업에 대한 안전·보건시설 등에 관한 사항 포함)

    (3) 안전 및 보건에 관한 평가 결과(변경승인의 경우는 제외)

    ※ 산업재해가 발생할 급박한 위험이 있어 긴급하게 도급을 해야 할 경우에는 도급대상 작업의 공정 관련 서류 일체, 안전 및 보건에 관한 평가 결과의 서류를 제출하지 아니할 수 있음

---

89) 산업안전보건법 시행규칙 별지 제31호
90) 산업안전보건법 시행규칙 별지 제32호
91) 산업안전보건법 시행규칙 별지 제33호

③ 도급승인, 연장승인, 변경승인의 기준

공통	작업공정의 안전성, 안전보건관리계획 및 안전 및 보건에 관한 평가 결과의 적정성
중량비율 1% 이상의 황산, 불화수소, 질산 또는 염화수소를 취급하는 설비를 개조·분해·해체·철거하는 작업 또는 해당 설비의 내부에서 이루어지는 작업	산업안전보건기준에 관한 규칙 제5조, 제7조, 제8조, 제10조, 제11조, 제17조, 제19조, 제21조, 제22조, 제33조, 제42조부터 제44조까지, 제72조부터 제79조까지, 제81조, 제83조부터 제85조까지, 제225조, 제232조, 제297조부터 제299조까지, 제301조부터 제305조까지, 제422조, 제429조부터 제435조까지, 제442조부터 제444조까지, 제448조, 제450조, 제451조, 제513조, 제619조, 제620조, 제624조, 제625조, 제630조 및 제631조에서 정한 기준

④ 도급승인, 연장승인, 변경승인의 확인 및 결과

　가. 도급승인, 연장승인, 변경승인을 신청한 사업장에 대해서 도급승인 기준을 준수하고 있는지 안전보건공단의 확인

　나. 도급승인 신청을 받은 지방고용노동관서의 장은 신청서가 접수된 날부터 14일 이내에 승인서 발급 도급승인 기준에 충족하지 못한 경우에는 도급 승인 신청 반려

⑤ 도급승인의 취소

① 도급승인 기준에 미달하게 된 때

② 거짓 또는 그 밖의 부정한 방법으로 승인, 연장승인, 변경승인을 받은 경우

③ 연장승인 및 변경 승인을 받지 아니하고 사업을 계속한 경우

⑥ 도급금지 작업 승인 시 하도급 금지(산업안전보건법 제60조)

고용노동부장관으로부터 도급금지 작업을 승인[92]을 받은 경우에는 승인 받은 작업을 하도급할 수 없음

⑦ 적격수급인 선정(산업안전보건법 제61조)

① 산업 전반에 걸쳐 도급 형태의 사업이 증가하고 있으며, 도급은 주로 비용절감 및 위험의 외주화 등의 목적으로 이루어져 안전 및 보건에 관한 전문인력의 확보가 어려운 업체가 수급사로 선정될 수 있음. 이에 따라 산업재해 예방 능력을 갖추지 못한 영세업체와 도급이 체결될 수 있으며, 해당 영세업체의 소속 노동자가 유해·위험에 노출되

---

92)　승인, 연장승인, 변경승인을 포함

어 산업재해를 입는 문제가 발생할 수 있음. 따라서, 사업주는 도급 시 산업재해 예방을 위한 안전 및 보건조치를 할 수 있는 능력을 갖춘 사업주에게 도급하여야 함

② 입찰단계에서 '도급사업의 안전보건관리계획서' 및 '수급업체 선정 가이드라인' 내용을 명확히 제시하고, 계약단계에서 수급인의 안전수준을 평가 후 법규 준수 및 안전보건 조치이행 등에 대한 약정하는 등의 수급인 적격성 평가를 위한 시스템의 마련이 필요[93]

⑧ 벌칙

◆ **산업안전보건법 제161조[도급금지 등 의무위반에 따른 과징금 부과]** 고용노동부장관은 사업주가 다음 각 호의 어느 하나에 해당하는 경우에는 10억원 이하의 과징금을 부과·징수할 수 있다.

2. 제59조제1항을 위반하여 승인을 받지 아니하고 도급한 경우

3. 제60조를 위반하여 승인을 받아 도급받은 작업을 재하도급한 경우

◆ **산업안전보건법 제169조[벌칙]** 다음 각 호의 어느 하나에 해당하는 자는 3년 이하의 징역 또는 3천만원 이하의 벌금에 처한다.

3. 제58조제3항 또는 같은 조 제5항 후단(제59조제2항에 따라 준용되는 경우를 포함)에 따른 안전 및 보건에 관한 평가 업무를 제165조제2항에 따라 위탁받은 자로서 그 업무를 거짓이나 그 밖의 부정한 방법으로 수행한 자

◆ **산업안전보건법 제173조[양벌규정]** 법인이 대표자나 법인 또는 개인의 대리인, 사용인 그 밖의 종업원이 그 법인 또는 개인의 업무에 관하여 다음에 해당하는 위반행위를 하면 그 행위자를 벌하는 외에 그 법인 또는 개인에게 해당 조문의 벌금형을 과(科)한다. 다만, 법인 또는 개인이 그 위반행위를 방지하기 위하여 해당 업무에 관하여 상당한 주의와 감독을 게을리하지 아니한 경우에는 그러하지 아니하다.

1. 제167조제1항의 경우: 10억원 이하의 벌금

2. 제168조부터 제172조까지의 경우: 해당 조문의 벌금형

---

93) 적격 수급인 선정에 관한 매뉴얼은 고용노동부 발행「적격 수급업체 선정을 위한 도급사업 안전보건관리 매뉴얼」참조

4 / 안전보건총괄책임자(산업안전보건법 제62조)

① 개요

도급인은 관계수급인 근로자가 도급인의 사업장에서 작업을 하는 경우에는 그 사업장의 안전보건관리책임자를 도급인의 근로자와 관계수급인 근로자의 산업재해를 예방하기 위한 업무를 총괄·관리하는 안전보건총괄책임자로 지정하여 법령에서 정한 안전보건총괄책임자의 직무를 수행토록 함

② 안전보건총괄책임자 대상자

① 사업장 내 안전보건관리책임자를 안전보건총괄책임자로 지정

② 안전보건관리책임자를 선임하지 아니하여도 되는 사업장에서는 그 사업장에서 사업을 총괄·관리하는 사람을 안전보건총괄책임자로 지정

③ 안전보건총괄책임자를 지정한 경우에는 「건설기술 진흥법」 제64조제1항제1호에 따른 안전총괄책임자를 둔 것으로 봄

> **「건설기술 진흥법」**
> **제64조(건설공사의 안전관리조직)** ① 안전관리계획을 수립하는 건설사업자 및 주택건설등록업자는 다음 각 호의 사람으로 구성된 안전관리조직을 두어야 한다.
> 1. 해당 건설공사의 시공 및 안전에 관한 업무를 총괄하여 관리하는 안전총괄책임자
> 2. 토목, 건축, 전기, 기계, 설비 등 건설공사의 각 분야별 시공 및 안전관리를 지휘하는 분야별 안전관리책임자
> 3. 건설공사 현장에서 직접 시공 및 안전관리를 담당하는 안전관리담당자
> 4. 수급인(受給人)과 하수급인(下受給人)으로 구성된 협의체의 구성원

③ 지정 대상 사업

① 관계수급인에게 고용된 근로자를 포함한 상시 근로자가 100명 이상인 사업

   (선박 및 보트 건조업, 1차 금속 제조업 및 토사석 광업의 경우에는 50명)

② 관계수급인의 공사금액을 포함한 해당 공사의 총공사금액이 20억원 이상인 건설업

※ 안전보건총괄책임자는 사업의 일부 도급 또는 전문공사 전부 도급, 같은 장소 여부 등을 불문하고 도급인의 사업장*에서 관계수급인 근로자가 작업하는 경우에는 안전보건총괄책임자를 지정하여야 함

* 도급인의 사업장 전체 + 도급인이 제공하거나 지정한 경우로서 도급인이 지배·관리하는 21개 위험장소

④ 안전보건총괄책임자의 직무

① 위험성평가의 실시에 관한 사항

② 법 제51조부터 제54조에 따른 작업의 중지

③ 법 제64조에 따른 도급 시 산업재해 예방조치

④ 산업안전보건관리비의 관계수급인 간의 사용에 관한 협의·조정 및 그 집행의 감독

⑤ 안전인증대상기계등과 자율안전확인대상기계등의 사용 여부 확인

⑤ 선임

① 안전보건총괄책임자가 업무를 원활하게 수행할 수 있도록 권한·시설·장비·예산, 그 밖에 필요한 지원을 하여야 함

② 안전보건총괄책임자를 선임했을 때에는 그 선임 사실 및 지무의 수행내용을 증명할 수 있는 서류를 갖추어 두어야 함

⑥ 벌칙

위반행위	세부내용	과태료 금액(만원)		
		1차 위반	2차 위반	3차 이상 위반
안전보건총괄책임자를 지정하지 않은 경우		500	500	500

5 / 도급인의 안전조치 및 보건조치(산업안전보건법 제63조)

① 개요

도급인은 관계수급인 근로자가 도급인의 사업장에서 작업을 하는 경우에 자신의 근로자와 관계수급인 근로자의 산업재해를 예방하기 위하여 안전 및 보건 시설의 설치 등 필요한 안전조치 및 보건조치를 하여야 함

② 안전조치 및 보건조치 대상 사업

도급인이 관계수급인 근로자의 산업재해를 예방하기 위한 안전조치 및 보건조치를 하여야 할 사업은 사무직에 종사하는 근로자만 사용하는 사업을 제외한 사업

③ 안전조치 및 보건조치 제외 사항

불법파견 등의 분쟁 발생 가능성을 고려하여, 보호구 착용의 지시 등 관계수급인 근로자의 작업행동에 관한 직접적인 조치는 제외

> **ⅰ Tip**
>
> **"관계수급인 근로자의 작업행동에 관한 직접적인 조치"에 대한 해석**
> - 도급인이 산업재해 예방을 위하여 필요한 안전조치 및 보건조치를 모두 했음에도 불구하고 관계수급인 근로자가 보호구 미착용 상태로 작업하는 등으로 산업재해가 발생한 경우 도급인으로서의 책임을 묻지 않는다는 의미
> - 보호구 착용 등 관계수급인 근로자의 작업행동(보호구 미착용, 위험장소 임의 접근, 안전장치의 기능 제거, 기계·기구의 오사용, 불안전한 속도조작 등)에 관한 직접적인 조치의무는 근로계약 당사자인 관계수급인이 부담하여야 함

④ 안전조치 및 보건조치 내용

도급인이 실시하여야 안전조치 및 보건조치의 구체적인 내용은 「산업안전보건기준에 관한 규칙」의 내용에 따름

> **ⓘ Tip**
>
> ■ 「산업안전보건기준에 관한 규칙」의 구성은 제5장 유해·위험 방지 조치 → ③ 안전조치 및 보건조치의 세부기준 참조
>
> ■ 「산업안전보건기준에 관한 규칙」은 1990. 7. 23. 제정·시행 되었으며, 종전 산업안전보건법 시행규칙 중 제2편 안전기준을 분리하여 별도의 규칙으로 제정됨
>
> ■ 「산업안전보건기준에 관한 규칙」은 「산업안전보건법」에서 위임한 산업안전보건기준에 관한 사항과 그 시행에 필요한 사항을 규정함을 목적으로 함

⑤ 벌칙

◆ **산업안전보건법 제167조【벌칙】**

① 제63조를 위반하여 근로자를 사망에 이르게 한 자는 7년 이하의 징역 또는 1억원 이하의 벌금에 처한다.

② 제1항의 죄로 형을 선고받고 그 형이 확정된 후 5년 이내에 다시 제1항의 죄를 범한 자는 그 형의 2분의 1까지 가중한다.

◆ **산업안전보건법 제169조【벌칙】**

① 제63조를 위반한 자는 3년 이하의 징역 또는 3천만원 이하의 벌금에 처한다.

◆ **산업안전보건법 제173조【양벌규정】** 법인의 대표자나 법인 또는 개인의 대리인, 사용인 그 밖의 종업원이 그 법인 또는 개인의 업무에 관하여 다음에 해당하는 위반행위를 하면 그 행위자를 벌하는 외에 그 법인 또는 개인에게 해당 조문의 벌금형을 과(科)한다. 다만, 법인 또는 개인이 그 위반행위를 방지하기 위하여 해당 업무에 관하여 상당한 주의와 감독을 게을리하지 아니한 경우에는 그러하지 아니하다.

1. 제167조제1항의 경우: 10억원 이하의 벌금

2. 제168조부터 제172조까지의 경우: 해당 조문의 벌금형

◆ **산업안전보건법 제174조【형벌과 수강명령 등의 병과】**

① 법원은 제63조를 위반하여 근로자를 사망에 이르게 한 사람에게 유죄의 판결(선고유예는 제외)을 선고하거나 약식명령을 고지하는 경우에는 200시간의 범위에서 산업재해 예방에 필요한 수강명령을 병과(倂科)할 수 있다. 다만, 수강명령을 부과할 수 없는 특별한 사정이 있는 경우에는 그러하지 아니하다.

② 제1항에 따른 수강명령은 형의 집행을 유예할 경우에는 그 집행유예기간 내에, 벌금형을 선고하거나 약식명령을 고지할 경우에는 형 확정일부터 6개월 이내에, 징역형 이상의 실형(實刑)을 선고할 경우에는 형기 내에 각각 집행한다.

③ 제1항에 따른 수강명령이 벌금형 또는 형의 집행유예와 병과된 경우에는 보호관찰소의 장이 집행하고, 징역형 이상의 실형과 병과된 경우에는 교정시설의 장이 집행한다.

④ 제1항에 따른 수강명령은 다음 각 호의 내용으로 한다.

1. 안전 및 보건에 관한 교육

2. 그 밖에 산업재해 예방을 위하여 필요한 사항

⑤ 수강명령에 관하여 이 법에서 규정한 사항 외의 사항에 대해서는 「보호관찰 등에 관한 법률」을 준용한다.

6 / 도급에 따른 산업재해 예방조치(산업안전보건법 제64조)

① 개요

도급인은 관계수급인 근로자가 도급인의 사업장에서 작업을 하는 경우 관계수급인 근로자에 대한 안전 및 보건조치를 통한 산업재해를 예방하기 위해 협의체의 구성·운영, 순회점검, 안전보건교육의 지원·확인 등을 수행

② 안전 및 보건에 관한 협의체의 구성 및 운영

① 안전 및 보건에 관한 협의체는 도급인 및 그의 수급인 전원으로 구성

② 협의체의 구성원 중 수급인의 범위는 도급계약을 직접 체결한 수급인만 해당되며, 수급인으로부터 재하도급받은 관계수급인(예:2차, 3차 협력사)은 제외

또한, 협의체의 구성 및 운영에 관한 입법취지는 상시적·정기적 협의를 위함이므로 30일 이내에 종료되는 일시적 작업의 경우에는 협의체를 구성·운영하지 않아도 됨

※ 30일 이내에 종료되는 작업이나 일시적이지 않은 경우(예: A업체가 수행하는 공시의 기간이 7일이며, 매월 실시되는 경우 등)에는 협의체에 참석

③ 협의 사항

가. 작업의 시작 시간

나. 작업 또는 작업장 간의 연락 방법

다. 재해발생 위험이 있는 경우 대피 방법

라. 작업장에서의 위험성평가 실시에 관한 사항

마. 사업주와 수급인 또는 수급인 상호 간의 연락 방법 및 작업공정의 조정

④ 협의체는 매월 1회이상 정기적으로 회의를 개최하고 그 결과를 기록·보존

③ 작업장 순회점검

① 순회점검을 실시하여야 하는 주체는 도급인이며, 도급인의 사업장에서 관계수급인이 작업하는 작업장에 대해 순회점검 실시

② 순회점검 주기

가. 2일에 1회 이상

(1) 건설업

(2) 제조업

(3) 토사석 광업

(4) 서적, 잡지 및 기타 인쇄물 출판업

(5) 음악 및 기타 오디오물 출판업

(6) 금속 및 비금속 원료 재생업

나. 1주일에 1회 이상

(1) 2일에 1회 이상에 해당하는 사업을 제외한 사업

③ 관계수급인은 도급인이 실시하는 순회점검을 거부·방해 또는 기피하여서는 아니되며 점검 결과 도급인의 시정요구가 있으면 이에 따라야 함

ⓘ Tip

■ **순회점검 실시에 대한 상세설명**

▶ 순회점검의 실시주체는 도급인이며, 재하도급의 경우에도 도급인이 실시하여야 함

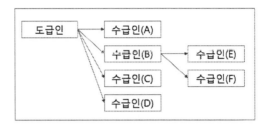

▶ 즉, 수급인(B)가 도급받은 업무를 수급인(E,F)에게 재하도급한 경우 순회점검의 실시주체는 수급인(B)가 아닌 도급인에게 있음

▶ 순회점검의 실시의무는 도급인에게 있으며, 도급인은 업무를 타인에게 맡기는 사업주를 말함. 다만 반드시 사업주가 실시하여야 하는 것은 아니며, 관리감독자 등에게 순회점검의 실시를 대리할 수 있음
이 경우 순회점검의 결과 및 조치의 이행여부 등을 철처히 하면 사업주의 의무를 이행한 것으로 보며, 사업주의 지시에 대해 관리감독자 등이 실시하지 않은 경우에는 순회점검을 실시하지 않는 것으로 봄

---

④ 합동 안전보건점검(산업안전보건법 제64조②항, 동법 시행규칙 제82조)

① 점검반 구성

가. 도급인

(같은 사업 내에 지역을 달리하는 사업장이 있는 경우에는 그 사업장의 안전보건관리책임자)

나. 관계수급인

(같은 사업 내에 지역을 달리하는 사업장이 있는 경우에는 그 사업장의 안전보건관리책임자)

다. 도급인 및 관계수급인의 근로자 각 1명

(관계수급인의 근로자의 경우에는 해당 공정에만 해당[94])

② 점검 주기

　가. 2개월에 1회 이상

　　(1) 건설업

　　(2) 선박 및 보트 건조업

　나. 분기에 1회 이상

　　(1) 2개월에 1회 이상에 해당하는 사업을 제외한 사업

ⓘ Tip

■ 합동안전보건점검 실시 방법

▶ 합동안전보건점검의 실시는 도급인의 주관으로 실시하고, 관계수급인(하청업체 및 재하청업체)도 참여

▶ 관계수급인은 반드시 사업주가 참여하여야 하는 것은 아니며, 관계수급인을 대리하는 작업책임자가 참여하여도 됨

▶ 관계수급인의 작업장소에 대한 점검 시 당일 작업이 있는 경우에 한하여 점검

　예) 1월 5일에 합동안전보건점검을 실시하기로 계획한 상태에서 점검 당일 수급인이 담당하는 입고, 포장, 출고공정 중 포장, 출고공정에만 작업이 수행되는 경우 포장, 출고공정이 실시되는 장소만 점검하여도 무방

　※ 합동안전보건점검은 도급인 또는 안전보건관리책임자(총괄책임자)가 실시하여야 하며, 이를 대리하여 관리감독자 등을 지정하여 수행하는 형태는 부적절함

---

⑤ 안전보건교육을 위한 장소 및 자료의 제공 등 지원

관계수급인이 근로자에게하는 정기교육, 채용 시의 교육, 작업내용 변경 시의 교육, 특별교육 등 안전보건교육을 위한 장소 및 자료의 제공 등 지원

⑥ 특별교육의 실시 확인

관계수급인이 실시하는 안전보건교육 중 특별교육의 실시를 확인하여야 함[95]

---

94)　'관계수급인 근로자의 경우에는 해당 공정에만 해당'이라 함은 관계수급인 근로자 1명씩 합동안전보건점검반에 참석함으로 해석
　　예) 제조업 내 2개의 수급사가 있으며, 2개의 수급사가 수행하는 단위공정은 10개 이상인 경우 각 단위공정 10개의 근로자 1명씩 점검반에 참여하는 것이 아니라 각 수급사별 근로자 1명씩 참여(이 경우 근로자는 근로자대표가 참석함이 바람직함)

95)　특별교육대상 작업의 종류는 본서 제4장 안전보건교육 → 1. 근로자 안전보건교육 → ⑧ 특별교육 참조

⑦ 경보체계 운영과 대피방법 등 훈련

작업장소에서 발파작업을 하는 경우, 작업 장소에서 화재·폭발, 토사·구축물 등의 붕괴 또는 지진 등이 발생한 경우를 대비한 경보체계의 운영과 대피 방법 등에 대한 훈련 실시

⑧ 위생시설에 대한 협조

① 도급인의 사업장에서 관계수급인이 작업을 하는 경우에 위생시설의 설치를 위하여 필요한 장소의 제공 또는 도급인이 설치한 위생시설을 이용할 수 있도록 협조하여야 함

② 장소의 제공 또는 이용에 협조를 하여야 하는 위생시설

　　가. 휴게시설

　　나. 세면·목욕시설

　　다. 세탁시설

　　라. 탈의시설

　　마. 수면시설

③ 위생시설을 설치하는 때에는 산업안전보건기준에 관한 규칙에서 정하고 있는 기준을 준수하여야 함

⑨ 벌칙

◆ 산업안전보건법 제172조【벌칙】제64조를 위반한 자는 500만원 이하의 벌금에 처한다.

◆ 산업안전보건법 제173조【양벌규정】법인의 대표자나 법인 또는 개인의 대리인, 사용인 그 밖의 종업원이 그 법인 또는 개인의 업무에 관하여 제172조에 해당하는 위반행위를 하면 그 행위자를 벌하는 외에 그 법인 또는 개인에게 해당 조문의 벌금형을 과(科)한다. 다만, 법인 또는 개인이 그 위반행위를 방지하기 위하여 해당 업무에 관하여 상당한 주의와 감독을 게을리하지 아니한 경우에는 그러하지 아니하다.

1. 제167조제1항의 경우: 10억원 이하의 벌금
2. 제168조부터 제172조까지의 경우: 해당 조문의 벌금형

7 / 도급인의 안전 및 보건에 관한 정보[96] 제공(산업안전보건법 제65조)

① 개요

화학물질을 사용하는 화학설비, 질식 또는 붕괴의 위험이 있는 작업 등 유해·위험작업을 수행하는 수급인 근로자의 산업재해를 예방하기 위하여 도급인은 해당 작업 시작 전에 수급인에게 안전 및 보건에 관한 정보를 문서로 제공하여야 함

② 안전 및 보건에 관한 정보를 제공하여야 할 작업

① 폭발성·발화성·인화성·독성 등의 유해성·위험성이 있는 화학물질 중 고용노동부령으로 정하는 화학물질 또는 그 화학물질을 함유한 혼합물[97]을 제조·사용·운반 또는 저장하는 반응기·증류탑·배관 또는 저장탱크로서 고용노동부령으로 정하는 설비[98]를 개조·분해·해체 또는 철거하는 작업

② ①항에 따른 설비의 내부에서 이루어지는 작업

③ 질식 또는 붕괴의 위험이 있는 다음의 작업

　가. 산소결핍, 유해가스 등으로 인한 질식의 위험이 있는 장소로서 고용노동부령으로 정하는 장소[99]에서 이루어지는 작업

　나. 토사·구축물·인공구조물 등의 붕괴 우려가 있는 장소에서 이루어지는 작업

③ 제공하여야 할 정보의 내용

① 화학설비 및 그 부속설비에서 제조·사용·운반 또는 저장하는 위험물질 및 관리대상 유해물질의 명칭과 그 유해성·위험성

② 안전·보건상 유해하거나 위험한 작업에 대한 안전·보건상 주의사항

③ 안전·보건상 유해하거나 위험한 물질의 유출 등 사고가 발생한 경우에 필요한 조치의 내용

---

96)　안전 및 보건에 관한 정보는 위험성평가에 의하여 확인된 안전과 보건에 관한 위험 정보를 말함
97)　산업안전보건기준에 관한 규칙 별표 1 및 별표 12에 따른 위험물질 및 관리대상 유해물질을 말함
98)　산업안전보건기준에 관한 규칙 별표 7에 따른 화학설비 및 그 부속설비를 말함
99)　산업안전보건기준에 관한 규칙 별표 18에 따른 밀폐공간에서 하는 작업을 말함

④ 정보 제공 방법

① 도급하는 자는 안전보건정보를 적은 문서[100]를 해당 도급작업이 시작되기 전까지 수급인에게 제공하여야 함

② 수급인이 도급받은 작업을 하도급하는 경우에는 도급인으로부터 제공받은 문서의 사본을 해당 하도급작업이 시작되기 전까지 하수급인에게 제공

⑤ 정보 요청 및 확인

① 도급인이 안전 및 보건에 관한 정보를 해당 작업 시작 전까지 제공하지 아니한 경우에는 수급인이 정보 제공을 요청할 수 있음

② 수급인이 정보 제공을 요청하였으나 도급인이 정보를 제공하지 아니하는 경우에는 해당 도급작업을 하지 아니할 수 있음

　이 경우 수급인은 계약의 이행 지체에 따른 책임을 지지 않음

③ 도급인 및 하도급을 준 수급인 등 도급하는 작업에 대한 정보를 제공한 자는 수급인이 사용하는 근로자가 제공된 정보에 따라 필요한 조치를 받고 있는지 확인하여야 하며, 확인을 위하여 필요한 때에는 해당 조치와 관련된 기록 등 자료의 제출을 수급인에게 요청할 수 있음

⑥ 벌칙

◆ 산업안전보건법 제170조【벌칙】제65조를 위반한 자는 1년 이하의 징역 또는 1천만원 이하의 벌금에 처한다.
◆ 산업안전보건법 제173조【양벌규정】법인의 대표자나 법인 또는 개인의 대리인, 사용인 그 밖의 종업원이 그 법인 또는 개인의 업무에 관하여 제170조에 해당하는 위반행위를 하면 그 행위자를 벌하는 외에 그 법인 또는 개인에게 해당 조문의 벌금형을 과(科)한다. 다만, 법인 또는 개인이 그 위반행위를 방지하기 위하여 해당 업무에 관하여 상당한 주의와 감독을 게을리하지 아니한 경우에는 그러하지 아니하다.
1. 제167조제1항의 경우: 10억원 이하의 벌금
2. 제168조부터 제172조까지의 경우: 해당 조문의 벌금형

---

100)　전자문서를 포함

산업안전보건기준에 관한 규칙[별표 1]

위험물질의 종류

1. 폭발성 물질 및 유기과산화물

가. 질산에스테르류
나. 니트로화합물
다. 니트로소화합물
라. 아조화합물
마. 디아조화합물

바. 하이드라진 유도체
사. 유기과산화물
아. 그 밖에 가목부터 사목까지의 물질과 같은 정도의 폭발 위험
    이 있는 물질
자. 가목부터 아목까지의 물질을 함유한 물질

2. 물반응성 물질 및 인화성 고체

가. 리튬
나. 칼륨·나트륨
다. 황
라. 황린
마. 황화인·적린
바. 셀룰로이드류
사. 알킬알루미늄·알킬리튬
아. 마그네슘 분말
자. 금속 분말(마그네슘 분말은 제외)
차. 알칼리금속(리튬·칼륨 및 나트륨은 제외)

카. 유기 금속화합물(알킬알루미늄 및 알킬리튬은 제외)
타. 금속의 수소화물
파. 금속의 인화물
하. 칼슘 탄화물, 알루미늄 탄화물
거. 그 밖에 가목부터 하목까지의 물질과 같은 정도의 발화성 또는
    인화성이 있는 물질
너. 가목부터 거목까지의 물질을 함유한 물질

3. 산화성 액체 및 산화성 고체

가. 차아염소산 및 그 염류
나. 아염소산 및 그 염류
다. 염소산 및 그 염류
라. 과염소산 및 그 염류
마. 브롬산 및 그 염류
바. 요오드산 및 그 염류
사. 과산화수소 및 무기 과산화물

아. 질산 및 그 염류
자. 과망간산 및 그 염류
차. 중크롬산 및 그 염류
카. 그 밖에 가목부터 차목까지의 물질과 같은 정도의 산화성이 있
    는 물질
타. 가목부터 카목까지의 물질을 함유한 물질

4. 인화성 액체

가. 에틸에테르, 가솔린, 아세트알데히드, 산화프로필렌, 그 밖에 인화점이 섭씨 23도 미만이고 초기끓는점이 섭씨 35도 이하인 물질
나. 노르말헥산, 아세톤, 메틸에틸케톤, 메틸알코올, 에틸알코올, 이황화탄소, 그 밖에 인화점이 섭씨 23도 미만이고 초기 끓는점이 섭씨 35
    도를 초과하는 물질
다. 크실렌, 아세트산아밀, 등유, 경유, 테레핀유, 이소아밀알코올, 아세트산, 하이드라진, 그 밖에 인화점이 섭씨 23도 이상 섭씨 60도 이하
    인 물질

5. 인화성 가스

가. 수소
나. 아세틸렌
다. 에틸렌
라. 메탄
마. 에탄
바. 프로판
사. 부탄
아. 영 별표 10에 따른 인화성 가스

※ 인화성 가스란 인화한계 농도의 최저한도가 13퍼센트 이하 또는
최고한도와 최저한도의 차가 12퍼센트 이상인 것으로서 표준압력
(101.3 ㎪)하의 20℃에서 가스 상태인 물질을 말한다.

6. 부식성 물질

가. 부식성 산류
  (1) 농도가 20퍼센트 이상인 염산, 황산, 질산, 그 밖에 이와 같은 정도 이상의 부식성을 가지는 물질
  (2) 농도가 60퍼센트 이상인 인산, 아세트산, 불산, 그 밖에 이와 같은 정도 이상의 부식성을 가지는 물질
나. 부식성 염기류
  농도가 40퍼센트 이상인 수산화나트륨, 수산화칼륨, 그 밖에 이와 같은 정도 이상의 부식성을 가지는 염기류

7. 급성 독성 물질

가. 쥐에 대한 경구투입실험에 의하여 실험동물의 50퍼센트를 사망시킬 수 있는 물질의 양, 즉 LD50(경구, 쥐)이 킬로그램당 300밀리그램-(체중) 이하인 화학물질
나. 쥐 또는 토끼에 대한 경피흡수실험에 의하여 실험동물의 50퍼센트를 사망시킬 수 있는 물질의 양, 즉 LD50(경피, 토끼 또는 쥐)이 킬로그램당 1000밀리그램 -(체중) 이하인 화학물질
다. 쥐에 대한 4시간 동안의 흡입실험에 의하여 실험동물의 50퍼센트를 사망시킬 수 있는 물질의 농도, 즉 가스 LC50(쥐, 4시간 흡입)이 2500ppm 이하인 화학물질, 증기 LC50(쥐, 4시간 흡입)이 10mg/ℓ 이하인 화학물질, 분진 또는 미스트 1mg/ℓ 이하인 화학물질

산업안전보건기준에 관한 규칙[별표 12]

관리대상 유해물질의 종류

1. 유기화합물(116종)

가. 글루타르알데히드

나. 니트로글리세린

다. 니트로메탄

라. 니트로벤젠

마. p-니트로아닐린

바. p-니트로클로로벤젠

사. 디니트로톨루엔(특별관리물질)

아. 디메틸아닐린

자. 디메틸아민

차. N,N-디메틸아세트아미드(특별관리물질)

카. 디메틸포름아미드(특별관리물질)

타. 디에탄올아민

파. 디에틸렌 트리아민

하. 2-디에틸아미노에탄올

거. 디에틸아민

너. 디에틸 에테르

더. 디(2-에틸헥실)프탈레이트

러. 1,4-디옥산

머. 디이소부틸케톤

버. 디클로로메탄

서. o-디클로로벤젠

어. 1,2-디클로로에틸렌

저. 디클로로플루오로메탄

처. 1,1-디클로로-1-플루오로에탄

커. 디하이드록시벤젠

터. 2-메톡시에탄올(특별관리물질)

퍼. 2-메톡시에틸아세테이트(특별관리물질)

허. 메틸렌 디(비스)페닐 디이소시아네이트

고. 메틸 아민

노. 메틸 알코올

도. 메틸 에틸 케톤

로. 메틸 이소부틸 케톤

모. 메틸 클로라이드

보. 메틸 n-부틸케톤

소. 메틸 n-아밀케톤

오. o-메틸시클로헥사논

조. 메틸시클로헥사놀

초. 메틸클로로포름

코. 무수 말레인

토. 무수프탈산

포. 벤젠(특별관리물질)

호. 1,3-부타디엔(특별관리물질)

구. 2-부톡시에탄올

누. n-부틸알코올

두. sec-부틸알코올

루. 1-브로모프로판(특별관리물질)

무. 2-브로모프로판(특별관리물질)

부. 브이엠 및 피 나프타

수. 브롬화 메틸

우. 비닐 아세테이트

주. 사염화탄소(특별관리물질)

추. 스토다드 솔벤트(특별관리물질)

쿠. 스티렌

투. 시클로헥사논

푸. 시클로헥사놀

후. 시클로헥산

그. 시클로헥센

느. 아닐린 및 그 동족체

드. 아세토니트릴

르. 아세톤

므. 아세트알데히드

브. 아크릴로니트릴(특별관리물질)

스. 아크릴아미드(특별관리물질)

으. 알릴글리시딜에테르

즈. 에탄올아민

츠. 2-에톡시에탄올(특별관리물질)

크. 2-에톡시에틸아세테이트(특별관리물질)

트. 에틸렌 글리콜

프. 에틸렌글리콜 디니트레이트

흐. 에틸렌글리콜 모노 부틸 아세테이트

기. 에틸렌이민(특별관리물질)

니. 에틸렌 클로로히드린

디. 에틸벤젠

리. 에틸아민

미. 에틸 아크릴레이트

비. 2,3-에폭시-1-프로판올(특별관리물질)

시. 1,2-에폭시프로판(특별관리물질)

이. 에피클로로히드린(특별관리물질)

지. 요오드화 메틸
치. 이소부틸 알코올
키. 이소아밀 알코올
티. 이소프로필 알코올
피. 이염화에틸렌(특별관리물질)
히. 이황화탄소
갸. 초산 메틸
냐. n-초산 부틸
댜. 초산 에틸
랴. 초산 프로필
먀. 초산 이소부틸
뱌. 초산 이소아밀
샤. 초산 이소프로필
야. 크레졸
쟈. 크실렌
챠. 클로로벤젠
캬. 2-클로로-1,3-부타디엔
탸. 1,1,2,2-테트라클로로에탄
퍄. 1,1,2-트리클로로에탄
햐. 1,2,3-트리클로로프로판(특별관리물질)
겨. 테트라하이드로푸란
녀. 톨루엔
뎌. 톨루엔-2,4-디이소시아네이트

려. 톨루엔-2,6-디이소시아네이트
며. 트리에틸아민
벼. 트리클로로메탄
셔. 트리클로로에틸렌(특별관리물질)
여. 퍼클로로에틸렌(특별관리물질)
져. 페놀(특별관리물질)
쳐. 페닐글리시딜에테르
켜. 포름알데히드(특별관리물질)
텨. 프로필렌 이민(특별관리물질)
펴. 피리딘
혀. 하이드라진(특별관리물질)
교. 헥사메틸렌 디이소시아네이트
뇨. n-헥산
됴. 헵탄
료. 황산디메틸(특별관리물질)
묘. 가목부터 료목까지의 물질을 용량비율 1퍼센트[N,N-디메틸아세트아미드(특별관리물질), 디메틸포름아미드(특별관리물질), 2-메톡시에탄올(특별관리물질), 2-메톡시에틸아세테이트(특별관리물질), 1-브로모프로판(특별관리물질), 2-브로모프로판(특별관리물질), 2-에톡시에탄올(특별관리물질), 2-에톡시에틸아세테이트(특별관리물질) 및 페놀(특별관리물질)은 0.3퍼센트, 그 밖의 특별관리물질은 0.1퍼센트] 이상 함유한 제제

2. 금속류(23종)

가. 구리 및 그 화합물
나. 납 및 그 무기화합물(특별관리물질)
다. 니켈 및 그 화합물(불용성화합물만 특별관리물질)
라. 망간 및 그 화합물
마. 바륨 및 그 가용성화합물
바. 백금 및 그 화합물
사. 산화마그네슘
아. 셀레늄 및 그 화합물
자. 수은 및 그 화합물(특별관리물질. 다만, 아릴화합물 및 알킬화합물은 특별관리물질에서 제외한다)
차. 아연 및 그 화합물
카. 안티몬 및 그 화합물(삼산화안티몬만 특별관리물질)
타. 알루미늄 및 그 화합물
파. 요오드
하. 은 및 그 화합물

거. 이산화티타늄
너. 주석 및 그 화합물
더. 지르코늄 및 그 화합물
러. 철 및 그 화합물
머. 오산화바나듐
버. 카드뮴 및 그 화합물(특별관리물질)
서. 코발트 및 그 무기화합물
어. 크롬 및 그 화합물(6가크롬만 특별관리물질)
저. 텅스텐 및 그 화합물
처. 가목부터 저목까지의 물질을 중량비율 1퍼센트[납 및 그 무기화합물(특별관리물질), 수은 및 그 화합물(특별관리물질. 다만, 아릴화합물 및 알킬화합물은 특별관리물질에서 제외한다)은 0.3퍼센트, 그 밖의 특별관리물질은 0.1퍼센트] 이상 함유한 제제

3. 산·알칼리류(17종)

가. 개미산

나. 과산화수소

다. 무수초산

라. 불화수소

마. 브롬화수소

바. 수산화나트륨

사. 수산화칼륨

아. 시안화나트륨

자. 시안화칼륨

차. 시안화칼슘

카. 아크릴산

타. 염화수소

파. 인산

하. 질산

거. 초산

너. 트리클로로아세트산

더. 황산(pH 2.0 이하인 강산은 특별관리물질)

러. 가목부터 더목까지의 물질을 중량비율 1퍼센트(특별관리물질은 0.1퍼센트) 이상 함유한 제제

4. 가스 상태 물질류(15종)

가. 불소

나. 브롬

다. 산화에틸렌(특별관리물질)

라. 삼수소화비소

마. 시안화수소

바. 암모니아

사. 염소

아. 오존

자. 이산화질소

차. 이산화황

카. 일산화질소

타. 일산화탄소

파. 포스겐

하. 포스핀

거. 황화수소

너. 가목부터 거목까지의 물질을 용량비율 1퍼센트(특별관리물질은 0.1퍼센트) 이상 함유한 제제

산업안전보건기준에 관한 규칙[별표 7]

화학설비 및 그 부속설비의 종류

1. 화학설비

가. 반응기·혼합조 등 화학물질 반응 또는 혼합장치

나. 증류탑·흡수탑·추출탑·감압탑 등 화학물질 분리장치

다. 저장탱크·계량탱크·호퍼·사일로 등 화학물질 저장설비 또는 계량설비

라. 응축기·냉각기·가열기·증발기 등 열교환기류

마. 고로 등 점화기를 직접 사용하는 열교환기류

바. 캘린더(calender)·혼합기·발포기·인쇄기·압출기 등 화학제품 가공설비

사. 분쇄기·분체분리기·용융기 등 분체화학물질 취급장치

아. 결정조·유동탑·탈습기·건조기 등 분체화학물질 분리장치

자. 펌프류·압축기·이젝터(ejector) 등의 화학물질 이송 또는 압축설비

2. 화학설비의 부속설비

가. 배관·밸브·관·부속류 등 화학물질 이송 관련 설비

나. 온도·압력·유량 등을 지시·기록 등을 하는 자동제어 관련 설비

다. 안전밸브·안전판·긴급차단 또는 방출밸브 등 비상조치 관련 설비

라. 가스누출감지 및 경보 관련 설비

마. 세정기, 응축기, 벤트스택(bent stack), 플레어스택(flare stack) 등 폐가스처리설비

바. 사이클론, 백필터(bag filter), 전기집진기 등 분진처리설비

사. 가목부터 바목까지의 설비를 운전하기 위하여 부속된 전기 관련 설비

아. 정전기 제거장치, 긴급 샤워설비 등 안전 관련 설비

산업안전보건기준에 관한 규칙[별표 18]

밀폐공간

1. 다음의 지층에 접하거나 통하는 우물·수직갱·터널·잠함·피트 또는 그밖에 이와 유사한 것의 내부

　가. 상층에 물이 통과하지 않는 지층이 있는 역암층 중 함수 또는 용수가 없거나 적은 부분

　나. 제1철 염류 또는 제1망간 염류를 함유하는 지층

　다. 메탄·에탄 또는 부탄을 함유하는 지층

　라. 탄산수를 용출하고 있거나 용출할 우려가 있는 지층

2. 장기간 사용하지 않은 우물 등의 내부

3. 케이블·가스관 또는 지하에 부설되어 있는 매설물을 수용하기 위하여 지하에 부설한 암거·맨홀 또는 피트의 내부

4. 빗물·하천의 유수 또는 용수가 있거나 있었던 통·암거·맨홀 또는 피트의 내부

5. 바닷물이 있거나 있었던 열교환기·관·암거·맨홀·둑 또는 피트의 내부

6. 장기간 밀폐된 강재(鋼材)의 보일러·탱크·반응탑이나 그 밖에 그 내벽이 산화하기 쉬운 시설(그 내벽이 스테인리스강으로 된 것 또는 그 내벽의 산화를 방지하기 위하여 필요한 조치가 되어 있는 것은 제외한다)의 내부

7. 석탄·아탄·황화광·강재·원목·건성유(乾性油)·어유(魚油) 또는 그 밖의 공기 중의 산소를 흡수하는 물질이 들어 있는 탱크 또는 호퍼(hopper) 등의 저장시설이나 선창의 내부

8. 천장·바닥 또는 벽이 건성유를 함유하는 페인트로 도장되어 그 페인트가 건조되기 전에 밀폐된 지하실·창고 또는 탱크 등 통풍이 불충분한 시설의 내부

9. 곡물 또는 사료의 저장용 창고 또는 피트의 내부, 과일의 숙성용 창고 또는 피트의 내부, 종자의 발아용 창고 또는 피트의 내부, 버섯류의 재배를 위하여 사용하고 있는 사일로(silo), 그 밖에 곡물 또는 사료종자를 적재한 선창의 내부

10. 간장·주류·효모 그 밖에 발효하는 물품이 들어 있거나 들어 있었던 탱크·창고 또는 양조주의 내부

11. 분뇨, 오염된 흙, 썩은 물, 폐수, 오수, 그 밖에 부패하거나 분해되기 쉬운 물질이 들어있는 정화조·침전조·집수조·탱크·암거·맨홀·관 또는 피트의 내부

12. 드라이아이스를 사용하는 냉장고·냉동고·냉동화물자동차 또는 냉동컨테이너의 내부

13. 헬륨·아르곤·질소·프레온·탄산가스 또는 그 밖의 불활성기체가 들어 있거나 있었던 보일러·탱크 또는 반응탑 등 시설의 내부

14. 산소농도가 18퍼센트 미만 또는 23.5퍼센트 이상, 탄산가스농도가 1.5퍼센트 이상, 일산화탄소농도가 30피피엠 이상 또는 황화수소농도가 10피피엠 이상인 장소의 내부

15. 갈탄·목탄·연탄난로를 사용하는 콘크리트 양생장소(養生場所) 및 가설숙소 내부

16. 화학물질이 들어있던 반응기 및 탱크의 내부

17. 유해가스가 들어있던 배관이나 집진기의 내부

18. 근로자가 상주(常住)하지 않는 공간으로서 출입이 제한되어 있는 장소의 내부

8 / 도급인의 관계수급인에 대한 시정조치(산업안전보건법 제66조)

① 개요(산업안전보건법 제66조제1항)

도급인은 관계수급인 근로자가 도급인의 사업장에서 작업을 하는 경우에 관계수급인 또는 관계수급인 근로자가 도급받은 작업과 관련하여 산업안전보건법 또는 동법에 따른 명령을 위반하면 관계수급인에게 그 위반행위를 시정하도록 필요한 조치를 할 수 있으며, 이 경우 관계수급인은 정당한 사유가 없으면 그 조치에 따라야 함

② 유해·위험작업 도급 시 수급인에 대한 시정조치(산업안전보건법 제66조제2항)

도급인은 다음의 작업을 도급하는 경우에 수급인 또는 수급인 근로자가 도급받은 작업과 관련하여 산업안전보건법 또는 동법에 따른 명령을 위반하면 수급인에게 그 위반행위를 시정하도록 필요한 조치를 할 수 있으며, 이 경우 수급인은 정당한 사유가 없으면 그 조치에 따라야 함

① 폭발성·발화성·인화성·독성 등의 유해성·위험성이 있는 화학물질 중 고용노동부령으로 정하는 화학물질 또는 그 화학물질을 함유한 혼합물을 제조·사용·운반 또는 저장하는 반응기·증류탑·배관 또는 저장탱크로서 고용노동부령으로 정하는 설비를 개조·분해·해체 또는 철거하는 작업

② ①항에 따른 설비의 내부에서 이루어지는 작업

③ 질식 또는 붕괴의 위험이 있는 다음의 작업

　(1) 산소결핍, 유해가스 등으로 인한 질식의 위험이 있는 장소로서 고용노동부령으로 정하는 장소에서 이루어지는 작업

　(2) 토사·구축물·인공구조물 등의 붕괴 우려가 있는 장소에서 이루어지는 작업

③ **벌칙**

위반행위	세부내용	과태료 금액(만원)		
		1차 위반	2차 위반	3차 이상 위반
법 제66조제1항 후단을 위반하여 도급인의 조치에 따르지 않은 경우	-	150	300	500
법 제66조제2항 후단을 위반하여 도급인의 조치에 따르지 않은 경우	-	150	300	500

9 / 건설공사발주자의 산업재해예방 조치(산업안전보건법 제67조)

① 개요

건설공사의 건설공사발주자는 산업재해 예방을 위하여 건설공사의 계획, 설계 및 시공단계에서 해당 주체별로 안전보건대장을 작성하고 확인하여 건설공사의 계획·설계단계부터 안전 및 보건조치가 이행될 수 있도록 함

② 대상 건설공사

① 단계별 안전보건조치를 하여야 할 건설공사는 총 공사금액이 50억원 이상

② 총 공사금액이란 발주자가 하나의 건설공사를 완성하기 위하여 발주한 공사금액의 합을 말하며, 시간적·장소적으로 분리된 건설공사를 일정기간 총액으로 계약한 공사는 개별 공사금액이 50억원 이상인 경우에 한하여 적용

③ 단계별 안전보건조치

① 건설공사 계획단계

해당 건설공사에서 중점적으로 관리하여야 할 유해·위험요인과 이의 감소방방을 포함한 기본안전보건대장을 작성

② 건설공사 설계단계

'건설공사 계획단계'에서 작성한 기본안전보건대장을 설계자[101]에게 제공하고, 설계자로 하여금 유해·위험요인의 감소방안을 포함한 설계안전보건대장을 작성하게 하고 이를 확인

③ 건설공사 시공단계

건설공사발주자로부터 건설공사를 최초로 도급받은 수급인에게 '건설공사 설계단계'에서 작성한 설계안전보건대장을 제공하고, 그 수급인에게 이를 반영하여 안전한 작업을 위한 공사안전보건대장을 작성하게 하고 그 이행 여부를 확인

---

101) "설계자"란 다음 각 목의 어느 하나에 해당하는 자를 말함
  1. 「건설기술진흥법」 제2조제9호에 따른 건설기술용역사업자 중 설계용역을 영업의 목적으로 하는 자
  2. 「건축사법」 제2조제3호에 따른 설계를 목적으로 하는 자
  3. 「전기공사업법」 제2조제10호에 따른 설계를 목적으로 하는 자
  4. 「정보통신공사업법」 제2조제8호에 따른 설계를 목적으로 하는 자
  5. 「소방시설공사업법」 제2조제1항제1호가목에 따른 소방시설설계업을 목적으로 하는 자
  6. 「문화재수리 등에 관한 법률」 제2조제7호에 따른 문화재실측설계업자

④ 안전보건대장의 내용

단계별 안전보건대장	포함하여야 할 사항
기본안전보건대장	1. 공사규모, 공사예산 및 공사기간 등 사업개요 2. 공사현장 제반 정보 3. 공사 시 유해·위험요인과 감소대책 수립을 위한 설계조건
설계안전보건대장	1. 안전한 작업을 위한 적정 공사기간 및 공사금액 산출서 2. 공사 시 유해·위험요인과 감소대책 수립을 위한 설계조건을 반영하여 공사중 발생 할 수 있는 주요 유해·위험요인 및 감소대책에 대한 위험성평가 내용 3. 유해·위험방지계획서 작성계획 4. 안전보건조정자 배치계획 5. 산업안전보건관리비 산출내역서 6. 건설공사의 산업재해 예방 지도 실시계획
공사안전보건대장	1. 설계안전보건대장의 위험성평가 내용이 반영된 공사 중 안전보건조치 이행계획 2. 유해·위험방지계획서의 심사 및 확인결과에 대한 조치내용 3. 계상된 산업안전보건관리비 사용계획 및 사용내역 4. 건설공사의 산업재해예방 지도 계약여부, 지도 결과 및 조치내용

⑤ 안전보건대장의 작성방법

① 하나의 건설공사를 두 개 이상으로 분리하여 발주하는 경우에는 발주자, 설계자 또는
수급인은 안전보건대장을 각각 작성

이 경우 건설공사를 분리하여 발주하더라도 설계자 또는 수급인이 같은 때에는 안전
보건대장을 통합하여 작성할 수 있음

② 기본안전보건대장

가. 발주자는 건설공사 계획단계에서 ④ 안전보건대장의 내용 중 기본안전보건대장에 포함하여야 할
사항을 포함하여 기본안전보건대장[102]을 작성

나. 발주자는 기본안전보건대장의 유해·위험요인과 감소대책에 대한 설계조건을 설계자 선정 또는 설
계의 입찰 시 미리 고지하여야 함

다. 발주자는 설계자와 설계계약을 체결할 경우 기본안전보건대장을 설계자에게 제공하여야 함

---

102) 「건설공사 안전보건대장의 작성 등에 관한 고시」 별지 제1호 서식

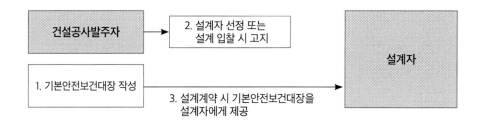

③ 설계안전보건대장의 작성

　　가. 설계자는 발주자로부터 제공받은 기본안전보건대장을 반영하여 ④ 안전보건대장의 내용 중 설계

　　　안전보건대장에 포함하여야 할 사항을 포함하여 설계안전보건대장[103]을 작성

　　나. 설계자는 기본설계 시에 설계안전보건대장을 작성하고 발주자의 확인을 받아야 하며, 실시설계[104]

　　　시에는 그 구체적인 내용을 설계서에 반영하여야 함

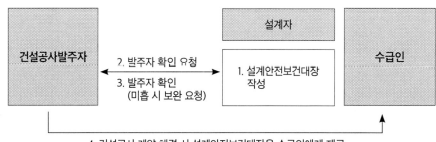

④ 공사안전보건대장의 작성

　　가. 수급인[105]은 발주자로부터 제공받은 설계안전보건대장을 반영하여 ④ 안전보건대장의 내용 중 공

　　　사안전보건대장에 포함하여야 할 사항을 포함하여 공사안전보건대장[106]을 작성

　　나. 수급인이 공사안전보건대장에 따른 안전보건조치 이행계획을 변경하고자 하는 경우 발주자에게

　　　변경요청을 하여야 하며, 발주자는 변경요청의 적정성을 검토하여 필요한 경우 변경을 승인할 수

　　　있음. 이 경우 수급인은 발주자의 요청사항을 공사안전보건대장에 반영하여야 함

---

103)　「건설공사 안전보건대장의 작성 등에 관한 고시」 별지 제2호 서식
104)　문건과 도면을 보고 직접 건설할 수 있도록 항목별로 상세하게 설계하는 일
105)　발주자로부터 해당 건설공사를 최초로 수급받은 자를 말함
106)　「건설공사 안전보건대장의 작성 등에 관한 고시」 별지 제3호 서식

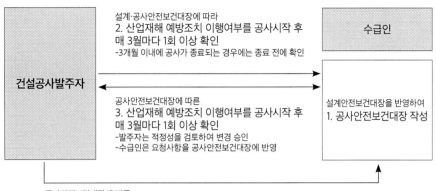

⑥ 안전보건대장의 확인 및 제공 등

① 발주자는 작성완료된 설계안전보건대장을 확인하고 산업재해 예방을 위한 설계조건이 충분하지 않을 경우 설계자에게 보완을 요청하여야 함

② 발주자는 건설공사 계약 체결 시 설계안전보건대장을 수급인에게 제공

③ 발주자는 수급인이 설계안전보건대장 및 공사안전보건대장에 따라 산업재해 예방조치를 이행하였는지 여부를 공사시작 후 매 3월마다 1회 이상 확인하여야 함(3개월 이내에 공사가 종료되는 경우에는 종료전에 확인)

⑦ 전문가의 지정

발주자는 소속 임직원을 지정하여 안전보건대장의 작성 및 확인 등의 업무를 수행하게 하여야 함

다만, 발주자의 소속 임직원이 업무를 수행하기 어려운 경우에는 다음에 해당하는 전문가를 선임하여 업무를 수행하게 할 수 있음

① 산업안전지도사(건설안전 분야에 한함) 및 건설안전기술사

② 건설안전기사 자격을 취득한 후 건설안전 분야에서 3년 이상의 실무경력이 있는 사람

③ 「국가기술자격법」에 따른 건설안전산업기사 자격을 취득한 후 건설안전 분야에서 5년 이상의 실무경력이 있는 사람

④ 법 제68조에 따른 안전보건조정자

⑧ 벌칙

위반행위	세부내용	과태료 금액(만원)		
		1차 위반	2차 위반	3차 이상 위반
건설공사의 계획, 설계 및 시공 단계에서 필요한 조치를 하지 않은 경우	-	1,000	1,000	1,000

ⓘ Tip

■ 관련고시

▶ 「건설공사 안전보건대장의 작성 등에 관한 고시」

10 / 안전보건조정자(산업안전보건법 제68조)

① 개요

2개 이상의 건설공사를 도급한 건설공사발주자는 그 2개 이상의 건설공사가 같은 장소에서 행해지는 경우에 작업의 혼재로 인하여 발생할 수 있는 산업재해를 예방하기 위하여 건설공사 현장에 안전보건조정자를 두어 혼재된 작업으로 인한 산업재해를 예방하기 위한 작업의 시기·내용 등을 조정하는 업무를 수행

② 선임대상 건설공사

안전보건조정자를 두어야 하는 건설공사는 각 건설공사의 금액의 합이 50억원 이상인 경우

③ 안전보건조정자의 자격

① 산업안전지도사

② 「건설기술 진흥법」 제2조제6호에 따른 발주청이 발주하는 건설공사인 경우 발주청이 같은 법 제49조제1항에 따라 선임한 공사감독자

③ 다음 각 목의 어느 하나에 해당하는 사람으로서 해당 건설공사 중 주된 공사의 책임감리자

　가. 「건축법」 제25조에 따라 지정된 공사감리자

　나. 「건설기술 진흥법」 제2조제5호에 따른 감리 업무를 수행하는 자

　다. 「주택법」 제43조에 따라 지정된 감리자

　라. 「전력기술관리법」 제12조에 따라 배치된 감리원

　마. 「정보통신공사업법」 제8조제2항에 따라 해당 건설공사에 대하여 감리업무를 수행하는 자

④ 「건설산업기본법」 제8조에 따른 종합공사에 해당하는 건설현장에서 관리책임자로서 3년 이상 재직한 사람

⑤ 건설안전기술사

⑥ 건설안전기사를 취득한 후 건설안전 분야에서 5년 이상의 실무경력이 있는 사람

⑦ 건설안전산업기사를 취득한 후 건설안전 분야에서 7년 이상의 실무경력이 있는 사람

④ 안전보건조정자의 업무

① 같은 장소에서 행하여지는 각각의 공사 간에 혼재된 작업의 파악

② 혼재된 작업으로 인한 산업재해 발생의 위험성 파악

③ 혼재된 작업으로 인한 산업재해를 예방하기 위한 작업의 시기·내용 및 안전보건 조치 등의 조정

④ 각각의 공사 도급인의 관리책임자 간 작업 내용에 관한 정보 공유 여부의 확인

⑤ 안전보건조정자의 선임사실 통보

안전보건조정자를 두어야 하는 건설공사발주자는 분리하여 발주되는 공사의 착공일 전날까지 안전보건조정자를 선임하거나 지정하여 각각의 공사 도급인에게 그 사실을 알려야 함

⑥ 벌칙

위반행위	세부내용	과태료 금액(만원)		
		1차 위반	2차 위반	3차 이상 위반
안전보건조정자를 두지 않은 경우	-	500	500	500

11 / 공사기간 단축·공법변경 금지 및 건설공사 기간의 연장(산업안전보건법 제69조, 제70조)

① 개요

건설공사발주자 또는 건설공사도급인은 설계도서 등에 따라 산정된 공사기간을 단축해서는 아니되며, 공사비를 줄이기 위하여 위험성이 있는 공법을 사용하거나 정당한 사유 없이 정해진 공법을 변경해서는 안됨

다만 법령에서 정하는 사유로 건설공사가 지연되어 해당 건설공사도급인이 산업재해 예방을 위하여 공사기간의 연장을 요청하는 경우에는 특별한 사유가 없으면 공사기간을 연장하여야 함

② 건설공사 기간 연장 요청(산업안전보건법 제70조)

① (건설공사도급인 → 건설공사발주자에게 요청)

건설공사도급인이 다음의 사유로 건설공사가 지연되어 산업재해 예방을 위해 건설공사발주자에게 공사기간의 연장을 요청할 수 있음

가. 태풍·홍수 등 악천후, 전쟁·사변, 지진, 화재, 전염병, 폭동, 그 밖에 계약 당사자가 통제할 수 없는 사태의 발생 등 불가항력의 사유가 있는 경우

나. 건설공사발주자에게 책임이 있는 사유로 착공이 지연되거나 시공이 중단된 경우

※ 건설공사발주자는 특별한 사유가 없으면 공시기간을 연장하여야 함

② (건설공사 관계수급인 → 건설공사도급인에게 요청)

건설공사 관계수급인은 다음의 사유로 건설공사가 지연되어 산업재해 예방을 위해 건설공사도급인에게 공사기간의 연장을 요청할 수 있음

가. 태풍·홍수 등 악천후, 전쟁·사변, 지진, 화재, 전염병, 폭동, 그 밖에 계약 당사자가 통제할 수 없는 사태의 발생 등 불가항력의 사유가 있는 경우

나. 건설공사도급인에게 책임이 있는 사유로 착공이 지연되거나 시공이 중단된 경우

※ 건설공사도급인은 특별한 사유가 없으면 공사기간을 연장하거나 건설공사발주자에게 그 기간의 연장을 요청하여야 함

③ 건설공사 기간연장 요청 절차

① 건설공사도급인이 건설공사발주자에게 요청 시

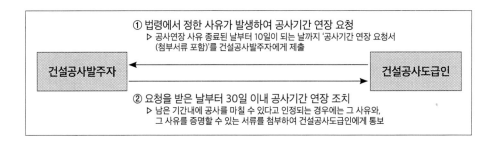

② 건설공사 관계수급인이 건설공사도급인에게 요청 시

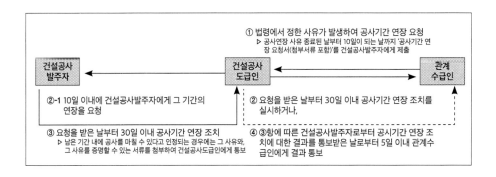

④ 벌칙

위반행위	세부내용	과태료 금액(만원)		
		1차 위반	2차 위반	3차 이상 위반
건설공사발주자가 공사기간 연장 조치를 하지 않은 경우	-	1,000	1,000	1,000
건설공사도급인이 공사기간을 연장하지 않거나 건설공사발주자에게 그 기간의 연장요청을 하지 않은 경우	-	1,000	1,000	1,000

12 / 설계변경의 요청(산업안전보건법 제71조)

① 개요

건설공사도급인 및 관계수급인은 해당 건설공사 중에 법령에서 정하는 가설구조물의 붕괴 등으로 산업재해가 발생할 위험이 있다고 판단되면 건축·토목분야 전문가의 의견을 들어 건설공사발주자에게 해당 건설공사의 설계변경을 요청할 수 있으며, 고용노동부장관으로부터 공사중지 또는 유해위험방지계획서의 변경 명령을 받은 건설공사도급인은 설계변경이 필요한 경우 건설공사발주자에게 설계변경을 요청할 수 있음

② 설계변경의 요청 대상

다음의 어느 하나에 해당하는 구조물을 설치(설치되어 있는 경우를 포함)·운용할 때 해당 구조물의 붕괴·낙하 등 재해발생의 위험이 높은 경우

① 높이 31미터 이상인 비계

② 작업발판 일체형 거푸집 또는 높이 6미터 이상인 거푸집 동바리

③ 터널의 지보공 또는 높이 2미터 이상인 흙막이 지보공

④ 동력을 이용하여 움직이는 가설구조물

③ 건축·토목분야의 전문가 범위

한국산업안전보건공단 또는 다음의 어느 하나에 해당하는 사람으로서 해당 건설공사 도급인 및 관계수급인에게 고용되지 아니하는 사람

① 「국가기술자격법」에 따른 건축구조기술사(토목공사 및 터널의 지보공 또는 높이 2미터 이상인 흙막이 지보공은 제외)

② 「국가기술자격법」에 따른 토목구조기술사(토목공사로 한정)

③ 「국가기술자격법」에 따른 토질및기초기술사(터널의 지보공 또는 높이 2미터 이상인 흙막이 지보공으로 한정)

④ 「국가기술자격법」에 따른 건설기계기술사(동력을 이용하여 움직이는 가설구조물로 한정)

④ 설계변경의 요청 방법

① (건설공사도급인 → 건설공시발주자에게 요청)

산업재해 발생 위험 시 전문가의 의견을 들어 설계변경을 요청하는 경우에는 건설공사 설계변경 요청서에 다음의 서류를 첨부하여 건설공사발주자에게 제출

가. 설계변경 요청 대상 공사의 도면

나. 당초 설계의 문제점 및 변경요청 이유서

다. 가설구조물의 구조계산서 등 당초 설계의 안전성에 관한 전문가의 검토 의견서 및 그 전문가(전문가가 안전보건공단인 경우는 제외)의 자격증 사본

라. 그 밖에 재해발생의 위험이 높아 설계변경이 필요함을 증명할 수 있는 서류

② (건설공사도급인 → 건설공사발주자에게 요청)

공사중지 또는 유해위험방지계획서의 변경 명령에 따라 설계변경을 요청하는 경우에는 건설공사 설계변경 요청서에 다음의 서류를 첨부하여 건설공사발주자에게 제출

가. 유해·위험방지계획서 심사결과 통지서

나. 지방고용노동관서의 장이 명령한 공사착공중지명령 또는 계획변경명령 등의 내용

다. 설계변경 요청 대상 공사의 도면

라. 당초 설계의 문제점 및 변경요청 이유서

마. 그 밖에 재해발생의 위험이 높아 설계변경이 필요함을 증명할 수 있는 서류

③ (건설공사 관계수급인 → 건설공사도급인 → 건설공사발주자에게 요청)

가. 관계수급인은 산업재해 발생 위험 시 전문가의 의견을 들어 건설공사도급인에게 설계변경을 요청하는 경우에는 건설공사 설계변경 요청서에 다음의 서류를 첨부하여 건설공사도급인에게 제출

　　(1) 설계변경 요청 대상 공사의 도면

　　(2) 당초 설계의 문제점 및 변경요청 이유서

　　(3) 가설구조물의 구조계산서 등 당초 설계의 안전성에 관한 전문가의 검토 의견서 및 그 전문가(전문가가 한국산업안전보건공단인 경우는 제외)의 자격증 사본

　　(4) 그 밖에 재해발생의 위험이 높아 설계변경이 필요함을 증명할 수 있는 서류

나. 설계변경을 요청받은 건설공사 도급인은 설계변경 요청서를 받은 날부터 30일 이내에 설계를 변경한 후 건설공사 설계변경 승인 통지서를 건설공사의 관계수급인에게 통보하거나, 설계변경 요청서를 받은 날부터 10일 이내에 건설공사 설계변경 요청서에 다음의 서류를 첨부하여 건설공사발주자에게 제출

　　(1) 설계변경 요청 대상 공사의 도면

　　(2) 당초 설계의 문제점 및 변경요청 이유서

　　(3) 가설구조물의 구조계산서 등 당초 설계의 안전성에 관한 전문가의 검토 의견서 및 그 전문가(전문가가 한국산업안전보건공단인 경우는 제외)의 자격증 사본

　　(4) 그 밖에 새해발생의 위험이 높아 설계변경이 필요함을 증명할 수 있는 서류

⑤ 건설공사발주자의 설계변경 승인

① 설계변경 요청을 받은 건설공사발주자는 그 요청받은 내용이 기술적으로 적용이 불가능한 명백한 경우가 아니면 이를 반영하여 설계를 변경

② 건설공사도급인에게 설계변경 요청서를 받은 날부터 30일 이내에 설계를 변경한 후 건설공사 설계변경 승인 통지서를 건설공사도급인에게 통보

③ 설계변경 요청의 내용이 기술적으로 적용이 불가능한 명백한 경우에는 건설공사 설계변경 불승인 통지서에 설계를 변경할 수 없는 사유를 증명하는 서류를 첨부하여 건설공사도급인에게 통보

④ 관계수급인으로부터 설계변경을 요청받은 건설공사도급인이 건설공사발주자로부터 설계변경 승인 통지서 또는 설계변경 불승인 통지서를 받은 경우에는 통보 받은 날로부터 5일 이내에 관계수급인에게 그 결과를 통보

⑥ 벌칙

위반행위	세부내용	과태료 금액(만원)		
		1차 위반	2차 위반	3차 이상 위반
건설공사도급인이 설계를 변경하지 않거나 건설공사발주자에게 설계변경을 요청하지 않은 경우	-	1,000	1,000	1,000
건설공사발주자가 설계를 변경하지 않은 경우	-	1,000	1,000	1,000

13 / 건설공사 등의 산업안전보건관리비 계상(산업안전보건법 제72조)

① 개요

건설공사발주자가 도급계약을 체결하거나 건설공사도급인(건설공사발주자로부터 건설공사를 최초로 도급받은 수급인은 제외하며, 건설공사의 시공을 주도하여 총괄·관리하는자를 말함. 이하 '자기공사자')이 건설공사 사업계획을 수립할 때 또는 선박의 건조 또는 수리를 최초로 도급받은 수급인은 산업재해 예방을 위하여 사용하는 비용인 산업안전보건관리비("안전보건관리비")[107]를 도급금액 또는 사업비에 계상하여 근로자의 산업재해 및 건강장해 예방에 사용

② 산업안전보건관리비 대상 공사

① 「산업재해보상보험법」의 적용을 받는 공사 중 총 공사금액 2천만원 이상인 공사

② 다음의 어느 하나에 해당되는 공사 중 단가계약에 의하여 행하는 공사에 대하여는 총 계약금액을 기준으로 적용

　가. 「전기공사업법」 제2조에 따른 전기공사로서 저압·고압 또는 특별고압 작업으로 이루어지는 공사

　나. 「정보통신공사업법」 제2조에 따른 정보통신공사

③ 산업안전보건관리비 대상액

공사원가계산서 구성항목 중 직접재료비, 간접재료비와 직접노무비를 합한 금액(발주자가 재료를 제공할 경우에는 해당 재료비를 포함)

④ 산업안전보건관리비 계상기준

① 건설공사발주자 또는 자기공사자는 안전보건관리비를 다음과 같이 계상

　가. 대상액이 5억원 미만 또는 50억원 이상일 경우에는 대상액에 아래의 계상기준표에서 정한 비율은 곱한 금액

　나. 대상액이 5억원 이상 50억원 미만일 때에는 대상액에 아래의 계상기준표에서 정한 비율을 곱한 금액에 기초액을 합한 금액

---

107) "건설업 산업안전보건관리비"란 건설사업장과 안전관리자의 자격을 갖춘 사람 1명 이상을 포함하여 3명 이상의 안전전담직원으로 구성된 안선반을 선담하는 과 또는 팀 이상의 별도 조직으로 구성된 본사 안전전담부서에서 산업재해의 예방을 위하여 법령에 규정된 사항의 이행에 필요한 비용을 말함

(단위: 원)

구 분 공사종류	대상액 5억원 미만인 경우 적용 비율(%))	대상액 5억원 이상 50억원 미만인 경우		대상액 50억원 이상인 경우 적용 비율(%)	영 별표5에 따른 보건관리자 선임 대상 건설공사의 적용비율(%)
		적용 비율 (%)	기초액		
일반건설공사(갑)	2.93%	1.86%	5,349,000원	1.97%	2.15%
일반건설공사(을)	3.09%	1.99%	5,499,000원	2.10%	2.29%
중 건 설 공 사	3.43%	2.35%	5,400,000원	2.44%	2.66%
철도·궤도신설공사	2.45%	1.57%	4,411,000원	1.66%	1.81%
특수및기타건설공사	1.85%	1.20%	3,250,000원	1.27%	1.38%

- 공사종류 및 규모별 안전보건관리비 계상기준표 -

② 발주자가 재료를 제공하거나 물품이 완제품의 형태로 제작 또는 납품되어 설치되는 경우에 해당 재료비 또는 완제품의 가액을 대상액에 포함시킬 경우의 안전보건관리비는 해당 재료비 또는 완제품의 가액을 포함시키지 않은 대상액을 기준으로 계상한 안전보건관리비의 1.2배를 초과할 수 없음

③ 하나의 사업장 내에 건설공사 종류가 둘 이상인 경우(분리발주한 경우는 제외)에는 공사금액이 가장 큰 공사종류를 적용

④ 발주자 또는 자기공사자는 설계변경 등으로 대상액의 변동이 있는 경우에는 지체 없이 안전보건관리비를 조정 계상하여야 함

설계변경 시 안전보건관리비 조정·계상 방법
1. 설계변경에 따른 안전보건관리비는 다음 계산식에 따라 산정
　○ 설계변경에 따른 안전보건관리비 = 설계변경 전의 안전보건관리비 + 설계변경으로 인한 안전보건관리비 증감액
2. 제1호의 계산식에서 설계변경으로 인한 안전보건관리비 증감액은 다음 계산식에 따라 산정
　○ 설계변경으로 인한 안전보건관리비 증감액 = 설계변경 전의 안전보건관리비 × 대상액의 증감 비율
3. 제2호의 계산식에서 대상액의 증감 비율은 다음 계산식에 따라 산정. 이 경우, 대상액은 예정가격 작성시의 대상액이 아닌 설계변경 전·후의 도급계약서상의 대상액을 말함
　○ 대상액의 증감 비율 = [(설계변경후 대상액 - 설계변경 전 대상액) / 설계변경 전 대상액] × 100%

⑤ 산업안전보건관리비 계상시기 및 방법

① 발주자는 원가계산에 의한 예정가격 작성시 안전보건관리비 계상

② 자기공사자는 원가계산에 의한 예정가격을 작성하거나 자체사업계획을 수립하는 경우 안전보건관리비 계상

③ 안전보건관리비 대상액이 구분되어 있지 않은 공사는 도급계약 또는 자체사업계획 상의 총공사금액의 70%를 대상액으로 하여 안전보건관리비 계상

④ 발주자는 계상한 안전보건관리비를 입찰 공고 등을 통해 입찰에 참가하고자 하는 자에게 알려야 함

⑤ 발주자와 수급인은 공사계약을 체결할 경우 계상된 안전보건관리비를 공사도급계약서에 별도로 표시하여야 함

⑥ 산업안전보건관리비 사용기준

① 수급인 등은 안전보건관리비를 다음의 항목별 사용기준에 따라 건설사업장에서 근무하는 근로자의 산업재해 및 건강장해 예방을 위한 목적으로만 사용하여야 함

항 목	사용기준
1. 안전관리자 등의 인건비 및 각종 업무 수당 등	가. 전담 안전·보건관리자의 인건비, 업무수행 출장비(지방고용노동관서에 선임 보고한 날 이후 발생한 비용에 한정) 및 건설용리프트의 운전자 인건비 다만, 유해·위험방지계획서 대상으로 공사금액이 50억원 이상 120억원 미만(「건설산업기본법 시행령」 별표 1에 따른 토목공사업에 속하는 공사의 경우 150억원 미만)인 공사현장에 선임된 안전관리자가 겸직하는 경우 해당 안전관리자 인건비의 50퍼센트를 초과하지 않는 범위 내에서 사용 가능
	나. 공사장 내에서 양중기·건설기계 등의 움직임으로 인한 위험으로부터 주변 작업자를 보호하기 위한 유도자 또는 신호자의 인건비나 비계 설치 또는 해체, 고소작업대 작업 시 낙하물 위험예방을 위한 하부통제, 화기작업 시 화재감시 등 공사현장의 특성에 따라 근로자 보호만을 목적으로 배치된 유도자 및 신호자 또는 감시자의 인건비
	다. 별표 1의2에 해당하는 작업을 직접 지휘·감독하는 직·조·반장 등 관리감독자의 직위에 있는 자가 영 제15조제1항에서 정하는 업무를 수행하는 경우에 지급하는 업무수당(월 급여액의 10퍼센트 이내)
2. 안전시설비 등	법·영·규칙 및 고시에서 규정하거나 그에 준하여 필요로 하는 각종 안전표지·경보 및 유도시설, 감시 시설, 방호장치, 안전·보건시설 및 그 설치비용(시설의 설치·보수·해체 시 발생하는 인건비 등 경비를 포함)

항 목	사용기준
3. 개인보호구 및 안전장구 구입비 등	각종 개인 보호장구의 구입·수리·관리 등에 소요되는 비용, 안전보건 관계자 식별용 의복 및 제1호의 안전·보건관리자 및 안전보건보조원 전용 업무용 기기에 소요되는 비용(근로자가 작업에 필요한 안전화·안전대·안전모를 직접 구입·사용하는 경우 지급하는 보상금을 포함)
4. 사업장의 안전·보건진단 비 등	법·영·규칙 및 고시에서 규정하거나 자율적으로 외부전문가 또는 전문기관을 활용하여 실시하는 각종 진단, 검사, 심사, 시험, 자문, 작업환경측정, 유해·위험방지계획서의 작성·심사·확인에 소요되는 비용, 자체적으로 실시하기 위한 작업환경 측정장비 등의 구입·수리·관리 등에 소요되는 비용과 전담 안전·보건관리자용 안전순찰차량의 유류비·수리비·보험료 등의 비용
5. 안전보건교육비 및 행사 비 등	법·영·규칙 및 고시에서 규정하거나 그에 준하여 필요로 하는 각종 안전보건교육에 소요되는 비용(현장내 교육장 설치비용을 포함), 안전보건관계자의 교육비, 자료 수집비 및 안전기원제·안전보건행사에 소요되는 비용(기초안전보건교육에 소요되는 교육비·출장비·수당을 포함. 단, 수당은 교육에 소요되는 시간의 임금을 초과할 수 없음)
6. 근로자의 건강관리비 등	법·영·규칙 및 고시에서 규정하거나 그에 준하여 필요로 하는 각종 근로자의 건강관리에 소요되는 비용(중대재해 목적에 따른 심리치료 비용을 포함) 및 작업의 특성에 따라 근로자 건강보호를 위해 소요되는 비용
7. 기술지도비	재해예방전문지도기관에 지급하는 기술지도 비용
8. 본사 사용비	안전만을 전담으로 하는 별도 조직("안전전담부서")을 갖춘 건설업체의 본사에서 사용하는 제1호부터 제7호까지의 사용항목과 본사 안전전담부서의 안전전담직원 인건비·업무수행 출장비(계상된 안전보건관리비의 5퍼센트를 초과할 수 없음)

② 안전보건관리비 사용 불가 내역

　　가. 공사 도급내역서 상에 반영되어 있는 경우

　　나. 다른 법령에서 의무사항으로 규정하고 있는 경우. 다만, 「화재예방, 소방시설, 설치·유지 및 안전관리에 관한 법률」에 따른 소화기 구매에 소요되는 비용은 사용할 수 있음

　　다. 작업방법 변경, 시설 설치 등이 근로자의 안전·보건을 일부 향상시킬 수 있는 경우라도 시공이나 작업을 용이하게 하기 위한 목적이 포함된 경우

　　라. 환경관리, 민원 또는 수방대비 등 다른 목적이 포함된 경우

　　마. 근로자의 근무여건 개선, 복리·후생 증진, 사기진작 등의 목적이 포함된 경우

　　바. 다음의 안전보건관리비 항목별 사용 불가내역

항목	사용 불가 내역
1. 안전관리자 등의 인건비 및 각종 업무 수당 등	가. 안전·보건관리자의 인건비 등 1) 안전·보건관리자의 업무를 전담하지 않는 경우(유해·위험방지계획서 제출 대상 건설공사에 배치하는 안전관리자가 다른 업무와 겸직하는 경우의 인건비는 제외) 2) 지방고용노동관서에 선임 신고하지 아니한 경우 3) 안전관리자 및 보건관리자의 자격을 갖추지 아니한 경우 ※ 선임의무가 없는 경우에도 실제 선임·신고한 경우에는 사용할 수 있음(법상 의무 선임자 수를 초과하여 선임·신고한 경우, 도급인이 선임하였으나 하도급 업체에서 추가 선임·신고한 경우, 재해예방전문기관의 기술지도를 받고 있으면서 추가 선임·신고한 경우를 포함) 나. 유도자 또는 신호자의 인건비 1) 시공, 민원, 교통, 환경관리 등 다른 목적을 포함하는 등 아래 세목의 인건비 가) 공사 도급내역서에 유도자 또는 신호자 인건비가 반영된 경우 나) 타워크레인 등 양중기를 사용할 경우 유도·신호업무만을 전담하지 않은 경우 다) 원활한 공사수행을 위하여 사업장 주변 교통정리, 민원 및 환경 관리 등의 목적이 포함되어 있는 경우 ※ 도로 확·포장 공사 등에서 차량의 원활한 흐름을 위한 유도자 또는 신호자, 공사현장 진·출입로 등에서 차량의 원활한 흐름 또는 교통 통제를 위한 교통정리 신호수 등 다. 안전·보건보조원의 인건비 1) 전담 안전·보건관리자가 선임되지 아니한 현장의 경우 2) 보조원이 안전·보건관리업무 외의 업무를 겸임하는 경우 3) 경비원, 청소원, 폐자재 처리원 등 산업안전·보건과 무관하거나 사무보조원(안전보건관리자의 사무를 보조하는 경우를 포함)의 인건비
2. 안전시설비 등 (제7조제1항제2호 관련)	원활한 공사수행을 위해 공사현장에 설치하는 시설물, 장치, 자재, 안내·주의·경고 표지 등과 공사 수행 도구·시설이 안전장치와 일체형인 경우 등에 해당하는 경우 그에 소요되는 구입·수리 및 설치·해체 비용 등 가. 원활한 공사수행을 위한 가설시설, 장치, 도구, 자재 등 1) 외부인 출입금지, 공사장 경계표시를 위한 가설울타리 2) 각종 비계, 작업발판, 가설계단·통로, 사다리 등 ※ 안전발판, 안전통로, 안전계단 등과 같이 명칭에 관계없이 공사 수행에 필요한 가시설들은 사용 불가 - 다만, 비계·통로·계단에 추가 설치하는 추락방지용 안전난간, 사다리 전도방지장치, 틀비계에 별도로 설치하는 안전난간·사다리, 통로의 낙하물방호선반 등은 사용 가능함 3) 절토부 및 성토부 등의 토사유실 방지를 위한 설비 4) 작업장 간 상호 연락, 작업 상황 파악 등 통신수단으로 활용되는 통신시설·설비 5) 공사 목적물의 품질 확보 또는 건설장비 자체의 운행 감시, 공사 진척상황 확인, 방범 등의 목적을 가진 CCTV 등 감시용 장비 ※ 다만 근로자의 재해예방을 위한 목적으로만 사용하는 CCTV에 소요되는 비용은 사용 가능함 나. 소음·환경관련 민원예방, 교통통제 등을 위한 각종 시설물, 표지 1) 건설현장 소음방지를 위한 방음시설, 분진망 등 먼지·분진 비산 방지시설 등 2) 도로 확·포장공사, 관로공사, 도심지 공사 등에서 공사차량 외의 차량유도, 안내·주의·경고 등을 목적으로 하는 교통안전시설물

항목	사 용 불 가 내 역

	나. 소음·환경관련 민원예방, 교통통제 등을 위한 각종 시설물, 표지
	 1) 건설현장 소음방지를 위한 방음시설, 분진망 등 먼지·분진 비산 방지시설 등
	 2) 도로 확·포장공사, 관로공사, 도심지 공사 등에서 공사차량 외의 차량유도, 안내·주
	   의·경고 등을 목적으로 하는 교통안전시설물
	   ※ 공사안내·경고 표지판, 차량유도등·점멸등, 라바콘, 현장경계휀스, PE드럼 등
	다. 기계·기구 등과 일체형 안전장치의 구입비용
	   ※ 기성제품에 부착된 안전장치 고장 시 수리 및 교체비용은 사용 가능.
	 1) 기성제품에 부착된 안전장치
	   ※ 톱날과 일체식으로 제작된 목재가공용 둥근톱의 톱날접촉예방장치, 플러그와 접
	     지 시설이 일체식으로 제작된 접지형플러그 등
	 2) 공사수행용 시설과 일체형인 안전시설
	라. 동일 시공업체 소속의 타 현장에서 사용한 안전시설물을 전용하여 사용할 때의 자
	   재비(운반비는 안전보건관리비로 사용할 수 있음)

3. 개인보호구 및 안전장구
   구입비 등
   (제7조제1항제3호 관련)
	근로자 재해나 건강장해 예방 목적이 아닌 근로자 식별, 복리·후생적 근무여건 개선·
	향상, 사기 진작, 원활한 공사수행을 목적으로 하는 다음 장구의 구입·수리·관리 등
	에 소요되는 비용
	가. 안전·보건관리자가 선임되지 않은 현장에서 안전·보건업무를 담당하는 현장관계
	   자용 무전기, 카메라, 컴퓨터, 프린터 등 업무용 기기
	나. 근로자 보호 목적으로 보기 어려운 피복, 장구, 용품 등
	 1) 작업복, 방한복, 방한장갑, 면장갑, 코팅장갑 등
	   ※ 다만, 근로자의 건강장해 예방을 위해 사용하는 미세먼지 마스크, 쿨토시, 아이
	     스조끼, 핫팩, 발열조끼 등은 사용 가능함
	 2) 감리원이나 외부에서 방문하는 인사에게 지급하는 보호구

4. 사업장의 안전진단비
   (제7조제1항제4호 관련)
	다른 법 적용사항이거나 건축물 등의 구조안전, 품질관리 등을 목적으로 하는 등의 다
	음과 같은 점검 등에 소요되는 비용
	가. 「건설기술진흥법」, 「건설기계관리법」 등 다른 법령에 따른 가설구조물 등의 구
	   조검토, 안전점검 및 검사, 차량계 건설기계의 신규등록·정기·구조변경·수시·확
	   인검사 등
	나. 「전기사업법」에 따른 전기안전대행 등
	다. 「환경법」에 따른 외부 환경 소음 및 분진 측정 등
	라. 민원 처리 목적의 소음 및 분진 측정 등 소요비용
	마. 매설물 탐지, 계측, 지하수 개발, 지질조사, 구조안전검토 비용 등 공사 수행 또는
	건축물 등의 안전 등을 주된 목적으로 하는 경우
	바. 공사도급내역서에 포함된 진단비용
	사. 안전순찰차량(자전거, 오토바이를 포함) 구입·임차 비용
	   ※ 안전·보건관리자를 선임·신고하지 않은 사업장에서 사용하는 안전순찰차량의 유
	     류비, 수리비, 보험료 또한 사용할 수 없음

항목	사용 불가 내 역
5. 안전보건교육비 및 행사비 등 (제7조제1항제5호 관련)	산업안전보건법령에 따른 안전보건교육, 안전의식 고취를 위한 행사와 무관한 다음과 같은 항목에 소요되는 비용 가. 해당 현장과 별개 지역의 장소에 설치하는 교육장의 설치·해체·운영비용 　※ 다만, 교육장소 부족, 교육환경 열악 등의 부득이한 사유로 해당 현장 내에 교육장 설치 등이 곤란하여 현장 인근지역의 교육장 설치 등에 소요되는 비용은 사용 가능 나. 교육장 대지 구입비용 다. 교육장 운영과 관련이 없는 태극기, 회사기, 전화기, 냉장고 등 비품 구입비 라. 안전관리 활동 기여도와 관계없이 지급하는 다음과 같은 포상금(품) 　1) 일정 인원에 대한 할당 또는 순번제 방식으로 지급하는 경우 　2) 단순히 근로자가 일정기간 사고를 당하지 아니하였다는 이유로 지급하는 경우 　3) 무재해 달성만을 이유로 전 근로자에게 일률적으로 지급하는 경우 　4) 안전관리 활동 기여도와 무관하게 관리사원 등 특정 근로자, 직원에게만 지급하는 경우 마. 근로자 재해예방 등과 직접 관련이 없는 안전정보 교류 및 자료수집 등에 소요되는 비용 　1) 신문 구독 비용 　※ 다만, 안전보건 등 산업재해 예방에 관한 전문적, 기술적 정보를 60% 이상 제공하는 간행물 구독에 소요되는 비용은 사용 가능 　2) 안전관리 활동을 홍보하기 위한 광고비용 　3) 정보교류를 위한 모임의 참가회비가 적립의 성격을 가지는 경우 바. 사회통념에 맞지 않는 안전보건 행사비, 안전기원제 행사비 　1) 현장 외부에서 진행하는 안전기원제 　2) 사회통념상 과도하게 지급되는 의식 행사비(기도비용 등을 말함) 　3) 준공식 등 무재해 기원과 관계없는 행사 　4) 산업안전보건의식 고취와 무관한 회식비 사. 「산업안전보건법」에 따른 안전보건교육 강사 자격을 갖추지 않은 자가 실시한 산업안전보건 교육비용
6. 근로자의 건강관리비 등	근무여건 개선, 복리·후생 증진 등의 목적을 가지는 다음과 같은 항목에 소요되는 비용 가. 복리후생 등 목적의 시설·기구·약품 등 　1) 간식·중식 등 휴식 시간에 사용하는 휴게시설, 탈의실, 이동식 화장실, 세면·샤워시설 　※ 분진·유해물질사용·석면해체제거 작업장에 설치하는 탈의실, 세면·샤워시설 설치비용은 사용 가능 　2) 근로자를 위한 급수시설, 정수기·제빙기, 자외선차단용품(로션, 토시 등을 말함) 　※ 작업장 방역 및 소독비, 방충비 및 근로자 탈수방지를 위한 소금정제 비, 6~10월에 사용하는 제빙기 임대비용은 사용 가능 　3) 혹서·혹한기에 근로자 건강 증진을 위한 보양식·보약 구입비용 　※ 작업 중 혹한·혹서 등으로부터 근로자를 보호하기 위한 간이 휴게시설 설치·해체·유지비용은 사용 가능 　4) 체력단련을 위한 시설 및 운동 기구 등 　5) 병·의원 등에 지불하는 진료비, 암 검사비, 국민건강보험 제공비용 등 　※ 다만, 해열제, 소화제 등 구급약품 및 구급용구 등의 구입비용은 사용 가능 나. 파상풍, 독감 등을 위한 접종 및 약품(신종플루 예방접종 비용을 포함) 다. 기숙사 또는 현장사무실 내의 휴게시설 설치·해체·유지비, 기숙사 방역 및 소독·방충비용 라. 다른 법에 따라 의무적으로 실시해야하는 건강검진 비용 등
7. 건설재해예방기술지도비	-

항목	사용 불 가 내 역
8. 본사 사용비	가. 본사에 제7조제4항의 기준에 따른 안전보건관리만을 전담하는 부서가 조직되어 있지 않은 경우 나. 전담부서에 소속된 직원이 안전보건관리 외의 다른 업무를 병행하는 경우

7 산업안전보건관리비 사용

① 수급인 또는 자기공사자는 도급금액 또는 사업비에 계상된 안전보건관리비의 범위에서 그의 관계수급인에게 해당 사업의 위험도를 고려하여 적정하게 안전보건관리비를 지급하여 사용하게 할 수 있음

② 수급인 또는 자기공사자는 해당 건설공사를 위하여 계상된 안전보건관리비를 그가 사용하는 근로자와 그의 관계수급인이 사용하는 근로자의 산업재해 및 건강장해 예방에 사용하고, 그 사용명세서[108]를 매월(공사가 1개월 이내에 종료되는 사업의 경우에는 해당 공사 종료 시를 말함) 작성하고 건설공사 종료 후 1년간 보존

③ 수급인 또는 자기공사자는 공사진척에 따른 안전보건관리비 사용기준에 따라 안전보건관리비를 사용하되, 발주자 또는 감리원은 해당 공사의 특성 등을 고려하여 사용기준을 달리 정할 수 있음

공정율	50퍼센트 이상 70퍼센트 미만	70퍼센트 이상 90퍼센트 미만	90퍼센트 이상
사용기준	50퍼센트 이상	70퍼센트 이상	90퍼센트 이상

④ 건설공사도급인 또는 선박의 건조 또는 수리를 최초로 도급받은 수급인은 안전보건관리비를 산업재해 예방 외의 목적으로 사용해서는 안됨

⑤ 발주자는 수급인이 안전보건관리비를 다른 목적으로 사용하거나 사용하지 않은 안전보건관리비에 대하여 이를 계약금액에서 감액조정하거나 반환을 요구할 수 있음

---

108) 고용노동부고시 「건설업 산업안전보건관리비 계상 및 사용기준」 별지 제1호 서식

⑧ 산업안전보건관리비 사용의 확인

① 수급인 또는 자기공사자는 안전보건관리비 사용내역에 대하여 공사 시작 후 6개월마다 1회 이상 발주자 또는 감리원의 확인을 받아야 함

　단, 6개월 이내에 공사가 종료되는 경우에는 종료시 확인을 받아야 함

② 발주자 또는 감리원은 안전보건관리비 사용내역 확인 시 기술지도 계약 체결여부, 기술지도 실시 및 개선여부 등을 확인하여야 함

⑨ 벌칙

위반행위	세부내용	과태료 금액(만원)		
		1차 위반	2차 위반	3차 이상 위반
산업안전보건관리비를 도급금액 또는 사업비에 계상하지 않거나 일부만 계상한 경우	1) 전액을 계상하지 않은 경우	계상하지 않은 금액 (다만, 1,000만원을 초과할 경우 1,000민원)	계상하지 않은 금액 (다만, 1,000만원을 초과할 경우 1,000민원)	계상하지 않은 금액 (다만, 1,000만원을 초과할 경우 1,000만원)
	2) 50% 이상 100% 미만을 계상하지 않은 경우	계상하지 않은 금액 (다만, 100만원을 초과할 경우 100만원)	계상하지 않은 금액 (다만, 300만원을 초과할 경우 300만원)	계상하지 않은 금액 (다만, 600만원을 초과할 경우 600만원)
	3) 50% 미만을 계상하지 않은 경우	계상하지 않은 금액 (다만, 100만원을 초과할 경우 100만원)	계상하지 않은 금액 (다만, 200만원을 초과할 경우 200만원)	계상하지 않은 금액 (다만, 300만원을 초과할 경우 300만원)
산업안전보건관리비 사용명세서를 작성하지 않거나 보존하지 않은 경우	1) 작성하지 않은 경우	100	500	1,000
	2) 공사 종료 후 1년간 보존하지 않은 경우	100	200	300
산업안전보건관리비를 다른 목적으로 사용한 경우(건설공사도급인만 해당)	1) 사용한 금액이 1천만원 이상인 경우	1,000	1,000	1,000
	2) 사용한 금액이 1천만원 미만인 경우	목적 외 사용금액	목적 외 사용금액	목적 외 사용금액

ⓘ Tip

■ 관련고시
　▶「건설업 산업안전보건관리비 계상 및 사용기준」

14 / 건설공사의 산업재해 예방 지도(산업안전보건법 제73조)

① 개요

일정 규모 이상의 건설공사도급인은 해당 건설공사를 하는 동안에 건설재해예방전문지도기관에서 건설 산업재해 예방을 위한 지도를 받아야 함

② 건설재해예방 지도 대상 건설공사

① 공사금액 1억원 이상 120억원 미만인 공사(토목공사업[109]에 속하는 공사는 150억원)

② 건축허가의 대상이 되는 공사[110]

③ 건설재해예방 지도 제외 공사

① 공사기간이 1개월 미만인 공사

② 육지와 연결되지 아니한 섬지역(제주특별자치도 제외)에서 이루어지는 공사

③ 안전관리사의 자격을 가진 사람을 선임하여 안전관리자의 업무만을 전담하도록 하는 공사

  (같은 광역지방자치단체의 구역 내에서 같은 사업주가 경영하는 셋 이하의 공사에 대하여 공동으로 안전관리자 자격을 가진 사람 1명을 선임한 경우를 포함)

④ 유해·위험방지계획서를 제출하여야 하는 공사

---

109) 토목공사업은 다음을 말함

건설업종	업무내용	건설공사의 예시
토목공사업	종합적인 계획·관리 및 조정에 따라 토목공작물을 설치하거나 토지를 조성·개량하는 공사	도로·항만·교량·철도·지하철·공항·관개수로·발전(전기제외)·댐·하천 등의 건설, 택지조성 등 부지조성공사, 간척·매립공사 등

110) 「건축법」제11조에 따라 건축물을 건축하거나 대수선하려는 경우 특별자치시장·특별자치도지사 또는 시장·군수·구청장의 허가를 받거나, 공장·창고·지방건축위원회의 심의를 거친 건축물을 제외한 건축물의 층수가 21층 이상이거나 연면적의 합계가 10만 제곱미터 이상인 건축물을 특별시장이나 광역시장의 허가를 받는 공사

④ **벌칙**

위반행위	세부내용	과태료 금액(만원)		
		1차 위반	2차 위반	3차 이상 위반
건설재해예방전문지도기관의 지도를 받지 않은 경우	-	200	250	300

15 / 노사협의체(산업안전보건법 제75조)

① 개요

법령에서 정하는 규모의 건설공사의 건설공사도급인은 해당 건설공사 현장에 근로자위원과 사용자위원이 같은 수로 구성되는 안전 및 보건에 관한 협의체를 구성·운영할 수 있음

이 경우 산업안전보건위원회 및 법 제64조제1항제1호에 따른 안전 및 보건에 관한 협의체를 각각 구성·운영하는 것으로 봄

② 노사협의체 설치 대상

공사금액이 120억원(「건설산업기본법 시행령」 별표 1의 종합공사를 시공하는 업종의 건설업종란 제1호에 따른 토목공사업은 150억원)이상인 건설공사를 말함

③ 노사협의체 구성

① 사용자위원과 근로자위원은 다음과 같이 구성

사용자위원	근로자위원
1. 도급 또는 하도급 사업을 포함한 전체 사업의 대표자 2. 안전관리자 1명 3. 보건관리자 1명 (보건관리자 선임대상 건설업으로 한정) 4. 공사금액이 20억원 이상인 공사의 관계수급인의 각 대표자	1. 도급 또는 하도급 사업을 포함한 전체 사업의 근로자대표 2. 근로자대표가 지명하는 명예산업안전감독관 1명 (명예산업안전감독관이 위촉되어 있지 않은 경우에는 근로자대표가 지명하는 해당 사업장 근로자 1명) 3. 공사금액이 20억원 이상인 공사의 관계수급인의 각 근로자대표

※ 노사협의체의 근로자위원과 사용자위원은 합의하여 노사협의체에 공사금액에 20억원 미만인 공사의 관계수급인 및 관계수급인 근로자대표를 위원으로 위촉할 수 있음

② 노사협의체의 위원장은 위원 중에서 호선(互選) 이 경우 근로자위원과 사용자위원 중 각 1명을 공동위원장으로 선출할 수 있음

③ 노사협의체의 위원에게 직무 수행과 관련한 사유로 불리한 처우를 해서는 안됨

④ 협의사항

① 산업재해 예방방법 및 산업재해가 발생한 경우의 대피방법

② 작업의 시작시간, 작업 및 작업장 간의 연락방법

③ 그 밖의 산업재해 예방과 관련된 사항

⑤ 회의개최

① 노사협의체의 회의는 정기회의와 임시회의로 구분하여 개최

② 정기회의는 2개월마다 노사협의체의 위원장이 소집하며, 임시회의는 위원장이 필요하다고 인정할 때에 소집

③ 회의는 근로자위원 및 사용자위원 각 과반수의 출석으로 개의하고 출석위원 과반수의 찬성으로 의결

④ 근로자대표, 명예산업안전감독관, 해당 사업의 대표자, 안전관리자 또는 보건관리자는 회의에 출석할 수 없는 경우에는 해당 사업에 종사하는 사람 중에서 1명을 지정하여 위원으로서의 직무를 대리하게 할 수 있음

⑥ 회의결과

① 노사협의체를 구성·운영하는 건설공사도급인·근로자 및 관계수급인·근로자는 노사협의체가 심의·의결한 사항을 성실하게 이행하여야 함

② 회의를 개최하고 그 결과를 회의록으로 작성하여 보존하고, 회의록에는 개최 일시 및 장소, 출석위원, 심의 내용 및 의결·결정사항, 그 밖의 토의사항을 기록·보존

③ 위원장은 노사협의체에서 심의·의결된 내용 등 회의결과와 중재 결정된 내용 등을 사내방송이나 사내보, 게시 또는 자체 정례조회, 그 밖의 적절한 방법으로 근로자에게 신속히 알려야 함

⑦ 벌칙

위반행위	세부내용	과태료 금액(만원)		
		1차 위반	2차 위반	3차 이상 위반
노사협의체가 심의·의결한 사항을 성실하게 이행하지 않은 경우	1) 건설공사도급인 또는 관계수급인이 성실하게 이행하지 않은 경우	50	250	500
	2) 근로자가 성실하게 이행하지 않은 경우	10	20	30

16 / 기계·기구 등에 대한 안전조치(산업안전보건법 제76조)

① 개요

건설공사도급인은 자신의 사업장에서 법령으로 정하는 기계·기구 또는 설비 등이 설치되어 있거나 작동하고 있는 경우 또는 이를 설치·해체·조립하는 등의 작업이 이루어지고 있는 경우에는 필요한 안전조치 및 보건조치를 하여야 함

② 안전조치 및 보건조치 대상 기계·기구 또는 설비

① 타워크레인

② 건설용 리프트

③ 항타기(해머나 동력을 사용하여 말뚝을 박는 기계) 및 항발기(박힌 말뚝을 빼내는 기계)

③ 안전조치 및 보건조치 사항

① 작업시작 전 기계·기구 등을 소유 또는 대여하는 자와 합동으로 안전점검 실시

② 작업을 수행하는 사업주의 작업계획서 작성 및 이행여부 확인

(타워크레인 및 항타기·항발기로 한정)

③ 작업에 필요한 자격·면허·경험 또는 기능을 가지고 있는지 여부 확인

(타워크레인 및 항타기·항발기로 한정)

④ 그 밖에 해당 기계·기구 또는 설비 등에 대하여 안전보건규칙에서 정하고 있는 안전보건 조치

⑤ 기계·기구 등의 결함, 작업방법과 절차 미준수, 강풍 등 이상 환경으로 인하여 작업수행 시 현저한 위험이 예상되는 경우 작업중지 조치

④ **벌칙**

◆ **산업안전보건법 제169조【벌칙】** 다음 각 호의 어느 하나에 해당하는 자는 3년 이하의 징역 또는 3천만원 이하의 벌금에 처한다.
1. 제76조를 위반한 자

◆ **산업안전보건법 제173조【양벌규정】** 법인의 대표자나 법인 또는 개인의 대리인, 사용인 그 밖의 종업원이 그 법인 또는 개인의 업무에 관하여 다음에 해당하는 위반행위를 하면 그 행위자를 벌하는 외에 그 법인 또는 개인에게 해당 조문의 벌금형을 과(科)한다. 다만, 법인 또는 개인이 그 위반행위를 방지하기 위하여 해당 업무에 관하여 상당한 주의와 감독을 게을리하지 아니한 경우에는 그러하지 아니하다.
1. 제167조제1항의 경우: 10억원 이하의 벌금
2. 제168조부터 제172조까지의 경우: 해당 조문의 벌금형

17 / 특수형태종사근로자에 대한 안전 및 보건조치(산업안전보건법 제77조)

① 개요

계약의 형식에 관계없이 근로자와 유사하게 노무를 제공하여 업무상의 재해로부터 보호할 필요가 있음에도 「근로기준법」 등이 적용되지 아니하는 자로서 특수형태근로종사자의 노무를 제공받는 자는 특수형태근로종사자의 산업재해 예방을 위하여 필요한 안전조치 및 보건조치를 하여야 하며 일부 특수형태근로종사자에 대해서는 안전 및 보건에 관한 교육을 실시하여야 함

② 특수형태근로종사자의 요건

① 법령으로 정하는 9개 직종[111]에 종사할 것

② 주로 하나의 사업에 노무를 상시적으로 제공하고 보수를 받아 생활할 것

③ 노무를 제공할 때 타인을 사용하지 아니할 것

③ 특수형태근로종사자의 범위

① 보험을 모집하는 사람으로서 다음 각 목의 어느 하나에 해당하는 자

　　가. 「보험업법」 제83조제1항제1호에 따른 **보험설계사**

　　나. 「우체국 예금·보험에 관한 법률」에 따른 **우체국보험의 모집을 전업으로 하는 사람**

② 「건설기계관리법」 제3조제1항에 따라 등록된 **건설기계를 직접 운전하는 사람**

③ 「통계법」 제22조에 따라 통계청장이 고시하는 직업에 관한 표준분류(이하 "한국표준직업분류표"라 함)의 세세분류에 따른 **학습지 교사**

④ 「체육시설의 설치·이용에 관한 법률」 제7조에 따라 직장체육시설로 설치된 골프장 또는 같은 법 제19조에 따라 체육시설업의 등록을 한 골프장에서 골프경기를 보조하는 **골프장 캐디**

⑤ 한국표준직업분류표의 세분류에 따른 택배원인 사람으로서 **택배사업**(소화물을 집화·수송 과정을 거쳐 배송하는 사업을 말함)**에서 집화 또는 배송 업무를 하는 사람**

⑥ 한국표준직업분류표의 세분류에 따른 택배원인 사람으로서 고용노동부장관이 정하

---

111) "③ 특수형태근로종사자의 범위" 참조

는 기준에 따라 주로 하나의 **퀵서비스업자로부터 업무를 의뢰받아 배송 업무를 하는 사람**

⑦ 「대부업 등의 등록 및 금융이용자 보호에 관한 법률」 제3조제1항 단서에 따른 **대출모집인**

⑧ 「여신전문금융업법」 제14조의2제1항제2호에 따른 **신용카드회원 모집인**

⑨ 고용노동부장관이 정하는 기준에 따라 주로 하나의 대리운전업자로부터 업무를 의뢰받아 **대리운전 업무를 하는 사람**

ⓘ Tip

■ 「건설기계관리법」에 따른 건설기계의 범위

건설기계명	범위
1. 불도저	무한궤도 또는 타이어식인 것
2. 굴착기	무한궤도 또는 타이어식으로 굴착장치를 가진 자체중량 1톤 이상인 것
3. 로더	무한궤도 또는 타이어식으로 적재장치를 가진 자체중량 2톤 이상인 것. 다만, 차체굴절식 조향장치가 있는 자체중량 4톤 미만인 것은 제외한다.
4. 지게차	타이어식으로 들어올림장치와 조종석을 가진 것. 다만, 전동식으로 솔리드타이어를 부착한 것 중 도로(「도로교통법」 제2조제1호에 따른 도로를 말함)가 아닌 장소에서만 운행하는 것은 제외
5. 스크레이퍼	흙·모래의 굴착 및 운반장치를 가진 자주식인 것
6. 덤프트럭	적재용량 12톤 이상인 것. 다만, 적재용량 12톤 이상 20톤 미만의 것으로 화물운송에 사용하기 위하여 자동차관리법에 의한 자동차로 등록된 것을 제외
7. 기중기	무한궤도 또는 타이어식으로 강재의 지주 및 선회장치를 가진 것. 다만, 궤도(레일)식인 것을 제외.
8. 모터그레이더	정지장치를 가진 자주식인 것
9. 롤러	1. 조종석과 전압장치를 가진 자주식인 것, 2. 피견인 진동식인 것
10. 노상안정기	노상안정장치를 가진 자주식인 것
11. 콘크리트뱃칭플랜트	골재저장통·계량장치 및 혼합장치를 가진 것으로서 원동기를 가진 이동식인 것
12. 콘크리트피니셔	정리 및 사상장치를 가진 것으로 원동기를 가진 것
13. 콘크리트살포기	정리장치를 가진 것으로 원동기를 가진 것
14. 콘크리트믹서트럭	혼합장치를 가진 자주식인 것 (재료의 투입·배출을 위한 보조장치가 부착된 것을 포함)
15. 콘크리트펌프	콘크리트배송능력이 매시간당 5세제곱미터 이상으로 원동기를 가진 이동식과 트럭적재식인 것
16. 아스팔트믹싱플랜트	골재공급장치·건조가열장치·혼합장치·아스팔트공급장치를 가진 것으로 원동기를 가진 이동식인 것
17. 아스팔트피니셔	정리 및 사상장치를 가진 것으로 원동기를 가진 것
18. 아스팔트살포기	아스팔트살포장치를 가진 자주식인 것
19. 골재살포기	골재살포장치를 가진 자주식인 것
20. 쇄석기	20킬로와트 이상의 원동기를 가진 이동식인 것
21. 공기압축기	공기토출량이 매분당 2.83세제곱미터(매제곱센티미터당 7킬로그램 기준) 이상의 이동식인 것
22. 천공기	천공장치를 가진 자주식인 것
23. 항타 및 항발기	원동기를 가진 것으로 헤머 또는 뽑는 장치의 중량이 0.5톤 이상인 것
24. 자갈채취기	자갈채취장치를 가진 것으로 원동기를 가진 것
25. 준설선	펌프식·바켓식·딧퍼식 또는 그래브식으로 비자항식인 것. 다만, 「선박법」에 따른 선박으로 등록된 것은 제외
26. 특수건설기계	제1호부터 제25호까지의 규정 및 제27호에 따른 건설기계와 유사한 구조 및 기능을 가진 기계류로서 국토교통부장관이 따로 정하는 것
27. 타워크레인	수직타워의 상부에 위치한 지브(jib)를 선회시켜 중량물을 상하, 전후 또는 좌우로 이동시킬 수 있는 것으로서 원동기 또는 전동기를 가진 것. 다만, 「산업집적활성화 및 공장설립에 관한 법률」 제16조에 따라 공장등록대장에 등록된 것은 제외

229

④ 특수형태근로종사자에 대한 교육

① 특수형태근로종사자로부터 노무를 제공받는 자는 다음의 특수형태근로종사자에 대해서는 안전 및 보건에 관한 교육을 실시[112]

　　가. 건설기계를 직접 운전하는 사람

　　나. 골프경기를 보조하는 골프장 캐디

　　다. 택배원으로서 택배사업에서 집화 또는 배송 업무를 하는 사람

　　라. 퀵서비스업자로부터 업무를 의뢰받아 배송 업무를 하는 사람

　　마. 주로 하나의 대리운전업자로부터 업무를 의뢰받아 대리운전 업무를 하는 사람

② 교육시간

교육과정	교육시간
가. 최초 노무제공 시 교육	2시간 이상 (단기간 작업[113] 또는 간헐적 작업[114]에 노무를 제공하는 경우에는 1시간 이상 실시하고, 특별교육을 실시한 경우는 면제)
나. 특별교육	16시간 이상 (최초 작업에 종사하기 전 4시간 이상 실시하고 12시간은 3개월 이내에서 분할하여 실시 가능)
	단기간 또는 간헐적 작업인 경우에는 2시간 이상

③ 교육내용

　　가. 최초 노무제공 시 교육

　　　　(1) 교통안전 및 운전안전에 관한 사항

　　　　(2) 보호구 착용에 대한 사항

　　　　(3) 산업안전 및 사고 예방에 관한 사항

　　　　(4) 산업보건, 건강진증 및 질병 예방에 관한 사항

　　　　(5) 유해·위험 작업환경 관리에 관한 사항

　　　　(6) 기계·기구의 위험성과 작업의 순서 및 동선에 관한 사항

　　　　(7) 작업 개시 전 점검에 관한 사항

　　　　(8) 정리정돈 및 청소에 관한 사항

---

112)　특수형태근로종사자는 법 제29조(근로자에 대한 안전보건교육)에 따른 정기 안전보건교육 미적용

113)　2개월 이내에 종료되는 1회성 작업

114)　연간 총 작업일수가 60일을 초과하지 않는 작업

(9) 사고 발생 시 긴급조치에 관한 사항

(10) 물질안전보건자료에 관한 사항

(11) 직무스트레스 예방 및 관리에 관한 사항

(12) 「산업안전보건법」 및 산업재해보상보험 제도에 관한 사항

※ 12개의 교육내용 중 특수형태근로자사자의 직무에 적합한 내용으로 교육 실시

나. 특별교육

(1) 안전보건교육 중 특별교육 대상 작업별 교육을 말함

④ 교육강사

가. 자체교육 시: [제4장 안전보건교육 - 1. 근로자 안전보건교육 - **4** 안전보건교육 강사 자격]의 어느 하나에 해당하는 사람

나. 특수형태근로종사자로부터 노무를 제공받는 자는 안전보건교육기관에 위탁하여 교육 실시 가능

⑤ 특수형태근로종사자에 대한 교육 면제

① 한국표준산업분류의 세분류 중 같은 종류의 업종에 6개월 이상 근무한 경험이 있는 특수형태근로종사자를 이직 후 1년 이내에 최초 노무 제공하는 경우

- 최초 노무 제공 시 교육시간의 100분의 50이상

② 특별교육 대상작업에 6개월 이상 근무한 경험이 있는 특수형태근로종사자가 다음의 어느 하나에 해당하는 경우: 특별교육 시간의 100분의 50 이상

가. 특수형태근로종사자가 이직 후 1년 이내에 최초 노무 제공되어 이직 전과 동일한 특별교육 대상작업에 종사하는 경우

나. 특수형태근로종사자가 같은 사업장 내 다른 작업에 배치된 후 1년 이내에 배치 전과 동일한 특별교육 대상작업에 종사하는 경우

③ 최초 노무제공 시 교육 또는 특별교육을 이수한 특수형태근로종사자가 같은 도급인의 사업장내에서 이전에 하던 업무와 동일한 업무에 종사하는 경우

- 소속 사업장의 변경에도 불구하고 해당 특수형태근로종사자에 대한 최초 노무제공 시 교육 또는 특별교육 면제

⑥ 벌칙

위반행위	세부내용	과태료 금액(만원)		
		1차 위반	2차 위반	3차 이상 위반
안전조치 및 보건조치를 하지 않은 경우	-	500	700	1,000
안전보건에 관한 교육을 실시하지 않은 경우	1) 최초로 노무를 제공받았을 때 교육을 실시하지 않은 경우 (1인당)	10	20	50
	2) 특별교육을 실시하지 않은 경우 (1인당)	50	100	150

18 / 배달종사자에 대한 안전조치(산업안전보건법 제78조)

① 개요

이동통신단말장치[115]로 물건의 수거·배달 등을 중개하는 자는 그 중개를 통하여 이륜자동차[116]로 물건을 수거·배달 등을 하는 자의 산업재해 예방을 위하여 필요한 안전조치 및 보건조치를 하여야 함

② 안전조치 및 보건조치

① 「산업안전보건기준에 관한 규칙」제32조(보호구의 지급 등) 제1항 10호

- 물건을 운반하거나 수거·배달하기 위하여 이륜자동차를 운행하는 작업에 종사하는 근로자에게 승차용 안전모를 지급

② 「산업안전보건기준에 관한 규칙」제32조(보호구의 지급 등) 제2항

- 사업주로부터 보호구를 받거나 착용지시를 받은 근로자는 보호구를 착용하여야 함

③ 「산업안전보건기준에 관한 규칙」제86조(탑승의 제한) 제11항

- 전조등, 제동등, 후미등, 후사경 또는 제동장치가 정상적으로 작동되지 아니하는 이륜자동차에 근로자를 탑승시켜서는 아니됨

④ 상기 법적 준수사항 이외에 보험가입, 정기적 안전교육, 이륜자동차 일상점검 정례화, 안전모외 안전의복, 장갑, 부츠 등 계절적 요인에 따른 보호구 등을 지급하여야 함

③ 벌칙

위반행위	세부내용	과태료 금액(만원)		
		1차 위반	2차 위반	3차 이상 위반
안전조치 및 보건조치를 하지 않은 경우	-	500	700	1,000

---

115) 이용자가 이동통신서비스를 이용하기 위하여 필요한 단말장치를 말함
116) 총배기량 또는 정격출력의 크기와 관계없이 1인 또는 2인의 사람을 운송하기에 석합하게 세삭된 이륜의 자동차 및 그와 유사한 구조로 되어 있는 자동차

19 / 가맹본부의 산업재해 예방조치(산업안전보건법 제79조)

① 개요

가맹본부[117]는 가맹점사업자[118]에게 가맹점의 설비나 기계, 원자재 또는 상품 등을 공급하는 경우에 가맹점사업자와 그 소속 근로자의 산업재해 예방을 위한 조치를 실시하여야 함

② 산업재해 예방을 위한 조치 내용

① 가맹점의 안전 및 보건에 관한 프로그램의 마련·시행

② 가맹본부가 가맹점에 설치하거나 공급하는 설비·기계 및 원자재 또는 상품 등에 대하여 가맹점사업자에게 안전 및 보건에 관한 정보의 제공

③ 산업재해 예방 조치 대상 가맹본부

① 「가맹사업거래의 공정화에 관한 법률」 제6조의2에 따라 등록한 정보공개서(직전 사업연도 말 기준으로 등록된 것을 말함)상 업종이 다음 중 어느 하나에 해당하는 경우로서 가맹점의 수가 200개소 이상의 가맹본부

가. 대분류가 외식업인 경우

나. 대분류가 도소매업으로서 중분류가 편의점인 경우

④ 안전 및 보건에 관한 프로그램의 내용

① 가맹본부의 안전보건경영방침 및 안전보건활동 계획

② 가맹본부의 프로그램 운영 조직구성, 역할 및 가맹점사업자에 대한 안전보건교육 지원 체계

③ 가맹점 내 위험요소 및 예방대책 등을 포함한 가맹점 안전보건매뉴얼

④ 가맹점의 재해 발생에 대비한 가맹본부 및 가맹점사업자의 조치 사항

---

117) 가맹사업과 관련하여 가맹점사업자에게 가맹점운영권을 부여하는 사업자를 말함
118) 가맹사업과 관련하여 가맹본부로부터 가맹점운영권을 부여받은 사업자를 말함

⑤ 안전 및 보건에 관한 프로그램에 대한 교육

가맹본부는 가맹점사업자에 대하여 안전 및 보건에 관한 프로그램의 내용을 연 1회 이상 교육 실시

⑥ 안전 및 보건에 관한 정보 제공 방법

① 「가맹사업거래의 공정화에 관한 법률」 제2조제9호에 따른 가맹계약서의 관계 서류에 포함하여 제공

② 가맹본부가 가맹점에 설비·기계 및 원자재 또는 상품 등을 설치하거나 공급하는 때에 제공

③ 「가맹사업거래의 공정화에 관한 법률」 제5조제4호의 가맹점사업자와 그 직원에 대한 교육·훈련 시에 제공

④ 그 밖에 프로그램 운영을 위하여 가맹본부가 가맹점사업자에 대하여 정기·수시 방문지도 시에 제공

⑤ 「정보통신망 이용촉진 및 정보보호 등에 관한 법률」 제2조제1항제1호에 따른 정보통신망[119] 등을 이용하여 수시로 제공

⑦ 벌칙

위반행위	세부내용	과태료 금액(만원)		
		1차 위반	2차 위반	3차 이상 위반
가맹점의 안전·보건에 관한 프로그램을 마련·시행하지 않거나 가맹사업자에게 안전·보건에 관한 정보를 제공하지 않은 경우	-	1,500	2,000	3,000

---

119) 전기통신을 하기 위한 기계·기구·신로 또는 그 밖에 진기통신에 필요한 실비(진기통신실비)를 이용하거나 진기통신실비와 컴퓨터 및 컴퓨터의 이용기술을 활용하여 정보를 수집·가공·저장·검색·송신 또는 수신하는 정보통신체제를 말함

제7장

유해·위험 기계 등에 대한 조치

1 / 유해하거나 위험한 기계·기구에 대한 방호조치(산업안전보건법 제80조)

① 개요

누구든지 동력으로 작동하는 기계·기구 중 법령에서 정한 것은 유해·위험 방지를 위한 방호조치를 하지 아니하고는 양도, 대여, 설치 또는 사용에 제공하거나 양도, 대여, 설치 또는 사용에 제공하거나 양도·대여의 목적으로 진열해서는 안됨

② 방호조치를 하여야 할 기계·기구

① 예초기 ② 원심기 ③ 공기압축기 ④ 금속절단기 ⑤ 지게차

⑥ 포장기계(진공포장기, 래핑기로 한정)

⑦ 작동 부분에 돌기 부분이 있는 것

⑧ 동력전달 부분 또는 속도조절 부분이 있는 것

⑨ 회전기계에 물체 등이 말려 들어갈 부분이 있는 것

③ 기계·기구에 설치하여야 하는 방호조치

기계·기구	방호조치
예초기	날접촉 예방장치
원심기	회전체 접촉 예방장치
공기압축기	압력방출장치
금속절단기	날접촉 예방장치
지게차	헤드가드, 백레스트, 전조등, 후미등, 안전벨트
포장기계	구동부 방호 연동장치
작동 부분에 돌기 부분이 있는 것	작동 부분의 돌기부분은 묻힘형으로 하거나 덮개를 부착
동력전달 부분 또는 속도조절 부분이 있는 것	동력전달부분 및 속도조절부분에는 덮개를 부착하거나 방호망을 설치
회전기계에 물체 등이 말려 들어갈 부분이 있는 것	회전기계의 물림점[120]에는 덮개 또는 울을 설치

---

120) 롤러나 톱니바퀴 등 반대방향의 두 회전체에 물려 들어가는 위험점

④ 방호조치의 확인

방호조치가 정상적인 기능을 발휘할 수 있도록 방호조치와 관련되는 장치를 상시적으로 점검하고 정비하여야 함

⑤ 방호조치 해체 시 안전보건조치 사항

방호조치의 해체	안전조치 및 보건조치 내용
1. 방호조치를 해체하려는 경우	사업주의 허가를 받아 해체
2. 방호조치를 해체한 후 그 사유가 소멸된 경우	지체없이 원상으로 회복
3. 방호조치의 기능이 상실된 것을 발견한 경우	지체없이 사업주에게 신고

⑥ 벌칙

◆ 산업안전보건법 제170조【벌칙】다음 각 호의 어느 하나에 해당하는 자는 1년 이하의 징역 또는 1천만원 이하의 벌금에 처한다.
4. 제80조제1항·제2항·제4항을 위반한 자
◆ 산업안전보건법 제173조【양벌규정】법인의 대표자나 법인 또는 개인의 대리인, 사용인 그 밖의 종업원이 그 법인 또는 개인의 업무에 관하여 다음에 해당하는 위반행위를 하면 그 행위자를 벌하는 외에 그 법인 또는 개인에게 해당 조문의 벌금형을 과(科)한다. 다만, 법인 또는 개인이 그 위반행위를 방지하기 위하여 해당 업무에 관하여 상당한 주의와 감독을 게을리하지 아니한 경우에는 그러하지 아니하다.
1. 제167조제1항의 경우: 10억원 이하의 벌금
2. 제168조부터 제172조까지의 경우: 해당 조문의 벌금형

2 / 기계·기구 등의 대여자 등의 조치(산업안전보건법 제81조)

① 개요

법령에서 정하는 기계·기구·설비 또는 건축물 등을 타인에게 대여하거나 대여받는 자는 필요한 안전조치 및 보건조치를 실시하여 기계·기구 등의 사용에 따른 산업재해를 방지하여야 함

② 대여자의 조치

① 조치하여야 할 기계·기구

1. 사무실 및 공장용 건축물	2. 이동식 크레인	3. 타워크레인
4. 불도저	5. 모터 그레이더	6. 로더
7. 스크레이퍼	8. 스크레이퍼 도저	9. 파워 셔블
10. 드래그라인	11. 클램셸	12. 버킷굴삭기
13. 트렌치	14. 항타기	15. 항발기
16. 어스드릴	17. 천공기	18. 어스오거
19. 페이퍼드레인머신	20. 리프트	21. 지게차
22. 롤러기	23. 콘크리트 펌프	24. 고소작업대

② 안전조치 및 보건조치 내용

가. 해당 기계등을 미리 점검하고 이상을 발견한 경우에는 즉시 보수하거나 그 밖에 필요한 정비를 할 것

나. 해당 기계등을 대여받은 자에게 다음 각 목의 사항을 적은 서면을 발급할 것

    (1) 해당 기계등의 성능 및 방호조치의 내용

    (2) 해당 기계등의 특성 및 사용 시의 주의사항

    (3) 해당 기계등의 수리·보수 및 점검 내역과 주요 부품의 제조일

    (4) 해당 기계등의 정밀진단 및 수리 후 안전점검 내역, 주요 안전부품의 교환이력 및 제조일

다. 사용을 위하여 설치·해체 작업(기계등을 높이는 작업을 포함)이 필요한 기계등을 대여하는 경우로서 해당 기계등의 설치·해체 작업을 다른 설치·해체업자에게 위탁하는 경우에는 다음 각 목의 사항을 준수할 것

    (1) 설치·해체업자가 기계등의 설치·해체에 필요한 법령상 자격을 갖추고 있는지와 설치·해체에 필요한 장비를 갖추고 있는지를 확인할 것

⑵ 설치·해체업자에게 제2호 각 목의 사항을 적은 서면을 발급하고, 해당 내용을 주지시킬 것

⑶ 설치·해체업자가 설치·해체 작업 시 안전보건규칙에 따른 산업안전보건기준을 준수하고 있는지를 확인 할 것

라. 해당 기계등을 대여받은 자에게 확인결과를 알릴 것

③ 대여 받는 자의 조치

① 기계·기구 등을 대여 받는 자는 그가 사용하는 근로자가 아닌 사람에게 해당 기계등을 조작하도록 하는 경우에는 다음의 안전조치 및 보건조치를 실시

가. 해당 기계등을 조작하는 사람이 관계 법령에서 정하는 자격이나 기능을 가진 사람인지 확인할 것

나. 해당 기계등을 조작하는 사람에게 다음 각 목의 사항을 주지시킬 것

⑴ 작업의 내용

⑵ 지휘계통

⑶ 연락·신호 등의 방법

⑷ 운행경로, 제한속도, 그 밖에 해당 기계등의 운행에 관한 사항

⑸ 그 밖에 해당 기계등의 조작에 따른 산업재해를 방지하기 위하여 필요한 사항

② 타워크레인을 대여받는 자는 다음의 조치를 실시

가. 타워크레인을 사용하는 작업 중에 타워크레인 장비 간 또는 타워크레인과 인접 구조물 간 충돌위험이 있으면 충돌방지장치를 설치하는 등 충돌방지를 위하여 필요한 조치를 할 것

나. 타워크레인 설치·해체 작업이 이루어지는 동안 작업과정 전반(全般)을 영상으로 기록하여 대여기간 동안 보관할 것

③ 해당 기계등을 대여하는 자가 해당 기계등의 성능 및 방호조치의 내용 등을 적은 서면[121]을 발급하지 않는 경우 해당 기계등을 대여받은 자는 해당 사항에 대한 정보 제공을 요구할 수 있음

④ 기계등을 대여받은 자가 기계등을 대여한 자에게 해당 기계등을 반환하는 경우에는 해당 기계등의 수리·보수 및 점검 내역과 부품교체 사항 등이 있는 경우 해당 사항에 대한 정보를 제공하여야 함

---

121) 1. 해당 기계등의 성능 및 방호조치의 내용
      2. 해당 기계등의 특성 및 사용 시의 주의사항
      3. 해당 기계등의 수리·보수 및 점검 내역과 주요 부품의 제조일
      4. 해당 기계등의 정밀진단 및 수리 후 안전점검 내역, 주요 안전부품의 교환이력 및 제조일

④ 기계등을 조작하는 자의 의무

① 기계등을 조작하는 사람은 다음의 사항을 지켜야 함

　　가. 작업의 내용

　　나. 지휘계통

　　다. 연락·신호 등의 방법

　　라. 운행경로, 제한속도, 그 밖에 해당 기계등의 운행에 관한 사항

　　마. 그 밖에 해당 기계등이 조작에 따른 산업재해를 방지하기 위하여 필요한 사항

⑤ 대여사항의 기록·보존

기계등을 대여하는 자는 해당 기계등의 대여에 관한 사항을 기록·보존하여야 함

■ 산업안전보건법 시행규칙 [별지 제39호서식]

기계등 대여사항 기록부

사업체	사업체명		사업장관리번호		
	사업자등록번호		전화번호		
	대표자 성명		생년월일		
	소재지				

대여 연월일	대여 기계명	보유 대수	대여 횟수	재해건수(사망자수)	비고

⑥ 대여 공장건축물에 대한 조치

공용으로 사용하는 공장건축물로서 국소배기장치, 전체환기장치, 배기처리장치 중 어느 하나에 해당하는 장치가 설치된 것을 대여하는 자는 해당 건축물을 대여받는 자가 2명 이상인 경우로서 상기의 어느 하나에 해당하는 장치를 공용으로 사용하는 경우에는 그 공용부분의 기능이 유효하게 작동되도록 하기 위하여 점검·보수 등 필요한 조치를 하여야 함

⑦ 편의제공

건축물을 대여받는 자는 국소배기장치, 소음방지를 위한 칸막이벽, 그 밖에 산업재해 예방을 위하여 필요한 설비의 설치에 관하여 해당 설비의 설치에 수반된 건축물의 변경승인, 해당 설비의 설치공사에 필요한 시설의 이용 등 편의 제공을 건축물을 대여한 자에게 요구할 수 있다. 이 경우 건축물을 대여한 자는 특별한 사정이 없으면 이에 따라야 함

⑧ 벌칙

◆ **산업안전보건법 제169[벌칙]** 다음 각 호의 어느 하나에 해당하는 자는 3년 이하의 징역 또는 3천만원 이하의 벌금에 처한다
1. 제81조를 위반한 자
◆ **산업안전보건법 제173조[양벌규정]** 법인의 대표자나 법인 또는 개인의 대리인, 사용인 그 밖의 종업원이 그 법인 또는 개인의 업무에 관하여 다음에 해당하는 위반행위를 하면 그 행위자를 벌하는 외에 그 법인 또는 개인에게 해당 조문의 벌금형을 과(科)한다. 다만, 법인 또는 개인이 그 위반행위를 방지하기 위하여 해당 업무에 관하여 상당한 주의와 감독을 게을리하지 아니한 경우에는 그러하지 아니하다.
1. 제167조제1항의 경우: 10억원 이하의 벌금
2. 제168조부터 제172조까지의 경우: 해당 조문의 벌금형

3 / 안전인증(산업안전보건법 제84조)

① 개요

유해하거나 위험한 기계·기구·설비 및 방호장치·보호구 중 근로자의 안전 및 보건에 위해(危害)를 미칠 수 있다고 인정되어 법령에서 정하는 것을 제조하거나 수입하는 자[122]는 안전인증 대상 기계·기구·설비 및 방호장치·보호구가 안전인증기준에 맞는지에 대하여 고용노동부장관이 실시하는 안전인증을 받도록 하여 산업현장에서 사용되기 전 안전성을 확보하기 위함

② 안전인증대상 기계·기구·설비 및 방호장치·보호구

① 기계·기구 및 설비

번호	기계·기구	규격 및 형식별 적용범위
1	프레스	동력으로 구동되는 프레스, 전단기 및 절곡기. 다만 다음 각 목의 어느 하나에 해당하는 프레스, 전단기 및 절곡기는 제외
2	전단기	가. 열간 단조프레스, 단조용 해머, 목재 등의 접착을 위한 압착프레스, 톰슨프레스(Tomson Press), 씨링기, 분말압축 성형기, 압출기, 고무 및 모래 등의 가압성형기, 자동터릿펀칭프레스, 다목적 작업을 위한 가공기(Ironworker), 다이스포팅프레스, 교정용 프레스 나. 스트로크가 6밀리미터 이하로서 위험한계 내에 신체의 일부가 들어갈 수 없는 구조의 프레스, 전단기 및 절곡기
3	절곡기	다. 원형 회전날에 의한 회전 전단기, 니블러, 코일 슬리터, 형강 및 봉강 전용의 전단기 및 노칭기
4	크레인	동력으로 구동되는 정격하중 0.5톤 이상 크레인(호이스트 및 차량탑재용 크레인 포함). 다만, 「건설기계관리법」의 적용을 받는 기중기는 제외
5	리프트	동력으로 구동되는 리프트. 다만, 다음 중 어느 하나에 해당하는 리프트는 제외 1) 적재하중이 0.49톤 이하인 건설용 리프트, 0.09톤 이하인 이삿짐 운반용 리프트 2) 운반구의 바닥면적이 0.5제곱미터 이하이고 높이가 0.6미터 이하인 리프트 3) 자동차정비용 리프트 4) 자동이송설비에 의하여 화물을 자동으로 반출입하는 자동화설비의 일부로 사람이 접근할 우려가 없는 전용설비는 제외

---

122) 설치·이전하거나 주요 구조부분을 변경하는 자를 포함

번호	기계·기구	규격 및 형식별 적용범위
6	압력용기	가. 화학공정 유체취급용기 또는 그 밖의 공정에 사용하는 용기(공기 또는 질소취급용기)로써 설계압력이 게이지 압력으로 0.2메가파스칼(제곱센티미터당 2킬로그램포스)을 초과한 경우. 다만, 다음 중 어느 하나에 해당하는 용기는 제외 1) 용기의 길이 또는 압력에 상관없이 안지름, 폭, 높이, 또는 단면 대각선 길이가 150밀리미터(관(管)을 이용하는 경우 호칭지름 150A) 이하인 용기 2) 원자력 용기 3) 수냉식 관형 응축기(다만, 동체측에 냉각수가 흐르고 관측의 사용압력이 동체측의 사용압력보다 낮은 경우에 한함) 4) 사용온도 섭씨 60도 이하의 물만을 취급하는 용기(다만, 대기압하에서 수용액의 인화점이 섭씨 85도 이상인 경우에는 물에 첨가제가 포함되어 있어도 됨) 5) 판형(plate type) 열교환기 6) 핀형(fin type) 공기냉각기 7) 축압기(accumulator) 8) 유압·수압·공압 실린더 9) 사람을 수용하는 압력용기 10) 차량용 탱크로리 11) 배관 및 유량계측 또는 유량제어 등의 목적으로 사용되는 배관구성품 12) 소음기 및 스트레이너(필터 포함)로서 다음의 어느 하나에 해당되는 것 　가) 플랜지 부착을 위한 용접부 이외의 용접이음매가 없는 것 　나) 동체의 바깥지름아 320밀리미터 이하이며 배관접속부 호칭지름이 동체 바깥지름의 2분의 1 이상인 것 13) 프레스·공기압축기 등 기계·기구와 일체형인 압력용기 ※ 화학공정 유체취급 용기는 증발·흡수·증류·건조·흡착 등의 화학공정에 필요한 유체를 저장·분리·이송·혼합 등에 사용되는 설비로서 탑류(증류탑, 흡수탑, 추출탑 및 감압탑 등), 반응기 및 혼합조류, 열교환기류(가열기, 냉각기, 증발기 및 응축기 등) 및 저장용기 등을 말함
7	롤러기	롤러의 압력에 따라 고무·고무화합물 또는 합성수지를 소성변형시키거나 연화시키는 롤러기로서 동력에 의하여 구동되는 롤러기. 다만, 작업자가 접근할 수 없는 밀폐형 구조로 된 롤러기는 제외
8	사출 성형기	플라스틱 또는 고무 등을 성형하는 사출성형기로서 동력에 의하여 구동되는 사출성형기. 다만, 다음 각 목의 어느 하나에 해당하는 사출성형기는 제외 가. 반응형 사출성형기 나. 압축·이송형 사출성형기 다. 장화제조용 사출성형기 라. 블로우몰딩(Blow Molding)머신

번호	기계·기구	규격 및 형식별 적용범위
9	고소 작업대	동력에 의해 사람이 탑승한 작업대를 작업 위치로 이동시키기 위한 모든 종류와 크기의 고소작업대(차량 탑재용 포함). 다만, 다음 각 목의 어느 하나에 해당하는 경우는 제외 가. 지정된 높이까지 실어 나르는 영구 설치형 승용 승강기 나. 승강 장치에 매달린 가이드 없는 케이지 다. 레일 의존형 저장 및 회수 장치 상의 승강 조작대 라. 테일 리프트(tail lift) 마. 마스트 승강 작업대 바. 승강 높이 2미터 이하의 승강대 사. 승용 및 화물용 건설 권상기 아. 「소방기본법」에 따른 소방장비
10	곤돌라	동력에 의해 구동되는 곤돌라. 다만, 크레인에 설치된 곤돌라, 엔진을 이용하여 구동되는 곤돌라, 지면에서 각도가 45도 이하로 설치된 곤돌라 및 같은 사업장 안에서 장소를 옮겨 설치하는 곤돌라는 제외

② 방호장치

번호	방호장치	규격 및 형식별 적용범위
1	프레스 및 전단기 방호장치	프레스 또는 진단기의 위험 발생 시 기계를 급정지 시키거나 위험구역으로부터 신체를 보호할 수 있는 방호장치로서 다음 각 목의 어느 하나에 해당하는 것 가. 광전자식 나. 양수조작식 다. 가드식 라. 손쳐내기식 마. 수인식
2	양중기용 과부하 방지장치	크레인, 리프트, 곤돌라, 승강기 및 고소작업대의 과부하발생 시 자동적으로 정지시키는 과부하방지장치
3	보일러 압력방출용 안전밸브	보일러 또는 압력용기에 사용하는 압력방출장치로서 스프링에 의해 작동되는 안전밸브. 다만, 다음 각 목의 어느 하나에 해당하는 안전밸브는 제외 가. 액체의 압력을 개방하는 용도로 사용하는 것 나. 설정압력이 0.1메가파스칼 미만인 것 다. 압력조정에 사용하는 언로더에 속하는 것
4	압력용기 압력 방출용 안전 밸브	

번호	방호장치	규격 및 형식별 적용범위
5	압력용기 압력방출용 파열판	가스 또는 증기에 따른 과압이나 과진공으로부터 압력용기를 보호하는데 쓰이는 파열판. 다만, 다음 각 목의 어느 하나에 해당하는 파열판은 제외 가. 액체의 압력을 개방하는 용도로 사용하는 것 나. 설정파열압력이 0.1메가파스칼 미만인 것
6	절연용 방호구 및 활선작업용 기구	절연관, 절연시트, 절연카바, 애자후드, 완금카바 및 고무블랭킷 등 충전부분을 덮을 수 있는 절연용 방호구와 활선작업용 기구 중 절연봉
7	방폭구조 전기 기계·기구 및 부품	폭발성 분위기에서 사용하는 방폭구조 전기기계·기구 및 방폭부품으로서 다음 각 목의 어느 하나에 해당하는 것 가. 내압 방폭구조 나. 압력 방폭구조 다. 안전증 방폭구조 라. 유입 방폭구조 마. 본질안전 방폭구조 바. 비점화 방폭구조 사. 몰드 방폭구조 아. 충전(充塡) 방폭구조 자. 특수 방폭구조 차. 분진 방폭구조
8	추락·낙하 및 붕괴 등의 위험 방호에 필요한 가설기자재	추락·낙하 및 붕괴 등의 위험방호에 필요한 가설기자재로서 다음 각 목의 어느 하나에 해당하는 것 가. 파이프 서포트 및 동바리용 부재 나. 조립식 비계용 부재 다. 이동식 비계용 부재 라. 작업발판 마. 조임철물 바. 받침철물(고정형 제외) 사. 조립식 안전난간 아. 가목부터 사목까지의 규정 등에 유사하거나 복합으로 구성된 부재료, 다만, 별표 2 제 11호는 적용을 제외

③ 보호구

번호	보호구	규격 및 형식별 적용범위
1	추락 및 감전 위험방지용 안전모	물체의 낙하·비래 및 추락에 따른 위험을 방지 또는 경감하거나 감전에 의한 위험을 방지하기 위하여 사용하는 안전모. 다만, 물체의 낙하·비래에 의한 위험만을 방지 또는 경감하기 위해 사용하는 안전모는 제외
2	안전화	가. 물체의 낙하·충격 또는 날카로운 물체에 의한 위험으로부터 발 또는 발등을 보호하거나 물·기름·화학물질 등으로 부터 발을 보호하기 위하여 사용하는 안전화 나. 전기로 인한 감전 또는 정전기의 인체대전을 방지하기 위하여 사용하는 안전화
3	안전장갑	가. 전기에 따른 감전을 방지하기 위한 내전압용 안전장갑 나. 화학물질이 피부를 통하여 인체에 흡수되는 것을 방지하기 위하여 사용하는 화학물질용 안전장갑
4	방진마스크	분진, 미스트 또는 흄이 호흡기를 통하여 체내에 유입되는 것을 방지하기 위하여 사용되는 방진마스크
5	방독마스크	유해물질 등에 노출되는 것을 막기 위하여 착용하는 방독마스크
6	송기마스크	산소결핍장소 또는 가스·증기·분진의 흡입 등에 의한 근로자의 건강장해 예방을 위해 사용하는 송기마스크
7	전동식 호흡보호구	분진 또는 유해물질이 호흡기를 통하여 체내에 유입되는 것을 방지하기 위하여 착봉하는 전동식 호흡용보호구
8	보호복	가. 고열작업에 의한 화상과 열중증을 방지하기 위해 사용하는 방열복 나. 화학물질이 피부를 통하여 인체에 흡수되는 것을 방지하기 위하여 사용하는 화학물질용 보호복
9	안전대	추락을 방지하기 위하여 사용하는 안전대
10	차광 및 비산물 위험방지용 보안경	눈에 해로운 자외선, 적외선 및 강렬한 가시광선 또는 비산물로부터 작업근로자의 눈을 보호하기 위하여 사용하는 보안경
11	용접용 보안면	용접 시에 발생하는 유해한 자외선, 강렬한 가시광선 또는 적외선으로부터 눈을 보호하고, 열에 의한 화상 또는 용접 파편에 의한 위험으로부터 용접자의 안면, 머리부 및 목 부분 등을 보호하기 위한 보안면
12	귀마개 또는 귀덮개	근로자의 청력을 보호하기 위하여 사용하는 귀마개 또는 귀덮개

③ 설치·이전하거나 주요 구조부분 변경 시 안전인증

① 설치·이전하는 경우 안전인증을 받아야 하는 기계

　　가. 크레인, 나. 리프트, 다. 곤돌라

② 주요 구조 부분을 변경하는 경우 안전인증을 받아야 하는 기계 및 설비

　　가. 프레스, 나. 전단기 및 절곡기, 다. 크레인, 라. 리프트, 마. 압력용기

　　바. 롤러기, 사. 사출성형기, 아. 고소작업대, 자. 곤돌라

④ 안전인증의 면제

① 전부면제

　　가. 연구·개발을 목적으로 제조·수입하거나 수출을 목적으로 제조하는 경우

　　나. 「건설기계관리법」 제13조제1항제1호부터 제3호까지에 따른 검사를 받은 경우 또는 같은 법 제18조에 따른 형식승인을 받거나 같은 조에 따른 형식신고를 한 경우

　　다. 「고압가스 안전관리법」 제17조제1항에 따른 검사를 받은 경우

　　라. 「광산안전법」 제9조에 따른 검사 중 광업시설의 설치공사 또는 변경공사가 완료되었을 때에 받는 검사를 받은 경우

　　마. 「방위사업법」 제28조제1항에 따른 품질보증을 받은 경우

　　바. 「선박안전법」 제7조에 따른 검사를 받은 경우

　　사. 「에너지이용 합리화법」 제39조제1항 및 제2항에 따른 검사를 받은 경우

　　아. 「원자력안전법」 제16조제1항에 따른 검사를 받은 경우

　　자. 「위험물안전관리법」 제8조제1항 또는 제20조제2항에 따른 검사를 받은 경우

　　차. 「전기사업법」 제63조에 따른 검사를 받은 경우

　　카. 「항만법」 제26조제1항제1호·제2호 및 제4호에 따른 검사를 받은 경우

　　타. 「화재예방, 소방시설 설치·유지 및 안전관리에 관한 법률」 제36조제1항에 따른 형식승인을 받은 경우

② 일부면제[123]

　　가. 고용노동부장관이 정하여 고시하는 외국의 안전인증기관에서 인증을 받은 경우

　　나. 국제전기기술위원회(IEC)의 국제방폭전기기계·기구 상호인정제도(IECEx Scheme)에 따라 인증을 받은 경우

　　다. 「국가표준기본법」에 따른 시험·검사기관에서 실시하는 시험을 받은 경우

　　라. 「산업표준화법」 제15조에 따른 인증을 받은 경우

---

123) 해당 인증 또는 시험이나 그 일부 항목에 한하여 안전인증을 면제

마. 「전기용품 및 생활용품 안전관리법」 제5조에 따른 안전인증을 받은 경우

※ 안전인증이 면제되는 안전인증대상 기계·기구·설비 및 방호장치·보호구를 제조하거나 수입하는 자는 해당 공산품의 출고 또는 통관전에 안전인증면제신청서[124]에 (1) 제품 및 용도설명서, (2) 연구·개발을 목적으로 사용되는 것임을 증명하는 서류를 첨부하여 안전인증기관에 제출하여야 함

⑤ 안전인증 심사의 종류 및 방법

종류	내용	처리기한
예비심사	기계 및 방호장치·보호구가 유해·위험기계등 인지를 확인하는 심사	7일
서면심사	유해·위험기계 등의 종류별 또는 형식별로 설계도면 등 유해·위험기계등의 제품기술과 관련된 문서가 법 제83조에 따른 안전인증기준에 적합한지에 대한 심사	15일 (외국에서 제조한 경우는 30일)
기술능력 및 생산체계 심사	유해·위험기계 등의 안전성능을 지속적으로 유지·보증하기 위하여 사업장에서 갖추어야 할 기술능력과 생산체계가 안전인증기준에 적합한지에 대한 심사. 다만, 다음 각 목의 어느 하나에 해당하는 경우에는 기술능력 및 생산체계 심사를 생략 가. 방호장치 및 보호구를 고용노동부장관이 정하여 고시하는 수량 이하로 수입하는 경우 나. 개별 제품심사를 하는 경우 다. 안전인증을 받은 후 같은 공정에서 제조되는 같은 종류의 안전인증대상기계등에 대하여 안전인증을 하는 경우	30일 (외국에서 제조한 경우는 45일)
제품심사	유해·위험기계 등이 서면심사 내용과 일치하는지와 유해·위험기계등의 안전에 관한 성능이 안전인증기준에 적합한지에 대한 심사 다음의 심사는 유해·위험기계등 별로 고용노동부장관이 정하여 고시하는 기준에 따라 어느 하나만을 받음 가. 개별 제품심사: 서면심사 결과가 안전인증기준에 적합할 경우에 유해·위험기계등 모두에 대하여 하는 심사 나. 형식별 제품심사: 서면심사와 기술능력 및 생산체계 심사 결과가 안전인증기준에 적합할 경우에 유해·위험기계등의 형식별로 표본을 추출하여 하는 심사	· 개별 제품심사 - 15일 · 형식별 제품심사 - 30일(방호장치와 보호구는 60일)

---

124) 산업안전보건법 시행규칙 별지 제43호

⑥ 안전인증의 표시

 안전인증을 받은 자는 안전인증을 받은 유해·위험기계등이나
이를 담음 용기 또는 포장에 안전인증의 표시를 하여야 함

⑦ 안전인증대상기계등의 사용금지 등(산업안전보건법 제87조)

① 누구든지 다음의 어느 하나에 해당하는 안전인증대상기계등을 제조·수입·양도·대여·사용하거나 양도·대여의 목적으로 진열할 수 없음

　가. 안전인증을 받지 아니한 경우

　나. 안전인증기준에 맞지 아니하게 된 경우

　다. 안전인증이 취소되거나 안전인증표시의 사용 금지 명령을 받은 경우

② 고용노동부장관은 ①항을 위반하여 안전인증대상기계등을 제조·수입·양도·대여하는 자에게 그 안전인증대상기계등을 수거하거나 파기할 것을 명할 수 있음

⑧ 벌칙

◆ **산업안전보건법 제169조【벌칙】** 다음 각 호의 어느 하나에 해당하는 자는 3년 이하의 징역 또는 3천만원 이하의 벌금에 처한다.
　1. 제87조제1항을 위반한 자
◆ **산업안전보건법 제173조【양벌규정】** 법인의 대표자나 법인 또는 개인의 대리인, 사용인 그 밖의 종업원이 그 법인 또는 개인의 업무에 관하여 다음에 해당하는 위반행위를 하면 그 행위자를 벌하는 외에 그 법인 또는 개인에게 해당 조문의 벌금형을 과(科)한다. 다만, 법인 또는 개인이 그 위반행위를 방지하기 위하여 해당 업무에 관하여 상당한 주의와 감독을 게을리하지 아니한 경우에는 그러하지 아니하다.
　1. 제167조제1항의 경우: 10억원 이하의 벌금
　2. 제168조부터 제172조까지의 경우: 해당 조문의 벌금형

ⓘ Tip

■ **관련고시**
　▶ 「안전인증·자율안전확인신고의 절차에 관한 고시」
　▶ 「위험기계기구 안전인증 고시」
　▶ 「보호구 안전인증 고시」
　▶ 「방호장치 안전인증 고시」

4 / 자율안전확인의 신고(산업안전보건법 제89조)

① 개요

안전인증대상기계등이 아닌 유해·위험한기계등으로서 법령으로 정하는 것을 제조하거나 수입하는 자는 자율안전확인대상기계등의 안전에 관한 성능이 자율안전기준에 맞는지 확인하여 고용노동부장관에게 신고하여야 함

② 자율안전확인대상 기계·기구·설비 및 방호장치·보호구

① 기계·기구 및 설비

번호	기계·설비	규격 및 형식별 적용범위
1	연삭기 또는 연마기 (휴대형은 제외)	동력에 의해 회전하는 연삭숫돌 또는 연마재 등을 사용하여 금속이나 그 밖의 가공물의 표면을 깎아내거나 절단 또는 광택을 내기 위해 사용되는 것
2	산업용 로봇	직교좌표로봇을 포함하여 3축 이상의 메니퓰레이터(엑츄에이터, 교시 펜던터를 포함한 제어기 및 통신 인터페이스를 포함)를 구비하고 전용의 제어기를 이용하여 프로그램 및 자통세어가 가능한 고정식 로봇
3	혼합기	회전축에 고정된 날개를 이용하여 내용물을 저어주거나 섞는 것. 다만, 다음 각 목의 어느 하나에 해당하는 것은 제외 가. 외통 전체를 회전시켜서 내부의 물질을 섞어주는 용기회전형 혼합기 나. 분사장치를 이용하여 물질을 섞어주는 기류교반형 혼합기 다. 혼합용기의 용량이 200리터 미만이거나 모터의 구동력이 1킬로와트 미만인 혼합기 라. 식품용
4	파쇄기 또는 분쇄기	암석이나 금속 또는 플라스틱 등의 물질을 필요한 크기의 작은 덩어리 또는 분체로 부수는 것. 다만, 다음 각 목의 어느 하나에 해당하는 경우는 제외 가. 식품용 나. 시간당 파쇄 또는 분쇄용량이 50킬로그램 미만인 것
5	식품가공용 기계 (파쇄·절단·혼합·제면기)	가. 식품파쇄기: 채소, 육류, 곡물 또는 어류 등의 식품을 으깨는 것. 다만, 다음의 어느 하나에 해당되는 것은 제외 　1) 구동모터의 용량이 1.2킬로와트 이하인 것 　2) 가정용으로 사용되는 것 나. 식품절단기: 채소, 육류, 곡물 또는 어류 등의 식품을 일정 크기로 자르는 것. 다만, 다음의 어느 하나에 해당되는 것은 제외 　1) 구동모터의 용량이 1.2킬로와트 이하인 것 　2) 가정용으로 사용되는 것

번호	기계·설비	규격 및 형식별 적용범위
5	식품가공용 기계 (파쇄·절단·혼합· 제면기)	다. 식품혼합기: 채소, 육류, 곡물 또는 어류 등을 혼합하는 기계 다만, 다음의 어느 하나에 해당되는 것은 제외 1) 외통 전체를 회전시켜서 내부의 물질을 섞어주는 용기회전형 혼합기 2) 구동모터의 용량이 1.2킬로와트 이하인 것 3) 가정용으로 사용되는 것 라. 제면기: 밀가루, 메밀가루 등 분말형태의 곡물을 일정한 길이의 면으로 뽑아내는 기계. 다만, 다음의 어느 하나에 해당되는 것은 제외 1) 구동모터의 용량이 1.2킬로와트 이하인 것 2) 가정용으로 사용되는 것
6	컨베이어	재료·반제품·화물 등을 동력에 의하여 자동적으로 연속 운반하는 것으로서 다음 각 목의 어느 하나에 해당하는 컨베이어. 다만, 이송거리가 3미터 이하인 컨베이어는 제외 가. 벨트 또는 체인컨베이어　나. 롤러 컨베이어 다. 트롤리 컨베이어　라. 버킷 컨베이어 마. 나사 컨베이어
7	자동차 정비용 리프트	하중 적재장치에 차량을 적재한 후 동력을 사용하여 차량을 들어올려 점검 및 정비 작업에 사용되는 장치
8	공작기계 (선반, 드릴기, 평삭·형삭기, 밀링기)	가. 선반: 회전하는 축(주축)에 공작물을 장착하고 고정되어 있는 절삭공구를 사용하여 원통형의 공작물을 가공하는 공작기계 나. 드릴기: 공작물을 테이블 위에 고정시키고 주축에 장착된 드릴공구를 회전시켜서 축방향으로 이송시키면서 공작물에 구멍가공하는 공작기계 다. 평삭기: 공작물을 테이블 위에 고정시키고 절삭공구를 수평왕복시키면서 공작물의 평면을 가공하는 공작기계 라. 형삭기: 공작물을 테이블 위에 고정시키고 램(ram)에 의하여 절삭공구가 상하 운동하면서 공작물의 수직면을 절삭하는 공작기계 마. 밀링기: 여러 개의 절삭날이 부착된 절삭공구의 회전운동을 이용하여 고정된 공작물을 가공하는 공작기계
9	고정형 목재가 공용기계 (둥근톱, 대패, 루타기, 띠톱, 모떼기 기계)	가. 둥근톱기계: 고정된 둥근톱 날의 회전력을 이용하여 목재를 절단가공을 하는 기계 나. 기계대패: 공작물을 이송시키면서 회전하는 대팻날로 평면 깎기, 홈 깎기 또는 모떼기 등의 가공을 하는 기계 다. 루타기: 고속 회전하는 공구를 이용하여 공작물에 조각, 모떼기, 잘라내기 등의 가공작업을 하는 기계 라. 띠톱기계: 프레임에 부착된 상하 또는 좌우 2개의 톱바퀴에 엔드레스형 띠톱을 걸고 팽팽하게 한 상태에서 한 쪽 구동 톱바퀴를 회전시켜 목재를 가공 하는 기계 마. 모떼기기계: 공구의 회전운동을 이용하여 곡면절삭, 곡선절삭, 홈붙이 작업 등에 사용되는 기계
10	인쇄기	판면에 잉크를 묻혀 종이, 필름, 섬유 또는 이와 유사한 재질의 표면에 대고 눌러 인쇄작업을 하는 기계. 이 경우, 절단기, 제본기, 종이반전기 등 설비 부속 장치를 포함

② 방호장치

번호	방호장치	규격 및 형식별 적용범위
1	아세틸렌 용접장치 및 가스집합 용접장치용 안전기	아세틸렌 또는 가스집합 용접장치에 사용하는 역화방지기
2	교류아크 용접기용 자동전격 방지기	교류아크용접기(엔진 구동형 포함)에 사용하는 자동전격방지기
3	롤러기 급정지장치	고무, 고무화합물 또는 합성수지를 소성변형시키거나 연화시키는 롤러기에 사용하는 급정지장치
4	연삭기 덮개	연삭숫돌의 덮개. 다만, 연삭숫돌의 직경이 50밀리미터 미만인 연삭기의 덮개는 제외
5	목재가공용 둥근톱 반발예방장치 및 날접촉예방장치	목재가공용 둥근톱에 부착하여 사용하는 반발예방장치 또는 날 접촉예방장치
6	동력식 수동대패용 칼날접촉방지장치	동력식 수동대패기에 사용하는 칼날접촉 방지장치
7	산업용 로봇 안전매트	복합동작을 할 수 있는 산업용 로봇의 작업에 사용하는 압력감지형 안전매트
8	추락·낙하 및 붕괴 등의 위험방호에 필요한 가설기자재	추락·낙하 및 붕괴 등의 위험방호에 필요한 가설기자재 부품으로서 다음 각 목의 어느 하나에 해당 하는 것 가. 선반지주 나. 단관비계용 강관 다. 고정형 받침철물 라. 달비계용 및 부재(달기체인 및 달기틀) 마. 방호선반 바. 엘리베이터 개구부용 난간틀 사. 측벽용 브래킷

③ 보호구(안전인증대상 보호구는 제외)

번호	보호구	규격 및 형식별 적용범위
1	안전모	물체의 낙하·비래에 의한 위험을 방지 또는 경감하기 위하여 사용하는 안전모
2	보안경	날아오는 물체에 의한 위험 또는 위험물질의 비산에 의한 위험으로부터 눈을 보호하기 위하여 사용하는 보안경
3	보안면	날아오는 물체에 의한 위험 또는 위험물질 비산에 의한 위험으로부터 안면부를 보호하기 위하여 사용하는 보안면

③ 신고의 면제

① 연구·개발을 목적으로 제조·수입하거나 수출을 목적으로 제조하는 경우

② 안전인증을 받은 경우(안전인증이 취소되거나 안전인증표시의 사용 금지 명령을 받은 경우는 제외)

③ 「농업기계화촉진법」 제9조에 따른 검정을 받은 경우

④ 「산업표준화법」 제15조에 따른 인증을 받은 경우

③ 「전기용품 및 생활용품 안전관리법」 제5조 및 제8조에 따른 안전인증 및 안전검사를 받은 경우

⑥ 국제전기기술위원회의 국제방폭 전기기계·기구 상호인정제도에 따라 인증을 받은 경우

④ 자율안전확인의 표시

 자율안전확인의 신고를 한 자는 자율안전확인대상기계등이나 이를 담은 용기 또는 포장에 자율안전확인의 표시를 하여야 함

⑤ 자율안전확인대상기계등의 신고방법

① 자율안전확인대상기계등을 출고하거나 수입하기 전에 자율안전확인 신고서[125]와 제품의 설명서, 자율안전확인대상기계등의 자율안전기준을 충족함을 증명하는 서류를 안전보건공단에 제출

② 안전보건공단은 자율안전확인의 신고를 받은 날부터 15일 이내에 자율안전확인 신고 증명서를 신고인에게 발급

⑥ 자율안전확인대상기계등의 사용금지 등(산업안전보건법 제92조)

① 누구든지 다음의 어느 하나에 해당하는 자율안전확인대상기계등을 제조·수입·양도·대여·사용하거나 양도·대여의 목적으로 진열할 수 없음

---

125) 산업안전보건법 시행규칙 별지 제48호

가. 자율안전확인의 신고를 하지 아니한 경우

나. 거짓이나 그 밖의 부정한 방법으로 신고를 한 경우

다. 자율안전확인대상기계등의 안전에 관한 성능이 자율안전기준에 맞지 아니하게 된 경우

라. 자율안전확인표시의 사용 금지 명령을 받은 경우

② 고용노동부장관은 ①항을 위반하여 자율안전확인대상기계등을 제조·수입·양도·대여하는 자에게 그 자율안전확인대상기계등을 수거하거나 파기할 것을 명할 수 있음

⑦ 벌칙

◈ **산업안전보건법 제170조【벌칙】** 다음 각 호의 어느 하나에 해당하는 자는 1년 이하의 징역 또는 1천만원 이하의 벌금에 처한다.
   4. 제92조제1항을 위반한 자
◈ **산업안전보건법 제173조【양벌규정】** 법인의 대표자나 법인 또는 개인의 대리인, 사용인 그 밖의 종업원이 그 법인 또는 개인의 업무에 관하여 다음에 해당하는 위반행위를 하면 그 행위자를 벌하는 외에 그 법인 또는 개인에게 해당 조문의 벌금형을 과(科)한다. 다만, 법인 또는 개인이 그 위반행위를 방지하기 위하여 해당 업무에 관하여 상당한 주의와 감독을 게을리하지 아니한 경우에는 그러하지 아니하다.
   1. 제167조제1항의 경우: 10억원 이하의 벌금
   2. 제168조부터 제172조까지의 경우: 해당 조문의 벌금형

> **ⓘ Tip**
>
> ■ **관련고시**
> ▶ 「안전인증·자율안전확인신고의 절차에 관한 고시」
> ▶ 「위험기계기구 자율안전확인 고시」
> ▶ 「보호구 자율안전확인 고시」
> ▶ 「방호장치 안전인증 고시」

5 / 안전검사(산업안전보건법 제93조)

① 개요

유해하거나 위험한 기계·기구·설비로서 법령에서 정하는 것을 사용하는 사업주[126]는 안전검사대상기계등의 안전에 관한 성능이 안전검사 기준에 맞는지에 대하여 안전검사를 받아 안전검사대상기계등의 사용중 지속적인 안전성 확보[127]

② 안전검사 대상 기계·기구·설비

① 기계·기구 및 설비

번호	기계기구	규격 및 형식별 적용범위
1	프레스	동력으로 구동되는 프레스 및 전단기로서 압력능력이 3톤 이상은 적용 다만, 다음 각 목의 어느 하나에 해당하는 기계는 제외 가. 열간 단조프레스, 단조용 해머, 목재 등의 접착을 위한 압착프레스, 톰슨프레스(Tomson Press), 씨링기, 분말압축 성형기, 압출기 및 절곡기, 고무 및 모래 등의 가압성형기, 자동터릿펀칭프레스, 다목적 작업을 위한 가공기(Ironworker), 다이스포팅프레스, 교정용 프레스
2	전단기	나. 스트로크가 6밀리미터 이하로서 위험한계 내에 신체의 일부가 들어갈 수 없는 구조의 프레스 및 전단기 다. 원형 회전날에 의한 회전 전단기, 니블러, 코일 슬리터, 형강 및 봉강 전용의 전단기 및 노칭기
3	크레인	동력으로 구동되는 것으로서 정격하중이 2톤 이상은 적용 다만, 다음의 어느 하나에 해당하는 경우는 제외 가. 「건설기계관리법」의 적용을 받는 건설기계 나. 달기구를 집게로 사용하여 와이어로프에 의해 권상·권하되지 않고 집게가 붐에 직접 부착된 차량(재활용 처리 크레인) 다. 차량 견인 및 구난을 목적으로 제작된 차량
4	리프트	적재하중이 0.5톤 이상인 리프트(이삿짐 운반용 리프트는 적재하중이 0.1톤 이상인 경우)는 적용. 다만, 간이리프트, 운반구 운행거리가 3미터 이하인 산업용 리프트, 자동이송설비에 의하여 화물을 자동으로 반출입하는 자동화설비의 일부로 사람이 접근할 우려가 없는 전용설비는 제외

---

126) 근로자를 사용하지 아니하고 사업을 하는 자를 포함
127) 안전검사대상기계등을 사용하는 사업주와 소유자가 다른 경우에는 안전검사대상기계등의 소유자가 안전검사를 받아야 함

번호	기계기구	규격 및 형식별 적용범위
5	압력용기	가. 화학공정 유체취급용기 또는 그 밖의 공정에 사용하는 용기(공기 또는 질소취급용기)로써 설계압력이 게이지 압력으로 0.2메가파스칼(2kgf/㎠)을 초과한 경우 다만, 다음 중 어느 하나에 해당하는 용기는 제외 　1) 용기의 길이 또는 압력에 상관없이 안지름, 폭, 높이, 또는 단면 대각선 길이가 150밀리미터(관(管)을 이용하는 경우 호칭지름 150A) 이하인 용기 　2) 원자력 용기 　3) 수냉식 관형 응축기(다만, 동체측에 냉각수가 흐르고 관측의 사용압력이 동체측의 사용압력보다 낮은 경우에 한함) 　4) 사용온도 섭씨 60도 이하의 물만을 취급하는 용기(다만, 대기압하에서 수용액의 인화점이 섭씨 85도 이상인 경우에는 물에 미량의 첨가제가 포함되어 있어도 됨) 　5) 판형(plate type) 열교환기 　6) 핀형(fin type) 공기냉각기 　7) 축압기(accumulator) 　8) 유압·수압·공압 실린더 　9) 사람을 수용하는 압력용기 　10) 차량용 탱크로리 　11) 배관 및 유량계측 또는 유량제어 등의 목적으로 사용되는 배관구성품 　12) 소음기 및 스트레이너(필터 포함)로서 다음의 어느 하나에 해당되는 것 　　가) 플랜지 부착을 위한 용접부 이외의 용접이음매가 없는 것 　　나) 동체의 바깥지름이 320밀리미터 이하이며 배관접속부 호칭지름이 동체 바깥지름의 2분의 1 이상인 것 　13) 기계·기구의 일부가 압력용기의 동체 또는 경판 등 압력을 받는 부분을 이루는 것 　14) 사용압력(단위:MPa)과 용기 내용적(단위:㎥)의 곱이 0.1 미만인 것으로서 다음의 어느 하나에 해당되는 것 　　가) 기계·기구의 구성품인 것 　　나) 펌프 또는 압축기 등 가압장치의 부속설비로서 밀봉, 윤활 또는 열교환을 목적으로 하는 것(다만, 취급유체가 해당 공정의 유체 또는 안전보건규칙 별표 1의 위험물질에 해당되지 않는 경우에 한함) 　15) 제품을 담아 판매·공급하는 것을 목적으로 하는 운반용 용기 　16) 공정용 직화식 튜브형 가열기 　17) 산업용 이외에서 사용하는 밀폐형 팽창탱크 　18) 안전검사 대상 기계·기구의 구성품인 것 　19) 소형 공기압축기(압력용기 상부에 왕복동 압축장치를 고정·부착한 형태의 것)의 구성품인 것 　20) 사용압력이 2kgf/㎠ 미만인 압력용기 나. 용기의 검사범위 　1) 용접접속으로 외부배관과 연결된 경우 첫 번째 원주방향 용접이음까지 　2) 나사접속으로 외부 배관과 연결된 경우 첫 번째 나사이음까지 　3) 플랜지 접속으로 외부 배관과 연결된 경우 첫 번째 플랜지면까지 　4) 부착물을 직접 내압부에 용접하는 경우 그 용접 이음부까지 　5) 맨홀, 핸드홀 등의 압력을 받는 덮개판, 용접이음, 볼트·너트 및 개스킷을 포함 ※ 화학공정 유체취급 용기는 증발·흡수·증류·건조·흡착 등의 화학공정에 필요한 유체를 저장·분리·이송·혼합 등에 사용되는 설비로서 탑류(증류탑, 흡수탑, 추출탑 및 감압탑 등), 반응기 및 혼합조류, 열교환기류(가열기, 냉각기, 증발기 및 응축기 등) 필터류 및 저장용기 등을 말하며, 산업안전보건기준에 관한 규칙 별표 1에 따른 위험물질을 취급 하는 용기도 포함
6	곤돌라	동력으로 구동되는 곤돌라에 한정하여 적용 다만, 크레인에 설치된 곤돌라, 동력으로 엔진구동 방식을 사용하는 곤돌라, 지면에서 각도가 45° 이하로 설치된 곤돌라는 제외

번호	기계기구	규격 및 형식별 적용범위
7	국소 배기장치	다음의 어느 하나에 해당하는 유해물질(49종)에 따른 건강장해를 예방하기 위하여 설치한 국소배기장치에 한정하여 적용(이동식은 제외) ① 디아니시딘과 그 염 ② 디클로로벤지딘과 그 염 ③ 베릴륨 ④ 벤조트리클로리드 ⑤ 비소 및 그 무기화합물 ⑥ 석면 ⑦ 알파-나프틸아민과 그 염 ⑧ 염화비닐 ⑨ 오로토-톨리딘과 그 염 ⑩ 크롬광 ⑪ 크롬산 아연 ⑫ 황화니켈 ⑬ 휘발성 콜타르피치 ⑭ 2-브로모프로판 ⑮ 6가크롬 화합물 ⑯ 납 및 그 무기화합물 ⑰ 노말헥산 ⑱ 니켈(불용성 무기화합물) ⑲ 디메틸포름아미드 ⑳ 벤젠 ㉑ 이황화탄소 ㉒ 카드뮴 및 그 화합물 ㉓ 톨루엔-2,4-디이소시아네이트 ㉔ 트리클로로에틸렌 ㉕ 포름알데히드 ㉖ 메틸클로로포름(1,1,1-트리클로로에탄) ㉗ 곡물분진 ㉘ 망간 ㉙ 메틸렌디페닐디이소시아네이트(MDI) ㉚ 무수프탈산 ㉛ 브롬화메틸 ㉜ 수은 ㉝ 스티렌 ㉞ 시클로헥사논 ㉟ 아닐린 ㊱ 아세토니트릴 ㊲ 아연(산화아연) ㊳ 아크릴로니트릴 ㊴ 아크릴아미드 ㊵ 알루미늄 ㊶ 디클로로메탄(염화메틸렌) ㊷ 용접흄 ㊸ 유리규산 ㊹ 코발트 ㊺ 크롬 ㊻ 탈크(활석) ㊼ 톨루엔 ㊽ 황산알루미늄 ㊾ 황화수소 다만, 최근 2년 동안 작업환경측정결과가 노출기준 50% 미만인 경우에는 적용 제외
8	원심기	액체·고체 사이에서의 분리 또는 이 물질들 중 최소 2개를 분리하기 위한 목적으로 쓰이는 동력에 의해 작동되는 산업용 원심기는 적용 다만, 다음 각 목의 어느 하나에 해당하는 원심기는 제외 가. 회전체의 회전운동에너지가 750J 이하인 것 나. 최고 원주속도가 300m/s를 초과하는 원심기 다. 원자력에너지 제품 공정에만 사용되는 원심기 라. 자동조작설비로 연속공정과정에 사용되는 원심기 마. 화학설비에 해당되는 원심기
9	롤러기	롤러의 압력에 의하여 고무, 고무화합물 또는 합성수지를 소성변형 시키거나 연화시키는 롤러기로서 동력에 의하여 구동되는 롤러기는 적용. 다만, 작업자가 접근할 수 없는 밀폐형 구조로 된 롤러기는 제외
10	사출 성형기	플라스틱 또는 고무 등을 성형하는 사출성형기로서 동력에 의하여 구동되는 사출성형기는 적용 다만, 다음 각 목의 어느 하나에 해당하는 사출형성형기는 제외 가. 클램핑 장치를 인력으로 작동시키는 사출성형기 나. 반응형 사출성형기 다. 압축·이송형 사출성형기 라. 장화제조용 사출성형기 마. 형 체결력이 294kN 미만인 사출성형기 바. 블로우몰딩(Blow Molding) 머신
11	고소 작업대	동력에 의해 사람이 탑승한 작업대를 작업 위치로 이동시키는 것으로서 차량탑재형 고소작업대(「자동차관리법」 제3조에 따른 화물·특수자동차의 작업부에 고소장비를 탑재한 것)에 한정하여 적용. 다만, 다음 각 목의 어느 하나에 해당하는 경우는 제외 가. 테일 리프트(tail lift) 나. 승강 높이 2미터 이하의 승강대 다. 항공기 지상 지원 장비 라. 「소방기본법」에 따른 소방장비 마. 농업용 고소작업차(「농업기계화촉진법」에 따른 검정 제품에 한함)

번호	기계기구	규격 및 형식별 적용범위
12	컨베이어	재료·반제품·화물 등을 동력에 의하여 단속 또는 연속 운반하는 벨트·체인·롤러·트롤리·버킷·나사 컨베이어가 포함된 컨베이어 시스템 다만, 다음 각 목의 어느 하나에 해당하는 것 또는 구간은 제외 가. 구동부 전동기 정격출력의 합이 1.2kW 이하인 것 나. 컨베이어 시스템 내에서 벨트·체인·롤러·트롤리·버킷·나사 컨베이어의 총 이송거리 합이 10미터 이하인 것. 이 경우 마목부터 파목까지에 해당되는 구간은 이송거리에 포함하지 않는다. 다. 무빙워크 등 사람을 운송하는 것 라. 항공기 지상지원 장비(항공기에 화물을 탑재하는 이동식 컨베이어) 마. 식당의 식판운송용 등 일반대중이 사용하는 것 또는 구간 바. 항만법, 광산안전법 및 공항시설법의 적용을 받는 구역에서 사용하는 것 또는 구간 사. 컨베이어 시스템 내에서 벨트·체인·롤러·트롤리·버킷·나사 컨베이어가 아닌 구간 아. 밀폐 구조의 것으로 운전 중 가동부에 사람의 접근이 불가능한 것 또는 구간. 이 경우 컨베이어 시스템이 투입구와 배출구를 제외한 상·하·측면이 모두 격벽으로 둘러싸인 경우도 포함되며, 격벽에 점검문이 있는 경우 다음 중 어느 하나의 조치로 운전 중 사람의 접근이 불가능한 것을 포함함. 　1) 점검문을 열면 컨베이어 시스템이 정지하는 경우 　2) 점검문을 열어도 내부에 철망, 감응형 방호장치 등이 설치되어 있는 경우 자. 산업용 로봇 셀 내에 설치된 것으로 사람의 접근이 불가능한 것 또는 구간 이 경우 산업용 로봇 셀은 방책, 감응형 방호장치 등으로 보호되는 경우에 한한다. 차. 최대 이송속도가 150mm/s 이하인 것으로 구동부 등 위험부위가 노출되지 않아 사람에게 위험을 미칠 우려가 없는 것 또는 구간 카. 도장공정 등 생산 품질 등을 위하여 사람의 출입이 금지되는 장소에 사용되는 것으로 감응형 방호장치 등이 설치되어 사람이 접근할 우려가 없는 것 또는 구간 타. 스태커(stacker) 또는 이와 유사한 구조인 것으로 동력에 의하여 스스로 이동이 가능한 이동식 컨베이어(mobile equipment) 시스템 또는 구간 파. 개별 자력추진 오버헤드 컨베이어(self propelled overhead conveyor) 시스템 또는 구간 ※ 검사의 단위구간은 컨베이어 시스템 내에서 제어구간단위(제어반 설치 단위)로 구분. 다만, 필요한 경우 공정구간단위로 구분할 수 있음
13	산업용 로봇	3개 이상의 회전관절을 가지는 다관절 로봇이 포함된 산업용 로봇 셀에 적용 다만, 다음 각 목의 어느 하나에 해당하는 경우는 제외 가. 공구중심점(TCP)의 최대 속도가 250mm/s 이하인 로봇으로만 구성된 산업용 로봇 셀 나. 각 구동부 모터의 정격출력이 80W 이하인 로봇으로만 구성된 산업용 로봇 셀 다. 최대 동작영역(툴 장착면 또는 설치 플랜지 wrist plates 기준)이 로봇 중심축으로부터 0.5m 이하인 로봇으로만 구성된 산업용 로봇 셀 라. 설비 내부에 설치되어 사람의 접근이 불가능한 셀 이 경우 설비는 밀폐되어 로봇과의 접촉이 불가능하며, 점검문 등에는 연동장치가 설치되어 있고 이를 개방할 경우 운전이 정지되는 경우에 한함 마. 재료 등의 투입구와 배출구를 제외한 상·하·측면이 모두 격벽으로 둘러싸인 셀. 이 경우 투입구와 배출구에는 감응형 방호장치가 설치되고, 격벽에 점검문이 있더라도 점검문을 열면 정지하는 경우에 한함 바. 도장공정 등 생산 품질 등을 위하여 정상운전 중 사람의 출입이 금지되는 장소에 설치된 셀, 이 경우 출입문에는 연동장치 및 잠금장치가 설치되고, 출입문 이외의 개구부에는 감응형 방호장치 등이 설치되어 사람이 접근할 우려가 없는 경우에 한함 사. 로봇 주위 전 둘레에 높이 1.8m 이상의 방책이 설치된 것으로 방책의 출입문을 열면 로봇이 정지되는 셀. 이 경우 출입문 이외의 개구부가 없고, 출입문 연동장치는 문을 닫아도 바로 재기동이 되지 않고 별도의 기동장치에 의해 재기동 되는 구조에 한함 아. 연속적으로 연결된 셀과 셀 사이에 인접한 셀로서, 셀 사이에는 방책, 감응형 방호장치 등이 설치되고, 셀 사이를 제외한 측면에 높이 1.8m 이상의 방책이 설치된 것으로 출입문을 열면 로봇이 정지되는 셀. 이 경우 방책이 설치된 구간에는 출입문 이외의 개구부가 없는 경우에 한정

③ 안전검사의 주기

크레인(이동식 크레인은 제외) 리프트(이삿짐운반용 리프트는 제외) 곤돌라	사업장에 설치가 끝난 날부터 3년 이내에 최초 안전검사를 실시하되, 그 이후부터 2년마다(건설현장에서 사용하는 것은 최초로 설치한 날부터 6개월마다)
이동식 크레인 이삿짐운반용 리프트 고소작업대	「자동차관리법」 제8조에 따른 신규등록 이후 3년 이내에 최초 안전검사를 실시하되, 그 이후부터 2년마다
프레스, 전단기, 압력용기, 국소 배기장치, 원심기, 롤러기, 사출성형기, 컨베이어 및 산업용 로봇	사업장에 설치가 끝난 날부터 3년 이내에 최초 안전검사를 실시하되, 그 이후부터 2년마다(공정안전보고서를 제출하여 확인을 받은 압력용기는 4년마다)

④ 안전검사의 면제

① 「건설기계관리법」 제13조제1항제1호·제2호 및 제4호에 따른 검사를 받은 경우(안전검사 주기에 해당하는 시기의 검사로 한정)

② 「고압가스 안전관리법」 제17조제2항에 따른 검사를 받은 경우

③ 「광산안전법」 제9조에 따른 검사 중 광업시설의 설치·변경공사 완료 후 일정한 기간이 지날 때마다 받는 검사를 받은 경우

④ 「선박안전법」 제8조부터 제12조까지의 규정에 따른 검사를 받은 경우

⑤ 「에너지이용 합리화법」 제39조제4항에 따른 검사를 받은 경우

⑥ 「원자력안전법」 제22조제1항에 따른 검사를 받은 경우

⑦ 「위험물안전관리법」 제18조에 따른 정기점검 또는 정기검사를 받은 경우

⑧ 「전기사업법」 제65조에 따른 검사를 받은 경우

⑨ 「항만법」 제26조제1항제3호에 따른 검사를 받은 경우

⑩ 「화재예방, 소방시설 설치·유지 및 안전관리에 관한 법률」 제25조제1항에 따른 자체점검 등을 받은 경우

⑪ 「화학물질관리법」 제24조제3항 본문에 따른 정기검사를 받은 경우

⑤ 안전검사합격증명서

① 안전검사에 합격한 사업주에게 안전검사대상기계등에 직접 부착 가능한 안전검사 합격증명서를 발급하고, 부적합한 경우에는 안전검사 불합격 통지서에 그 사유를 밝혀 통지

② 안전검사합격증명서를 발급받은 사업주는 그 증명서를 안전검사대상기계등에 부착하여야 함

안전검사합격증명서	
① 안전검사대상기계명	
② 신청인	
③ 형식번(기)호(설치장소)	
④ 합격번호	
⑤ 검사유효기간	
⑥ 검사기관(실시기관)	○ ○ ○ ○ ○ ○　　(직인) 검 사 원: ○ ○ ○
	고용노동부장관　직인생략

⑥ 안전검사대상기계등의 사용금지

① 안전검사를 받지 아니한 안전검사대상기계등

② 안전검사에 불합격한 안전검사대상기계등

⑦ 자율검사프로그램에 따른 안전검사

① 안전검사를 받아야 하는 사업주가 근로자 대표와 협의하여 검사기준, 검사주기 등을 충족하는 자율검사프로그램을 정하고 고용노동부장관의 인정을 받아 다음의 어느하나에 해당하는 사람으로부터 자율검사프로그램에 따라 안전검사대상기계등에 대하여 자율안전검사를 받으면 안전검사를 받은 것으로 인정

　가. 안전에 관한 성능검사와 관련된 자격 및 경험을 가진 사람

　나. 안전에 관한 선능검사 교육을 이수하고 해당 분야의 실무 경험이 있는 사람

② 자율검사프로그램의 유효기간은 2년

③ 자율안전검사는 자율안전검사기관에 위탁할 수 있음

④ 자율검사프로그램을 인정받기 위해서는 다음의 각 요건을 모두 충족[128]

　가. 검사원을 고용하고 있을 것

　나. 검사를 할 수 있는 장비를 갖추고 이를 유지·관리할 수 있을 것

　다. 검사 주기의 2분의 1에 해당하는 주기마다 검사를 할 것[129]

　라. 자율검사프로그램의 검사기준이 안전검사기준을 충족할 것

　※ 자율안전검사기관에 위탁한 경우에는 검사원 및 장비를 충족한 것으로 봄

⑧ 벌칙

위반행위	세부내용	과태료 금액(만원)		
		1차 위반	2차 위반	3차 이상 위반
안전검사를 받지 않은 경우(1대당)		200	600	1,000
안전검사합격증명서를 안전검사 대상기계등에 부착하지 않은 경우 (1대당)		50	250	500
안전검사대상기계등을 사용한 경우(1대당)	1) 안전검사를 받지 않은 안전검사 대상기계등을 사용한 경우	300	600	1,000
	2) 안전검사에 불합격한 안전검사대 상기계등을 사용한 경우	300	600	1,000
자율검사프로그램의 인정이 취소 된 안전검사대상기계등을 사용한 경 우(1대당)		300	600	1,000

ⓘ Tip

■ **관련고시**
　▶ 「안전검사 절차에 관한 고시」
　▶ 「안전검사 고시」

---

128) 자율안전검사기관에 위탁한 경우에는 가항 및 나항을 충족한 것으로 봄
129) 크레인 중 건설현장 외에서 사용하는 크레인의 경우에는 6개월 마다 검사

제8장

유해·위험물질에 대한 조치

1 / 유해인자의 분류기준(산업안전보건법 제104조)

① 개요

고용노동부장관은 근로자에게 건강장해를 일으키는 화학물질 및 물리적 인자 등의 유해인자에 대한 유해성·위험성 분류기준을 마련하여야 함

② 유해인자의 유해성·위험성 분류기준[130]

1. 화학물질의 분류기준
   가. 물리적 위험성 분류기준
   1) 폭발성 물질: 자체의 화학반응에 따라 주위환경에 손상을 줄 수 있는 정도의 온도·압력 및 속도를 가진 가스를 발생시키는 고체·액체 또는 혼합물
   2) 인화성 가스: 20℃, 표준압력(101.3㎪)에서 공기와 혼합하여 인화되는 범위에 있는 가스와 54℃ 이하 공기 중에서 자연발화하는 가스를 말함(혼합물을 포함)
   3) 인화성 액체: 표준압력(101.3㎪)에서 인화점이 93℃ 이하인 액체
   4) 인화성 고체: 쉽게 연소되거나 마찰에 의하여 화재를 일으키거나 촉진할 수 있는 물질
   5) 에어로졸: 재충전이 불가능한 금속·유리 또는 플라스틱 용기에 압축가스·액화가스 또는 용해가스를 충전하고 내용물을 가스에 현탁시킨 고체나 액상입자로, 액상 또는 가스상에서 폼·페이스트·분말상으로 배출되는 분사장치를 갖춘 것
   6) 물반응성 물질: 물과 상호작용을 하여 자연발화되거나 인화성 가스를 발생시키는 고체·액체 또는 혼합물
   7) 산화성 가스: 일반적으로 산소를 공급함으로써 공기보다 다른 물질의 연소를 더 잘 일으키거나 촉진하는 가스
   8) 산화성 액체: 그 자체로는 연소하지 않더라도, 일반적으로 산소를 발생시켜 다른 물질을 연소시키거나 연소를 촉진하는 액체
   9) 산화성 고체: 그 자체로는 연소하지 않더라도 일반적으로 산소를 발생시켜 다른 물질을 연소시키거나 연소를 촉진하는 고체
   10) 고압가스: 20℃, 200킬로파스칼(㎪) 이상의 압력 하에서 용기에 충전되어 있는 가스 또는 냉동액화가스 형태로 용기에 충전되어 있는 가스(압축가스, 액화가스, 냉동액화가스, 용해가스로 구분)
   11) 자기반응성 물질: 열적(熱的)인 면에서 불안정하여 산소가 공급되지 않아도 강렬하게 발열·분해하기 쉬운 액체·고체 또는 혼합물
   12) 자연발화성 액체: 적은 양으로도 공기와 접촉하여 5분 안에 발화할 수 있는 액체
   13) 자연발화성 고체: 적은 양으로도 공기와 접촉하여 5분 안에 발화할 수 있는 고체
   14) 자기발열성 물질: 주위의 에너지 공급 없이 공기와 반응하여 스스로 발열하는 물질(자기발화성 물질

---

130) 산업안전보건법 시행규칙 별표 26

은 제외)

15) 유기과산화물: 2가의 -ㅇ-ㅇ-구조를 가지고 1개 또는 2개의 수소 원자가 유기라디칼에 의하여 치환된 과산화수소의 유도체를 포함한 액체 또는 고체 유기물질

16) 금속 부식성 물질: 화학적인 작용으로 금속에 손상 또는 부식을 일으키는 물질

나. 건강 및 환경 유해성 분류기준

1) 급성 독성 물질: 입 또는 피부를 통하여 1회 투여 또는 24시간 이내에 여러 차례로 나누어 투여하거나 호흡기를 통하여 4시간 동안 흡입하는 경우 유해한 영향을 일으키는 물질

2) 피부 부식성 또는 자극성 물질: 접촉 시 피부조직을 파괴하거나 자극을 일으키는 물질(피부 부식성 물질 및 피부 자극성 물질로 구분)

3) 심한 눈 손상성 또는 자극성 물질: 접촉 시 눈 조직의 손상 또는 시력의 저하 등을 일으키는 물질(눈 손상성 물질 및 눈 자극성 물질로 구분)

4) 호흡기 과민성 물질: 호흡기를 통하여 흡입되는 경우 기도에 과민반응을 일으키는 물질

5) 피부 과민성 물질: 피부에 접촉되는 경우 피부 알레르기 반응을 일으키는 물질

6) 발암성 물질: 암을 일으키거나 그 발생을 증가시키는 물질

7) 생식세포 변이원성 물질: 자손에게 유전될 수 있는 사람의 생식세포에 돌연변이를 일으킬 수 있는 물질

8) 생식독성 물질: 생식기능, 생식능력 또는 태아의 발생·발육에 유해한 영향을 주는 물질

9) 특정 표적장기 독성 물질(1회 노출): 1회 노출로 특정 표적장기 또는 전신에 독성을 일으키는 물질

10) 특정 표적장기 독성 물질(반복 노출): 반복적인 노출로 특정 표적장기 또는 전신에 독성을 일으키는 물질

11) 흡인 유해성 물질: 액체 또는 고체 화학물질이 입이나 코를 통하여 직접적으로 또는 구토로 인하여 간접적으로, 기관 및 더 깊은 호흡기관으로 유입되어 화학적 폐렴, 다양한 폐 손상이나 사망과 같은 심각한 급성 영향을 일으키는 물질

12) 수생 환경 유해성 물질: 단기간 또는 장기간의 노출로 수생생물에 유해한 영향을 일으키는 물질

13) 오존층 유해성 물질: 「오존층 보호를 위한 특정물질의 제조규제 등에 관한 법률」 제2조제1호에 따른 특정물질

2. 물리적 인자의 분류기준

가. 소음: 소음성난청을 유발할 수 있는 85데시벨(A) 이상의 시끄러운 소리

나. 진동: 착암기, 손망치 등의 공구를 사용함으로써 발생되는 백랍병·레이노 현상·말초순환장애 등의 국소 진동 및 차량 등을 이용함으로써 발생되는 관절통·디스크·소화장애 등의 전신 진동

다. 방사선: 직접·간접으로 공기 또는 세포를 전리하는 능력을 가진 알파선·베타선·감마선·엑스선·중성자선 등의 전자선

라. 이상기압: 게이지 압력이 제곱센티미터당 1킬로그램 초과 또는 미만인 기압

마. 이상기온: 고열·한랭·다습으로 인하여 열사병·동상·피부질환 등을 일으킬 수 있는 기온

3. 생물학적 인자의 분류기준

가. 혈액매개 감염인자: 인간면역결핍바이러스, B형·C형간염바이러스, 매독바이러스 등 혈액을 매개로 다른 사람에게 전염되어 질병을 유발하는 인자

나. 공기매개 감염인자: 결핵·수두·홍역 등 공기 또는 비말감염 등을 매개로 호흡기를 통하여 전염되는 인자

다. 곤충 및 동물매개 감염인자: 쯔쯔가무시증, 렙토스피라증, 유행성출혈열 등 동물의 배설물 등에 의하여 전염되는 인자 및 탄저병, 브루셀라병 등 가축 또는 야생동물로부터 사람에게 감염되는 인자

※ 비고

제1호에 따른 화학물질의 분류기준 중 가목에 따른 물리적 위험성 분류기준별 세부 구분기준과 나목에 따른 건강 및 환경 유해성 분류기준의 단일물질 분류기준별 세부 구분기준 및 혼합물질의 분류기준은 고용노동부장관이 정하여 고시함

2 / 유해인자의 유해성·위험성 평가 및 관리(산업안전보건법 제105조)

① 개요

고용노동부장관은 유해인자가 근로자의 건강에 미치는 유해성·위험성을 평가하고 그 결과를 공표할 수 있으며, 유해성·위험성의 평가 결과 등을 고려하여 유해성·위험성 수준별로 유해인자를 구분하여 관리하여야 함

② 유해성·위험성 평가 대상 유해인자 선정기준[131]

① 물질 또는 인자로 분류하기 위하여 유해성·위험성 평가가 필요한 유해인자

② 노출 시 변이원성(유전적인 돌연변이를 일으키는 물리적·화학적 성질), 흡입독성, 생식독성(생물체의 생식에 해를 끼치는 약물 등의 독성), 발암성 등 근로자의 건강장해 발생이 의심되는 유해인자

③ 그 밖에 사회적 물의를 일으키는 등 유해성·위험성 평가가 필요한 유해인자

③ 유해인자의 구분 및 관리

유해인자의 유해성·위험성 평가 결과 등을 고려하여 다음과 같이 물질 또는 인자로 정하여 관리하여야 함

① 노출기준 설정 대상 유해인자(법 제106조)

② 허용기준 설정 대상 유해인자(법 제107조)

③ 제조 등 금지물질(법 제117조)

④ 제조 등 허가물질(법 제118조)

⑤ 작업환경측정 대상 유해인자(법 제193조)

⑥ 특수건강진단 대상 유해인자(법 시행규칙 별표33)

⑦ 관리대상 유해물질(안전보건규칙 제420조)

> **i Tip**
>
> ■ **관련고시**
> ▶ 「화학물질의 유해성·위험성 평가에 관한 규정」

---

131) 유해인자에 유해성·위험성 평가를 실시할 때에는 다음 각 호의 사항을 고려하여야 함
　1. 독성시험자료 등을 통한 유해성·위험성 확인
　2. 화학물질의 노출이 인체에 미치는 영향
　3. 화학물질의 노출수준

3 / 유해인자의 노출기준 설정(산업안전보건법 제106조)

① 개요

고용노동부장관은 유해성·위험성 평가 결과 해당 유해인자에 따른 건강장해에 관한 연구·실태조사의 결과, 유해성·위험성의 평가 결과, 노출기준 적용에 관한 기술적 타당성을 고려하여 유해인자의 노출기준을 정함

② 노출기준 설정 시 고려사항

① 해당 유해인자에 따른 건강장해에 관한 연구·실태조사의 결과

② 해당 유해인자의 유해성·위험성의 평가 결과

③ 해당 유해인자의 노출기준 적용에 관한 기술적 타당성

③ 노출기준 확인

고용노동부고시 「화학물질 및 물리적 인자의 노출기준」 확인

(화학물질, 소음, 충격소음, 고온, 라돈의 노출기준 등)

④ 설정된 노출기준 사용 시 유의사항

① 유해인자에 대한 감수성은 개인에 따라 차이가 있고, 노출기준 이하의 작업환경에서도 직업성 질병에 이환되는 경우가 있으므로 노출기준은 직업병진단에 사용하거나 노출기준 이하의 작업환경이라는 이유만으로 직업성질병의 이환을 부정하는 근거 또는 반증자료로 사용하여서는 안됨

② 노출기준은 대기오염의 평가 또는 관리상의 지표로 사용하여서는 안됨

4 / 유해인자 허용기준의 준수(산업안전보건법 제107조)

① 개요

발암성 물질 등 근로자에게 중대한 건강장해를 유발할 우려가 있는 유해인자로서 법령에서 정하는 유해인자는 작업장 내의 그 노출 농도를 허용기준 이하로 유지하여야 함

② 유해인자 허용기준 이하 유지 대상 유해인자[132]

1. 6가크롬[18540-29-9] 화합물(Chromium VI compounds)
2. 납[7439-92-1] 및 그 무기화합물(Lead and its inorganic compounds)
3. 니켈[7440-02-0] 화합물(불용성 무기화합물로 한정한다)(Nickel and its insoluble inorganic compounds)
4. 니켈카르보닐(Nickel carbonyl; 13463-39-3)
5. 디메틸포름아미드(Dimethylformamide; 68-12-2)
6. 디클로로메탄(Dichloromethane; 75-09-2)
7. 1,2-디클로로프로판(1,2-Dichloropropane; 78-87-5)
8. 망간[7439-96-5] 및 그 무기화합물(Manganese and its inorganic compounds)
9. 메탄올(Methanol; 67-56-1)
10. 메틸렌 비스(페닐 이소시아네이트)(Methylene bis(phenyl isocyanate); 101-68-8 등)
11. 베릴륨[7440-41-7] 및 그 화합물(Beryllium and its compounds)
12. 벤젠(Benzene; 71-43-2)
13. 1,3-부타디엔(1,3-Butadiene; 106-99-0)
14. 2-브로모프로판(2-Bromopropane; 75-26-3)
15. 브롬화 메틸(Methyl bromide; 74-83-9)
16. 산화에틸렌(Ethylene oxide; 75-21-8)
17. 석면(제조 · 사용하는 경우만 해당한다)(Asbestos; 1332-21-4 등)
18. 수은[7439-97-6] 및 그 무기화합물(Mercury and its inorganic compounds)
19. 스티렌(Styrene; 100-42-5)
20. 시클로헥사논(Cyclohexanone; 108-94-1)
21. 아닐린(Aniline; 62-53-3)
22. 아크릴로니트릴(Acrylonitrile; 107-13-1)
23. 암모니아(Ammonia; 7664-41-7 등)
24. 염소(Chlorine; 7782-50-5)
25. 염화비닐(Vinyl chloride; 75-01-4)
26. 이황화탄소(Carbon disulfide; 75-15-0)
27. 일산화탄소(Carbon monoxide; 630-08-0)
28. 카드뮴[7440-43-9] 및 그 화합물(Cadmium and its compounds)
29. 코발트[7440-48-4] 및 그 무기화합물(Cobalt and its inorganic compounds)

132) 산업안전보건법 시행령 별표 18

30. 콜타르피치[65996-93-2] 휘발물(Coal tar pitch volatiles)

31. 톨루엔(Toluene; 108-88-3)

32. 톨루엔-2,4-디이소시아네이트(Toluene-2,4-diisocyanate; 584-84-9 등)

33. 톨루엔-2,6-디이소시아네이트(Toluene-2,6-diisocyanate; 91-08-7 등)

34. 트리클로로메탄(Trichloromethane; 67-66-3)

35. 트리클로로에틸렌(Trichloroethylene; 79-01-6)

36. 포름알데히드(Formaldehyde; 50-00-0)

37. n-헥산(n-Hexane; 110-54-3)

38. 황산(Sulfuric acid; 7664-93-9)

③ 유해인자 허용기준의 준수 제외

① 유해인자를 취급하거나 정화·배출하는 시설 및 설비의 설치나 개선이 현존하는 기술로 가능하지 아니한 경우

② 천재지변 등으로 시설과 설비에 중대한 결함이 발생한 경우

③ 임시작업[133]과 단시간 작업[134]의 경우

---

133) "임시작업"이란 일시적으로 하는 작업 중 월 24시간 미만인 작업을 말함. 다만 월10시간 이상 24시간 미만인 작업이 매월 행하여지는 작업은 제외함

134) "단시간 작업"이란 관리대상 유해물질을 취급하는 시간이 1일 1시간 미만인 작업을 말함. 다만 1일 1시간 미만인 작업이 매일 수행되는 경우는 제외함

④ 유해인자별 노출농도의 허용기준

유해인자		허용기준			
		시간가중평균값 (TWA)		단시간 노출값 (STEL)	
		ppm	mg/㎥	ppm	mg/㎥
1. 6가크롬[18540-29-9] 화합물 (Chromium VI compounds)	불용성		0.01		
	수용성		0.05		
2. 납[7439-92-1] 및 그 무기화합물 (Lead and its inorganic compounds)			0.05		
3. 니켈[7440-02-0] 화합물(불용성 무기화합물로 한정) (Nickel and its insoluble inorganic compounds)			0.2		
4. 니켈카르보닐(Nickel carbonyl; 13463-39-3)		0.001			
5. 디메틸포름아미드(Dimethylformamide; 68-12-2)		10			
6. 디클로로메탄(Dichloromethane; 75-09-2)		50			
7. 1,2-디클로로프로판(1,2-Dichloropropane; 78-87-5)		10		110	
8. 망간[7439-96-5] 및 그 무기화합물 (Manganese and its inorganic compounds)			1		
9. 메탄올(Methanol; 67-56-1)		200		250	
10. 메틸렌 비스(페닐 이소시아네이트) (Methylene bis(phenyl isocyanate); 101-68-8 등)		0.005			
11. 베릴륨[7440-41-7] 및 그 화합물 (Beryllium and its compounds)			0.002		0.01
12. 벤젠(Benzene; 71-43-2)		0.5		2.5	
13. 1,3-부타디엔(1,3-Butadiene; 106-99-0)		2		10	
14. 2-브로모프로판(2-Bromopropane; 75-26-3)		1			
15. 브롬화 메틸(Methyl bromide; 74-83-9)		1			
16. 산화에틸렌(Ethylene oxide; 75-21-8)		1			
17. 석면(제조·사용하는 경우만 해당) (Asbestos; 1332-21-4 등)			0.1개/ ㎤		
18. 수은[7439-97-6] 및 그 무기화합물 (Mercury and its inorganic compounds)			0.025		
19. 스티렌(Styrene; 100-42-5)		20		40	
20. 시클로헥사논(Cyclohexanone; 108-94-1)		25		50	
21. 아닐린(Aniline; 62-53-3)		2			

유해인자	허용기준			
	시간가중평균값 (TWA)		단시간 노출값 (STEL)	
	ppm	mg/㎥	ppm	mg/㎥
22. 아크릴로니트릴(Acrylonitrile; 107-13-1)	2			
23. 암모니아(Ammonia; 7664-41-7 등)	25		35	
24. 염소(Chlorine; 7782-50-5)	0.5		1	
25. 염화비닐(Vinyl chloride; 75-01-4)	1			
26. 이황화탄소(Carbon disulfide; 75-15-0)	1			
27. 일산화탄소(Carbon monoxide; 630-08-0)	30		200	
28. 카드뮴[7440-43-9] 및 그 화합물 (Cadmium and its compounds)		0.01 (호흡성분진인 경우 0.002)		
29. 코발트[7440-48-4] 및 그 무기화합물 (Cobalt and its inorganic compounds)		0.02		
30. 콜타르피치[65996-93-2] 휘발물 (Coal tar pitch volatiles)		0.2		
31. 톨루엔(Toluene; 108-88-3)	50		150	
32. 톨루엔-2,4-디이소시아네이트 (Toluene-2,4-diisocyanate; 584-84-9 등)	0.005		0.02	
33. 톨루엔-2,6-디이소시아네이트 (Toluene-2,6-diisocyanate; 91-08-7 등)	0.005		0.02	
34. 트리클로로메탄(Trichloromethane; 67-66-3)	10			
35. 트리클로로에틸렌(Trichloroethylene; 79-01-6)	10		25	
36. 포름알데히드(Formaldehyde; 50-00-0)	0.3			
37. n-헥산(n-Hexane; 110-54-3)	50			
38. 황산(Sulfuric acid; 7664-93-9)		0.2		0.6

※ 비고

1. "시간가중평균값(TWA, Time-Weighted Average)"이란 1일 8시간 작업을 기준으로 한 평균노출농도로서 산출공식은 다음과 같다.

$$TWA\,환산값 = \frac{C_1 \cdot T_1 + C_1 \cdot T_1 + \cdots\cdots + C_n \cdot T_n}{8}$$

주) C: 유해인자의 측정농도(단위: ppm, mg/㎥ 또는 개/㎤)

　　T: 유해인자의 발생시간(단위: 시간)

2. "단시간 노출값(STEL, Short-Term Exposure Limit)"이란 15분 간의 시간가중평균값으로서 노출 농도가 시간가중평균값을 초과하고 단시간 노출값 이하인 경우에는 ① 1회 노출 지속시간이 15분 미만이어야 하고, ② 이러한 상태가 1일 4회 이하로 발생해야 하며, ③ 각 회의 간격은 60분 이상이어야 한다.

3. "등"이란 해당 화학물질에 이성질체 등 동일 속성을 가지는 2개 이상의 화합물이 존재할 수 있는 경우를 말한다.

5 벌칙

위반행위	세부내용	과태료 금액(만원)		
		1차 위반	2차 위반	3차 이상 위반
작업장 내 유해인자의 노출 농도를 허용기준 이하로 유지하지 않은 경우	-	1,000	1,000	1,000

5 / 신규화학물질의 유해성·위험성 조사(산업안전보건법 제108조)

① 개요

신규화학물질을 제조하거나 수입하려는 자는 신규화학물질에 의한 근로자의 건강장해를 예방하기 위하여 그 신규화학물질의 유해성·위험성을 조사하고 그 조사보고서를 고용노동부장관에게 제출하여야 함

② 유해성·위험성 조사 제외 화학물질

① 원소

② 천연으로 산출된 화학물질

③ 「건강기능식품에 관한 법률」 제3조제1호에 따른 건강기능식품

④ 「군수품관리법」 제2조 및 「방위사업법」 제3조제2호에 따른 군수품「군수품관리법」 제3조에 따른 통상품(痛常品)은 제외한다]

⑤ 「농약관리법」 세2소제1호 및 제3호에 따른 농약 및 원제

⑥ 「마약류 관리에 관한 법률」 제2조제1호에 따른 마약류

⑦ 「비료관리법」 제2조제1호에 따른 비료

⑧ 「사료관리법」 제2조제1호에 따른 사료

⑨ 「생활화학제품 및 살생물제의 안전관리에 관한 법률」 제3조제7호 및 제8호에 따른 살생물물질 및 살생물제품

⑩ 「식품위생법」 제2조제1호 및 제2호에 따른 식품 및 식품첨가물

⑪ 「약사법」 제2조제4호 및 제7호에 따른 의약품 및 의약외품(醫藥外品)

⑫ 「원자력안전법」 제2조제5호에 따른 방사성물질

⑬ 「위생용품 관리법」 제2조제1호에 따른 위생용품

⑭ 「의료기기법」 제2조제1항에 따른 의료기기

⑮ 「총포·도검·화약류 등의 안전관리에 관한 법률」 제2조제3항에 따른 화약류

⑯ 「화장품법」 제2조제1호에 따른 화장품과 화장품에 사용하는 원료

⑰ 법 제108조제3항에 따라 고용노동부장관이 명칭, 유해성·위험성, 근로자의 건강장해 예방을 위한 조치 사항 및 연간 제조량·수입량을 공표한 물질로서 공표된 연간 제조

량·수입량 이하로 제조하거나 수입한 물질

⑱ 고용노동부장관이 환경부장관과 협의하여 고시하는 화학물질 목록에 기록되어 있는
물질

③ 유해성·위험성 조사 제외 대상 및 확인 절차

제외 대상	확인 절차 등
① 일반 소비자의 생활용으로 제공하기 위하여 신규화학물질을 수입하는 경우로서 다음에 해당하는 경우로서 고용노동부 장관의 확인을 받은 경우 (1) 해당 신규화학물질이 완성된 제품으로서 국내에서 가공하지 아니하는 경우 (2) 해당 신규화학물질의 포장 또는 용기를 국내에서 변경하지 아니하거나 국내에서 포장하거나 용기에 담지 아니하는 경우 (3) 해당 신규화학물질이 직접 소비자에게 제공되고 국내의 사업장에서 사용되지 아니하는 경우	① 확인을 받으려는 자는 최초로 신규화학물질을 수입하려는 날 7일 전까지 신규화학물질의 유해성·위험성 조사 제외 확인 신청서[135] 및 증명하는 서류를 첨부하여 고용노동부장관에게 제출
② 신규화학물질의 연간 수입량이 100킬로그램 미만인 경우로서 고용노동부장관의 확인을 받은 경우	① 확인을 받으려는 자는 최초로 신규화학물질을 수입하려는 날 7일 전까지 '신규화학물질의 유해성·위험성 조사 제외 확인 신청서' 및 증명하는 서류를 첨부하여 고용노동부장관에게 제출 ② 확인의 유효기간은 1년으로 함 ③ 확인을 받은 자가 100킬로그램 이상의 신규화학물질을 수입하였거나 수입하려는 경우에는 그 사유가 발생한 날부터 30일 이내에 유해성·위험성 조사보고서를 고용노동부장관에게 제출
③ 제조하거나 수입하려는 신규화학물질이 시험·연구를 위하여 사용되는 경우로서 고용노동부장관의 확인을 받은 경우	① 확인을 받으려는 자는 최초로 신규화학물질을 수입하려는 날 7일 전까지 '신규화학물질의 유해성·위험성 조사 제외 확인 신청서' 및 증명하는 서류를 첨부하여 고용노동부장관에게 제출
④ 신규화학물질을 전량 수출하기 위하여 연간 10톤 이하로 제조하거나 수입하는 경우로서 고용노동부장관의 확인을 받은 경우	
⑤ 신규화학물질이 아닌 화학물질로만 구성된 고분자화합물로서 고용노동부장관이 정하여 고시하는 경우[136]	

1. 「화학물질의 등록 및 평가 등에 관한 법률」 제11조에 따라 환경부장관으로부터 화학물질의 등록 면제확인을 통지받은 경우에는 확인을 받은 것으로 봄
2. ②항에 따라 확인을 받아야 할 자가 「화학물질의 등록 및 평가 등에 관한 법률」 제10조 제7항에 따라 환경부장관으로부터 화학물질의 신고를 통지받았거나 법률 제11789호 화학물질의 등록 및 평가 등에 관한 법률 부칙 제4조에 따라 등록 면제확인을 받은 것으로 보는 경우에는 제②항에 따른 확인을 받은 것으로 봄

---

135)   산업안전보건법 시행규칙 별지 제6호

④ 유해성·위험성 조사보고서 제출

① 신규화학물질을 제조하거나 수입하려는 자는 제조하거나 수입하려는 날 30일(연간 제조하거나 수입하려는 양이 100킬로그램 이상 1톤 미만인 경우에는 14일) 전까지 신규화학물질 유해성·위험성 조사보고서[137]와 다음의 서류를 첨부하여 고용노동부장관에게 제출[138]

  가. 물질안전보건자료

  나. 다음 각 목 모두의 서류

  　(1) 급성경구독성 또는 급성흡입독성 시험성적서. 다만, 조사보고서나 제조 또는 취급 방법을 검토한 결과 주요 노출경로가 흡입으로 판단되는 경우 급성흡입독성 시험성적서를 제출

  　(2) 복귀돌연변이 시험성적서

  　(3) 시험동물을 이용한 소핵 시험성적서

  다. 제조 또는 사용·취급방법을 기록한 서류

  라. 제조 또는 사용 공정도

  마. 제조를 위탁한 경우 그 위탁 계약서 사본 등 위탁을 증명하는 서류(신규화학물질 제조를 위탁한 경우만 해당)

  바. '나'에도 불구하고 다음 각 목의 경우에는 다음 각 목의 구분에 따른 시험성적서를 제출하지 아니할 수 있음

  　(1) 신규화학물질의 연간 제조·수입량이 100킬로그램 이상 1톤 미만인 경우: 복귀돌연변이 시험성적서 및 시험동물을 이용한 소핵 시험성적서

  　(2) 신규화학물질의 연간 제조·수입량이 1톤 이상 10톤 미만인 경우: 시험동물을 이용한 소핵 시험성적서. 다만, 복귀돌연변이에 관한 시험결과가 양성인 경우에는 시험동물을 이용한 소핵 시험성적서를 제출하여야 함

---

136) "신규화학물질이 아닌 화학물질로만 구성된 고분자화합물로서 고용노동부 장관이 정하여 고시하는 경우란" 다음의 경우를 말함
　1. 수평균분자량이 1만 이상인 고분자화합물로서 분자량이 1천 미만인 분자의 함량이 5퍼센트 미만이고, 분자량이 500 미만인 분자의 함량이 2퍼센트 미만인 경우
　2. 수평균분자량이 1천 이상에서 1만 미만인 고분자화합물로서 분자량이 1천 미만인 분자의 함량이 25퍼센트 미만이고, 분자량이 500 미만인 분자의 함량이 10퍼센트 미만인 경우
　3. 중량비 2퍼센트 이하의 단량체를 제외한 단량체로 구성된 고분자화합물이 신규화학물질이 아닌 화학물질에 해당하는 경우
　상기의 사항에도 불구하고 다음의 어느 하나에 해당하는 고분자화합물은 유해성·위험성 조사제외 대상에 포함되지 않음
　1. 양이온성 고분자화합물(고체 상태로만 사용되고, 물에 녹지 아니하거나 분산되지 아니하는 고분자화합물은 제외)
　2. 다음 각 목의 어느 하나에 해당하는 단량체가 중량비로 2퍼센트를 초과하여 포함된 수평균분자량 1만 미만인 고분자화합물
　　가. 신규화학물질
　　나. 법 제117조에 따른 제조 등 금지물질
　　다. 법 제118조에 따른 허가대상물질
　　라. 「산업안전보건기준에 관한 규칙」제420조에 따른 관리대상 유해물질
137) 산업안전보건법 시행규칙 별지 제57호
138) 「화학물질의 등록 및 평가 등에 관한 법률」 제10조에 따라 환경부장관에게 등록한 경우에는 고용노동부장관에게 유해성·위험성 조사보고서를 제출한 것으로 봄

사. '나'에도 불구하고 고분자화합물의 경우에는 나항 각 목에 따른 시험성적서 모두와 다음 각 목에 따른 사항이 포함된 고분자특성에 관한 시험성적서를 제출

(1) 수평균분자량 및 분자량 분포

(2) 해당 고분자화합물 제조에 사용한 단량체의 화학물질명, 고유번호 및 함량비(%)

(3) 잔류단량체의 함량(%)

(4) 분자량 1,000 이하의 함량(%)

(5) 산 및 알칼리 용액에서의 안정성

아. '사'에도 불구하고 다음 각 목의 경우에는 각 목의 구분에 따른 시험성적서를 제출하지 아니할 수 있음

(1) 고분자화합물의 연간 제조·수입량이 10톤 미만인 경우: 제2호 각 목에 따른 시험성적서

(2) 고분자화합물의 연간 제조·수입량이 10톤 이상 1,000톤 미만인 경우: 시험동물을 이용한 소핵 시험성적서. 다만, 연간 제조·수입량이 100톤 이상 1,000톤 미만인 경우로서 복귀돌연변이에 관한 시험결과가 양성인 경우에는 시험동물을 이용한 소핵 시험성적서를 제출

자. '가'부터 '아'까지의 규정에도 불구하고 신규화학물질의 물리·화학적 특성상 시험이나 시험 결과의 도출이 어려운 경우로서 고용노동부장관이 정하여 고시[139]하는 경우에는 해당 서류를 제출하지 아니할 수 있음

⑤ 조사결과

① 신규화학물질을 제조하거나 수입하려는 자는 유해성·위험성을 조사한 결과 해당 신규화학물질에 의한 근로자의 건강장해를 예방하기 위하여 필요한 조치를 하여야 하는 경우 이를 즉시 시행하여야 함

② 고용노동부장관은 신규화학물질의 유해성·위험성 조사보고서를 검토한 결과 근로자의 건강장해 예방을 위하여 필요하다고 인정할 때에는 화학물질을 제조하거나 수입하려는 자에게 시설·설비를 설치·정비하고 보호구를 갖추어 두는 등의 조치를 명할 수 있음

---

139) 신규화학물질의 유해성 위험성 조사보고서 첨부서류 제출생략 조건
  1. 다음 각 목의 구분에 따른 요건을 갖춘 경우 해당 시험성적서의 제출을 생략할 수 있음
    가. 급성 경구독성 시험성적서: 피부 부식성으로 분류되는 물질, 제조 및 취급 방법을 검토한 결과 주요 노출경로가 흡입으로 판단되어 급성흡입독성 시험성적서를 제출하는 물질일 것
    나. 급성 흡입독성 시험성적서: 피부 부식성으로 분류되는 물질로서, 입자의 크기가 100μm을 초과하는 물질일 것
    다. 시험동물을 이용한 소핵 시험성적서: 연간 제조·수입량이 100톤 미만인 경우로서, 복귀돌연변이에 관한 시험결과가 음성인 물질일 것
  2. 고분자화합물이 다음 각 목의 요건을 모두 만족하는 경우에는 규칙 별표 20제2호에 따른 시험성적서의 제출을 생략할 수 있음
    가. "산 및 알칼리 용액에서의 안정성" 시험결과 산 및 알칼리 용액에서 안정할 것
    나. 해당 고분사화합물이 이 고시(신규화학물질의 유해성·위험성 조사 등에 관한 고시) 제6조제1항제1호 또는 제2호의 기준을 충족하는 물질로서, 여기에 포함된 같은 조제2항제2호 각 목에 해당하는 단량체의 잔류함량이 0.1% 이하일 것
    다. 해당 고분자화합물이 이 고시 제6조제2항제1호에 해당하지 않을 것

③ 신규화학물질을 제조하거나 수입하려는 자는 신규화학물질을 양도하거나 제공하는
경우에는 근로자의 건강장해 예방을 위하여 조치하여야 할 사항을 기록한 서류를 함
께 제공하여야 함

⑥ 벌칙

위반행위	세부내용	과태료 금액(만원)		
		1차 위반	2차 위반	3차 이상 위반
신규화학물질의 유해성·위험성 조사 보고서를 제출하지 않은 경우	-	30	150	300
근로자의 건강장해 예방을 위한 조치 사항을 기록한 서류를 제공하지 않은 경우	-	30	150	300

Tip

■ 관련고시
▶ 「신규화학물질의 유해성·위험성 조사 등에 관한 고시」

6 / 중대한 건강장해 우려 화학물질의 유해성·위험성 조사
(산업안전보건법 제109조)

① 개요

고용노동부장관은 근로자의 건강장해를 예방하기 위하여 필요하다고 인정할 때에는 암 또는 그 밖에 중대한 건강장해를 일으킬 우려가 있는 화학물질을 제조·수입하는 자 또는 사용하는 사업주에게 해당 화학물질의 유해성·위험성 조사와 그 결과의 제출 또는 유해인자의 유해성·위험성 평가에 필요한 자료의 제출을 명할 수 있음

② 유해성·위험성 조사결과의 제출

① 화학물질의 유해성·위험성 조사결과의 제출을 명령받은 자는 화학물질의 유해성·위험성 조사결과서[140]에 다음의 서류 및 자료를 첨부하여 명령을 받은 날부터 45일 이내에 고용노동부장관에게 제출

　가. 해당 화학물질의 안전·보건에 관한 자료

　나. 해당 화학물질의 독성시험 성적서[141]

　다. 해당 화학물질의 제조 또는 사용·취급방법을 기록한 서류 및 제조 또는 사용 공정도

　라. 그 밖에 해당 화학물질의 유해성·위험성과 관련된 서류 및 자료

② 유해인자의 유해성·위험성 평가에 필요한 자료의 제출 명령을 받은 사람은 명령을 받은 날부터 45일 이내에 해당 자료를 고용노동부장관에게 제출

③ 벌칙

위반행위	세부내용	과태료 금액(만원)		
		1차 위반	2차위반	3차이상 위반
유해성·위험성 조사 결과 및 유해성·위험성 평가에 필요한 자료를 제출하지 않은 경우	-	300	300	300

---

140) 산업안전보건법 시행규칙 별지 제61호

141) 독성시험 성적에 관한 서류의 경우 해당 화학물질의 시험에 상당한 시일이 걸리는 등 기한 내에 제출할 수 없는 부득이한 사유가 있을 때에는 30일의 범위에서 제출기한을 연장할 수 있음

7 / 물질안전보건자료의 작성 및 제출[142] (산업안전보건법 제110조)

① 개요

화학물질 또는 이를 함유한 혼합물로서 유해인자의 유해성·위험성 분류기준에 해당하는 것을 제조하거나 수입하려는 자는 제품명, 화학물질의 명칭 및 함유량, 안전 및 보건상의 취급 주의 사항, 건강 및 환경에 대한 유해성, 물리적 위험성, 물리·화학적 특성 등을 적은 물질안전보건자료를 작성하여 고용노동부장관에게 제출하여야 함

② 물질안전보건자료의 작성·제출 제외 대상 화학물질

① 「건강기능식품에 관한 법률」 제3조제1호에 따른 건강기능식품

② 「농약관리법」 제2조제1호에 따른 농약

③ 「마약류 관리에 관한 법률」 제2조제2호 및 제3호에 따른 마약 및 향정신성의약품

④ 「비료관리법」 제2조제1호에 따른 비료

⑤ 「사료관리법」 제2소제1호에 따른 사료

⑥ 「생활주변방사선 안전관리법」 제2조제2호에 따른 원료물질

⑦ 「생활화학제품 및 살생물제의 안전관리에 관한 법률」 제3조제4호 및 제8호에 따른 안전확인대상생활화학제품 및 살생물제품 중 일반소비자의 생활용으로 제공되는 제품

⑧ 「식품위생법」 제2조제1호 및 제2호에 따른 식품 및 식품첨가물

⑨ 「약사법」 제2조제4호 및 제7호에 따른 의약품 및 의약외품

⑩ 「원자력안전법」 제2조제5호에 따른 방사성물질

⑪ 「위생용품 관리법」 제2조제1호에 따른 위생용품

⑫ 「의료기기법」 제2조제1항에 따른 의료기기

⑬ 「총포·도검·화약류 등의 안전관리에 관한 법률」 제2조제3항에 따른 화약류

⑭ 「폐기물관리법」 제2조제1호에 따른 폐기물

⑮ 「화장품법」 제2조제1호에 따른 화장품

⑯ 제1호부터 제15호까지 외의 화학물질 또는 혼합물로서 일반소비자의 생활용으로 제공

---

142) 시행일 : 2021. 1. 1.

되는 것 (일반 소비자의 생활용으로 제공되는 화학물질 또는 혼합물이 사업장 내에서 취급되는 경우를 포함)

⑰ 고용노동부장관이 정하여 고시하는 연구·개발용 화학물질 또는 화학제품

   (물질안전보건자료를 고용노동부장관에게 제출하는 것만 제외)

⑱ 그 밖에 고용노동부장관이 독성·폭발성 등으로 인한 위해의 정도가 적다고 인정하여 고시하는 화학물질 등

③ 물질안전보건자료의 제출방법 및 시기

① 물질안전보건자료 및 화학물질의 명칭 및 함유량에 관한 자료[143]는 물질안전보건자료 대상물질을 제조하거나 수입하기 전에 안전보건공단에 제출

② 물질안전보건자료는 공단이 구축하여 운영하는 물질안전보건자료시스템을 통한 전자적 방법으로 제출

   단, 물질안전보건자료시스템이 정상적으로 운영되지 아니하거나 신청인이 물질안전보건자료시스템을 이용할 수 없는 부득이한 사유가 있는 경우에는 전자적 기록매체에 수록하여 우편으로 제출할 수 있음

④ 유해성·위험성 분류기준에 해당하지 않는 화학물질에 대한 별도제출

물질안전보건자료 대상물질을 제조하거나 수입하려는 자는 물질안전보건자료 대상물질을 구성하는 화학물질중 유해성·위험성 분류기준에 해당하지 아니하는 화학물질의 명칭 및 함유량을 고용노동부장관에게 별도로 제출

다음의 경우에는 별도제출 제외

① 제출된 물질안전보건자료에 유해성·위험성 분류기준에 해당하지 아니하는 화학물질의 명칭 및 함유량이 전부 포함된 경우

② 물질안전보건자료 대상물질을 수입하려는 자가 물질안전보건자료 대상물질을 국외에서 제조하여 우리나라로 수출하려는 자로부터 물질안전보건자료에 적힌 화학물질외에는 분류기준에 해당하는 화학물질이 없음을 확인하는 내용의 서류를 받아 제출한 경우

---

143) "화학물질의 명칭 및 함유량에 관한 자료"에서 물질안전보건자료에 적힌 화학물질 외에 유해인자 분류기준에 해당하는 화학물질이 없음을 확인하는 경우에는 화학물질 확인서류(별지62호)를 말함

⑤ 물질안전보건자료의 변경 사항에 대한 제출

물질안전보건자료 대상물질을 제조하거나 수입한 자는 제품명[144], 물질안전보건자료 대상물질을 구성하는 화학물질 중 유해인자의 분류기준에 해당하는 화학물질의 명칭 및 함유량[145], 건강 및 환경에 대한 유해성, 물리적 위험성이 변경된 경우 그 변경된 사항을 반영한 물질안전보건자료를 지체없이 안전보건공단에 제출하여야 함

⑥ 벌칙

위반행위	세부내용	과태료 금액(만원)		
		1차 위반	2차 위반	3차 이상 위반
물질안전보건자료, 화학물질의 명칭·함유량 또는 변경된 물질안전보건자료를 제출하지 않은 경우	1) 물질안전보건자료대상물질을 제조하거나 수입하려는 자가 물질안전보건자료를 제출하지 않은 경우	100	200	500
	2) 물질안전보건자료대상물질을 제조하거나 수입하려는 자가 화학물질의 명칭 및 함유량을 제출하지 않은 경우	100	200	500
	3) 물질안전보건자료대상물질을 제조하거나 수입한 자가 변경 사항을 반영한 물질안전보건자료를 제출하지 않은 경우	50	100	500
국외제조자로부터 물질안전보건자료에 적힌 화학물질 외에는 법 제104조에 따른 분류기준에 해당하는 화학물질이 없음을 확인하는 내용의 서류를 거짓으로 제출한 경우(물질안전보건자료대상물질 1종당)	-	500	500	500

---

144) "화학물질의 명칭 및 함유량에 관한 자료"에서 물질안전보건자료에 적힌 화학물질 외에 유해인자 분류기준에 해당하는 화학물질이 없음을 확인하는 경우에는 화학물질 확인서류(별지62호)를 말함

145) 제품명의 변경 없이 구성성분의 명칭 및 함유량만 변경된 경우로 한정

8 / 물질안전보건자료의 제공(산업안전보건법 제111조)

① 개요

물질안전보건자료대상물질을 양도하거나 제공하는 자는 이를 양도받거나 제공받는 자에게 물질안전보건자료를 제공하여야 함

② 물질안전보건자료의 제공 방법

① 물질안전보건자료를 제공하는 경우에는 물질안전보건자료시스템 제출시 부여된 번호를 해당 물질안전보건자료에 반영하여 물질안전보건자료대상물질과 함께 제공하거나 그 밖에 고용노동부장관이 정하여 고시한 바에 따라 제공

② 동일한 상대방에게 같은 물질안전보건자료대상물질을 2회 이상 계속하여 양도 또는 제공하는 경우에는 해당 물질안전보건자료대상물질에 대한 물질안전보건자료의 변경이 없는 한 추가로 물질안전보건자료를 제공하지 않을 수 있음

단, 상대방이 물질안전보건자료의 제공을 요청한 경우에는 제공하여야 함

③ 변경된 물질안전보건자료의 제공

① 물질안전보건자료대상물질을 제조하거나 수입한 자는 이를 양도받거나 제공받는 자에게 변경된 물질안전보건자료[146]를 제공하여야 함

② 물질안전보건자료대상물질을 양도하거나 제공한 자(제조하거나 수입한 자는 제외)는 변경된 물질안전보건자료를 제공받은 경우 이를 물질안전보건자료대상물질을 양도받거나 제공받은 자에게 제공하여야 함

---

146) 1.제품명(구성성분의 명칭 및 함유량의 변경이 없는 경우에 한함)
　　2.건강 및 환경에 대한 유해성, 물리적 위험성
　　3. 물질안전보건자료대상물질을 구성하는 화학물질 중 유해인자 분류기준에 해당하는 화학물질의 명칭 및 함유량(제품명의 변경없이 구성성분의 명칭 및 함유량만 변경된 경우에 한함)

④ 벌칙

위반행위	세부내용	과태료 금액(만원)		
		1차 위반	2차 위반	3차 이상 위반
물질안전보건자료를 작성하여 제공하지 않은 경우(물질안전보건자료대상물질 1종당)	1) 물질안전보건자료대상물질을 양도·제공하는 자가 물질안전보건자료를 제공하지 않은 경우 (제공하지 않은 사업장 1개소당)			
	가) 대상화학물질을 양도·제공하는 자가 물질안전보건자료를 제공하지 않은 경우 [(나)에 해당하는 경우는 제외]	100	200	500
	나) 종전의 대상화학물질 양도·제공자로부터 물질안전보건자료를 제공받지 못하여 상대방에게 물질안전보건자료를 제공하지 않은 경우	10	20	50
	2) 물질안전보건자료의 기재사항을 잘못 작성하여 제공한 경우 (제공한 사업장 1개소당)			
	가) 물질안전보건자료의 기재사항을 거짓으로 작성하여 제공한 경우	100	200	500
	나) 과실로 잘못 작성하거나 누락하여 제공한 경우	10	20	50
물질안전보건자료의 변경 내용을 반영하여 제공하지 않은 경우(물질안전보건자료대상물질 1종당)	1) 물질안전보건자료대상물질을 제조·수입한 자가 변경사항을 반영한 물질안전보건자료를 제공하지 않은 경우 (제공하지 않은 사업장 1개소당)	50	100	300
	2) 종전의 물질안전보건자료대상물질 양도·제공자로부터 변경된 물질안전보건자료를 제공받지 못하여 상대방에게 변경된 물질안전보건자료를 제공하지 않은 경우 (제공하지 않은 사업장 1개소당)	10	20	30

9 / 물질안전보건자료의 일부 비공개 승인(산업안전보건법 제112조)

① 개요

유해인자의 분류기준에 해당하는 화학물질 또는 혼합물은 물질안전보건자료를 작성하여 제출하여야 함에도 불구하고 영업비밀과 관련되어 화학물질의 명칭 및 함유량을 물질안전보건자료에 적지 아니하려는 자는 고용노동부장관에게 신청하여 승인을 받으면 해당 화학물질의 명칭 및 함유량을 대체할 수 있는 명칭 및 함유량(이하 "대체자료")으로 적을 수 있음

단, 근로자에게 중대한 건강장해를 초래할 우려가 있는 화학물질로서 「산업재해보상보험법」 제8조제1항에 따른 산업재해보상보험및예방심의위원회의 심의를 거쳐 고용노동부장관이 고시하는 것은 제외

② 비공개 승인의 유효기간 및 연장

① 비공개 승인의 유효기간은 승인을 받은 날부터 5년

② 유효기간이 만료되는 경우에 계속하여 대체자료로 적으려는 경우에는 유효기간의 연장승인을 신청하면 유효기간이 만료되는 다음 날부터 5년 단위로 그 기간을 계속하여 연장 할 수 있음

③ 비공개 승인을 위한 제출서류 및 제출시기

① 비공개 승인 신청을 하려는 자는 물질안전보건자료대상물질을 제조하거나 수입하기 전에 물질안전보건자료시스템을 통하여 물질안전보건자료 일부 비공개 승인신청서에 다음의 서류를 첨부하여 안전보건공단에 제출[147]

　가. 대체자료로 적으려는 화학물질의 명칭 및 함유량이 「부정경쟁방지 및 영업비밀 보호에 관한 법률」 제2조제2호에 따른 영업비밀에 해당함을 입증하는 자료로서 고용노동부장관이 정하여 고시하는 자료

　나. 대체자료

　다. 대체자료로 적으려는 화학물질의 명칭 및 함유량, 건강 및 환경에 대한 유해성, 물리적 위험성 정보

　라. 물질안전보건자료

---

147) 고용노동부장관이 정하여 고시하는 연구·개발용 화학물질에 대하여 비공개승인을 신청하려는 자는 (1)호 및 (6)호의 자료를 생략하여 제출할 수 있음

    마. 유해인자의 분류기준에 해당하지 않는 화학물질의 명칭 및 함유량

    바. 그 밖에 비공개 승인을 위해 필요한 정보로서 고용노동부장관이 정하여 고시하는 서류

② 고용노동부장관이 정하여 고시하는 연구·개발용 화학물질에 대하여 비공개 승인을 신청하려는 경우에는 ①항가목 및 바목의 자료를 생략하여 제출할 수 있음

③ 연장승인을 신청하려는 경우에는 유효기간이 만료되기 30일 전까지 물질안전보건자료시스템을 통하여 물질안전보건자료 비공개 승인 연장신청서[148]에 첨부서류를 공단에 제출

④ 대체자료로 적힌 화학물질의 정보 요구

① 근로자를 진료하는 「의료법」 제2조에 따른 의사, 보건관리자 및 보건관리전문기관, 산업보건의, 근로자대표, 역학조사 실시 업무를 위탁받은 기관, 「산업재해보상보험법」 제38조에 따른 업무상질병판정위원회는 근로자의 안전 및 보건을 유지하거나 직업성 질환 발생원인을 규명하기 위하여 다음에 해당하는 경우에는 물질안전보건자료대상물질을 제조하거나 수입한 자에게 대체자료로 적힌 화학물질의 명칭 및 함유량 정보를 제공할 것을 요구할 수 있음. 이 경우 정보제공을 요구받은 자는 고용노동부장관이 고시하는 바에 따라 정보를 제공하여야 함

    가. 의사 및 산업보건의가 물질안전보건자료대상물질로 인하여 발생한 직업성 질병에 대한 근로자의 치료를 위하여 필요하다고 판단하는 경우

    나. 보건관리자 및 보건관리전문기관, 산업보건의, 근로자대표가 물질안전보건자료대상물질로 인하여 근로자에게 직업성 질환 등 중대한 건강상의 장해가 발생할 우려가 있다고 판단하는 경우

    다. 근로자대표, 역학조사 실시 업무를 위탁받은 기관, 업무상질병판정위원회가 근로자에게 발생한 직업성 질환의 원인 규명을 위해 필요하다고 판단하는 경우

---

148) 산업안전보건법 시행규칙 별지 제63호

5 벌칙

위반행위	세부내용	과태료 금액(만원)		
		1차 위반	2차 위반	3차 이상 위반
승인을 받지 않고 화학물질의 명칭 및 함유량을 대체자료로 적은 경우 (물질안전보건자료대상물질 1종당)	1) 물질안전보건자료대상물질을 제조·수입하는 자가 승인을 받지 않은 경우	100	200	500
	2) 물질안전보건자료에 승인 결과를 거짓으로 적용한 경우	500	500	500
	3) 물질안전보건자료대상물질을 제조·수입한 자가 승인의 유효기간이 지났음에도 불구하고 대체자료가 아닌 명칭 및 함유량을 물질안전보건자료에 반영하지 않은 경우	100	200	500
비공개 승인 또는 연장승인 신청 시 영업비밀과 관련되어 보호사유를 거짓으로 작성하여 신청한 경우(물질안전보건자료대상물질 1종당)		500	500	500
대체자료로 적힌 화학물질의 명칭 및 함유량 정보를 제공하지 않은 경우		100	200	500

10 / 물질안전보건자료의 게시 및 교육(산업안전보건법 제114조)

① 개요

물질안전보건자료대상물질을 취급하는 경우에는 해당 물질안전보건자료대상물질을 취급하는 작업장 내에 이를 취급하는 근로자가 쉽게 볼 수 있는 장소에 게시하거나 갖추어 두어야 하며, 근로자의 안전 및 보건을 위하여 근로자를 교육하는 등의 적절한 조치를 하여야 함

② 물질안전보건자료의 게시

① 물질안전보건자료를 다음의 장소에 게시하거나 갖추어 두어야 함

　가. 물질안전보건자료대상물질을 취급하는 작업공정이 있는 장소

　나. 작업장 내 근로자가 가장 보기 쉬운 장소

　다. 근로자가 작업 중 쉽게 접근할 수 있는 장소에 설치된 전상장비

② 건설공사의 경우 임시작업 또는 단시간작업에 대하여는 물질안전보건자료대상물질의 관리요령으로 대신하여 게시하거나 갖추어 둘 수 있음

　단, 근로자가 물질안전보건자료의 게시를 요청하는 경우에는 게시

③ 물질안전보건자료 관리요령 게시

① 물질안전보건자료대상물질을 취급하는 작업공정별로 물질안전보건자료대상물질의 관리 요령을 게시

② 작업공정별 관리요령에는 다음의 사항을 포함

　가. 제품명,

　나. 건강 및 환경에 대한 유해성, 물리적 위험성

　다. 안전 및 보건상의 취급주의 사항,

　라. 적절한 보호구

　마. 응급조치 요령 및 사고 시 대처방법

③ 작업공정별 관리 요령을 작성할 때에는 물질안전보건자료에 적힌 내용을 참고하여야 하며, 유해성·위험성이 유사한 물질안전보건자료대상물질의 그룹별로 작성하여 게시할 수 있음

④ 물질안전보건자료 교육

① 다음의 경우에 해당하는 경우에는 작업장에서 취급하는 물질안전보건자료대상물질의 물질안전보건자료의 내용을 근로자에게 교육하여야 함[149]

　　가. 물질안전보건자료대상물질을 제조·사용·운반 또는 저장하는 작업에 근로자를 배치하게 된 경우

　　나. 새로운 물질안전보건자료대상물질이 도입된 경우

　　다. 유해성·위험성 정보가 변경된 경우

② 교육내용

　　가. 대상화학물질의 명칭(또는 제품명)

　　나. 물리적 위험성 및 건강 유해성

　　다. 취급상의 주의사항

　　라. 적절한 보호구

　　마. 응급조치 요령 및 사고시 대처방법

　　바. 물질안전보건자료 및 경고표지를 이해하는 방법

③ 유해성·위험성이 유사한 물질안전보건자료대상물질을 그룹별로 분류하여 교육을 실시할 수 있으며, 교육을 실시하였을 때에는 교육시간 및 내용 등을 기록하여 보존하여야 함

---

149) 물질안전보건자료에 관한 교육을 실시하면 해당 교육시간만큼 근로자에 대한 안전보건교육을 실시한 것으로 봄

⑤ 벌칙

위반행위	세부내용	과태료 금액(만원)		
		1차 위반	2차 위반	3차 이상 위반
물질안전보건자료를 게시하거나 갖춰두지 않은 경우(물질안전보건자료 1건당)	1) 작성한 물질안전보건자료를 게시하지 않거나 갖추어 두지 않은 경우(작업장 1개소당)	100	200	500
	2) 제공받은 물질안전보건자료를 게시하지 않거나 갖추어 두지 않은 경우(작업장 1개소당)	100	200	500
	3) 물질안전보건자료 대상 물질을 양도 또는 제공한 자로부터 물질안전보건자료를 제공받지 못하여 게시하지 않거나 갖추어 두지 않은 경우(작업장 1개소당)	10	20	50
해당 근로자를 교육하는 등 적절한 조치를 하지 아니한 경우	교육대상 근로자 1명당	50	100	300

11 / 물질안전보건자료대상물질용기의 경고표시(산업안전보건법 제115조)

① 개요

물질안전보건자료대상물질을 양도하거나 제공하는 경우에는 이를 담은 용기 및 포장과, 사업장에서 사용하는 물질안전보건자료대상물질을 담은 용기에 경고표시를 하여야 함

② 경고표시 방법

① 물질안전보건자료대상물질을 양도하거나 제공하는 자 또는 사업장에서 취급하는 사업주가 경고표시를 하는 경우에는 물질안전보건자료대상물질 단위로 경고표지를 작성하여 물질안전보건자료대상물질을 담은 용기 및 포장에 붙이거나 인쇄하는 등 유해·위험정보가 명확히 나타나도록 하여야 함

③ 경고표시 기재항목

① 명칭: 제품명

② 그림문자: 화학물질의 분류에 따라 유해·위험의 내용을 나타내는 그림

③ 신호어: 유해·위험의 심각성 정도에 따라 표시하는 "위험" 또는 "경고" 문구

④ 유해·위험 문구: 화학물질의 분류에 따라 유해·위험을 알리는 문구

⑤ 예방조치 문구: 화학물질에 노출되거나 부적절한 저장·취급 등으로 발생하는 유해·위험을 방지하기 위하여 알리는 주요 유의사항

⑥ 공급자 정보: 물질안전보건자료대상물질의 제조자 또는 공급자의 이름 및 전화번호 등

【경고표시 예시】

④ 경고표시 제외사항

① 법령에서 정하는 타법에 따라 용기에 표시를 한 경우

    가. 「고압가스 안전관리법」 제11조의2에 따른 용기 등의 표시

    나. 「위험물 선박운송 및 저장 규칙」 제6조제1항 및 같은 규칙 제26조제1항에 따른 표시(같은 규칙 제26
조제1항에 따라 해양수산부장관이 고시하는 수입물품에 대한 표시는 최초의 사용사업장으로 반입되기 전까지
만 해당)

    다. 「위험물안전관리법」 제20조제1항에 따른 위험물의 운반용기에 관한 표시

    라. 「항공안전법 시행규칙」제209조제6항에 따라 국토교통부장관이 고시하는 포장물의 표기(수입물품
에 대한 표기는 최초의 사용사업장으로 반입되기 전까지만 해당한다)

    마. 「화학물질관리법」 제16조에 따른 유해화학물질에 관한 표시

② 사업장에서 물질안전보건자료대상물질을 담은 용기에 물질안전보건자료대상물질을 양도하거나 제공하는 자가 물질안전보건자료대상물질을 담은 용기에 이미 경고표시를 한 경우, 근로자가 경고표시가 되어 있는 용기에서 물질안전보건자료대상물질을 옮겨 담기 위하여 일시적으로 용기를 사용하는 경우

⑤ 경고표시 작성방법

① 물질안전보건자료대상물질을 양도·제공하는 자는 해당 물질안전보건자료대상물질의 용기 및 포장에 한글경고표지를 부착하거나 인쇄하는 등 유해·위험 정보가 명확히 나타나도록 하여야 한다. 다만, 실험실에서 시험·연구목적으로 사용하는 시약으로서 외국어로 작성된 경고표지가 부착되어 있거나 수출하기 위하여 저장 또는 운반 중에 있는 완제품은 한글 경고표지를 부착하지 아니할 수 있음

② 용기 및 포장에 경고표지를 부착하거나 경고표지의 내용을 인쇄하는 방법으로 표시하는 것이 곤란한 경우에는 경고표지를 인쇄한 꼬리표를 달 수 있음

③ 물질안전보건자료대상물질을 사용·운반 또는 저장하고자 하는 사업주는 경고표지의 유무를 확인하여야 하며, 경고표지가 없는 경우에는 경고표지를 부착하여야 함

④ 물질안전보건자료대상물질의 용량이 100그램(g) 이하 또는 100밀리리터(㎖) 이하인 경우에는 경고표지에 명칭, 그림문자, 신호어를 표시하고 그 외의 기재내용은 물질안전보건자료를 참고하도록 표시할 수 있음. 다만, 용기나 포장에 공급자 정보가 없는 경우에는 경고표지에 공급자 정보를 표시하여야 함

⑤ 물질안전보건자료대상물질을 해당 사업장에서 자체적으로 사용하기 위하여 담은 반

제품용기에 경고표시를 할 경우에는 유해·위험의 정도에 따른 "위험" 또는 "경고"의 문구만을 표시할 수 있음. 다만, 이 경우 보관·저장장소의 작업자가 쉽게 볼 수 있는 위치에 경고표지를 부착하거나 물질안전보건자료를 게시하여야 함

⑥ 벌칙

위반행위	세부내용	과태료 금액(만원)		
		1차 위반	2차 위반	3차 이상 위반
경고표시를 하지 않은 경우(물질안전보건자료대상물질 1종당)	1) 물질안전보건자료대상물질을 담은 용기 및 포장에 경고표시를 하지 않은 경우			
	가) 물질안전보건자료대상물질을 용기 및 포장에 담는 방법으로 양도·제공하는 자가 용기 및 포장에 경고표시를 하지 않은 경우(양도·제공받은 사업장 1개소당)	50	100	300
	나) 물질안전보건자료대상물질을 사용하는 사업주가 용기에 경고표시를 하지 않은 경우	50	100	300
	다) 종전의 물질안전보건자료대상물질 양도·제공자로부터 경고표시를 한 용기 및 포장을 제공받지 못해 경고표시를 하지 않은 채로 물질안전보건자료대상물질을 양도·제공한 경우(경고표시를 하지 않고 양도·제공받은 사업장 1개소당)	10	20	50
	라) 용기 및 포장의 경고표시가 제거되거나 경고표시의 내용을 알아볼 수 없을 정도로 훼손된 경우	10	20	50
	2) 물질안전보건자료대상물질을 용기 및 포장에 담는 방법이 아닌 방법으로 양도·제공하는 자가 경고표시 기재항목을 적은 자료를 제공하지 않는 경우(제공받지 않은 사업장 1개소당)	50	100	300

12 / 제조등 금지물질(산업안전보건법 제117조)

① 개요

누구든지 직업성 암을 유발하는 것으로 확인되어 근로자의 건강에 특히 해롭다고 인정되는 물질, 유해성·위험성이 평가된 유해인자나 유해성·위험성이 조사된 화학물질 중 근로자에게 중대한 건강장해를 일으킬 우려가 있는 물질인 제조등금지물질을 제조·수입·양도·제공 또는 사용을 금지하며, 사용이 필요한 경우에는 고용노동부장관의 승인을 받고 사용하여야 함

② 제조등금지물질의 종류

① β-나프틸아민[91-59-8]과 그 염(β-Naphthylamine and its salts)

② 4-니트로디페닐[92-93-3]과 그 염(4-Nitrodiphenyl and its salts)

③ 백연[1319-46-6]을 함유한 페인트(함유된 중량의 비율이 2퍼센트 이하인 것은 제외)

   (Paint containing more than 2 % white lead by weight)

④ 벤젠[71-43-2]을 함유하는 고무풀(함유된 중량의 비율이 5퍼센트 이하인 것은 제외)

   (Mucilage(gum) containing more than 5% benzene by weight)

⑤ 석면(Asbestos; 1332-21-4 등)

⑥ 폴리클로리네이티드 터페닐(Polychlorinated terphenyls; 61788-33-8 등)

⑦ 황린(黃燐)[12185-10-3] 성냥(Yellow phosphorus match)

⑧ 제1호 및 제2호, 제5호 및 제6호의 어느 하나에 해당하는 물질을 함유한 혼합물(함유된 중량의 비율이 1퍼센트 이하인 것은 제외)

⑨ 「화학물질관리법」제2조제5호에 따른 금지물질(「화학물질관리법」제3조제1항제1호부터 제12호의 어느 하나에 해당하는 화학물질은 제외)

⑩ 그 밖에 보건상 해로운 물질로서 산업재해보상보험및예방심의위원회의 심의를 거쳐 고용노동부장관이 정하는 유해물질

③ 제조등금지물질의 사용

시험·연구 또는 검사 목적의 경우로서 다음 중 어느 하나에 해당하는 경우에는 제조등금지물질을 제조·수입·양도·제공 또는 사용할 수 있음

① 제조·수입 또는 사용을 위하여 법령에서 정하는 요건을 갖추어 고용노동부장관의 승인을 받은 경우

②「화학물질관리법」제18조제1항 단서에 따른 금지물질의 판매허가를 받은 자가 같은 항 단서에 따라 판매 허가를 받은 자나 제1호에 따라 사용 승인을 받은자에게 제조등금지물질을 양도 또는 제공하는 경우

④ 제조등금지물질의 사용승인 신청

① 제조등금지물질의 제조·수입 또는 사용승인을 받으려는 자는 제조금지물질 제조·수입·사용 승인신청서[150]와 다음의 서류를 첨부하여 관할 지방고용노동관서의 장에게 제출

　(1) 시험·연구계획서(제조·수입·사용의 목적·양 등에 관한 사항을 포함)

　(2) 산업보건 관련 조치를 위한 시설·장치의 명칭·구조·성능 등에 관한 서류

　(3) 해당 시험·연구실(작업장)의 전체 작업공정도, 각 공정별로 취급하는 물질의 종류·취급량 및 공정별 종사 근로자 수에 관한 서류

⑤ 벌칙

> ◆ **산업안전보건법 제168조【벌칙】** 다음 각 호의 어느 하나에 해당하는 자는 5년 이하의 징역 또는 5천만원 이하의 벌금에 처한다.
> 1. 제117조제1항을 위반한 자
> ◆ **산업안전보건법 제173조【양벌규정】** 법인의 대표자나 법인 또는 개인의 대리인, 사용인 그 밖의 종업원이 그 법인 또는 개인의 업무에 관하여 다음에 해당하는 위반행위를 하면 그 행위자를 벌하는 외에 그 법인 또는 개인에게 해당 조문의 벌금형을 과(科)한다. 다만, 법인 또는 개인이 그 위반행위를 방지하기 위하여 해당 업무에 관하여 상당한 주의와 감독을 게을리하지 아니한 경우에는 그러하지 아니하다.
> 1. 제167조제1항의 경우: 10억원 이하의 벌금
> 2. 제168조부터 제172조까지의 경우: 해당 조문의 벌금형

---

150)　산업안전보건법 시행규칙 별지 제70호

13 / 허가대상물질(산업안전보건법 제118조)

① 개요(산업안전보건법 제118조 제①항)

직업성 암을 유발하는 것으로 확인되어 근로자의 건강에 특히 해롭다고 인정되는 물질, 유해성·위험성이 평가된 유해인자나 유해성·위험성이 조사된 화학물질 중 대체물질이 개발되지 아니한 물질을 제조하거나 사용하려는 경우 고용노동부장관의 허가를 받아야 함

② 허가대상물질의 종류

① α-나프틸아민[134-32-7] 및 그 염(α-naphthylamine and its salts)

② 디아니시딘[119-90-4] 및 그 염(Dianisidine and its salts)

③ 디클로로벤지딘[91-94-1] 및 그 염(Dichlorobenzidine and its salts)

④ 베릴륨(Beryllium; 7440-41-7)

⑤ 벤조트리클로라이드(Benzotrichloride; 98-07-7)

⑥ 비소[7440-38-2] 및 그 무기화합물(Arsenic and its inorganic compounds)

⑦ 염화비닐(Vinyl chloride; 75-01-4)

⑧ 콜타르피치[65996-93-2] 휘발물(Coal tar pitch volatiles)

⑨ 크롬광 가공(열을 가하여 소성 처리하는 경우만 해당)(Chromite ore processing)

⑩ 크롬산 아연(Zinc chromates; 13530-65-9 등)

⑪ o-톨리딘[119-93-7] 및 그 염(o-Tolidine and its salts)

⑫ 황화니켈류(Nickel sulfides; 12035-72-2, 16812-54-7)

⑬ 제1호부터 제12호까지의 어느 하나에 해당하는 물질(제5호는 제외)을 함유한 혼합물(함유된 중량의 비율이 1퍼센트 이하인 것은 제외)

⑭ 제5호의 물질을 함유한 혼합물(함유된 중량의 비율이 0.5퍼센트 이하인 것은 제외)

⑮ 그 밖에 보건상 해로운 물질로서 고용노동부장관이 산업재해보상보험및예방심의위원회의 심의를 거쳐 정하는 유해물질

③ 허가대상물질 허가 신청 및 심사

① 허가대상물질의 제조허가 또는 사용허가를 받으려는 경우에는 제조·사용허가신청서[151]
에 다음의 서류를 첨부하여 관할 지방고용노동관서의 장에게 제출

가. 사업계획서(제조·수입·사용의 목적·양 등에 관한 사항을 포함)

나. 산업보건 관련 조치를 위한 시설·장치의 명칭·구조·성능 등에 관한 서류

다. 해당 사업장의 전체 작업공정도, 각 공정별로 취급하는 물질의 종류·취급량 및 공정별 종사 근로
자 수에 관한 서류

② 지방고용노동관서의 장은 제조·사용허가신청서가 접수된 경우 다음의 사항을 심사하
여 신청서가 접수된 날부터 20일 이내에 허가증을 신청인에게 발급하거나 불허가 사
실을 통보

가. 제조·사용허가신청서 및 첨부서류의 내용이 적정한지 여부

나. 제조·사용 설비 등이 안전보건규칙 제33조, 제35조제1항(같은 규칙 별표 2 제16호 및 제17호에 해당하
는 경우로 한정) 및 같은 규칙 제453조부터 제486조까지의 규정에 적합한지 여부

④ 허가기준의 준수(산업안전보건법 제118조 제③항)

고용노동부의장관의 허가를 받은 허가대상물질제조·사용자는 그 제조·사용·설비를 허가
기준에 적합하도록 유지하여야 하며, 그 기준에 적합한 작업방법으로 허가대상물질을 제
조·사용하여야 함

⑤ 시정명령(산업안전보건법 제118조 제④항)

고용노동부장관은 허가대상물질 제조·사용자의 제조·사용설비 또는 작업방법이 허가기
준에 적합하지 아니하다고 인정될 때에는 그 기준에 적합하도록 제조·사용설비를 수
리·개조 또는 이전하도록 하거나 그 기준에 적합한 작업방법으로 그 물질을 제조·사용
하도록 명할 수 있음

⑥ 허가의 취소(산업안전보건법 제118조 제⑤항)

고용노동부장관은 허가대상물질 제조·사용자가 다음의 어느 하나에 해당하면 그 허가
를 취소하거나 6개월 이내의 기간을 정하여 영업을 정지하게 할 수 있음

---

151) 산업안전보건법 시행규칙 별지 제72호

① 거짓이나 그 밖의 부정한 방법으로 허가를 받은 경우

② 허가기준에 맞지 아니하게 된 경우

③ 허가기준에 적합하도록 유지하지 않고, 허가기준에 적합한 작업방법으로 제조·사용함을 위반한 경우

④ 허가기준에 적합하지 않아 고용노동부장관의 시정명령을 받았으나 그 시정명령에 따르지 않은 경우

⑤ 자체검사 결과 이상을 발견하고도 즉시 보수 및 필요한 조치를 하지 아니한 경우

⑦ 벌칙

◆ **산업안전보건법 제168조【벌칙】** 다음 각 호의 어느 하나에 해당하는 자는 5년 이하의 징역 또는 5천만원 이하의 벌금에 처한다.
  1. 제118조제1항을 위반한 자
  2. 제118조제5항에 따른 명령을 위반한 자

◆ **산업안전보건법 제169조【벌칙】** 다음 각 호의 어느 하나에 해당하는 자는 3년 이하의 징역 또는 3천만원 이하의 벌금에 처한다.
  1. 제118조제3항을 위반한 자
  2. 제118조제4항에 따른 명령을 위반한 자

◆ **산업안전보건법 제173조【양벌규정】** 법인의 대표자나 법인 또는 개인의 대리인, 사용인 그 밖의 종업원이 그 법인 또는 개인의 업무에 관하여 다음에 해당하는 위반행위를 하면 그 행위자를 벌하는 외에 그 법인 또는 개인에게 해당 조문의 벌금형을 과(科)한다. 다만, 법인 또는 개인이 그 위반행위를 방지하기 위하여 해당 업무에 관하여 상당한 주의와 감독을 게을리하지 아니한 경우에는 그러하지 아니하다.
  1. 제167조제1항의 경우: 10억원 이하의 벌금
  2. 제168조부터 제172조까지의 경우: 해당 조문의 벌금형

14 / 석면조사(산업안전보건법 제119조)

① 개요

건축물이나 설비를 철거하거나 해체하려는 경우에 해당 건축물이나 설비의 소유주 또는 임차인 등은 해당 건축물이나 설비에 석면이 함유되어 있는지 여부, 해당 건축물이나 설비 중 석면이 함유된 자재의 종류, 위치 및 면적을 조사한 후 그 결과를 기록하여 보존하여야 하며, 법령에서 정한 규모 이상의 경우에는 석면조사기관으로부터 기관석면조사를 받아 그 결과를 기록·보존하여야 함

② 일반석면조사 대상

기관석면조사 대상 이외의 건축물이나 설비를 철거하거나 해체하는 경우

③ 기관석면조사 대상

① 건축물(제2호에 따른 주택은 제외)의 연면적 합계가 50제곱미터 이상이면서, 그 건축물의 철거·해체하려는 부분의 면적 합계가 50제곱미터 이상인 경우

② 주택(「건축법 시행령」 제2조제12호에 따른 부속건축물을 포함)의 연면적 합계가 200제곱미터 이상이면서, 그 주택의 철거·해체하려는 부분의 면적 합계가 200제곱미터 이상인 경우

③ 설비의 철거·해체하려는 부분에 다음 각 목의 어느 하나에 해당하는 자재(물질을 포함)를 사용한 면적의 합이 15제곱미터 이상 또는 그 부피의 합이 1세제곱미터 이상인 경우

　가. 단열재

　나. 보온재

　다. 분무재

　라. 내화피복재

　마. 개스킷(Gasket)

　바. 패킹(Packing)재

　사. 실링(Sealing)재

　아. 그 밖에 가목부터 사목까지의 자재와 유사한 용도로 사용되는 자재로서 고용노동부장관이 정하여 고시한 자재

④ 파이프 길이의 합이 80미터 이상이면서, 그 파이프의 철거·해체하려는 부분의 보온재로 사용된 길이의 합이 80미터 이상인 경우

④ 기관석면조사의 생략

① 철거하거나 해체 시 기관석면조사 대상인 건축물 중 다음에 해당하는 경우에는 기관석면조사를 생략하고 석면이 함유되어 있지 않음 또는 석면이 1퍼센트 초과하여 함유되어 있음을 증명할 수 있는 서류 및 석면조사의 생략 등 확인신청서[152]를 관할 지방고용노동관서의 장에게 제출

  가. 건축물이나 설비의 철거·해체 부분에 사용된 자재가 설계도서, 자재 이력 등 관련자료를 통해 석면을 함유하고 있지 않음이 명백하다고 인정되는 경우

  나. 건축물이나 설비의 철거·해체부분에 석면이 1퍼센트 초과하여 함유된 자재를 사용하였음이 명백하다고 인정되는 경우

⑤ 기관석면조사의 제외

① 건축물·설비소·유주등이 「석면안전관리법」 등 다른 법률에 따라 건축물이나 설비에 대하여 석면조사를 실시한 경우에는 일반석면조사 또는 기관석면조사를 실시한 것으로 봄

② 건축물이나 설비의 소유주등이 「석면안전관리법」에 따른 석면조사를 실시한 경우에는 석면조사의 생략 등 확인신청서에 「석면안전관리법」에 따른 석면조사를 하였음을 표시하고 그 석면조사 결과서를 첨부하여 관할 지방고용노동관서의 장에게 제출하여야 함

다만, 「석면안전관리법 시행규칙」 제26조에 따라 건축물석면조사 결과를 관계 행정기관의 장에게 제출한 경우에는 석면조사의 생략 등 확인신청서를 제출하지 않을 수 있음

③ 지방고용노동관서의 장은 석면조사의 생략 등 확인신청서가 제출되면 이를 확인한 후 접수된 날부터 20일 이내에 그 결과를 해당 신청인에게 통지

152) 산업안전보건법 시행규칙 별지 제74호

⑥ **이행명령(산업안전보건법 제119조 제④항)**

고용노동부장관은 건출물·설비 소유주등이 일반석면조사 또는 기관석면조사를 하지 아니하고 건축물이나 설비를 철거하거나 해체하는 경우 다음의 조치를 명할 수 있음

① 해당 건축물·설비소유주등에 대한 일반석면조사 또는 기관석면조사의 이행 명령

② 해당 건축물이나 설비를 철거하거나 해체하는 자에 대하여 제1호에 따른 이행 명령의 결과를 보고받을 때까지의 작업중지 명령

⑦ **벌칙**

위반행위	세부내용	과태료 금액(만원)		
		1차 위반	2차 위반	3차 이상 위반
일반석면조사를 하지 않고 건축물이나 설비를 철거하거나 해체한 경우	-	철거 또는 해체 공사 금액의 100분의 5에 해당하는 금액. 다만, 해당 금액이 10만원 미만인 경우에는 10만원으로, 해당 금액이 100만원을 초과하는 경우에는 100만원으로 한다.	200	300
기관석면조사를 하지 않고 건축물 또는 설비를 철거하거나 해체한 경우 기관석면조사를 하지 않고 건축물 또는 설비를 철거하거나 해체한 경우	1) 개인 소유의 단독주택 (다중주택, 다가구주택, 공관은 제외)	철거 또는 해체 공사 금액의 100분의 5에 해당하는 금액. 다만, 해당 금액이 50만원 미만인 경우에는 50만원으로, 해당금액이 500만원을 초과하는 경우에는 500만원으로 한다.	1,000	1,500
	2) 그 밖의 경우	철거 또는 해체 공사 금액의 100분의 5에 해당하는 금액. 다만, 해당 금액이 150만원 미만인 경우에는 150만원으로, 해당 금액이 1,500만원을 초과하는 경우에는 1,500만원으로 한다.	3,000	5,000

> **ⓘ Tip**
>
> ■ **관련고시**
> ▶ 「석면조사 및 안전성 평가 등에 관한 고시」

15 / 석면의 해체·제거(산업안전보건법 제122조)

① 개요

기관석면조사 대상인 건축물이나 설비에 법령에서 정하는 함유량과 면적 이상의 석면이 함유되어 있는 경우 해당 건축물·설비소유주등은 석면해체·제거업자로 하여금 그 석면을 해체·제거하도록 하여야 함

② 석면해체·제거업자를 통한 석면해체·제거 대상

① 철거·해체하려는 벽체재료, 바닥재, 천장재 및 지붕재 등의 자재에 석면이 1퍼센트(무게 퍼센트)를 초과하여 함유되어 있고 그 자재의 면적의 합이 50제곱미터 이상인 경우

② 석면이 1퍼센트(무게 퍼센트)를 초과하여 함유된 분무재 또는 내화피복재를 사용한 경우

③ 석면이 1퍼센트(무게 퍼센트)를 초과하여 함유된 제30조의3제1항제3호 각 목의 어느 하나(분무재 및 내화피복재는 제외)에 해당하는 자재의 면적의 합이 15제곱미터 이상 또는 그 부피의 합이 1세제곱미터 이상인 경우

④ 파이프에 사용된 보온재에서 석면이 1퍼센트(무게 퍼센트)를 초과하여 함유되어 있고, 그 보온재 길이의 합이 80미터 이상인 경우

③ 석면해체·제거작업 신고 절차

① 석면해체·제거업자는 석면해체·제거작업 시작 7일 전까지 석면해체·제거작업 장소의 소재지를 관할하는 지방고용노동관서의 장에게 석면해체·제거작업 신고서[153]를 작성·제출

② 석면해체·제거작업 신고서 내용이 변경된 경우에는 지체 없이 석면해체·제거작업 변경신고서[154]를 석면해체·제거작업 장소의 소재지를 관할하는 지방고용노동관서의 장에게 제출

③ 지방고용노동관서의 장은 석면해체·제거작업 신고서 또는 변경신고서를 받았을 때에 그 신고서 및 첨부서류의 내용이 적합한 것으로 확인된 경우에는 그 신고서를 받은

---

153) 산업안전보건법 시행규칙 별지 제77호
154) 산업안전보건법 시행규칙 별지 제78호

날부터 7일 이내에 석면해체·제거작업 신고(변경)증명서를 신청인에게 발급

다만, 현장책임자 또는 작업근로자의 변경에 관한 사항인 경우에는 지체 없이 그 적합 여부를 확인하여 변경증명서를 신청인에게 발급

④ 석면해체·제거 작업기준의 준수(산업안전보건법 제123조)

① 석면이 함유된 건축물이나 설비를 철거하거나 해체하는 자는 법령에서 정하는 석면해체·제거의 작업기준을 준수

② 근로자는 석면이 함유된 건축물이나 설비를 철거하거나 해체하는 자가 작업기준에 따라 근로자에게 한 조치로서 법령으로 정하는 조치 사항을 준수하여야 함

⑤ 석면농도기준의 준수(산업안전보건법 제124조)

① 석면해체·제거업자는 석면해제·제거작업이 완료된 후 해당 작업장의 공기 중 석면농도가 1㎤ 당 0.001개 이하가 되도록 하고, 그 증명자료를 석면농도측정 결과보고서[155]에 해당 기관이 작성한 석면농도측정 결과표[156]를 첨부하여 지체없이 지방고용노동관서의 장에게 제출

② 공기 중 석면농도측정을 할 수 있는 자는 다음과 같음

　가. 석면조사기관에 소속된 산업위생관리산업기사 또는 대기환경산업기사 이상의 자격을 가진 사람

　나. 작업환경측정기관에 소속된 산업위생관리산업기사 이상의 자격을 가진 사람

③ 석면농도의 측정방법은 다음과 같음

　가. 석면해체·제거작업장 내의 작업이 완료된 상태를 확인한 후 공기가 건조한 상태에서 측정

　나. 작업장 내에 침전된 분진을 비산시킨 후 측정

　다. 시료채취기를 작업이 이루어진 장소에 고정하여 공기 중 입자상 물질을 채취하는 지역시료채취방법으로 측정

---

155) 　산업안전보건법 시행규칙 별지 제80호
156) 　산업안전보건법 시행규칙 별제 제81호

⑥ 벌칙

◆ **산업안전보건법 제168조【벌칙】** 다음 각 호의 어느 하나에 해당하는 자는 5년 이하의 징역 또는 5천만원 이하의 벌금에 처한다.
  1. 제122조제1항을 위반한 자
◆ **산업안전보건법 제169조【벌칙】** 다음 각 호의 어느 하나에 해당하는 자는 3년 이하의 징역 또는 3천만원 이하의 벌금에 처한다.
  1. 제123조제1항을 위반한 자
◆ **산업안전보건법 제173조【양벌규정】** 법인의 대표자나 법인 또는 개인의 대리인, 사용인 그 밖의 종업원이 그 법인 또는 개인의 업무에 관하여 다음에 해당하는 위반행위를 하면 그 행위자를 벌하는 외에 그 법인 또는 개인에게 해당 조문의 벌금형을 과(科)한다. 다만, 법인 또는 개인이 그 위반행위를 방지하기 위하여 해당 업무에 관하여 상당한 주의와 감독을 게을리하지 아니한 경우에는 그러하지 아니하다.
  1. 제167조제1항의 경우: 10억원 이하의 벌금
  2. 제168조부터 제172조까지의 경우: 해당 조문의 벌금형

위반행위	세부내용	과태료 금액(만원)		
		1차 위반	2차 위반	3차 이상 위반
기관석면조사를 실시한 기관으로 하여금 석면해체·제거를 하도록 한 경우	-	150	300	500
석면해체·제거작업을 신고하지 않은 경우	1) 신고하지 않은 경우	100	200	300
	2) 변경신고를 하지 않은 경우	50	100	150
근로자가 고용노동부령으로 정하는 조치 사항을 준수하지 않은 경우		5	10	15
공기 중 석면농도가 석면농도기준 이하가 되도록 하지 않은 경우		150	300	500
공기 중 석면농도가 석면농도기준 이하임을 증명하는 자료를 제출하지 않은 경우		100	200	300
공기 중 석면농도가 석면농도기준을 초과함에도 건축물 또는 설비를 철거하거나 해체한 경우		1,500	3,000	5,000

제9장

근로자의 보건관리

1 / 작업환경측정(산업안전보건법 제125조)

① 개요

유해인자로부터 근로자의 건강을 보호하고 쾌적한 작업환경을 조성하기 위하여 인체에 해로운 유해인자가 발생하는 작업을 하는 작업장에 대해 주기적으로 작업환경측정을 실시하여야 함

② 작업환경측정 대상 작업장

① 작업환경측정 대상 유해인자에 노출되는 근로자가 있는 작업장

② 도급인의 사업장에서 관계수급인 또는 관계수급인의 근로자가 작업을 하는 경우에는 도급인이 작업환경측정

③ 작업환경측정 대상 유해인자

① 화학적 인자

가. 유기화합물(114종)

1) 글루타르알데히드(111-30-8)	24) 1,2-디클로로프로판(78-87-5)
2) 니트로글리세린(Nitroglycerin; 55-63-0)	25) 디클로로플루오로메탄(75-43-4)
3) 니트로메탄(Nitromethane; 75-52-5)	26) p-디히드록시벤젠(123-31-9)
4) 니트로벤젠(Nitrobenzene; 98-95-3)	27) 메탄올(67-56-1)
5) p-니트로아닐린(p-Nitroaniline; 100-01-6)	28) 2-메톡시에탄올(109-86-4)
6) p-니트로클로로벤젠(100-00-5)	29) 2-메톡시에틸 아세테이트(110-49-6)
7) 디니트로톨루엔(25321-14-6 등)	30) 메틸 n-부틸 케톤(591-78-6)
8) N,N-디메틸아닐린(121-69-7)	31) 메틸 n-아밀 케톤(110-43-0)
9) 디메틸아민(Dimethylamine; 124-40-3)	32) 메틸 아민(74-89-5)
10) N,N-디메틸아세트아미드(127-19-5)	33) 메틸 아세테이트(79-20-9)
11) 디메틸포름아미드(68-12-2)	34) 메틸 에틸 케톤(78-93-3)
12) 디에탄올아민(111-42-2)	35) 메틸 이소부틸 케톤(108-10-1)
13) 디에틸 에테르(Diethyl ether; 60-29-7)	36) 메틸 클로라이드(74-87-3)
14) 디에틸렌트리아민(111-40-0)	37) 메틸 클로로포름(71-55-6)
15) 2-디에틸아미노에탄올(100-37-8)	38) 메틸렌 비스(페닐 이소시아네이트)[101-68-8 등]
16) 디에틸아민(109-89-7)	39) o-메틸시클로헥사논(583-60-8)
17) 1,4-디옥산(123-91-1)	40) 메틸시클로헥사놀(25639-42-3 등)
18) 디이소부틸케톤(108-83-8)	41) 무수 말레산(108-31-6)
19) 1,1-디클로로-1-플루오로에탄(1717-00-6)	42) 무수 프탈산(85-44-9)
20) 디클로로메탄(75-09-2)	43) 벤젠(71-43-2)
21) o-디클로로벤젠(95-50-1)	44) 1,3-부타디엔(106-99-0)
22) 1,2-디클로로에탄(107-06-2)	45) n-부탄올(71-36-3)
23) 1,2-디클로로에틸렌(540-59-0 등)	46) 2-부탄올(78-92-2)

47) 2-부톡시에탄올(111-76-2)
48) 2-부톡시에틸 아세테이트(112-07-2)
49) n-부틸 아세테이트(123-86-4)
50) 1-브로모프로판(106-94-5)
51) 2-브로모프로판(75-26-3)
52) 브롬화 메틸(74-83-9)
53) 비닐 아세테이트(108-05-4)
54) 사염화탄소(56-23-5)
55) 스토다드 솔벤트(8052-41-3)
56) 스티렌(100-42-5)
57) 시클로헥사논(108-94-1)
58) 시클로헥사놀(108-93-0)
59) 시클로헥산(110-82-7)
60) 시클로헥센(110-83-8)
61) 아닐린(62-53-3) 및 그 동족체
62) 아세토니트릴(75-05-8)
63) 아세톤(67-64-1)
64) 아세트알데히드(75-07-0)
65) 아크릴로니트릴(107-13-1)
66) 아크릴아미드(79-06-1)
67) 알릴 글리시딜 에테르(106-92-3)
68) 에탄올아민(141-43-5)
69) 2-에톡시에탄올(110-80-5)
70) 2-에톡시에틸 아세테이트(111-15-9)
71) 에틸 벤젠(100-41-4)
72) 에틸 아세테이트(141-78-6)
73) 에틸 아크릴레이트(140-88-5)
74) 에틸렌 글리콜(107-21-1)
75) 에틸렌 글리콜 디니트레이트(628-96-6)
76) 에틸렌 클로로히드린(107-07-3)
77) 에틸렌이민(151-56-4)
78) 에틸아민(75-04-7)
79) 2,3-에폭시-1-프로판올(556-52-5 등)
80) 1,2-에폭시프로판(75-56-9 등)
81) 에피클로로히드린(106-89-8 등)

82) 요오드화 메틸(74-88-4)
83) 이소부틸 아세테이트(110-19-0)
84) 이소부틸 알코올(78-83-1)
85) 이소아밀 아세테이트(123-92-2)
86) 이소아밀 알코올(123-51-3)
87) 이소프로필 아세테이트(108-21-4)
88) 이소프로필 알코올(67-63-0)
89) 이황화탄소(75-15-0)
90) 크레졸(1319-77-3 등)
91) 크실렌(Xylene; 1330-20-7 등)
92) 클로로벤젠(108-90-7)
93) 1,1,2,2-테트라클로로에탄(79-34-5)
94) 테트라히드로푸란(109-99-9)
95) 톨루엔(108-88-3)
96) 톨루엔-2,4-디이소시아네이트(584-84-9 등)
97) 톨루엔-2,6-디이소시아네이트(91-08-7 등)
98) 트리에틸아민(121-44-8)
99) 트리클로로메탄(67-66-3)
100) 1,1,2-트리클로로에탄(79-00-5)
101) 트리클로로에틸렌(79-01-6)
102) 1,2,3-트리클로로프로판(96-18-4)
103) 퍼클로로에틸렌(127-18-4)
104) 페놀(108-95-2)
105) 펜타클로로페놀(87-86-5)
106) 포름알데히드(50-00-0)
107) 프로필레이민(75-55-8)
108) n-프로필 아세테이트(109-60-4)
109) 피리딘(110-86-1)
110) 헥사메틸렌 디이소시아네이트(822-06-0)
111) n-헥산(110-54-3)
112) n-헵탄(142-82-5)
113) 황산 디메틸(77-78-1)
114) 히드라진(302-01-2)
115) 1)부터 114)까지의 물질을 용량비율 1퍼센트 이상 함유한 혼합물

나. 금속류(24종)

1) 구리(7440-50-8) (분진, 미스트, 흄)
2) 납[7439-92-1] 및 그 무기화합물
3) 니켈[7440-02-0] 및 그 무기화합물,
   니켈 카르보닐[13463-39-3]
4) 망간[7439-96-5] 및 그 무기화합물
5) 바륨[7440-39-3] 및 그 가용성 화합물
6) 백금[7440-06-4] 및 그 가용성 염
14) 오산화바나듐(1314-62-1) (분진, 흄)
15) 요오드[7553-56-2] 및 요오드화물
16) 인듐[7440-74-6] 및 그 화합물
17) 은[7440-22-4] 및 그 가용성 화합물
18) 이산화티타늄(13463-67-7)
19) 주석[7440-31-5] 및 그 화합물
   (수소화 주석은 제외한다)

7) 산화마그네슘(1309-48-4)
8) 산화아연(1314-13-2) (분진, 흄)
9) 산화철(1309-37-1 등) (분진, 흄)
10) 셀레늄[7782-49-2] 및 그 화합물
11) 수은[7439-97-6] 및 그 화합물
12) 안티몬[7440-36-0] 및 그 화합물
13) 알루미늄[7429-90-5] 및 그 화합물
20) 지르코늄[7440-67-7] 및 그 화합물
21) 카드뮴[7440-43-9] 및 그 화합물
22) 코발트[7440-48-4] 및 그 무기화합물
23) 크롬[7440-47-3] 및 그 무기화합물
24) 텅스텐[7440-33-7] 및 그 화합물
25) 1)부터 24)까지의 규정에 따른 물질을 중량비율 1퍼센트 이상 함유한 혼합물

다. 산 및 알칼리류(17종)

1) 개미산(64-18-6) 2) 과산화수소(7722-84-1) 3) 무수 초산(108-24-7) 4) 불화수소(7664-39-3) 5) 브롬화수소(10035-10-6) 6) 수산화 나트륨(1310-73-2) 7) 수산화 칼륨(1310-58-3) 8) 시안화 나트륨(143-33-9) 9) 시안화 칼륨(151-50-8)	10) 시안화 칼슘(592-01-8) 11) 아크릴산(79-10-7) 12) 염화수소(7647-01-0) 13) 인산(7664-38-2) 14) 질산(7697-37-2) 15) 초산(64-19-7) 16) 트리클로로아세트산(76-03-9) 17) 황산(7664-93-9) 18) 1)부터 17)까지의 물질을 중량비율 1퍼센트 이상 　함유한 혼합물

라. 가스 상태 물질류(15종)

1) 불소(Fluorine; 7782-41-4) 2) 브롬(Bromine; 7726-95-6) 3) 산화에틸렌(Ethylene oxide; 75-21-8) 4) 삼수소화 비소(Arsine; 7784-42-1) 5) 시안화 수소(Hydrogen cyanide; 74-90-8) 6) 암모니아(Ammonia; 7664-41-7 등) 7) 염소(Chlorine; 7782-50-5) 8) 오존(Ozone; 10028-15-6) 9) 이산화질소(nitrogen dioxide; 10102-44-0)	10) 이산화황(Sulfur dioxide; 7446-09-5) 11) 일산화질소(Nitric oxide; 10102-43-9) 12) 일산화탄소(Carbon monoxide; 630-08-0) 13) 포스겐(Phosgene; 75-44-5) 14) 포스핀(Phosphine; 7803-51-2) 15) 황화수소(Hydrogen sulfide; 7783-06-4) 16) 1)부터 15)까지의 물질을 용량비율 1퍼센드 이상 　함유한 혼합물

마. 허가대상유해물질(12종)

1) α-나프틸아민[134-32-7] 및 그 염 2) 디아니시딘[119-90-4] 및 그 염 3) 디클로로벤지딘[91-94-1] 및 그 염 4) 베릴륨[7440-41-7] 및 그 화합물 5) 벤조트리클로라이드98-07-7] 6) 비소[7440-38-2] 및 그 무기화합물 7) 염화비닐(Vinyl chloride; 75-01-4) 8) 콜타르피치[65996-93-2] 휘발물 9) 크롬광 가공[열을 가하여 소성(변형된 형태 유지) 　처리하는 경우만 해당]	10) 크롬산 아연(Zinc chromates; 13530-65-9 등) 11) o-톨리딘[119-93-7] 및 그 염 12) 황화니켈류(12035-72-2, 16812-54-7) 13) 1)부터 4)까지 및 6)부터 12)까지의 어느 하나에 　해당하는 물질을 중량비율 1퍼센트 이상 함유 　한 혼합물 14) 5)의 물질을 중량비율 0.5퍼센트 이상 함유한 혼 　합물

바. 금속가공유(1종)

금속가공유[Metal working fluids(MWFs), 1종]

② 물리적 인자(2종)

　가. 8시간 시간가중평균 80dB 이상의 소음

　나. 산업안전보건기준에 관한 규칙 제558조에 따른 고열

「산업안전보건기준에 관한 규칙」

제558조(정의)

　1. "고열"이란 열에 의하여 근로자에게 열경련·열탈진 또는 열사병 등의 건강장해를 유발할 수 있는 더운 온도를 말한다

제559조(고열작업 등)

　① "고열작업"이란 다음 각 호의 어느 하나에 해당하는 장소에서의 작업을 말한다.

　1. 용광로, 평로(平爐), 전로 또는 전기로에 의하여 광물이나 금속을 제련하거나 정련하는 장소

　2. 용선로(鎔船爐) 등으로 광물·금속 또는 유리를 용해하는 장소

　3. 가열로(加熱爐) 등으로 광물·금속 또는 유리를 가열하는 장소

　4. 도자기나 기와 등을 소성(燒成)하는 장소

　5. 광물을 배소(焙燒) 또는 소결(燒結)하는 장소

　6. 가열된 금속을 운반·압연 또는 가공하는 장소

　7. 녹인 금속을 운반하거나 주입하는 장소

　8. 녹인 유리로 유리제품을 성형하는 장소

　9. 고무에 황을 넣어 열처리하는 장소

　10. 열원을 사용하여 물건 등을 건조시키는 장소

　11. 갱내에서 고열이 발생하는 장소

　12. 가열된 노(爐)를 수리하는 장소

　13. 그 밖에 고용노동부장관이 인정하는 장소

---

③ 분진(7종)

　가. 광물성분진(Mineral dust)

　　(1) 규산(Silica)

　　　가) 석영(Quartz; 14808-60-7 등)

　　　나) 크리스토발라이트(Cristobalite; 14464-46-1)

　　　다) 트리디마이트(Trydimite; 15468-32-3)

　　(2) 규산염(Silicates, less than 1% crystalline silica)

　　　가) 소우프스톤(Soapstone; 14807-96-6)

　　　나) 운모(Mica; 12001-26-2)

　　　다) 포틀랜드 시멘트(Portland cement; 65997-15-1)

　　　라) 활석(석면 불포함)[Talc(Containing no asbestos fibers); 14807-96-6]

　　　마) 흑연(Graphite; 7782-42-5)

　　(3) 그 밖의 광물성 분진(Mineral dusts)

나. 곡물 분진(Grain dusts)

다. 면 분진(Cotton dusts)

라. 목재 분진(Wood dusts)

마. 석면 분진(Asbestos dusts; 1332-21-4 등)

바. 용접 흄(Welding fume)

사. 유리섬유(Glass fibers)

※ 비고: "등"이란 해당 화학물질에 이성질체 등 동일 속성을 가지는 2개 이상의 화합물이 존재할 수 있는 경우를 말한다.

④ 작업환경측정 제외 사항

① 관리대상 유해물질의 허용소비량을 초과하지 아니하는 작업장

(그 관리대상 유해물질에 관한 작업환경측정만 해당)

② 임시작업 및 단시간 작업을 하는 작업장

(고용노동부 장관이 정하여 고시[157]하는 물질을 취급하는 작업은 제외)

③ 분진작업의 적용 제외 작업장(분진에 관한 작업환경측정만 해당)

④ 그 밖에 작업환경측정 대상 유해인자의 노출 수준이 노출기준에 비하여 현저히 낮은 경우로서 고용노동부장관이 정하여 고시하는 작업장[158]

⑤ 작업환경측정 실시

① 사업주는 사업장에 소속된 사람으로서 산업위생관리산업기사 이상의 자격을 가진 사람으로 하여금 작업환경측정을 실시하거나, 고용노동부장관의 지정을 받은 작업환경측정기관에 위탁하여 작업환경측정 실시

② 도급인의 사업장에서 관계수급인 또는 관계수급인의 근로자가 작업을 하는 경우에는 도급인이 작업환경측정 실시

③ 근로자대표가 요구하면 작업환경측정 시 근로자대표를 참석시켜야 함

---

157) 허가대상유해물질 및 신입안진보건기준에 관한 규칙 별표 12에 따른 특별관리물질을 말함

158) 「석유 및 석유대체연료 사업법 시행령」 제2조제3호에 따른 주유소를 말함

⑥ 작업환경측정 시 준수사항

① 작업환경측정을 하기 전에 예비조사 실시

② 작업이 정상적으로 이루어져 작업시간과 유해인자에 대한 근로자의 노출 정도를 정확히 평가할 수 있을 때 실시

③ 모든 측정은 개인시료 채취방법으로 하되, 개인시료 채취방법이 곤란한 경우에는 지역시료채취방법으로 실시[159]

④ 작업환경측정기관에 위탁하여 실시하는 경우에는 해당 작업환경측정기관에 공정별 작업내용, 화학물질의 사용실태 및 물질안전보건자료 등 작업환경측정에 필요한 정보를 제공

⑦ 작업환경측정 주기

① 작업장 또는 작업공정이 신규로 가동되거나 변경되는 등 작업환경측정 대상 작업장이 된 경우에는 그 날부터 30일 이내에 작업환경측정을 하고, 그 후 6개월에 1회 이상 정기적으로 작업환경측정 실시

② 작업환경측정결과가 다음중 어느 하나에 해당하는 경우에는 해당 유해인자에 대하여 그 측정일로부터 3개월에 1회 이상으로 작업환경측정 실시

　가. 시행규칙 별표 21 제1호에 해당하는 화학적 인자(고용노동부장관이 정하여 고시하는 물질만 해당)의 측정치가 노출기준을 초과하는 경우

　나. 시행규칙 별표 21 제1호에 해당하는 화학적 인자(고용노동부장관이 정하여 고시하는 물질은 제외)의 측정치가 노출기준을 2배 이상 초과하는 경우

③ 최근 1년간 작업공정에서 공정 설비의 변경, 작업방법의 변경, 설비의 이전, 사용 화학물질의 변경 등으로 작업환경측정 결과에 영향을 주는 변화가 없는 경우로서 다음의 어느 하나에 해당하는 경우에는 해당 유해인자에 대한 작업환경측정을 1년에 1회 이상 실시

　가. 작업공정 내 소음의 작업환경측정 결과가 최근 2회 연속 85데시벨(dB) 미만인 경우

　나. 작업공정 내 소음 외의 다른 모든 인자의 작업환경측정 결과가 최근 2회 연속 노출기준 미만인 경우

---

159)　이 경우에는 해당 사유를 '작업환경측정 결과표'에 분명하게 밝혀야 함

⑧ 작업환경측정 결과에 따른 개선조치 실시(산업안전보건법 제125조제6항)

사업주는 작업환경측정 결과를 해당 작업장의 근로자(관계수급인 및 관계수급인인 근로자를 포함)에게 알려야 하며, 그 결과에 따라 근로자의 건강을 보호하기 위하여 해당 시설·설비의 설치·개선 또는 건강진단의 실시 등의 조치를 하여야 함

⑨ 벌칙

◆ 산업안전보건법 제171조【벌칙】다음 각 호의 어느 하나에 해당하는 자는 1천만원 이하의 벌금에 처한다.
  3. 제125조제6항을 위반하여 해당 시설·설비의 설치·개선 또는 건강진단의 실시 등의 조치를 하지 아니한 자
◆ 산업안전보건법 제173조【양벌규정】법인의 대표자나 법인 또는 개인의 대리인, 사용인 그 밖의 종업원이 그 법인 또는 개인의 업무에 관하여 다음에 해당하는 위반행위를 하면 그 행위자를 벌하는 외에 그 법인 또는 개인에게 해당 조문의 벌금형을 과(科)한다. 다만, 법인 또는 개인이 그 위반행위를 방지하기 위하여 해당 업무에 관하여 상당한 주의와 감독을 게을리하지 아니한 경우에는 그러하지 아니하다.
  1. 제167조제1항의 경우: 10억원 이하의 벌금
  2. 제168조부터 제172조까지의 경우: 해당 조문의 벌금형

위반행위	세부내용	과태료 금액(만원)		
		1차 위반	2차 위반	3차 이상 위반
작업환경측정을 하지 않은 경우	측정대상 작업장의 근로자 1명당	20	50	100
작업환경측정 시 고용노동부령으로 정한 작업환경측정의 방법을 준수하지 않은 경우		100	300	500
작업환경측정 시 근로자대표가 요구하였는데도 근로자대표를 참석시키지 않은 경우		500	500	500
작업환경측정 결과를 보고하지 않거나 거짓으로 보고한 경우	1) 보고하지 않은 경우	50	150	300
	2) 거짓으로 보고한 경우	300	300	300
작업환경측정의 결과를 해당 작업장 근로자에게 알리지 않은 경우		100	300	500
산업안전보건위원회 또는 근로자대표가 작업환경측정 결과에 대한 설명회의 개최를 요구했음에도 이에 따르지 않은 경우		100	300	500

ⓘ Tip

■ **관련고시**
  ▶ 「작업환경측정 및 정도관리 등에 관한 고시」

2 / 건강진단(산업안전보건법 제129조)

① 개요

작업장내 다양한 유해인자로부터 발생할 수 있는 근로자의 건강장해를 조기에 발견하여 직업성질병을 예방하고 근로자의 건강관리를 위하여 사업주는 상시 사용하는 근로자에게 건강진단을 실시하여야 함

② 건강진단의 종류

① 일반건강진단: 고혈압, 당뇨 등 일반질환을 조기에 발견하기 위해서 정기적으로 실시하는 건강진단

② 특수건강진단: 법령에서 정한 유해인자에 노출되는 업무에 종사하는 근로자를 대상으로 해당 유해인자에 의한 직업병을 조기에 발견하기 위해서 실시하는 건강진단

③ 배치전건강진단: 특수건강진단대상업무에 종사할 근로자의 배치 예정 업무에 대한 적합성 평가를 위하여 실시하는 건강진단

④ 수시건강진단: 직업성 천식, 직업성 피부염 등과 같은 건강장해 증상을 보이거나 의학적 소견이 있는 근로자를 대상으로 근로자 또는 보건관리 관계자 등이 사업주에게 건강진단 실시를 건의하여 실시하는 건강진단

⑤ 임시건강진단: 같은 유해인자에 노출되는 근로자들에게 유사한 질병의 증상이 발생한 경우 특수건강진단 대상 유해인자 또는 질병에 걸렸는지 여부 또는 질병의 발생 원인 등을 확인하기 위하여 고용노동부장관의 명령에 의하여 실시하는 건강진단

> **ⓘ Tip**
>
> ■ **특수건강진단 실시기관 현황 검색**
> ▶ 고용노동부 홈페이지 → 정보공개 → 사전정보 공표목록 → 산재예방/산재보상 → 특수건강진단 실시기관 현황

③ 건강진단의 의무

① 사업주의 의무

가. 건강진단을 실시하는 경우 근로자대표가 요구하면 근로자대표를 참석시켜야 함

나. 사업주는 산업안전보건위원회 또는 근로자대표가 요구할 때에는 직접 또는 건강진단을 실시한 기관에 건강진단 결과에 대하여 설명하도록 하여야 함. 다만 개별 근로자의 건강진단 결과는 본인의 동의 없이 공개해서는 안됨

다. 건강진단의 결과를 근로자의 건강 보호 및 유지 외의 목적으로 사용해서는 안됨

라. 건강진단의 결과 근로자의 건강을 유지하기 위하여 필요하다고 인정할 때에는 작업장소 변경, 작업 전환, 근로시간 단축, 야간근로[160]의 제한, 작업환경의 측정 또는 시설·설비의 설치·개선 등의 조치를 실시하여야 함

마. 특수건강진단, 수시건강진단, 임시건강진단의 결과 특정 근로자에 대하여 근로금지 및 제한, 작업 전환, 근로시간 단축, 직업병 확인 의뢰 안내의 조치가 필요하다는 건강진단을 실시한 의사의 소견이 기록된 건강진단 결과표를 송부받은 사업주는 특수건강진단, 수시건강진단, 임시건강진단 결과에 따른 근로 금지 및 제한, 작업전환, 근로시간 단축 또는 직업병 확진 의뢰 안내를 실시한 결과를 건강진단 결과표를 송부 받은 날로부터 30일 이내에 사후관리 조치결과 보고서[161]에 건강진단결과표, 해당 조치의 실시를 증명할 수 있는 서류 또는 실시계획 등을 첨부하여 관할 지방고용노동관서의 장에게 제출

② 근로자의 의무

사업주가 실시하는 건강진단을 받아야 하며, 사업주가 지정한 건강진단 기관이 아닌 건강진단기관으로부터 이에 상응하는 건강진단을 받아 그 결과를 증명하는 서류를 사업주에게 제출하는 경우에는 사업주가 실시하는 건강진단을 받은 것으로 봄

③ 건강진단기관의 의무

가. 건강진단기관은 건강진단을 실시한 때에는 그 결과를 건강진단개인표에 기록하여 30일 이내에 근로자 및 사업주에게 통보하고 고용노동부장관에게 보고하여야 함[162]

나. 건강진단기관은 건강진단을 실시한 결과 질병 유소견자가 발견된 경우에는 건강진단을 실시한 날

---

160) 오후 10시부터 다음 날 오전 6시 까지의 근로를 말함

161) 산업안전보건법 시행규칙 별지 제86호

162) 「국민건강보험법」에 따른 건강검진, 「항공안전법」에 따른 신체검사, 「학교보건법」에 따른 건강검사, 「진폐의 예방과 진폐근로자의 보호 등에 관한 법률」에 따른 정기 건강진단, 「선원법」에 따른 건강진단, 그 밖에 일반건강진단의 검사항목을 모두 포함하여 실시한 건강진단을 실시한 기관을 포함

부터 30일 이내에 해당 근로자에게 의학적 소견 및 사후관리에 필요한 사항과 업무수행의 적합성 여부(특수건강진단기관인 경우만 해당)를 설명하여야 함

다. 건강진단기관은 건강진단을 실시한 날부터 30일 이내에 다음에 해당하는 건강진단 결과표를 사업 주에게 송부

    (1) 일반건강진단을 실시한 경우: 일반건강진단 결과표[163]

    (2) 특수건강진단·배치전건강진단·수시건강진단 및 임시건강진단을 실시한 경우: 특수·배치 전·수시·임시건강진단 결과표[164]

라. 특수건강진단기관은 특수건강진단·수시건강진단 또는 임시건강진단을 실시한 경우에는 건강진 단을 실시한 날부터 30일 이내에 건강진단 결과표를 지방고용노동관서의 장에게 제출

ⓘ Tip

■ **관련고시**
▶ 「근로자 건강진단 실시기준」

---

④ 일반건강진단(산업안전보건법 제129조)

① 일반건강진단은 특수건강진단기관 또는 건강검진기관에서 실시

② 다음의 어느 하나에 해당하는 건강진단을 실시한 경우 일반건강진단을 실시한 것으 로 인정

    가. 「국민건강보험법」에 따른 건강검진

    나. 「선원법」에 따른 건강진단

    다. 「진폐의 예방과 진폐근로자의 보호 등에 관한 법률」에 따른 정기 건강진단

    라. 「학교보건법」에 따른 건강검사

    마. 「항공안전법」에 따른 신체검사

    바. 그 밖에 일반건강진단의 검사항목을 모두 포함하여 실시한 건강진단

---

163) 산업안전보건법 시행규칙 별지 제84호
164) 산업안전보건법 시행규칙 별지 제85호

③ 일반건강진단의 주기

대상 근로자	일반건강진단 주기
사무직에 종사하는 근로자[165]	2년에 1회 이상
그 밖의 근로자	1년에 1회 이상

④ 일반건강진단의 검사항목 및 실시방법

　　가. 과거병력, 작업경력 및 자각·타각증상(시진·촉진·청진 및 문진)

　　나. 혈압·혈당·요당·요단백 및 빈혈검사

　　다. 체중·시력 및 청력

　　라. 흉부방사선 촬영

　　마. AST(SGOT) 및 ALT (SGPT), χ-GTP 및 총콜레스테롤

⑤ 특수건강진단(산업안전보건법 제130조제1항)

① 특수건강진단은 고용노동부장관으로부터 특수건강진단기관으로 지정받은 기관에서 실시

② 다음의 어느 하나에 해당하는 건강진단을 실시한 경우 그 건강진단을 받은 근로자에 대하여 해당 유해인자에 대한 특수건강진단을 실시한 것으로 인정

　　가. 「원자력안전법」에 따른 건강진단(방사선만 해당)

　　나. 「진폐의 예방과 진폐근로자의 보호 등에 관한 법률」에 따른 정기 건강진단(광물성 분진만 해당)

　　다. 「진단용 방사선 발생장치의 안전관리에 관한 규칙」에 따른 건강진단(방사선만 해당)

　　라. 그 밖에 다른 법령에 따라 별표 35에서 정한 특수건강진단의 검사항목을 모두 포함하여 실시한 건강진단(해당하는 유해인자만 해당)

③ 특수건강진단 대상자

　　가. 법령에서 정한 유기화합물, 금속류, 산 및 알카리류, 가스 상태 물질류, 허가 대상 유해물질 및 분진, 물리적 인자, 야간작업 등의 유해인자에 노출되는 업무에 종사하는 근로자

　　나. 특수건강진단대상업무 종사자, 수시건강진단, 임시건강진단 실시 결과 직업병 소견이 있는 근로자로 판정받아 작업 전환을 하거나 작업 장소를 변경하여 해당 판정의 원인이 된 특수건강진단대상

---

165) 공장 또는 공사현장과 같은 구역에 있지 아니한 사무실에서 서무·인사·경리·판매·설계 등의 사무업무에 종사하는 근로자를 말하며, 판매업무 등에 직접 종사하는 근로자는 제외

업무에 종사하지 아니하는 사람으로서 해당 유해인자에 대한 건강진단이 필요하다는 「의료법」 제
2조에 따른 의사의 소견이 있는 근로자

④ 일반건강진단과 특수건강진단을 모두 실시하여야 하는 연도에는 특수건강진단 시에
일반건강진단을 포함하여 실시할 수 있음

⑤ 특수건강진단 대상 유해인자

(1) 화학적 인자

가. 유기화합물(114종)

1) 가솔린(Gasoline; 8006-61-9)	32) 메틸 이소부틸 케톤(108-10-1)
2) 글루타르알데히드(111-30-8)	33) 메틸 클로라이드(74-87-3)
3) β-나프틸아민(β-Naphthylamine; 91-59-8)	34) 메틸 클로로포름(71-55-6)
4) 니트로글리세린(Nitroglycerin; 55-63-0)	35) 메틸렌 비스(페닐 이소시아네이트)[101-68-8 등]
5) 니트로메탄(Nitromethane; 75-52-5)	36) 4,4'-메틸렌 비스(2-클로로아닐린)101-14-4]
6) 니트로벤젠(Nitrobenzene; 98-95-3)	37) o-메틸시클로헥사논(583-60-8)
7) p-니트로아닐린(p-Nitroaniline; 100-01-6)	38) 메틸시클로헥사놀(25639-42-3 등)
8) p-니트로클로로벤젠(100-00-5)	39) 무수 말레산(Maleic anhydride; 108-31-6)
9) 디니트로톨루엔(25321-14-6 등)	40) 무수 프탈산(Phthalic anhydride; 85-44-9)
10) N,N-디메틸아닐린(121-69-7)	41) 벤젠(Benzene; 71-43-2)
11) p-디메틸아미노아조벤젠(60-11-7)	42) 벤지딘 및 그 염(92-87-5)
12) N,N-디메틸아세트아미드(127-19-5)	43) 1,3-부타디엔(1,3-Butadiene; 106-99-0)
13) 디메틸포름아미드(68-12-2)	44) n-부탄올(n-Butanol; 71-36-3)
14) 디에틸 에테르(60-29-7)	45) 2-부탄올(2-Butanol; 78-92-2)
15) 디에틸렌트리아민(111-40-0)	46) 2-부톡시에탄올(111-76-2)
16) 1,4-디옥산(1,4-Dioxane; 123-91-1)	47) 2-부톡시에틸 아세테이트(112-07-2)
17) 디이소부틸케톤(108-83-8)	48) 1-브로모프로판(106-94-5)
18) 디클로로메탄(Dichloromethane; 75-09-2)	49) 2-브로모프로판(75-26-3)
19) o-디클로로벤젠(95-50-1)	50) 브롬화 메틸(Methyl bromide; 74-83-9)
20) 1,2-디클로로에탄(107-06-2)	51) 비스(클로로메틸) 에테르(542-88-1)
21) 1,2-디클로로에틸렌(540-59-0 등)	52) 사염화탄소(56-23-5)
22) 1,2-디클로로프로판(78-87-5)	53) 스토다드 솔벤트(8052-41-3)
23) 디클로로플루오로메탄(75-43-4)	54) 스티렌(Styrene; 100-42-5)
24) p-디히드록시벤젠(123-31-9)	55) 시클로헥사논(Cyclohexanone; 108-94-1)
25) 마젠타(Magenta; 569-61-9)	56) 시클로헥사놀(Cyclohexanol; 108-93-0)
26) 메탄올(Methanol; 67-56-1)	57) 시클로헥산(Cyclohexane; 110-82-7)
27) 2-메톡시에탄올(109-86-4)	58) 시클로헥센(Cyclohexene; 110-83-8)
28) 2-메톡시에틸 아세테이트(110-49-6)	59) 아닐린[62-53-3] 및 그 동족체
29) 메틸 n-부틸 케톤(591-78-6)	60) 아세토니트릴(Acetonitrile; 75-05-8)
30) 메틸 n-아밀 케톤(110-43-0)	61) 아세톤(Acetone; 67-64-1)
31) 메틸 에틸 케톤(78-93-3)	62) 아세트알데히드(Acetaldehyde; 75-07-0)

63) 아우라민(Auramine; 492-80-8)

64) 아크릴로니트릴(Acrylonitrile; 107-13-1)

65) 아크릴아미드(Acrylamide; 79-06-1)

66) 2-에톡시에탄올(110-80-5)

67) 2-에톡시에틸 아세테이트(111-15-9)

68) 에틸 벤젠(Ethyl benzene; 100-41-4)

69) 에틸 아크릴레이트(140-88-5)

70) 에틸렌 글리콜(Ethylene glycol; 107-21-1)

71) 에틸렌 글리콜 디니트레이트(628-96-6)

72) 에틸렌 클로로히드린(107-07-3)

73) 에틸렌이민(Ethyleneimine; 151-56-4)

74) 2,3-에폭시-1-프로판올(556-52-5 등)

75) 에피클로로히드린(106-89-8 등)

76) 염소화비페닐(53469-21-9, 11097-69-1)

77) 요오드화 메틸(74-88-4)

78) 이소부틸 알코올(78-83-1)

79) 이소아밀 아세테이트(123-92-2)

80) 이소아밀 알코올(123-51-3)

81) 이소프로필 알코올(67-63-0)

82) 이황화탄소(Carbon disulfide; 75-15-0)

83) 콜타르(Coal tar; 8007-45-2)

84) 크레졸(Cresol; 1319-77-3 등)

85) 크실렌(Xylene; 1330-20-7 등)

86) 클로로메틸 메틸 에테르107-30-2)

87) 클로로벤젠(Chlorobenzene; 108-90-7)

88) 테레빈유(Turpentine oil; 8006-64-2)

89) 1,1,2,2-테트라클로로에탄(79-34-5)

90) 테트라히드로푸란(109-99-9)

91) 톨루엔(Toluene; 108-88-3)

92) 톨루엔-2,4-디이소시아네이트(584-84-9 등)

93) 톨루엔-2,6-디이소시아네이트(91-08-7 등)

94) 트리클로로메탄(67-66-3)

95) 1,1,2-트리클로로에탄(79-00-5)

96) 트리클로로에틸렌(79-01-6)

97) 1,2,3-트리클로로프로판(96-18-4)

98) 퍼클로로에틸렌(127-18-4)

99) 페놀(108-95-2)

100) 펜타클로로페놀(87-86-5)

101) 포름알데히드(Formaldehyde; 50-00-0)

102) β-프로피오락톤(57-57-8)

103) o-프탈로디니트릴(91-15-6)

104) 피리딘(Pyridine; 110-86-1)

105) 헥사메틸렌 디이소시아네이트(822-06-0)

106) n-헥산(n-Hexane; 110-54-3)

107) n-헵탄(n-Heptane; 142-82-5)

108) 황산 디메틸(Dimethyl sulfate; 77-78-1)

109) 히드라진(Hydrazine; 302-01-2)

110) 1)부터 109)까지의 물질을 용량비율 1퍼센트 이상 함유한 혼합물

나. 금속류(20종)

1) 구리(Copper; 7440-50-8)(분진, 미스트, 흄)

2) 납[7439-92-1] 및 그 무기화합물

3) 니켈[7440-02-0] 및 그 무기화합물, 니켈 카르보닐[13463-39-3]

4) 망간[7439-96-5] 및 그 무기화합물

5) 사알킬납(Tetraalkyl lead; 78-00-2 등)

6) 산화아연(Zinc oxide; 1314-13-2)(분진, 흄)

7) 산화철(Iron oxide; 1309-37-1 등)(분진, 흄)

8) 삼산화비소(Arsenic trioxide; 1327-53-3)

9) 수은[7439-97-6] 및 그 화합물

10) 안티몬[7440-36-0] 및 그 화합물

11) 알루미늄[7429-90-5] 및 그 화합물

12) 오산화바나듐(1314-62-1)(분진, 흄)

13) 요오드[7553-56-2] 및 요오드화물

14) 인듐[7440-74-6] 및 그 화합물

15) 주석[7440-31-5] 및 그 화합물

16) 지르코늄[7440-67-7] 및 그 화합물

17) 카드뮴[7440-43-9] 및 그 화합물

18) 코발트(Cobalt; 7440-48-4)(분진, 흄)

19) 크롬[7440-47-3] 및 그 화합물

20) 텅스텐[7440-33-7] 및 그 화합물

21) 1)부터 20)까지의 물질을 중량비율 1퍼센트 이상 함유한 혼합물

다. 산 및 알칼리류(8종)

1) 무수 초산(Acetic anhydride; 108-24-7) 2) 불화수소(Hydrogen fluoride; 7664-39-3) 3) 시안화 나트륨(Sodium cyanide; 143-33-9) 4) 시안화 칼륨(Potassium cyanide; 151-50-8) 5) 염화수소(Hydrogen chloride; 7647-01-0)	6) 질산(Nitric acid; 7697-37-2) 7) 트리클로로아세트산(76-03-9) 8) 황산(Sulfuric acid; 7664-93-9) 9) 1)부터 8)까지의 물질을 중량비율 1퍼센트 이상 함유한 혼합물

라. 가스 상태 물질류(14종)

1) 불소(Fluorine; 7782-41-4) 2) 브롬(Bromine; 7726-95-6) 3) 산화에틸렌(Ethylene oxide; 75-21-8) 4) 삼수소화 비소(Arsine; 7784-42-1) 5) 시안화 수소(Hydrogen cyanide; 74-90-8) 6) 염소(Chlorine; 7782-50-5) 7) 오존(Ozone; 10028-15-6) 8) 이산화질소(nitrogen dioxide; 10102-44-0)	9) 이산화황(Sulfur dioxide; 7446-09-5) 10) 일산화질소(Nitric oxide; 10102-43-9) 11) 일산화탄소(Carbon monoxide; 630-08-0) 12) 포스겐(Phosgene; 75-44-5) 13) 포스핀(Phosphine; 7803-51-2) 14) 황화수소(Hydrogen sulfide; 7783-06-4) 15) 1)부터 15)까지의 물질을 용량비율 1퍼센트 이상 함유한 혼합물

마. 허가대상유해물질(12종)

1) α-나프틸아민[134-32-7] 및 그 염 2) 디아니시딘[119-90-4] 및 그 염 3) 디클로로벤지딘[91-94-1] 및 그 염 4) 베릴륨[7440-41-7] 및 그 화합물 5) 벤조트리클로라이드98-07-7] 6) 비소[7440-38-2] 및 그 무기화합물 7) 염화비닐(Vinyl chloride; 75-01-4) 8) 콜타르피치[65996-93-2] 휘발물 9) 크롬광 가공[열을 가하여 소성(변형된 형태 유지) 처리하는 경우만 해당]	10) 크롬산 아연(Zinc chromates; 13530-65-9 등) 11) o-톨리딘[119-93-7] 및 그 염 12) 황화니켈류(12035-72-2, 16812-54-7) 13) 1)부터 4)까지 및 6)부터 12)까지의 어느 하나에 해당하는 물질을 중량비율 1퍼센트 이상 함유한 혼합물 14) 5)의 물질을 중량비율 0.5퍼센트 이상 함유한 혼합물

바. 금속가공유(1종)

금속가공유[Metal working fluids; 미네랄 오일 미스트(광물성 오일, Oil mist, mineral)]

(2) 분진(7종)

　가. 곡물 분진(Grain dusts)

　나. 광물성 분진(Mineral dusts)

　다. 면 분진(Cotton dusts)

　라. 목재 분진(Wood dusts)

　마. 용접 흄(Welding fume)

　바. 유리 섬유(Glass fiber dusts)

　사. 석면 분진(Asbestos dusts; 1332-21-4 등)

(3) 물리적 인자(8종)

　가. 산업안전보건기준에 관한 규칙 제512조제1호부터 제3호까지의 규정의 소음작업, 강렬한 소음작업 및 충격소음작업에서 발생하는 소음

「산업안전보건기준에 관한 규칙」

제5128조(정의)

　1. "소음작업"이란 1일 8시간 작업을 기준으로 85데시벨 이상의 소음이 발생하는 작업을 말한다.

　2. "강렬한 소음작업"이란 다음 각 목의 어느 하나에 해당하는 작업을 말한다.

　　가. 90데시벨 이상의 소음이 1일 8시간 이상 발생하는 작업

　　나. 95데시벨 이상의 소음이 1일 4시간 이상 발생하는 작업

　　다. 100데시벨 이상의 소음이 1일 2시간 이상 발생하는 작업

　　라. 105데시벨 이상의 소음이 1일 1시간 이상 발생하는 작업

　　마. 110데시벨 이상의 소음이 1일 30분 이상 발생하는 작업

　　바. 115데시벨 이상의 소음이 1일 15분 이상 발생하는 작업

　3. "충격소음작업"이란 소음이 1초 이상의 간격으로 발생하는 작업으로서 다음 각 목의 어느 하나에 해당하는 작업을 말한다.

　　가. 120데시벨을 초과하는 소음이 1일 1만회 이상 발생하는 작업

　　나. 130데시벨을 초과하는 소음이 1일 1천회 이상 발생하는 작업

　　다. 140데시벨을 초과하는 소음이 1일 1백회 이상 발생하는 작업

　나. 산업안전보건기준에 관한 규칙 제512조제4호의 진동작업에서 발생하는 진동

「산업안전보건기준에 관한 규칙」

제512조(정의)

　4. "진동작업"이란 다음 각 목의 어느 하나에 해당하는 기계·기구를 사용하는 작업을 말한다.

　　가. 착암기(鑿巖機)

　　나. 동력을 이용한 해머

　　다. 체인톱

> 라. 엔진 커터(engine cutter)
> 마. 동력을 이용한 연삭기
> 바. 임팩트 렌치(impact wrench)
> 사. 그 밖에 진동으로 인하여 건강장해를 유발할 수 있는 기계·기구

다. 산업안전보건기준에 관한 규칙 제573조제1호의 방사선

> **「산업안전보건기준에 관한 규칙」**
> **제573조**(정의)
> 1. "방사선"이란 전자파나 입자선 중 직접 또는 간접적으로 공기를 전리(電離)하는 능력을 가진 것으로서 알파선, 중양자선, 양자선, 베타선, 그 밖의 중하전입자선, 중성자선, 감마선, 엑스선 및 5만 전자볼트 이상(엑스선 발생장치의 경우에는 5천 전자볼트 이상)의 에너지를 가진 전자선을 말한다.
> 2. "방사성물질"이란 핵연료물질, 사용 후의 핵연료, 방사성동위원소 및 원자핵분열 생성물을 말한다.

라. 고기압

마. 저기압

바. 유해광선

　1) 자외선

　2) 적외선

　3) 마이크로파 및 라디오파

(4) 야간작업(2종)

　가. 6개월간 밤 12시부터 오전 5시까지의 시간을 포함하여 계속되는 8시간 작업을 월 평균 4회 이상 수행하는 경우

　나. 6개월간 오후 10시부터 다음날 오전 6시 사이의 시간 중 작업을 월 평균 60시간 이상 수행하는 경우

※ 비고: "등"이란 해당 화학물질에 이성질체 등 동일 속성을 가지는 2개 이상의 화합물이 존재할 수 있는 경우를 말한다.

⑥ 특수건강진단의 시기 및 주기

구분	대상 유해인자	시기	주기
		배치 후 첫 번째 특수 건강진단	
1	N, N-디메틸아세트아미드, 디메틸포름아미드	1개월 이내	6개월
2	벤젠	2개월 이내	6개월
3	1, 1, 2, 2-테트라클로로에탄, 사염화탄소 아크릴로니트릴, 염화비닐	3개월 이내	6개월
4	석면, 면 분진	12개월 이내	12개월
5	광물성 분진, 목재 분진, 소음 및 충격소음	12개월 이내	24개월
6	제1호부터 제5호까지의 규정의 대상 유해인자를 제외한 「산업안전보건기준에 관한 규칙」 별표33의 모든 대상 유해인자	6개월 이내	12개월

⑦ 작업환경측정결과 또는 특수건강진단 실시 결과에 따라 다음의 어느 하나에 해당하는 근로자에 대해서는 다음회에 한정하여 관련 유해인자별로 특수건강진단 주기를 2분의 1로 단축

가. 작업환경을 측정한 결과 노출기준 이상인 작업공정에서 해당 유해인자에 노출되는 모든 근로자

나. 특수건강진단·수시건강진단 또는 임시건강진단을 실시한 결과 직업병 유소견자가 발견된 작업공정에서 해당 유해인자에 노출되는 모든 근로자

　(다만, 특수건강진단·수시건강진단 또는 임시건강진단을 실시한 의사로부터 특수건강진단 주기를 단축하는 것이 필요하지 않다는 자문결과를 제출 받은 경우에는 그러하지 아니함)

다. 특수건강진단 또는 임시건강진단을 실시한 결과 해당 유해인자에 대하여 특수건강진단 실시 주기를 단축하여야 한다는 의사의 소견을 받은 근로자

⑥ 배치전건강진단(산업안전보건법 제130조제2항)

① 배치전건강진단은 고용노동부장관으로부터 특수건강진단기관으로 지정받은 기관에서 실시

② 배치전건강진단 대상자는 특수건강진단대상업무에 종사할 근로자를 대상으로 배치 예정 업무에 대한 적합성 평가를 위하여 실시

③ 특수건강진단대상업무에 근로자를 배치하려는 경우 해당 작업에 배치하기 전에 배치
전건강진단을 실시하고, 특수건강진단기관에 해당 근로자가 담당할 업무나 배치하려
는 작업장의 특수건강진단 대상 유해인자 등 관련정보를 미리 알려주어야 함

④ 배치전건강진단 실시의 면제

　가. 다른 사업장에서 해당 유해인자에 대하여 다음의 어느 하나에 해당하는 건강진단을 받고 6개월이
　지나지 아니한 근로자로서 건강진단개인표 또는 그 사본을 제출한 근로자

　　(1) 배치전건강진단

　　(2) 배치전건강진단의 제1차 검사항목을 포함하는 특수건강진단, 수시건강진단 또는 임시건강진단

　　(3) 배치전건강진단의 제1차 검사항목 및 제2차 검사항목을 포함하는 건강진단

　나. 해당 사업장에서 해당 유해인자에 대하여 제1호 각 목의 어느 하나에 해당하는 건강진단을 받고 6
　개월이 지나지 아니한 근로자

⑦ 수시건강진단(산업안전보건법 제130조제3항)

① 수시건강진단은 고용노동부장관으로부터 특수건강진단기관으로 지정받은 기관에서
실시

② 수시건강진단 대상자는 특수건강진단대상업무로 인하여 해당 유해인자로 인한 것이라
고 의심되는 직업성 천식, 직업성 피부염, 그 밖에 건강장해 증상을 보이거나 의학적
소견이 있는 근로자로 다음의 어느 하나에 해당하는 근로자를 말함[166]

　가. 산업보건의, 보건관리자, 보건관리 업무를 위탁받은 기관이 필요하다고 판단하여 사업주에게 수시
　건강진단을 건의한 근로자

　나. 해당 근로자나 근로자대표 또는 명예산업안전감독관이 사업주에게 수시건강진단을 요청한 근로자

③ 사업주는 수시건강진단 대상 근로자에 대해서는 지체 없이 수시건강진단을 실시

⑧ 임시건강진단(산업안전보건법 제131조)

① 임시건강진단의 명령은 특수건강진단 대상 유해인자 또는 그 밖의 유해인자에 의한
중독 여부, 질병에 걸렸는지 여부 또는 질병의 발생 원인 등을 확인하기 위하여 필요
하다고 인정되는 경우로 다음의 어느 하나에 해당하는 경우를 말함

　가. 같은 부서에 근무하는 근로자 또는 같은 유해인자에 노출되는 근로자에게 유사한 질병의 자각·타

---

166) 사업주가 직전 특수건강신단을 실시한 특수건강진단기관의 의사에게 자문을 받아 수시건강진단이 필요히지 않다는 자문
　　결과를 제출받은 경우에는 수시건강진단 제외

각증상이 발생한 경우

나. 직업병 유소견자가 발생하거나 여러 명이 발생할 우려가 있는 경우

다. 그 밖에 지방고용노동관서의 장이 필요하다고 판단하는 경우

⑨ 벌칙

위반행위	세부내용	과태료 금액(만원)		
		1차 위반	2차 위반	3차 이상 위반
근로자의 건강진단을 하지 않은 경우	건강진단 대상 근로자 1명당	10	20	30
건강진단을 할 때 근로자대표가 요구하였는데도 근로자대표를 참석시키지 않은 경우		500	500	500
산업안전보건위원회 또는 근로자대표가 건강진단 결과에 대한 설명을 요구했음에도 이에 따르지 않은 경우		100	300	500
건강진단 결과를 근로자 건강 보호·유지 외의 목적으로 사용한 경우		300	300	300
조치결과를 제출하지 않거나 거짓으로 제출한 경우	1) 제출하지 않은 경우	50	150	300
	2) 거짓으로 제출한 경우	300	300	300
근로자가 법 제133조를 위반하여 건강진단을 받지 않은 경우		5	10	15
건강진단의 실시결과를 통보·보고하지 않거나 거짓으로 통보·보고한 경우 (건강진단기관 → 근로자, 사업주 및 고용노동부장관)	1) 통보 또는 보고하지 않은 경우	50	150	300
	2) 거짓으로 통보 또는 보고한 경우	300	300	300
건강진단의 실시결과를 통보하지 않거나 거짓으로 통보한 경우 (④ 일반건강진단 ②항에 따른 건강진단기관 → 근로자, 사업주 및 고용노동부장관)	1) 통보하지 않은 경우	50	150	300
	2) 거짓으로 통보한 경우	300	300	300

> **ⓘ Tip**

■ 건강관리구분, 사후관리내용 및 업무수행 적합여부 판정

1. 건강관리구분 판정

건강관리구분		건 강 관 리 구 분 내 용
A		건강관리상 사후관리가 필요 없는 근로자(건강한 근로자)
C	C₁	직업성 질병으로 진전될 우려가 있어 추적검사 등 관찰이 필요한 근로자(직업병 요관찰자)
	C₂	일반질병으로 진전될 우려가 있어 추적관찰이 필요한 근로자(일반질병 요관찰자)
D₁		직업성 질병의 소견을 보여 사후관리가 필요한 근로자 (직업병 유소견자)
D₂		일반 질병의 소견을 보여 사후관리가 필요한 근로자(일반질병 유소견자)
R		건강진단 1차 검사결과 건강수준의 평가가 곤란하거나 질병이 의심되는 근로자 (제2차건강진단 대상자)

※ "U"는 2차건강진단대상임을 통보하고 30일을 경과하여 해당 검사가 이루어지지 않아 건강관리구분을 판정할 수 없는 근로자 "U"로 분류한 경우에는 해당 근로자의 퇴직, 기한내 미실시 등 2차 건강진단의 해당 검사가 이루어지지 않은 사유를 시행규칙 제105조제3항에 따른 건강진단결과표의 사후관리소견서 검진소견란에 기재하여야 함

2. "야간작업" 특수건강진단 건강관리구분 판정

건강관리구분	건 강 관 리 구 분 내 용
A	건강관리상 사후관리가 필요 없는 근로자(건강한 근로자)
CN	질병으로 진전될 우려가 있어 야간작업 시 추적관찰이 필요한 근로자(질병 요관찰자)
DN	질병의 소견을 보여 야간작업 시 사후관리가 필요한 근로자(질병 유소견자)
R	건강진단 1차 검사결과 건강수준의 평가가 곤란하거나 질병이 의심되는 근로자 (제2차건강진단 대상자)

※ "U"는 2차건강진단대상임을 통보하고 30일을 경과하여 해당 검사가 이루어지지 않아 건강관리구분을 판정할 수 없는 근로자 "U"로 분류한 경우에는 해당 근로자의 퇴직, 기한내 미실시 등 2차 건강진단의 해당 검사가 이루어지지 않은 사유를 시행규칙 제105조제3항에 따른 건강진단결과표의 사후관리소견서 검진소견란에 기재하여야 함

3 / 건강관리카드(산업안전보건법 제137조)

① 개요

건강장해가 발생할 우려가 있는 업무에 종사하였거나 종사하고 있는 사람의 직업병 조기 발견 및 지속적인 건강관리를 위하여 건강관리카드를 발급

② 건강관리카드 발급 대상

구분	건강장해가 발생할 우려가 있는 업무	대상 요건
1	베타-나프틸아민 또는 그 염(같은 물질이 함유된 화합물의 중량 비율이 1퍼센트를 초과하는 제제를 포함)을 제조하거나 취급하는 업무	3개월 이상 종사한 사람
2	벤지딘 또는 그 염(같은 물질이 함유된 화합물의 중량 비율이 1퍼센트를 초과하는 제제를 포함)을 제조하거나 취급하는 업무	3개월 이상 종사한 사람
3	베릴륨 또는 그 화합물(같은 물질이 함유된 화합물의 중량 비율이 1퍼센트를 초과하는 제제를 포함) 또는 그 밖에 베릴륨 함유물질(베릴륨이 함유된 화합물의 중량 비율이 3퍼센트를 초과하는 물질만 해당)을 제조하거나 취급하는 업무	제조하거나 취급하는 업무에 종사한 사람 중 양쪽 폐부분에 베릴륨에 의한 만성 결절성 음영이 있는 사람
4	비스-(클로로메틸)에테르(같은 물질이 함유된 화합물의 중량 비율이 1퍼센트를 초과하는 제제를 포함)를 제조하거나 취급하는 업무	3년 이상 종사한 사람
5	가. 석면 또는 석면방직제품을 제조하는 업무	3개월 이상 종사한 사람
	나. 다음의 어느 하나에 해당하는 업무 1) 석면함유제품(석면방직제품은 제외)을 제조하는 업무 2) 석면함유제품(석면이 1퍼센트를 초과하여 함유된 제품만 해당)을 절단하는 등 석면을 가공하는 업무 3) 설비 또는 건축물에 분무된 석면을 해체·제거 또는 보수하는 업무 4) 석면이 1퍼센트 초과하여 함유된 보온재 또는 내화피복제(耐火被覆劑)를 해체·제거 또는 보수하는 업무	1년 이상 종사한 사람
	다. 설비 또는 건축물에 포함된 석면시멘트, 석면마찰제품 또는 석면개스킷제품 등 석면함유제품을 해체·제거 또는 보수하는 업무	10년 이상 종사한 사람
	라. 나목 또는 다목 중 하나 이상의 업무에 중복하여 종사한 경우	다음의 계산식으로 산출한 숫자가 120을 초과하는 사람: (나목의 업무에 종사한 개월 수)×10+(다목의 업무에 종사한 개월 수)

구분	건강장해가 발생할 우려가 있는 업무	대상 요건
	마. 가목부터 다목까지의 업무로서 가목부터 다목까지에서 정한 종사기간에 해당하지 않는 경우	흉부방사선상 석면으로 인한 질병 징후(흉막반 등)가 있는 사람
6	벤조트리클로라이드를 제조(태양광선에 의한 염소화반응에 의하여 제조하는 경우만 해당)하거나 취급하는 업무	3년 이상 종사한 사람
7	가. 갱내에서 동력을 사용하여 토석(土石)·광물 또는 암석(습기가 있는 것은 제외)을 굴착 하는 작업 나. 갱내에서 동력(동력 수공구(手工具)에 의한 것은 제외)을 사용하여 암석 등을 파쇄(破碎)·분쇄 또는 체질하는 장소에서의 작업 다. 갱내에서 암석 등을 차량계 건설기계로 싣거나 내리거나 쌓아두는 장소에서의 작업 라. 갱내에서 암석 등을 컨베이어(이동식 컨베이어는 제외)에 싣거나 내리는 장소에서의 작업 마. 옥내에서 동력을 사용하여 암석 또는 광물을 조각 하거나 마무리하는 장소에서의 작업 바. 옥내에서 연마재를 분사하여 암석 또는 광물을 조각하는 장소에서의 작업 사. 옥내에서 동력을 사용하여 암석·광물 또는 금속을 연마·주물 또는 추출하거나 금속을 재단하는 장소에서의 작업 아. 옥내에서 동력을 사용하여 암석등·탄소원료 또는 알미늄박을 파쇄·분쇄 또는 체질하는 장소에서의 작업 자. 옥내에서 시멘트, 티타늄, 분말상의 광석, 탄소원료, 탄소제품, 알미늄 또는 산화티타늄을 포장하는 장소에서의 작업 차. 옥내에서 분말상의 광석, 탄소원료 또는 그 물질을 함유한 물질을 혼합·혼입 또는 살포하는 장소에서의 작업 카. 옥내에서 원료를 혼합하는 장소에서의 작업 중 다음의 어느 하나에 해당하는 작업 1) 유리 또는 법랑을 제조하는 공정에서 원료를 혼합하는 작업이나 원료 또는 혼합물을 용해로에 투입하는 작업(수중에서 원료를 혼합하는 작업은 제외) 2) 도자기·내화물·형상토제품 또는 연마재를 제조하는 공정에서 원료를 혼합 또는 성형하거나, 원료 또는 반제품을 건조하거나, 반제품을 차에 싣거나 쌓아 두는 장소에서의 작업 또는 가마 내부에서의 작업(도자기를 제조하는 공정에서 원료를 투입 또는 성형하여 반제품을 완성하거나 제품을 내리고 쌓아 두는 장소에서의 작업과 수중에서 원료를 혼합하는 장소에서의 작업은 제외) 3) 탄소제품을 제조하는 공정에서 탄소원료를 혼합하거나 성형하여 반제품을 노(爐)에 넣거나 반제품 또는 제품을 노에서 꺼내거나 제작하는 장소에서의 작업	3년 이상 종사한 사람으로서 흉부방사선 사진상 진폐증이 있다고 인정되는 사람(「진폐의 예방과 진폐근로자의 보호 등에 관한 법률」에 따라 건강관리수첩을 발급받은 사람은 제외)

구분	건강장해가 발생할 우려가 있는 업무	대상 요건
	타. 옥내에서 내화 벽돌 또는 타일을 제조하는 작업 중 동력을 사용하여 원료(습기가 있는 것은 제외)를 성형하는 장소에서의 작업 파. 옥내에서 동력을 사용하여 반제품 또는 제품을 다듬질하는 장소에서의 작업 중 다음의 의 어느 하나에 해당하는 작업 1) 도자기·내화물·형상토제품 또는 연마재를 제조하는 공정에서 원료를 혼합 또는 성형하거나, 원료 또는 반제품을 건조하거나, 반제품을 차에 싣거나 쌓은 장소에서의 작업또는 가마 내부에서의 작업(도자기를 제조하는 공정에서 원료를 투입 또는 성형하여 반제품을 완성하거나 제품을 내리고 쌓아 두는 장소에서의 작업과 수중에서 원료를 혼합하는 장소에서의 작업은 제외) 2) 탄소제품을 제조하는 공정에서 탄소원료를 혼합하거나 성형하여 반제품을 노에 넣거나 반제품 또는 제품을 노에서 꺼내거나 제작하는 장소에서의 작업 하. 옥내에서 주형(鑄型)을 해체하거나, 분해장치를 이용하여 사형(似形)을 부수거나, 모래를 털어 내거나 동력을 사용하여 주물사를 재생하거나 혼련(混練)하거나 주물품을 절삭(切削)하는 장소에서의 작업 거. 옥내에서 수지식(手指式) 용융분사기를 이용하지 않고 금속을 용융분사하는 장소에서의 작업	
8	가. 염화비닐을 중합(重合)하는 업무 또는 밀폐되어 있지 않은 원심분리기를 사용하여 폴리염화비닐(염화비닐의 중합체를 말함)의 현탁액(懸濁液)에서 물을 분리시키는 업무 나. 염화비닐을 제조하거나 사용하는 석유화학설비를 유지·보수하는 업무	4년 이상 종사한 사람
9	크롬산·중크롬산 또는 이들 염(같은 물질이 함유된 화합물의 중량 비율이 1퍼센트를 초과하는 제제를 포함)을 광석으로부터 추출하여 제조하거나 취급하는 업무	4년 이상 종사한 사람
10	삼산화비소를 제조하는 공정에서 배소(焙燒) 또는 정제를 하는 업무나 비소가 함유된 화합물의 중량 비율이 3퍼센트를 초과하는 광석을 제련하는 업무	5년 이상 종사한 사람
11	니켈(니켈카보닐을 포함) 또는 그 화합물을 광석으로부터 추출하여 제조하거나 취급하는 업무	5년 이상 종사한 사람
12	카드뮴 또는 그 화합물을 광석으로부터 추출하여 제조하거나 취급하는 업무	5년 이상 종사한 사람
13	가. 벤젠을 제조하거나 사용하는 업무(석유화학 업종만 해당) 나. 벤젠을 제조하거나 사용하는 석유화학설비를 유지·보수하는 업무	6년 이상 종사한 사람
14	제철용 코크스 또는 제철용 가스발생로를 제조하는 업무(코크스로 또는 가스발생로 상부에서의 업무 또는 코크스로에 접근하여 하는 업무만 해당)	6년 이상 종사한 사람
15	비파괴검사(X-선) 업무	1년이상 종사한 사람 또는 연간 누적선량이 20mSv 이상이었던 사람

③ 건강관리카드 소지자의 건강진단

① 건강관리카드를 발급받은 근로자가 카드의 발급 대상 업무에서 더 이상 종사하지 아니하는 경우에는 안전보건공단 또는 특수건강진단기관에서 실시하는 건강진단을 매년[167] 1회 받을 수 있음[168]

② 업안전보건공단은 건강관리카드 소지자가 특수건강진단기관에서 실시하는 건강진단을 받는 경우에는 카드소지자에게 교통비 및 식비를 지급할 수 있음

③ 카드소지자는 건강진단을 받을 때에 해당 건강진단을 실시하는 의료기관에 카드 또는 주민등록증 등 신분을 확인할 수 있는 증명서를 제시

④ 건강관리카드의 발급 절차

① 카드를 발급받으려는 사람은 안전보건공단에 발급신청

다만, 재직 중인 근로자가 사업주에게 의뢰하는 경우에는 사업주가 안전보건공단에 카드의 발급을 신청할 수 있음

② 제1항에 따라 카드이 발급을 신청하려는 사람은 건강관리카드 발급신청서[169] 및 관련 서류 등을 첨부하여 안전보건공단에 제출

③ 제2항에 따른 발급신청을 받은 안전보건공단은 제출된 서류를 확인한 후 카드발급 요건에 적합하다고 인정되는 경우에는 카드를 발급

④ 제1항에 따라 카드발급을 신청한 사업주가 공단으로부터 카드를 발급받은 경우에는 지체 없이 해당 근로자에게 전달

⑤ 건강관리카드의 재발급

① 카드소지자가 카드를 잃어버리거나 카드가 헐어 못쓰게 된 경우에는 즉시 건강관리카드 재발급신청서를 안전보건공단에 제출하고 카드를 재발급받아야 함

② 카드가 헐어 못쓰게 된 사람이 제1항에 따른 신청을 하는 경우에는 해당 신청서에 그 카드를 첨부

---

③ 카드소지자는 카드를 재발급 받은 후 분실한 카드를 발견하면 즉시 안전보건공단에 반환하거나 폐기

④ 카드소지자가 주소지를 변경한 경우에는 변경한 날부터 30일 이내에 건강관리카드 기재내용 변경신청서에 해당 카드를 첨부하여 안전보건공단에 제출

⑥ 건강관리카드의 반환

카드소지자가 사망한 경우에는 해당 카드소지자의 상속인 또는 법정 대리인은 지체 없이 해당 카드를 안전보건공단에 반환

4 / 질병자의 근로 금지·제한(산업안전보건법 제138조)

① 개요

감염병, 정신질환 또는 근로로 인하여 병세가 크게 악화될 우려가 있는 질병으로서 법령에서 정하는 질병에 걸린 사람에게는 의사의 진단에 따라 근로를 금지하거나 제한하여야하며(제138조①항), 근로가 금지되거나 제한된 근로자가 건강을 회복하였을 때에는 지체 없이 근로를 할 수 있도록 하여야 함(제138조②항)

② 근로금지 대상 질병자

① 전염될 우려가 있는 질병에 걸린 사람. 다만, 전염을 예방하기 위한 조치를 한 경우에는 그러하지 아니함

② 조현병, 마비성 치매에 걸린 사람

③ 심장·신장·폐 등의 질환이 있는 사람으로서 근로에 의하여 병세가 악화될 우려가 있는 사람

④ 제1호부터 제3호까지의 규정에 준하는 질병으로서 고용노동부장관이 정하는 질병에 걸린 사람

※ 근로를 금지하거나 근로를 다시 시작하도록 하는 경우에는 미리 보건관리자(의사인 보건관리자만 해당), 산업보건의 또는 건강진단을 실시한 의사의 의견을 들어야 함

③ 근로제한 대상 질병자

① 일반건강진단, 특수건강진단, 배치전건강진단, 수시건강진단 결과 다음의 어느 하나에 해당하는 사람을 유해물질 또는 방사선을 취급하거나 해당 유해물질의 분진·증기 또는 가스가 발산되는 업무 또는 해당 업무로 인하여 근로자의 건강을 악화시킬 우려가 있는 업무에 종사 금지

　가. 유기화합물·금속류 등의 유해물질에 중독된 사람, 해당 유해물질에 중독될 우려가 있다고 의사가 인정하는 사람

　나. 진폐의 소견이 있는 사람

　다. 방사선에 피폭된 사람

② 다음의 어느 하나에 해당하는 사람을 고기압 업무에 종사 금지

　가. 감압증이나 그 밖에 고기압에 의한 장해 또는 그 후유증

나. 결핵, 급성상기도감염, 진폐, 폐기종, 그 밖의 호흡기계의 질병

다. 빈혈증, 심장판막증, 관상동맥경화증, 고혈압증, 그 밖의 혈액 또는 순환기계의 질병

라. 정신신경증, 알코올중독, 신경통, 그 밖의 정신신경계의 질병

마. 메니에르씨병, 중이염, 그 밖의 이관협착을 수반하는 귀 질환

바. 관절염, 류마티스, 그 밖의 운동기계의 질병

사. 천식, 비만증, 바세도우씨병, 그 밖에 알레르기성·내분비계·물질대사 또는 영양장해 등과 관련된 질병

④ 벌칙

◆ **산업안전보건법 제171조【벌칙】** 다음 각 호의 어느 하나에 해당하는 자는 1천만원 이하의 벌금에 처한다.
  1. 제138조제1항·제2항을 위반한 자

◆ **산업안전보건법 제173조【양벌규정】** 법인의 대표자나 법인 또는 개인의 대리인, 사용인 그 밖의 종업원이 그 법인 또는 개인의 업무에 관하여 다음에 해당하는 위반행위를 하면 그 행위자를 벌하는 외에 그 법인 또는 개인에게 해당 조문의 벌금형을 과(科)한다. 다만, 법인 또는 개인이 그 위반행위를 방지하기 위하여 해당 업무에 관하여 상당한 주의와 감독을 게을리하지 아니한 경우에는 그러하지 아니하다.
  1. 제167조제1항의 경우: 10억원 이하의 벌금
  2. 제168조부터 제172조까지의 경우: 해당 조문의 벌금형

5 / 유해·위험작업에 대한 근로시간 제한(산업안전보건법 제139조)

① 개요

유해하거나 위험한 작업으로서 법령에서 정하는 작업에 종사하는 경우 근로시간을 정해 그 근로시간을 초과하지 않도록 하고, 적절한 건강 보호를 위한 조치를 하여야 함

② 근로시간 제한 대상 작업 및 근로시간 등

① 잠함(潛艦) 또는 잠수작업 등 높은 기압에서 하는 작업에 1일 6시간, 1주 34시간을 초과하여 근로하게 해서는 안됨(제139조①항)

② ①항에 따른 작업에서 잠함·잠수 작업시간, 가압·가압방법 등 해당 근로자의 안전과 보건을 유지하기 위하여 필요한 사항은 산업안전보건기준에 관한 규칙 제3편 제5장 이상기압에 의한 건강장해의 예방에 따름

③ 건강보호 조치를 하여야 하는 작업

안전조치 및 보건조치 외에 작업과 휴식의 적정한 배분 및 근로시간과 관련된 근로조건의 개선을 통하여 근로자의 건강 보호를 위한 조치를 하여야 하는 작업

① 갱(坑) 내에서 하는 작업

② 다량의 고열물체를 취급하는 작업과 현저히 덥고 뜨거운 장소에서 하는 작업

③ 다량의 저온물체를 취급하는 작업과 현저히 춥고 차가운 장소에서 하는 작업

④ 라듐방사선이나 엑스선, 그 밖의 유해 방사선을 취급하는 작업

⑤ 유리·흙·돌·광물의 먼지가 심하게 날리는 장소에서 하는 작업

⑥ 강렬한 소음이 발생하는 장소에서 하는 작업

⑦ 착암기(바위에 구멍을 뚫는 기계) 등에 의하여 신체에 강렬한 진동을 주는 작업

⑧ 인력으로 중량물을 취급하는 작업

⑨ 납·수은·크롬·망간·카드뮴 등의 중금속 또는 이황화탄소·유기용제, 그 밖에 고용노동부령으로 정하는 특정 화학물질의 먼지·증기 또는 가스가 많이 발생하는 장소에서 하는 작업

④ 벌칙

◆ **산업안전보건법 제169조【벌칙】** 다음 각 호의 어느 하나에 해당하는 자는 3년 이하의 징역 또는 3천만원 이하의 벌금에 처한다.

1. 제139조제1항을 위반한 자

◆ **산업안전보건법 제173조【양벌규정】** 법인의 대표자나 법인 또는 개인의 대리인, 사용인 그 밖의 종업원이 그 법인 또는 개인의 업무에 관하여 다음에 해당하는 위반행위를 하면 그 행위자를 벌하는 외에 그 법인 또는 개인에게 해당 조문의 벌금형을 과(科)한다. 다만, 법인 또는 개인이 그 위반행위를 방지하기 위하여 해당 업무에 관하여 상당한 주의와 감독을 게을리하지 아니한 경우에는 그러하지 아니하다.

1. 제167조제1항의 경우: 10억원 이하의 벌금
2. 제168조부터 제172조까지의 경우: 해당 조문의 벌금형

6 / 자격 등에 의한 취업 제한(산업안전보건법 제140조)

① 개요

유해하거나 위험한 작업으로서 상당한 지식이나 숙련도가 요구되는 작업의 경우 그 작업에 필요한 자격·면허·경험 또는 기능을 가진 근로자가 아닌 사람에게 그 작업을 하게 해서는 안됨(제140조①항)

② 대상 작업

작업명	작업범위	자격·면허·기능 또는 경험
1.「고압가스 안전관리법」에 따른 압력용기 등을 취급하는 작업	자격 또는 면허를 가진 사람이 취급해야 하는 업무	「고압가스 안전관리법」에서 규정하는 자격
2.「전기사업법」에 따른 전기설비 등을 취급하는 작업	자격 또는 면허를 가진 사람이 취급해야 하는 업무	「전기사업법」에서 규정하는 자격
3.「에너지이용 합리화법」에 따른 보일러를 취급하는 작업	자격 또는 면허를 가진 사람이 취급해야 하는 업무	「에너지이용 합리화법」에서 규정하는 자격
4.「건설기계관리법」에 따른 건설기계를 사용하는 작업	면허를 가진 사람이 취급해야 하는 업무	「건설기계관리법」에서 규정하는 면허
4의2. 지게차[전동식으로 솔리드타이어를 부착한 것 중 도로(「도로교통법」 제2조제1호에 따른 도로를 말함)가 아닌 장소에서만 운행하는 것을 말함]를 사용하는 작업 ※ '21. 01. 16.부터 시행	지게차를 취급하는 업무	1)「국가기술자격법」에 따른 지게차 운전기능사의 자격 2)「건설기계관리법」 제26조제4항 및 같은 법 시행규칙 제73조제2항제3호에 따라 실시하는 소형 건설기계의 조종에 관한 교육과정을 이수한 사람
5. 터널 내에서의 발파 작업	장전·결선(結線)·점화 및 불발 장약(裝藥) 처리와 이와 관련된 점검 및 처리 업무	1)「총포·도검·화약류 등 단속법」에서 규정하는 자격 2)「근로자직업능력 개발법」에 따른 해당 분야 직업능력개발훈련 이수자 3) 관계 법령에 따라 해당 작업을 할 수 있도록 허용된 사람

작업명	작업범위	자격·면허·기능 또는 경험
6. 인화성 가스 및 산소를 사용하여 금속을 용접·용단 또는 가열하는 작업	가. 폭발분위기가 조성된 장소에서의 업무 나. 안전보건규칙 별표1에 따른 위험물질을 취급하는 밀폐된 장소에서의 작업	1) 「국가기술자격법」에 따른 전기용접기능사, 특수용접기능사 및 가스용접기능사보 이상의 자격(가스용접에 한정) 2) 「국가기술자격법」에 따른 금속재료산업기사, 표면처리산업기사, 주조산업기사 및 금속제련산업기사 이상의 자격 3) 「근로자직업능력 개발법」에 따른 해당 분야 직업능력개발훈련 이수자
7. 폭발성·발화성 및 인화성 물질의 제조 또는 취급작업	폭발분위기가 조성된 장소에서의 폭발성·발화성·인화성 물질의 취급업무	1) 「총포·도검·화약류 등 단속법」에서 규정하는 자격 2) 「근로자직업능력 개발법」에 따른 해당 분야 직업능력개발훈련 이수자 3) 관계 법령에 따라 해당 작업을 할 수 있도록 허용된 사람
8. 방사선 취급작업	가. 원자로 운전업무 나. 핵연료물질 취급·폐기업무 다. 방사선 동위원소 취급·폐기업무 라. 방사선 발생장치 검사촬영업무	「원자력법」에서 규정하는 면허
9. 고압선 정전작업 및 활선작업(活線作業)	안전보건규칙 제302조제1항제3호다목에 따른 고압의 전로(電路)를 취급하는 업무로서 가. 정전작업(전로를 전개하여 그 지지물을 설치·해체·점검·수리 및 도장(塗裝)하는 작업) 나. 활선작업(고압 또는 특별고압의 충전전로 또는 그 지지물을 설치·점검·수리 및 도장작업)	1) 「국가기술자격법」에 따른 전기기능사, 철도신호기능사 및 전기철도기능사 이상의 자격 2) 「초·중등교육법」에 따른 고등학교에서 전기에 관한 학과를 졸업한 사람 또는 이와 같은 수준 이상의 학력 소지자 3) 「근로자직업능력 개발법」에 따른 해당 분야 직업능력개발훈련 이수자 4) 관계 법령에 따라 해당 작업을 할 수 있도록 허용된 사람
10. 철골구조물 및 배관 등을 설치하거나 해체하는 작업	철골구조물 설치·해체작업	1) 「국가기술자격법」에 따른 철골구조물기능사보 이상의 자격 2) 3개월 이상 해당 작업에 경험이 있는 사람(높이 66미터 미만인 것에 한정)
	안전보건규칙 제256조에 따른 위험물질등이 들어 있는 배관	1) 「국가기술자격법」에 따른 공업배관기능사보 이상 및 건축배관기능사보 이상의 자격 2) 「근로자직업능력 개발법」에 따른 해당 분야 직업능력개발훈련 이수자

작업명	작업범위	자격·면허·기능 또는 경험
11. 천장크레인 조종작업(조종석이 설치되어 있는 것에 한정)	조종석에서의 조종작업	1) 「국가기술자격법」에 따른 천장크 레인운전기능사의 자격 2) 「근로자직업능력 개발법」에 따 른 해당 분야 직업능력개발훈련 이수자 3) 이 규칙에서 정하는 해당 교육기 관에서 교육을 이수하고 수료시 험에 합격한 사람
12. 타워크레인 조종작업(조종석이 설치되지 않은 정격하중 5톤 이상의 무인타워크레인을 포함)		「국가기술자격법」에 따른 타워크레 인운전기능사의 자격
13. 컨테이너크레인 조종업무(조종 석이 설치되어 있는 것에 한정)	조종석에서의 조종작업	1) 「국가기술자격법」에 따른 컨테이 너크레인운전기능사의 자격 2) 「근로자직업능력 개발법」에 따 른 해당 분야 직업능력개발훈련 이수자 3) 이 규칙에서 정하는 해당 교육기 관에서 교육을 이수하고 수료시 험에 합격한 사람 4) 관계 법령에 따라 해당 작업을 할 수 있도록 허용된 사람
14. 승강기 점검 및 보수작업		1) 「국가기술자격법」에 따른 승강기 기능사의 자격 2) 「근로자직업능력 개발법」에 따 른 해당 분야 직업능력개발훈련 이수자 3) 이 규칙에서 정하는 해당 교육기 관에서 교육을 이수하고 수료시 험에 합격한 사람 4) 관계 법령에 따라 해당 작업을 할 수 있도록 허용된 사람
15. 흙막이 지보공(支保工)의 조립 및 해체작업		1) 「국가기술자격법」에 따른 거푸집 기능사보 또는 비계기능사보 이 상의 자격 2) 3개월 이상 해당 작업에 경험이 있는 사람(깊이 31미터 미만인 작업 에 한정한다) 3) 「근로자직업능력 개발법」에 따 른 해당 분야 직업능력개발훈련 이수자 (4) 이 규칙에서 정하는 해당 교육기 관에서 교육을 이수한 사람

작업명	작업범위	자격·면허·기능 또는 경험
16. 거푸집의 조립 및 해체작업		1) 「국가기술자격법」에 따른 거푸집 기능사보 이상의 자격 2) 3개월 이상 해당 작업에 경험이 있는 사람(층높이가 10미터 미만인 작업에 한정) 3) 「근로자직업능력 개발법」에 따른 해당 분야 직업능력개발훈련 이수자 4) 이 규칙에서 정하는 해당 교육기관에서 교육을 이수한 사람
17. 비계의 조립 및 해체작업		1) 「국가기술자격법」에 따른 비계기능사보 이상의 자격 2) 3개월 이상 해당 작업에 경험이 있는 사람(층높이가 10미터 미만인 작업에 한정한다) 3) 「근로자직업능력 개발법」에 따른 해당 분야 직업능력개발훈련 이수자 4) 이 규칙에서 정하는 해당 교육기관에서 교육을 이수한 사람
18. 표면공급식 잠수장비 또는 스쿠버 잠수장비에 의해 수중에서 행하는 작업		1) 「국가기술자격법」에 따른 잠수기능사보 이상의 자격 2) 「근로자직업능력 개발법」에 따른 해당 분야 직업능력개발훈련 이수자 3) 3개월 이상 해당 작업에 경험이 있는 사람 4) 이 규칙에서 정하는 해당 교육기관에서 교육을 이수한 사람
19. 롤러기를 사용하여 고무 또는 에보나이트 등 점성물질을 취급하는 작업		3개월 이상 해당 작업에 경험이 있는 사람
20. 양화장치(揚貨裝置) 운전작업(조종석이 설치되어 있는 것에 한정)		1) 「국가기술자격법」에 따른 양화장치운전기능사보 이상의 자격 2) 「근로자직업능력 개발법」에 따른 해당 분야 직업능력개발훈련 이수자 3) 이 규칙에서 정하는 해당 교육기관에서 교육을 이수하고 수료시험에 합격한 사람

작업명	작업범위	자격·면허·기능 또는 경험
21. 타워크레인 설치(타워크레인을 높이는 작업을 포함)·해체작업		1) 「국가기술자격법」에 따른 판금제 관기능사 또는 비계기능사의 자격 2) 이 규칙에서 정하는 해당 교육기 관에서 교육을 이수하고 수료시 험에 합격한 사람으로서 다음의 어느 하나에 해당하는 사람 - 수료시험 합격 후 5년이 경과하 지 않은 사람 - 이 규칙에서 정하는 해당 교육 기관에서 보수교육을 이수한 후 5년이 경과하지 않은 사람
22. 이동식 크레인(카고크레인에 한 정)·고소작업대(차량탑재형에 한 정) 조종작업		1) 「국가기술자격법」에 따른 기중기 운전기능사의 자격 2) 이 규칙에서 정하는 해당 교육기 관에서 교육을 이수하고 수료시 험에 합격한 사람

※ 비고: 제21호에 따른 타워크레인 설치·해체작업 자격을 이 규칙에서 정하는 해당 교육기관에서 교육을 이수하고 수료시험에 합격하여 취득한 근로자가 해당 작업을 하는 과정에서 근로자가 준수하여야 할 안전보건의무 를 이행하지 아니하여 다른 사람에게 손해를 입혀 벌금 이상의 형을 선고받고 그 형이 확정된 경우에는 같 은 별표에 따른 교육(144시간)을 다시 이수하고 수료시험에 합격하기 전까지는 해당 작업에 필요한 자격을 가진 근로자로 보지 아니함

③ 벌칙

◆ **산업안전보건법 제169조【벌칙】** 다음 각 호의 어느 하나에 해당하는 자는 3년 이하의 징역 또는 3천만원 이하의 벌금에 처한다.
  1. 제140조제1항을 위반한 자
◆ **산업안전보건법 제173조【양벌규정】** 법인의 대표자나 법인 또는 개인의 대리인, 사용인 그 밖의 종업원이 그 법인 또는 개인의 업무에 관하여 다음에 해당하는 위반행위를 하면 그 행위자를 벌하는 외에 그 법인 또는 개인에게 해당 조문의 벌금형을 과(科)한다. 다만, 법인 또는 개인이 그 위반행위를 방지하기 위하여 해당 업무에 관하여 상당한 주의와 감독을 게을리하지 아니한 경우에는 그러하지 아니하다.
  1. 제167조제1항의 경우: 10억원 이하의 벌금
  2. 제168조부터 제172조까지의 경우: 해당 조문의 벌금형

제10장

서류보존

1 / 서류의 보존(산업안전보건법 제164조)

① 개요

사업장에서 산업안전보건법령에 따라 수행한 안전보건활동의 결과를 나타내는 서류를 법령에서 정한 기준에 맞도록 보존하여 법령 준수 사실을 증명하고, 안전보건관리의 피드백(Feedback)에 활용

② 보존하여야 할 서류의 종류 및 기간

보존기간	보존서류의 종류
30년	작업환경측정에 관한 서류 중 허가대상물질, 특별관리물질에 대한 기록이 포함된 서류
	건강진단에 관한 서류 중 금지 대상 유해물질, 허가 대상 유해물질 및 특별관리물질을 취급하는 근로자에 대한 건강진단 결과의 서류
	석면해체·제거업자로서 석면해체·제거작업에 관한 서류
5년	산업안전지도사·산업보건지도사로서 지도사의 업무에 관한 사항을 적은 서류
	작업환경측정에 관한 서류 (30년 보존서류 제외)
	건강진단에 관한 서류 (30년 보존서류 제외)
3년	안전보건관리책임자·안전관리자·보건관리자·안전보건관리담당자 및 산업보건의의 선임에 관한 서류
	산업안전보건위원회 회의록
	안전 및 보건에 관한 협의체(노사협의체) 회의록
	안전조치 및 보건조치에 관한 사항으로서 고용노동부령으로 정하는 사항을 적은 서류
	산업재해의 발생 원인 등 기록
	화학물질의 유해성·위험성 조사에 관한 서류
	작업환경측정기관으로서 작업환경측정에 관한 서류
	안전인증 또는 안전검사 위탁기관으로서 안전인증·안전검사에 관한 서류
	안전인증을 받은 자로서 안전인증대상기계등에 대하여 기록한 서류
	기관석면조사를 한 건축물·설비소유주·임차인과 석면조사기관으로서 기관석면조사 결과에 관한 서류
2년	자율안전확인대상기계등을 제조하거나 수입하는 자로서 자율안전기준에 맞는 것임을 증명하는 서류
	자율안전검사를 받은 자로서 자율검사프로그램에 따라 실시한 검사 결과에 대한 서류
기타	일반석면조사를 한 건축물·설비소유주·임차인으로서 일반석면조사 결과에 관한 서류 (해당 건축물이나 설비에 대한 해체·제거작업이 종료될 때까지 보존)

> **ⓘ Tip**
>
> ■ **안전보건 교육일지 보관기간**
>
> ○ 산업안전보건법 제164조(서류의 보존)에서는 산업안전보건활동에 대한 서류를 일정기간 동안 보존하도록 규정하고 있으나, 안전보건교육일지에 관한 사항은 규정하고 있지 않음
>
> - 산업안전보건법 제3장(안전보건교육)에서 규정하는 안전보건교육을 실시하지 않을 경우에는 과태료가 부과됨
>
> - 과태료는「질서위반행위규제법」에 따라 시효가 5년으로 규정하고 있음
>
> > **질서위반행위규제법**
> >
> > 제15조(과태료의 시효) ① 과태료는 행정청의 과태료 부과처분이나 법원의 과태료 재판이 확정된 후 5년간 징수하지 아니하거나 집행하지 아니하면 시효로 인하여 소멸한다
>
> - 이에 따라 안전보건교육일지는 교육실시일로부터 최대 5년간 보존하여 감독기관 등의 요구 시 교육실시에 관한 여부를 증명
>
> ※ 교육일지는 문서 또는 전산입력(스캔포함)자료로 보존하여도 됨

③ 벌칙

위반행위	세부내용	과태료 금액(만원)		
		1차 위반	2차 위반	3차 이상 위반
보존해야 할 서류를 보존기간 동안 보존하지 않은 경우(각 서류당)	-	30	150	300